U0863736

青少年移动互联网使用及影响研究

刘胜枝 / 著

中国国际广播出版社

图书在版编目（CIP）数据

青少年移动互联网使用及影响研究 / 刘胜枝著. —北京：中国国际广播出版社，2022.10
ISBN 978-7-5078-5216-5

Ⅰ. ①青… Ⅱ. ①刘… Ⅲ. ①互联网络－影响－青少年－研究－中国 Ⅳ. ①D669.54②TP393.4

中国版本图书馆CIP数据核字（2022）第185687号

青少年移动互联网使用及影响研究

著　　者	刘胜枝
责任编辑	屈明飞
校　　对	张　娜
版式设计	邢秀娟
封面设计	赵冰波
出版发行	中国国际广播出版社有限公司［010-89508207（传真）］
社　　址	北京市丰台区榴乡路88号石榴中心2号楼1701 邮编：100079
印　　刷	天津市新科印刷有限公司
开　　本	710×1000　1/16
字　　数	320千字
印　　张	23.25
版　　次	2023 年 2 月 北京第一版
印　　次	2023 年 2 月 第一次印刷
定　　价	65.00 元

版权所有　盗版必究

前　言

本书是我近几年对青少年媒介使用和网络文化相关研究成果的总结。我们正处在一个媒介技术频繁更新、社会迅速转型的时期，学者称我们的社会为“信息社会”“媒介社会”“景观社会”等，强调了这一时期媒介对个体、群体和整个社会的结构性影响和重要作用。在这一宏大议题下，我个人关注较多的是青少年群体及其网络文化研究。网络文化研究是北京邮电大学新闻传播学学科的重要传统和特色。早在2003年，学校就成立了网络文化研究中心，此后中心团队在网络文化研究领域多年耕耘，成果颇丰。因此，对网络文化，尤其是青少年网络文化的研究是我多年来的主要关注点之一。2009年我成功申报了教育部课题“网络游戏的文化研究”，2014年出版了《网络游戏的文化研究》一书。同年，中标了国家社科课题“青少年移动互联网使用行为及影响研究”，由于期间出国访学耽误了课题的进展，另外该课题在研究时侧重了青少年的媒介使用和影响而忽略了对青少年网络文化、亚文化的研究。近两年我在完成团中央课题的过程中，集中关注了青少年网络流行文化、网络亚文化的研究，这些内容正好可以弥补此前国家社科课题研究框架的不足。从文化的角度研究媒介对青少年的影响是极其必要的，因此，本书在原有基础上增加了青少年移动互联网使用文化研究的相关内容，以期更好地思考青少年与媒介和社会之间错综复杂的关系。

本书内容有相当一部分是课题的研究成果，在课题研究过程中我获得了来自校内外的领导、同行专家还有身边同事、亲友们的诸多帮助，参与课题的学生们也做了很多问卷发放及资料整理的工作，在此一并致谢。另外，也要感谢本书编校团队的辛苦工作。最后，由于各种因素及自身学术水平所限，本书内容也存在很多不尽如人意之处，恳请读者海涵并欢迎大家多提宝贵意见。

2022年2月22日

于北京沙河高教园

目 录

绪 论

多姿多彩的生活永远能给我们的人文社科研究提供新的议题，尤其是在当下这样一个技术频繁更新、社会迅速转型的时期。对青少年手机使用议题的关注来源于笔者身边的生活现实。众所周知，随着移动互联网和智能手机在青少年群体中的日益普及，青少年手机使用的问题也越来越突出，至今已然成了社会热点，新闻媒体上出现了不少争议，甚至因为不让玩手机而跳楼的极端案例屡见报端。这一现象背后蕴含着的不只是一种“道德恐慌”和家长们的焦虑，也投射和纠结缠绕着各种围绕青少年的社会问题，需要学术界认真、理性地思考和研究。

众所周知，著名的未来学家阿尔文·托夫勒（Alvin Toffler）把人类社会划分为农业社会、工业社会、信息社会三个阶段。信息社会与前两者的区别就是不再以体能和机械能为主，而是以智能为主，这一趋势大约始于20世纪50年代的计算机技术、信息技术，重点则是创造和开发知识。信息技术的发展速度是史无前例的，短短六七十年的时间，5G网络、大数据、人工智能、虚拟现实、区块链等一系列令人炫目的信息技术扑面而来，不仅在重组着社会结构和生态，也在深刻地影响着普通人的生活方式和价值观念。科技的发展到底会带给人们什么样的深刻影响？这是近现代以来人文领域的学术界开始关注和探讨的重要话题。在技术专家们为“信息社会”的进步鼓与呼的同时，也有不少人文学者提出预警。早在20世纪80年代，尼尔·波兹曼（Neil Postman）就在其《娱乐至死》和《童年的消逝》中分析了娱乐至上和儿童成人化的社会趋势，而这一预言在网络社会更是得到了验证。与众多高大上的科技相比，手机和移动互联网是更具有日常和普遍意义的信息技术，深深揳入了孩子们的日常生活和行为之中。如何做到在技术乐观主义和悲观主义之间采取客观理性的态度，既能够看到技术进步带给青少年的种种赋权、便利和正面的影响，又能够深入去探究那些已经存在和可能导致的潜在的负面影响，探究青少年群体与媒介使用之间的复杂关系？如何既能对青少年手机使用行为及影响有概括性的面上总结又能突破那些量化数据深入活生生的个体现实生活情境中去？如何避免居高临下、道德式的精英主义的学术霸权而真正走进孩子们的内心和生活世界中去？如何辨识西方发达国家的媒介保护与教育经验在中国语境下的适用性？如何协同各方力量共同推进青少年媒介保护和媒介教育工作？这些是本书希望回答的主要问题和研究中希望秉持的原则。首先，我们来看一下国内外学者们对这一问题的研究现状。

第一节　文献综述

媒介与人的关系是近现代以来传播学研究的重要话题，当然，社会学、医学、心理学也多有关注。尤其是有电视、电脑及互联网等电子媒介以来，媒介对人的控制和影响一直是媒介研究反思的主要话题，也积累了非常多的研究成果。而手机及移动互联网作为进入日常生活的随时随地随身携带的媒介，更是麦克卢汉“媒介是人的延伸”的最好范例，处于走向成熟阶段的青少年使用者和媒介的关系更是学术界关注的重中之重，国内外学者对青少年移动互联网使用及影响研究积累了非常多的成果。

一、国外文献综述

总体上说，国外的研究文献比国内更多，也开始更早。因为SSCI（社会科学引文索引）期刊数据库较能代表国外研究的学术水平，因此我们对国外研究的综述以此数据库为准。笔者在2020年4月以“青少年”（adolescent）和“移动电话”（mobile phone）为主题词在科学网（Web of Science）的SSCI数据库（2007—2020）进行组合查询，得到840篇相关文献。又以“孩子们”（teenagers）或“中学生”（middle school student）和“移动手机”（cell phone）或“手机依赖”（mobile phone dependence）等为主题词检索，数量均少于第一个组合，考虑到不同检索结果的重复文献较多，因此以第一次检索为依据进行文献综述。

首先，从文献的年度分布来看，从自2007年开始文献逐年增多，其中自2016年以来达到563篇，2018年以来增长趋势更为明显（图0-1）。

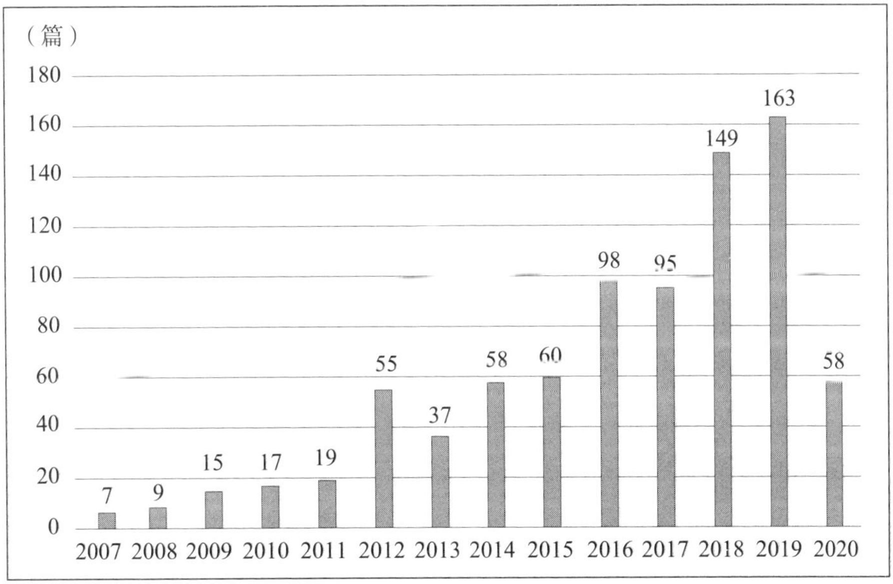

图0-1　2007—2020年研究文献数量逐年变化趋势

其次，从研究文献来源的国家地区分布看，排名前10的主要是发达国家。其中最多的是美国，以288篇的优势遥遥领先。其次是中国，有111篇。然后依次是英国、西班牙、澳大利亚等国家（图0-2）。

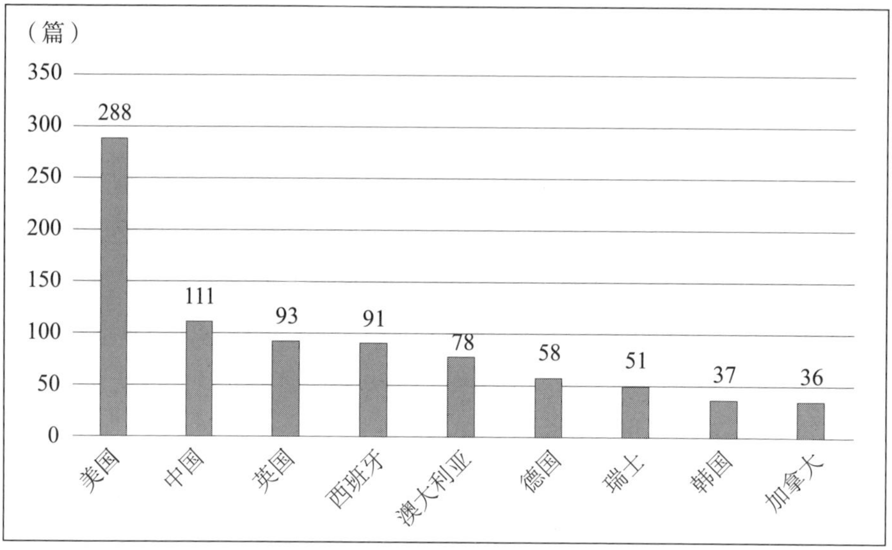

图0-2 研究文献国家地区来源分布

第三，从来源期刊看，排名第一的是《计算机与人类行为》（*Computers in human behavior*），48篇。其次是《医学互联网研究杂志》（*Journal of medical internet research*），40篇。第三名是《医学互联网研究-移动医疗和健康照护杂志》（*Jmir mhealth and uhealth*），事实上，排名前15的期刊中主要是以人机行为和医疗健康方面的学术期刊为主，后者尤多（图0-3）。

最后，从文献的研究方向上看，排名第一类的是心理学，267篇；其次是公共卫生与职业健康，168篇；然后依次是精神病学，99篇；健康护理，97篇；医学信息学，80篇。传播学排名第六，49篇。再其次分别是儿科、教育研究、家庭研究等（图0-4）。

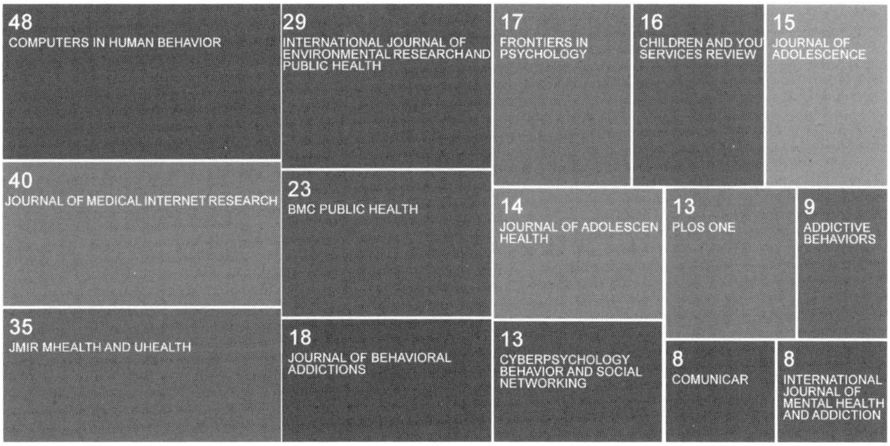

图0-3 研究文献来源期刊分布

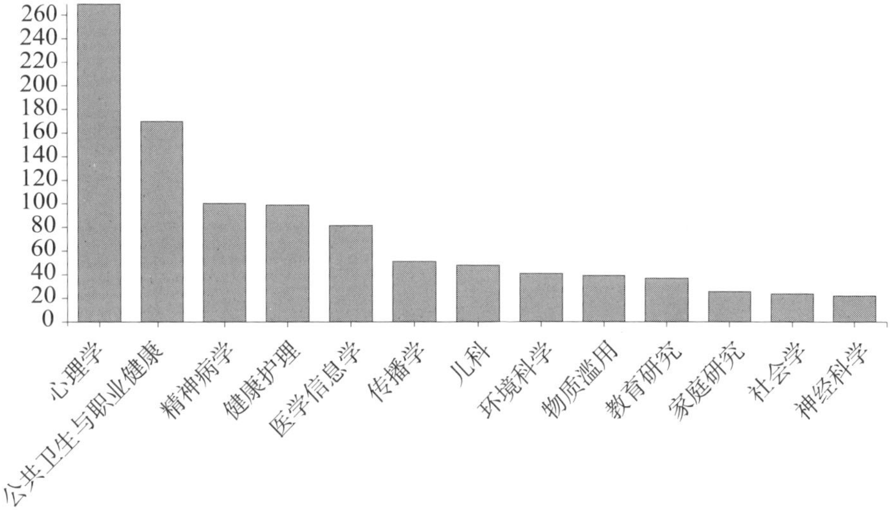

图0-4 研究文献研究方向分布

以上是对国外相关文献的总体情况分析，下面我们看一下这些文献的主要观点。本书主要以两个标准选择了部分相关文献，一是被引率较高的文献，二是较能代表最新研究趋势的文献。另外，在对传播学领域的文献给予更多关注的同时也对心理学、社会学等相关学科的重要文献进行了综述，以期为本书的研究提供更广阔的学科视角。在文献中被引率最高的是凯恩（Cain）等①人的一篇综述性文章，综述了电子媒介使用对学龄儿童和青少年睡眠的影响。该文章综述了36项关于包括电视、电脑、手机在内的电子媒介使用对青少年睡眠影响的研究，发现这些研究基本证实了电子媒介使用会导致他们晚睡或者少睡。另外，萨马哈（Samaha）和哈维（Hawi）②的研究关注了智能手机成瘾、压力、学业表现和生活满意度之间的关系。该研究对300名大学生进行了测试，结果发现压力与手机成瘾呈正相关，而与生活满意度呈负相关；手机成瘾与学业表现呈负相关，而学业表现与生活满意度呈正相关。此外，高雄（Takao）③等人的研究则测试了成瘾者的个体因素和问题性手机使用的关系。研究表明性别、自我监督和进取动机这些个体因素对问题性手机使用具有预测作用。从这些高被引文献中也可以看出国际上对该领域的研究关注点多在手机使用对青少年身心健康的负面影响以及导致青少年问题性手机使用的影响因素等方面。这与文献的研究方向分布及期刊性质是较为一致的。

此外，在手机使用影响方面，手机使用对学业、社交等的负面影响得到了相当多研究者的证实。如中国的刘先晨探讨了中国青少年长时间使用手机（Prolonged mobile phone use，简称MPU）与学业成绩的关系。他们对参加2015年山东省青少年行为与健康研究的11 831名青少年进行了调查，结果表明，随着MPU的延长，自述学习不良的比率显著增加，成

① CAIN N, GRADISAR M. Electronic media use and sleep in school-aged children and adolescents: a review[J]. Sleep medicine, 2010(11): 735-742.

② SAMAHA M, HAWI N S. Relationships among smartphone addiction, stress, academic performance, and satisfaction with life[J]. Computers in human behavior, 2016(57): 321-325.

③ TAKAO M, TAKAHASHI S, KITAMURA M. Addictive personality and problematic mobile phone use[J]. Cyberpsychology & behavior, 2009, 12(5): 501-507.

绩测试分数显著降低。米哈利斯（Michalis）对793名国际大学生的手机使用对日常通信和信息需求的满足情况进行了调查，使用的研究方法是让他们进行24小时的手机使用跟踪和反思，然后回答相关问题。结果发现，被调查者虽然承认手机的多样性功能和参与能力，但他们对手机在日常通信和信息需求满足方面的效率、交流的积极性和信息的多样化持怀疑态度。

在手机依赖或手机成瘾方面，有一些研究采用了控制实验的方法进行测试。如汉斯（Johannes）① 等人把人们对手机通知保持持续警觉和随时准备相应的状态界定为“智能手机警觉”（smartphone vigilance），他们假设控制人们与手机的互动会延迟这种警觉反应，于是对学生进行了控制实验，他们控制受试者对手机的可见性和手机接到通知信号的频率，但是结果表明短时间的手机可见性足以让受试学生感到警觉和分心，当手机接收到通知时情况就会更严重。即使停止实验中的信号刺激，受试者的反应情况依旧存在。

在对手机使用行为和内容的研究方面，范登·阿贝勒（Vanden Abeele）② 等人研究了青少年通过手机生产、消费和传播与性相关的内容的情况，并探究了同伴关系或环境对性和色情相关内容传播的影响。他们对1943名高中生进行了调查，发现有6%的人用手机发送过色情短信或图片，9%的人通过手机接触过色情内容。那些比较受异性欢迎或想

① JOHANNES N, VELING H, VERWIJMEREN T, et al. Hard to resist? The effect of smartphone visibility and notifications on response inhibition［J］. Journal of media psychology: theories, methods, and applications, 2019, 31(4): 214.

② ABEELE V, CAMPBELL S W, EGGERMONT S, et al. Sexting, mobile porn use, and peer group dynamics: boys' and girls' self-perceived popularity, need for popularity, and perceived peer pressure［J］. Media psychology, 2014, 17(1): 6-33.

得到异性关注的人则在这两个方面表现得更为明显。他们还发现男生的色情性使用更多受到同伴压力的影响，而在同性之间受欢迎与男生的色情传播行为无关，与女生的呈负相关。戈麦斯（Gómez）[①]通过考察四个传统的社会人口变量（性别、年龄、教育和就业状况），探讨了西班牙年轻人之间的数字鸿沟。他提出了"技术资本"的概念，并考虑到技术资本、社会经济状况、教育文化资源在将信息通信技术纳入日常生活中的重要影响。最后，提出了一种互联网年轻用户的类型划分：数字上被排除者（Digitally Excluded）、基本用户（Basic Users）、移动用户（Users in Mobility）、网络消费者（Cyber Consumers）和网络专家（Cyber Experts）。

有的研究者关注了不同国家之间手机使用的具体社会文化情境的差异。巴伦（Baron）和塞格斯塔德（Segerstad）[②]研究了不同国家之间文化差异对手机使用的影响。他们调查了瑞典、美国和日本大学生在公共空间的手机使用，结果发现他们对公共空间保持安静的态度、对公共空间的个人使用和对自我表达的容忍等都是不同的。戈登（Gordon）[③]等人探讨了三种文化中手机与用户身份之间的关系。他们选择了三个在地理、历史和文化上各不相同的国家：阿曼、乌克兰及美国。他们对393名大学生进行了调查，结果表明，不同国籍和性别的手机用户在自我表达和身份展示方面对手机的感知和使用方式不同：阿曼的女性最有可能将手机定位为与身份相关，

① GÓMEZ D C. Technological capital and digital divide among young people: an intersectional approach[J]. Journal of youth studies, 2019, 22(7): 941-958.

② BARON N S, AF SEGERSTAD Y H. Cross-cultural patterns in mobile-phone use: public space and reachability in Sweden, the USA and Japan[J]. New media & society, 2010, 12(1): 13-34.

③ GORDON C, AL ZIDJALY N, TOVARES A V. Mobile phones as cultural tools for identity construction among college students in oman, ukraine, and the US[J]. Discourse, context & media, 2017 (17): 9-19.

乌克兰的男性最不可能这样做。美国人表现出的结果更加复杂，相对男性，美国女性更倾向于把手机当作与身份表达相关的物品。此外，乌克兰人和美国人倾向于主要通过实用性的视角来看待手机，而阿曼人则倾向于从情感/浪漫的角度来看待手机。

二、国内文献综述

和国外的研究相比，国内的相关研究在数量上有所欠缺，在研究方法上思辨性、描述性的研究较多。在专著方面，我们以青少年和手机为关键词进行了跨库检索，其中图书共12本，剔除不太相关的如维修手机等内容的图书还有5本学术著作，另外通过在当当网的搜索又增加了2本相关专著，共有7本。其中有两本是关于青少年手机亚文化研究的，一本是《我国青少年手机传播中的亚文化研究》[①]，该书对青少年手机亚文化追求时尚与个性的特征及风格进行了分类研究，如“微”文化、“潮”文化、“酷”文化、“宅”文化、“迷”文化等，并对青少年手机亚文化的生产也进行了研究，然后分析了青少年手机亚文化存在的问题，如手机依赖、内容泛娱乐化、成人化等。另外一本是《基于手机媒体的青少年亚文化研究》[②]，该书主要遴选了基于手机媒体的手机自拍族群、手机游戏族群、流媒体族群、粉丝族群、移动教育族群、果粉族群等青少年亚文化族群展开探讨，该书采用的主要理论视角是亚文化理论。由于中国青少年手机亚文化的独特社会语境在采用源自西方的亚文化抵抗理论进行解释时需要考虑适用性的问题。此外，《青少年手机网络环境治理研究》[③]对青少年手机网

① 江凌. 我国青少年手机传播中的亚文化研究［M］. 北京：中国书籍出版社，2019.

② 袁潇. 基于手机媒体的青少年亚文化研究［M］. 南京：南京大学出版社，2016.

③ 于天. 青少年手机网络环境治理研究［M］. 南京：南京出版社，2014.

络使用的基本状况、青少年手机网络环境存在的问题及治理方案进行了研究。《手机时代青少年的价值观和社会化问题研究》[①]探索了青少年手机使用状况及其与价值观之间的关系，该书探讨了性别、生源地、干部与否、年级、父母教养方式、父母职业、父母文化程度等人口统计学变量对青少年手机依赖、人生价值观、道德价值观、消费价值观、儒家传统价值观、择业价值观、孤独、物质主义价值观、感恩等方面的影响，分析了青少年手机依赖与这些价值观之间的关系。《青少年的手机使用与家庭代际传播研究》[②]则对青少年手机使用对家庭代际关系的影响进行了实证研究。该书中，作者研究了青少年的手机使用中的数字代沟与文化反哺的问题，通过对352个中学生家庭中的704位亲代、子代的问卷调查和33对学生及其家长的深度访谈，呈现了手机媒介在家庭代际生活中的应用图景：在第二道“数字代沟”（“使用沟”）上，亲子之间存在着显著的代际差异，这种差异不受居住地和家长职业、收入的影响，却受到亲子双方的年龄、性别、家长受教育程度和孩子学校属性因素的影响。“数字代沟”引发的“文化反哺”现象，却不受亲子双方的年龄、性别、居住地、孩子学校属性和家庭社会经济背景因素的影响，成为中学生家庭的一种普遍存在，由此引发家庭权力关系从单向权威向双向权威的转变。此外，值得注意的是该书还探讨了手机使用中亲子关系间的控制与反控制的协商关系。作者认为手机成为青少年构建“私人场域”的绝佳工具，但手机是一种矛盾的媒介，兼具控制与解放的特性，而且这两种特性随时都在拉锯，因此以手机为中介的控制与反控制、入侵与协商便成为这一时期亲子关系的一个重要特征。

---

① 何安明，惠秋平. 手机时代青少年的价值观和社会化问题研究［M］.北京：科学出版社，2015.

② 朱秀凌.青少年的手机使用与家庭代际传播研究［M］.北京：中国社会科学出版社，2017.

在期刊论文方面，我们在中国知网以“青少年”和“手机”为检索词对篇名进行主题检索，共得到203篇中文文献；以“青少年”和“移动互联网”为篇名检索，共得到15篇文献，考虑到两者之间的重复及前者数量居多，以下数据分析以前者为主。

首先，在文献发表年度上基本呈现逐年上升的趋势（图0-5），2020年仅四个月就超过了2019年全年的数量，这种趋势表明该领域的研究逐渐得到学术界的重视。

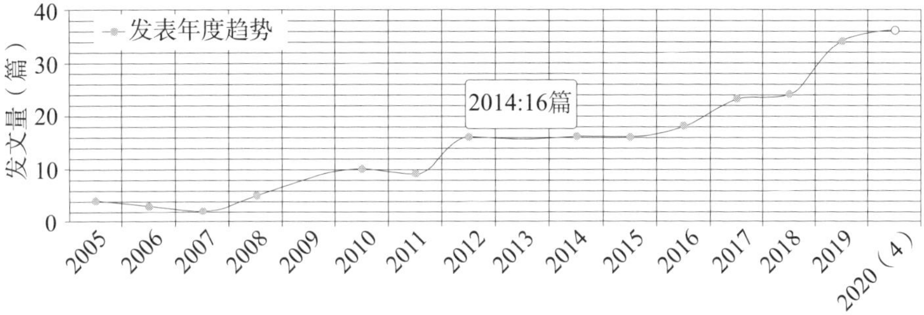

图0-5　2005—2020年4月研究文献数量逐年变化趋势

其次，在主题分布上，数量较多的是手机依赖、手机成瘾、睡眠、负面影响、手机沉迷等，而排位靠前的青少年、手机媒体、手机使用、智能手机、手机上网等不具有主题的倾向性（图0-6），因此我们可以看出该领域研究主题的分布上还是主要关注了手机使用带来的负面影响问题。

再次，在研究文献的学科来源方面看较为多元，排名前六位的分别是社会、教育、心理、新闻传播、政治和临床医学（图0-7）。

最后，从来源刊物看，发表文献数量最多的是医学心理学类刊物《中国临床心理学杂志》，其次是社会学类刊物《中国青年研究》，再次为传播学类刊物《编辑之友》。这些刊物来源分布和学科分布、主题分布是相辅相成的（图0-8）。

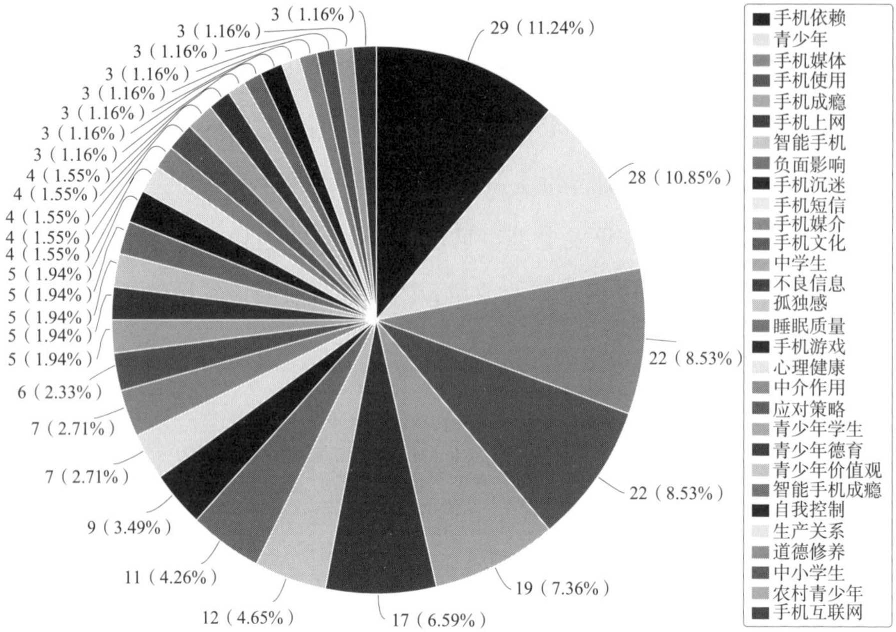

图0-6　研究文献主题分布

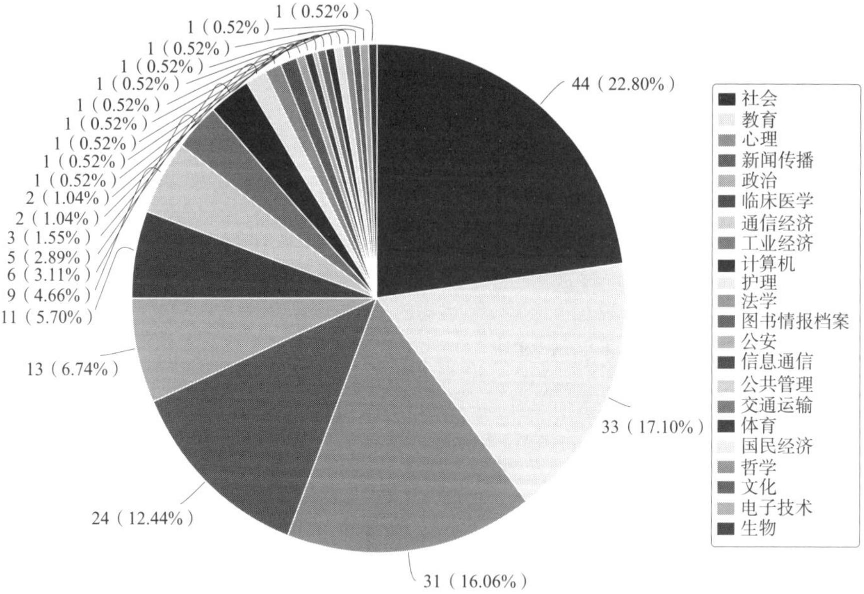

图0-7　研究文献学科来源分布

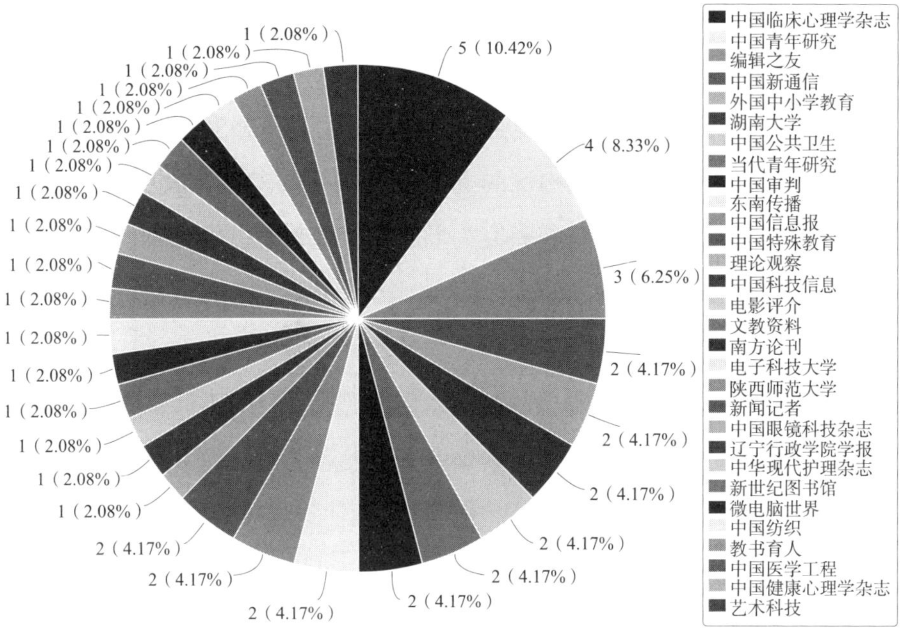

图0-8 研究文献期刊来源分布

以上是对国内相关文献的总体状况分析，下面我们具体来看这些文献的研究路径和观点。检索到的最早的文章发表于2005年，共有4篇。其中一篇是发表在《中国青年研究》上的《手机时代青少年思想教育对策》[①]，作者农冬云是一位中学教师，他指出，手机已经完全渗透到校园中，手机文化正在影响着青少年群体，从而使青少年思想教育工作面临新的挑战。文中概括了五个方面的问题，分别是：问题一，青少年对手机产生了强烈的依赖感。问题二，信息良莠不齐影响青少年心理健康。当时移动互联网还不普及，所以不良信息主要是“恶作剧的铃声、未成年人不宜的待机图、‘荤段子’的短信侵蚀着学生的稚嫩心灵”。问题三，交往的便捷使得部分青少年更为孤僻。问题四，青少年沉溺网络荒废学业，并指出“手机自带的各类小型游戏已成为占据青少年学习时间的最主要的娱乐方式”。问题

① 农冬云.手机时代青少年思想教育对策［J］.中国青年研究，2005(1)：51-53.

五，手机诱发新的社会问题，如攀比消费、爱慕虚荣、盗抢手机等。因此提出要重视青少年手机使用的问题，并提出要构筑家庭、学校和社区相结合的教育管理机制。可以看出这几个问题也是后来手机和移动互联网在青少年群体中更为普及后人们担忧的主要问题。另外一篇文章是2005年韩登亮、齐志斐发表在《当代青年研究》上的《大学生手机成瘾症的心理学探析》，作者对手机成瘾症的标准进行了界定，体现在三个方面：一是对手机的滥用，不该用的时候也频繁使用；二是手机过多地影响生活、工作和学习；三是停机或手机不在身边时，身体会出现一系列的不适反应，包括生理和心理反应。另外，2005年《新中医》上发表的由吴栓、林伟锋、李红燕合著的一篇文章《浅谈青少年手机病致手腕痹痛的病因病机及预防保健》是从医学角度谈手机使用对生理的负面影响。可以说这三篇文章的观点也代表了对青少年手机使用研究的两个主要路径。

第一个路径是从医学、保健等角度进行的研究，主要担心手机使用给生理带来的负面影响，如睡眠、视力、骨骼发育、精神疲惫等。如刘庆奇等人[①]在《手机成瘾与青少年睡眠质量：中介与调节作用分析》中采用问卷法对1258名青少年进行调查，结果表明：

（1）手机成瘾不仅对青少年睡眠质量有显著的直接预测作用，还能通过情绪平衡的中介作用间接预测睡眠质量；

（2）手机成瘾对青少年睡眠质量的直接作用以及情绪平衡的中介作用都受到反刍的调节，相对于反刍水平低的个体，直接效应和间接效应都在反刍水平高的个体中更强；

（3）手机成瘾对青少年睡眠质量的直接作用以及情绪平衡的中介作用还都受到正念的调节，相对于正念水平低的个体，直接效应和间接效应都在正念水平高的个体中更弱。

---

① 刘庆奇，周宗奎，牛更枫，等.手机成瘾与青少年睡眠质量：中介与调节作用分析［J］.心理学报，2017，49(12)：1524-1536.

可以看出这一研究揭示了手机成瘾是如何影响青少年睡眠质量的，以及手机成瘾在何种条件下对青少年睡眠质量的影响更强/更弱，对移动互联网时代维护与促进青少年身心健康有一定启示意义。周犇、周晓明[①]针对市场上三款常见的不同材质的手机屏幕（LED背光 LCD、OLED、SUPER AMOLED）在黑暗中、屏幕距离瞳孔15 cm处的模拟条件下4种不同色温的情况，对青少年生理节律和蓝光危害的影响。黄永穗等人对63例青少年非创伤性颈椎生理曲度异常的病例进行了研究，发现其中一个因素是“使用手机、电脑上网越多，头晕、颈痛时间越长”[②]。可以看出，这一研究的路径多以负面影响为主，较少手机使用对青少年身体方面的正面影响，仅发现少量文章关注到手机运动、减肥等软件对青少年健康的促进作用。如姜丽、骆意在《运动健身类App对青少年健康行为的促进影响研究》中探讨了运动健身类App（应用程序）对青少年健康行为的正面影响，生理方面主要表现为丰富了青少年学生的运动健身知识、提高了运动认知和促进了青少年体育锻炼行为习惯的养成。此外，还有的研究了减肥软件对青少年减肥的辅助作用。

第二个路径是从青少年心理健康和思想教育等角度进行的研究，这些研究在整体文献中占有绝大部分比例。但是与前一研究路径类似，也主要以探讨手机使用的负面影响为主，主要表现为研究手机使用给青少年带来负面的心理、行为及价值观念等方面的影响。一些关注手机使用负面影响及其对策的研究是描述性的，概括了手机使用或过度使用给青少年带来的负面影响并提到应对策略，如前面提到的农冬云的文章，又如梁钧泉的

---

① 周犇，周晓明.不同手机屏幕对青少年生理节律和蓝光危害的影响［J］.发光学报，2019，40（2）：257-263.

② 黄永穗，农丕地，李定彪，等.青少年颈椎生理曲度异常与头晕颈痛的相关因素探讨［J］.中国现代药物应用，2015，9（15）：86-87.

《手机上网对青少年思想品德的不良影响和对策探析》[①]概括了手机上网对青少年在心理、思想和行为三方面的不良影响。认为在心理方面，容易诱发青少年的双重人格、网络成瘾，导致产生孤独、敏感、忧郁等心理疾病；在思想方面，容易接触有害信息被腐蚀；在行为方面，容易形成不良的思维习惯，难以集中注意力，另外容易诱发青少年做出一些违背常规的举动，潜伏一定的社会隐忧。该文章也分析了手机上网对青少年思想品德产生不良影响的原因，主要是青少年思想品德尚未成熟、手机网络监管难、家庭和学校对手机上网问题的忽视。该文章还提出消除手机上网对青少年思想品德不良影响的对策，主要是加强网络立法和监管、加强青少年手机上网的道德自我约束和自律行为、营造良好的青少年手机文明上网的社会氛围等。类似的研究还有《手机互联网的负面影响及应对策略——基于青少年群体的视角》（吴江华，2010）、《论手机媒介对当代青少年成长的影响》（刘翠花，2018）、《手机媒体对农村青少年成长的影响》（蔺玉红，邓建高，齐佳音，2018）、《青少年沉迷于智能手机的危害及心理调适》（谢近好，2019）等。

除了这些描述式的定性研究外，不少来自心理学科、社会学科的研究者采用问卷调查、量表测量、控制实验等方法探讨了手机使用对青少年心理方面的具体影响及影响青少年手机使用或手机依赖、手机沉迷的具体因素。如华中师范大学陈武的博士论文《手机使用对青少年自我控制的影响——基于解释水平理论》（2016），对2500名学生进行了测试和研究，研究结果认为手机使用会降低个体的解释水平，解释水平会进一步导致青少年自我控制降低。他指出，当低头玩手机成为一种习惯，个体的思维方式和关注点可能变得更为局限，更容易关注生活中具体发生的事和细节，沉浸在一种更为自我的情景当中，促进青少年对环境和世界进行低水平解释

① 梁钧泉.手机上网对青少年思想品德的不良影响和对策探析［M］//黄蓉生.马克思主义与中国问题研究：重庆市研究生马克思主义论坛.重庆：西南师范大学出版社，2011：180-184.

和建构，而低解释水平会进一步损害个体的自我控制。手机使用的即时性和丰富的信息量使得青少年的信息获取和学习处于一种博而不精的状态，在改变青少年生活方式的同时，在深层次上，可能也在养成个体“抓住当下”的习惯，潜移默化地改变着人的自我控制。另外，青少年可能更偏向于情感性手机使用，他们的手机使用（如自我表露）有较高的情感卷入和自我关注。情感性手机使用与自我控制系统的热系统对应，可能对其自我控制有更大的影响。这一研究关注了人与技术工具的矛盾关系，即技术工具在帮助人们认识世界、发展自我的同时却有可能降低自我控制。2018年第二十一届全国心理学学术会议上发表了多篇相关的研究文章，如《自我认同与青少年手机使用的关系》（谢笑春，晏璐，雷雳）、《主观生活质量满意度对青少年手机过度使用程度的影响》（傅恩，高秋凤，严正，Ge Jia）、《智能手机使用与青少年学业表现的关系》（张美琦，邢强，高秋凤）、《青少年问题性智能手机使用与焦虑症状的交叉滞后分析》（于晓琪，李琛，方圆，董妍）等。2019年第二十二届全国心理学学术会议上发表的《父母低头症对青少年手机成瘾倾向的影响：家庭亲密度和负性情绪的链式中介作用》（肖曼曼，刘爱书，白嘉荣）、《父母拒绝对青少年问题性手机使用的影响：一个有调节的中介模型》（陈圆圆，朱键军，邢锦涛，等）、《青少年手机依赖对心理健康问题的影响：人际关系的中介作用》（吴心玥，甄瑞）等。这些研究均证实探究了多种影响青少年手机使用的中介因素。此外，《青少年社会支持与手机成瘾关系的实证研究》（葛续华，祝卓宏，2014）、《累积生态风险与青少年手机成瘾：自我控制和社会支持的多重中介效应》（张凡，王佳宁，2017）、《心理控制源和健康行为训练对青少年智能手机成瘾的矫治作用》（童建冲，钟佳丽，胡霞霞，等，2017）、《抑郁对青少年手机成瘾的影响：孤独感的中介作用》（吴琴，张斌，邹何辉，2019）、《科技干扰对青少年智能手机成瘾的影响：核心自我评价与心理需求网络满足的作用》（陈欣，林悦，刘勤学，2020）等关注了手机成瘾患者的影响因素及其矫治方法研究。

第三个方面是对于青少年手机使用行为、特点、媒介素养及文化等方面的研究。如前所述，关于手机使用对青少年身心方面负面影响的研究较多，这是因为面对一种新的技术工具，学术界需要更多地探讨其已经或可能带来的负面影响，从而有助于认知、减少这些影响。当然，还有一些研究关注到了手机使用给青少年带来的正面作用或总体影响，试图对青少年手机使用行为进行更全面的理解。这些研究有的是问卷调查式的，多是基于青少年的自我陈述，对手机使用给予较为正面的评价。如中国青少年研究中心的陈卫东对中国青少年移动互联网应用的特点及影响进行了分析。①2013年该中心对全国8省市的5644名中小学生接触移动互联网进行了抽样调查。以数据为基础，分析和总结了当时我国青少年使用移动互联网的特点及主要影响。主要结论是：青少年初次接触移动互联网的年龄早，使用移动互联网的比例高；青少年的网上行为多样，主要以娱乐休闲和社交为主；青少年对移动互联网的总体感受趋于积极，认为有助于自己放松身心、陶冶性情、促进学习、了解社会、方便生活、扩大交往等。但是作者认为消极体验也不应忽视，排在前五位的分别是：影响视力、不愿出门、耽误时间、上瘾、认为社会很乱，其次是不良信息影响心情、花钱太多、不爱思考、感觉社会不公平、易受欺骗、结交不良网友等。这一研究更具有社会调查的普遍性质，概括了青少年移动互联网的使用特点和影响，因为是以青少年为主体进行的自述式回答，所以总体上是较为正面的。2018年，中国社会科学院的田丰②等人对12—18岁的7000名青少年样本进行了“2018年度中国青少年互联网使用及网络安全情况调查”，数据分析显示，

① 陈卫东.中国青少年移动互联网应用的特点及影响分析：基于全国8省市抽样调查数据［J］.中国青年研究，2015(7)：5-10.

② 田丰，郭冉，黄永亮，等.中国青少年互联网使用安全问题研究［J］.公安学研究，2018，1(4)：1-31，123.

我国青少年上网行为主要特征包括：上网时间较长并且网络使用能力较强；手机成为主要的上网媒介；家庭是主要的上网场所；购物、社交、游戏等是上网的重要内容。青少年在网络使用过程中也面临着网络成瘾、遭受网络色情、网络诈骗、网络暴力、网络性骚扰等的侵害，以及父母监管缺失、亲子沟通缺乏等问题。提出解决青少年网络使用的安全问题，需要政府、互联网企业、家庭、学校等不同主体在净化网络空间、完善审查机制、加强企业自律、创新青少年学习和娱乐模式、提升网络素养等方面共同努力。但是总体上说这样的调查性研究缺乏更多的理论探讨，主要以概括性的描述分析为主。

此外，对青少年手机使用具体内容的研究也开始出现，不同学科的人开始关注到青少年对媒介在不同方面的应用，并具有相对更为学术的视角和方法。比如尹国强在其博士论文《儿童数字化阅读研究》[①]中对9—14岁的青少年的数字阅读情况进行了研究，其中手机阅读占比61.3%，居第一位。另外，他主要从人·技术·文化的统合视角审视了数字媒介下的儿童阅读问题。首先通过定性与定量相结合的方法调研当下儿童数字化阅读的文化现状，透过其外在文化表征剖析儿童主体在数字媒介场域下出现的问题。其次，从关系面向和本体面向对儿童数字化阅读进行理论建构，提出儿童数字化阅读的价值诉求。在理论建构基础上，针对调查所发现的儿童数字化阅读文化症候进行分析，找出其产生根源及影响制因，进而提出系统优化当下儿童数字化阅读的理念、路向和策略。此外如《基于智能手机媒体的青少年非正式学习研究》（王露莹，于勇，2012）、《UGC移动短视频社交平台青少年用户使用动机与行为研究》（张凯，2019）等都从不同的使用内容类型进行了研究。

另外，关于青少年媒介素养方面的文献相对较多，但是具体到青少年

① 尹国强. 儿童数字化阅读研究［D］. 重庆：西南大学，2017.

手机媒介素养或者说移动互联网媒介素养方面的文献则较少，主要关注了手机媒介素养的界定和教育建议。如《论手机媒介素养的涵义和特点》（于杨，李静霞，2015）、《手机媒体环境下的大学生媒介素养教育》（王秋，2012）等。这些研究多为定性描述，缺乏更深入的实证调查与研究。

最后，在青少年手机使用的文化研究方面文献相对较少，袁潇在《基于手机媒体使用的青少年亚文化族群研究》① 中选取了三类代表性的手机亚文化族群——手机自拍族、手游族、果粉族，用亚文化的理论分析了这些族群通过手机使用建构自我身份和认同，从而与主流社会阶层和主流群体的风格特征形成区隔，具有某种"仪式抵抗"的意识色彩。与专门对手机使用进行文化研究相比，更多的文献是关于青少年亚文化研究或者青少年网络文化研究的，在此不再多加讨论。

三、上述研究的不足与启示

从上述研究综述可以发现，无论是在国际上还是国内的学术界，对青少年手机使用研究最多的学科领域是心理学、医学、计算机行为科学，比传播学领域有更多的文献，而且在研究方法上也注重控制实验、问卷调查等实证方法，研究的问题较为细致，关注到了某些影响青少年手机使用的具体变量和中介因素。这些为本书的研究提供了更为综合的视角。但是总体上看，这些研究存在以下几个方面的不足。

（1）在研究主题上多关注了手机媒介对青少年身心发展的负面影响，对媒介对青少年的正面作用研究不够，对其参与式文化对青少年的赋权作用关注较少，在传播学领域的文献也存在同样的情况。

（2）在研究内容上，这些研究文献对青少年手机使用的行为及影响使

① 袁潇.基于手机媒体使用的青少年亚文化族群研究［J］.编辑之友，2016（4）：75-78.

用行为的因素研究较多，但是对青少年手机使用内容关注较少，如青少年是如何利用手机进行信息获取、社交、娱乐和学习、网上消费等活动的。

（3）在研究方法上，多综合性的研究、实证性的研究或描述性的定性研究，缺乏质化的个案研究。

第二节　本书研究内容

本书在研究过程中，一方面希望能够吸取现有研究文献的精华和观点，并将其融汇到自己的研究中，另一方面也希望能够弥补之前研究的不足，加强以青少年为主体、对其具体使用内容及其媒介素养的研究，并增加个案研究，增加对青少年网络亚文化和流行文化及其社会心态的研究，最后提出加强青少年移动互联网媒介保护和媒介教育的措施。本书的研究对象、理论视角和具体研究内容、方法如下。

一、研究对象

本书的研究对象是青少年。但是不同领域、不同组织对于青少年的年龄界定有不同的标准，年龄范围也很不一致。在国际上，联合国大会将青年年龄划定为15—24岁，而联合国教科文组织则把青年界定为18—34岁，世界卫生组织对青年的界定则是14—44岁，世界青年联合会又把18—40岁的人认为是青年。在我国，国家统计局把15—34岁的人划分为青年，共青团则把14—28岁的人划分为青年。因此本书没有尝试对研究对象进行一个严格的年龄界定，我们之所以关注青少年这一群体主要是因为他们处于走向成熟的时期，人生观、价值观等处于变化较大的形塑时期，因此媒介能否给予其积极的影响尤为重要。青少年的英文adolescent为拉丁文

“adolescere”的变体，本身意指成长，指的是身体和心理发展走向成熟的过渡阶段。一般认为青少年是指13—19岁的人，但青少年的身体、心理的青春期发育和成熟期往往或晚或早，因此，青少年的年龄只能是一个粗略的划分。CNNIC（中国互联网络信息中心）发布的2014年《中国青少年上网行为研究报告》中把年龄小于25岁的网民叫作青少年网民。本书中的青少年界定也以这个年龄为参考标准。在研究过程中，我们在问卷调查和个案研究的样本中主要以初中、高中阶段的青少年为主，重点研究他们对移动互联网的使用行为及影响。在对青少年移动互联网的文化现象进行研究时，往往没有非常明确的研究对象，因此涵盖的年龄段就更为宽泛。

另外，移动互联网使用是指通过移动终端接入互联网的各种使用行为。严格来说，移动终端包括可以上网的智能手机、iPad（苹果旗下平板电脑）、电子阅读器等，但是由于智能手机最为普及，所以本书的研究主要以手机为主。因此在本书中有些时候我们使用移动互联网这一书面术语，有些时候使用的则是手机或者手机上网这一通俗的说法。本书所说的青少年手机使用行为是指青少年使用手机上网也就是移动互联网的使用行为。

二、理论视角

通过文献综述可以看出，青少年移动互联网的使用或者说手机使用引起了心理学、计算机行为科学、医学、传播学、社会学、教育学等不同学科的关注，大家也从各自的视角和理论出发进行了研究。本书是对青少年移动互联网使用及其影响的综合性研究，除了在研究中会借鉴其他学科的理论和研究成果外，主要依托的是传播学中的相关理论，具体如下。

1.媒介赋权理论

赋权理论最初属于社会学社会工作领域的范畴，大致出现在20世纪六七十年代。赋权理论认为，正是因为社会分层和等级制度的存在，导致社会中一些个体或团体没有机会获得权力、资源和掌握自己的命运，因此社会工作者的使命就是帮助这些边缘或弱势群体获得这样的权力、资源和掌握自己命运的能力。当互联网作为一种新型媒体出现时，数字化的早期论述者尼葛洛庞帝就提出“网络赋权”概念，并将网络赋权与分散权力、全球化、追求和谐称为数字化生存的四大特征。网络赋权理论研究发生了从“为弱者的传播”到“弱者的传播”的转向，打破了赋权作为一种行为特征的自上而下、由强到弱的精英性、单向性。一方面，媒介赋权是一种由他者被动赋予到自我主动获取的能动性力量。青少年作为一个有能动性的生命个体，其成长过程就是一个摆脱家长监护和控制而逐渐自我赋权的过程，是一个逐渐获得权力、资源和掌握自己命运的过程。在这一过程中，手机媒介和移动互联网成为一种强有力的积极的赋权工具。另一方面，新的媒介赋权理论还关注到弱者内部的关系性和连接性，即弱者通过媒介可以形成一种把各种微小力量聚合起来的能力，比如青少年的族群化就获得了一种集体的力量和身份。在赋权理论中，从青少年主体角度而言，亨利·詹金斯（Henry Jenkins）的“参与式文化”理论强调了青少年在互联网使用中的主动性及积极的赋权作用。从宏观社会功能的角度，也有一些技术乐观主义者认为以互联网为代表的科技对青少年群体之间的不平等将有所裨益，比如随着智能手机和移动互联网的普及可以帮助缩小数字鸿沟，给弱势青少年群体提供更多的赋权机会。

2. 使用与满足理论

使用与满足理论是传播学的经典理论之一，解释了受众在使用媒介时的需求及满足。此前的效果研究主要是从传播者或传媒的角度出发，考察传媒是否达到了预期目的或者对受众产生了什么影响，而“使用与满足”理论则是从受众角度出发，强调了受众的主体地位和主动性，通过分析受众的媒介接触动机以及这些接触满足了他们的什么需求，来考察大众传播给人们带来的心理和行为上的效用。

马斯洛需求层次理论将个体发展需要分为五个层次，由低到高依次为生理需要、安全需要、社会交往需要、被尊重的需要和自我实现的需要。青少年在成长过程中的各种需要是其手机使用行为的内在驱动力，这些需要驱动着使用手机的动机和行为意愿，当具备一定条件时产生使用手机行为，以满足或部分满足其发展需要。使用与满足理论认为人们的需要诱发对使用媒介的某种期望和动机，这种期望导致了各种使用行为，并让使用者获得满足和愉悦体验。

但是这一理论也随着媒介环境的变化和研究的深入而发生着变化或受到质疑。使用与满足理论是一个逐渐形成并发展变化的效果理论，多位研究者对此做出过贡献。使用与满足研究以20世纪70年代为分水岭，把该研究划分为传统和现代两个时期。传统时期的研究试图了解人们为什么使用某些媒介内容。20世纪60年代后期，该理论进入了一个新阶段，即现代时期。这一阶段，学者们在研究了人们的动机、期望及传媒作用下人的行为后，开始重点解释它们之间的关系。1969年，丹尼斯·麦奎尔（Denis McQuail）等人调查新闻、知识竞赛、家庭连续剧、青年冒险电视剧等节目，归纳了四种满足的基本类型：娱乐解闷（逃避日常生活中的问题，释放情感）、个人关系（谈话中信息的社会效用，用媒介替代同伴）、自我认同或个人心理（加强价值观，自我了解，了解现实）、环境监测（了解能够帮助或影响个人的信息）。而1973年美国社会学家伊莱休·卡茨（Elihu Katz）、格里维奇（Gurevitch）和布鲁姆勒（Blumler）从关于大众传播媒介的社会及心理功能的文献上选出35种需求，并把它们分为五大类：认知的需要（获得信息、知识和理解）、情感的需要（情绪的、愉悦的或美感的体验）、个人整合的需要（加强可信度、信心、稳固性和身份地位）、社会整合的需要（加强与家人、朋友等的接触）、舒解压力的需要（逃避和转移注意力）。但是研究者逐渐发现，这一理论过于强调个人和心理因素，忽略了社会条件和所处环境的制约，并认为使用媒介完全基于个人的需求和愿望，假设个人对媒介的使用是有目标导向的主动行为。波尔斯和考特赖特在一项研究中发现，人们将电脑用于电子传播，满足的是以下需求：学习、娱乐、社会联系、逃避、消磨时间或出于习惯。使用与网络联结的电脑或信息服务是为了消磨时间，或出于习惯，从而表明了电脑的仪式化的使用方式，而不是选择特定内容用于满足特定需要。相比电脑，手机媒介使用的仪式化特征自然更为明显。还有学者对此理论进行了修正，把使用与满足研究和媒介依赖联系起来，比如1981年温达尔（Windahl）提出“使用与效果”模式，呼吁将效果研究和使用与满足研究结合在一起。在使用与满足的媒介效果中，“对媒介的依赖”受到人们关注。温达尔发现人们越是渴望从媒体那里获得满足或是认为他们获得了满足，他们就越会依赖这一媒体。可以看出，媒介依赖理论是使用与满足理论在效果影响方面的进一步延伸。

3.媒介依赖理论

媒介依赖理论是对人与媒介关系的反思理论，倾向于媒介对人的控制作用和负面效果，强调了媒介对人主体性的削弱和媒介使用的异化。1976年，梅尔文·德福勒（Melvin Defleur）和鲍尔·洛基奇（Ball-Rokeach）的文章《大众传播媒介效果的依赖模式》问世，对媒介依赖理论做出了开创性的贡献。1989年，《大众传播通论》一书出版，该书由德福勒和丹尼斯合著，书中明确提到了媒介依赖的概念。不久后美国学者大卫·阿什德（David L. Altheide）提出“媒介控制”的概念。概括地说，媒介依赖理论就是受众为了满足个体某种需求而不断地使用媒体，产生无法自我控制使用媒体的时间、频率等行为的习惯，这种习惯有可能导致一系列心理或生理上的不适应症状等消极后果。学者们对媒介依赖有较多研究，对于手机媒介依赖的研究也是手机使用的重点主题。有的研究者把媒介依赖和成瘾不加区别地使用。国内外对“媒体依赖”的认定基本有以下三种方式：一是心理病理学角度，把媒体依赖看作是病理性依赖，需要加以治疗，和成瘾概念类似，也有人称为“问题性手机使用”。二是传播学角度，主要是通过对受众的研究来探讨受众对媒体的依赖性关系、原因和可能产生的负面影响。三是媒介社会学角度，从受众—社会—媒介的社会体系中研究宏观依赖，解释媒介依赖产生的原因，受众如何使用媒介进行社会交往和互动。本书因为关注的是更广泛意义上的青少年移动互联网使用行为及影响，不对医学范畴的媒介成瘾进行过多聚焦和关注。因此采取的是第二种方式，认为“成瘾”更偏重于产生严重症状和后果的医学领域，而“依赖”相较于“成瘾”程度更轻，是更具有普遍性的媒介使用现象。当然，我们仍然会借鉴一些相关的医学心理学的研究成果用以加深对媒介依赖的科学认知，尤其是对媒介依赖影响因素的探讨。

三、研究内容与方法

从研究思路上，本书希望能够做到点面结合，既能呈现中国青少年媒介使用的概况，又能够通过对具体使用内容的类型分析和对青少年个案的具体描述，来加深人们的认知，力求研究成果能够全面而深入、具体地解释我们的研究对象和研究问题。具体来说，本书的研究主要包括八个部分的内容，分为绪论和七个章节。

绪论是对研究的缘起和相关的国内外参考文献的综述，在其不足与启示的基础上展开本书的研究，并对本书的研究思路、内容与方法进行了介绍。

第一章是对青少年接触和使用移动互联网的总体情况的分析。本部分采用了“行动者网络”理论，思考了青少年主体、手机与行业发展等多个行动者构成的复杂社会网络，影响着青少年的移动互联网使用过程。首先，回顾了作为主要行动者的手机为代表的移动通信设备的发展历程，并进一步描述了青少年对手机的持有、获得及使用中一些值得关注的问题，比如对高端手机的炫耀性使用和对学生机、老年机的限制性使用，以及青少年在家长监管下的对抗性使用等。然后概括介绍了青少年的移动互联网使用行为。本章在数据使用上主要采用一些权威部门公布的总体数据，并结合课题组的问卷和访谈进行了定量和定性的描述。

第二章是青少年移动互联网使用的类型研究。本部分主要从青少年移动互联网使用的六种主要内容类型进行了研究，在课题调查数据的基础上，结合访谈进行了定性研究，目的是呈现青少年手机使用的不同内容及其影响的具体情况。但是由于本部分内容较多，撰写时各自根据主题需要有所侧重。另外，一张问卷难以涵盖太多问题，需要针对每一类移动互联网使用行为进行单独的问卷设计和调查，如果对相同样本进行问卷调查，则样本对象需要多次填写问卷，考虑到工作量较大，因此每一部分的调查人员和被调查对象并不是一致的，调查工作也是分开进行的，但是为了使问卷调查具有代表性，每一部分的调查样本都考虑到了城乡、年级、性别分布等因素，有效问卷数量均在1000份以上。

第三章是青少年移动互联网使用的文化研究。直播、短视频是当前在青少年群体中较为流行的手机文化消费形态，因此我们选取这一典型应用从文化的角度进行研究。青少年在这一可以自主生产的文化空间中，越来越热衷于以视频的形式记录和分享自己的生活以及有趣的见闻。当青少年可以非常便捷地以视频的形式展示自我的时候，青少年群体的秀文化又将呈现出哪些新的特征？背后又有着怎样的驱动力？这些文化现象背后又体现了青少年群体怎样的社会心态？本部分采用的是定性的研究方法，主要是思辨性的研究，另外结合了文本分析和访谈。由于文化本身的泛在性这一部分没有非常严格地区分网络文化和手机文化，也没有对青少年的年龄进行严格地限制。

第四章是青少年移动互联网使用的个案研究。本章选取了两个典型的青少年个体，一个是以追星行为为主的女粉丝，其网络使用行为体现出较为积极的参与式文化特征。另一个是网络游戏男玩家，代表的是网络使用中以沉迷为特征的娱乐文化，对使用者产生了较多的消极影响。通过对两个青少年互联网使用行为及其家庭的个案研究，来加深对不同使用个体、使用行为及其影响的理解。在研究方法上本部分采取的是深度访谈和文本分析的方法。

第五章是青少年移动互联网使用的影响研究。首先，本章从正反两个方面对移动互联网过度使用对青少年的影响进行了较为系统深入的分析。从正面来说，主要采用赋权理论强调了移动互联网使用对作为弱势群体的青少年的赋权作用和积极意义。从负面来说，主要采用媒介依赖和沉迷成瘾的理论及相关学科的研究成果，分析总结了移动互联网过度使用对青少年产生的各种身心健康的负面影响。然后本部分分析了对青少年移动互联网使用行为及效果产生影响的各种因素。采用生态系统理论分析了影响青少年移动互联网使用行为的各种因素及其相互作用。本部分主要采用的是文献梳理法，吸收了各种相关学科权威、前沿的研究结论及观点，视角综合、概括全面，从而弥补了单一学科及研究的局限，加深了对青少年互联网使用行为产生影响的各种因素的理解，也相应地为解决青少年移动互联网使用的各种问题给予了思路上的指引。

第六章是青少年移动互联网媒介素养研究。青少年的媒介素养是决定其移动互联网媒介使用行为及其影响的主体因素，只有提升青少年的网络媒介素养，才能从根本上减少或杜绝互联网对青少年的不良影响，并能使其具备积极使用移动互联网提升和发展自我的能力。本部分是基于课题组调查数据的定量研究，问卷数量为2000份，希望能通过数据的呈现引起人们对青少年媒介素养问题和媒介素养教育的重视。

第七章是青少年移动互联网媒介教育和保护研究。本部分首先概括了美国、德国、加拿大、英国、韩国等国家在青少年媒介保护与媒介教育方面的研究理论与实践经验，然后分析了中国青少年媒介保护与媒介教育的现状及问题，最后结合其他国家的经验，提出了加强青少年媒介保护和媒介教育的具体对策。

第一章　手机、移动互联网与青少年

一代人有一代人生活的社会土壤、生活方式和媒介使用环境，在转型时期的中国，这种代际变化尤为明显。短短五六十年的时间，电视机从一票难求到普及又到被冷落，而互联网在二十年内已经非常普及，手机从被称为“大哥大”的奢侈品成为人人必备的通信工具。尤其需要强调的是，随着通信技术的迅速发展，今天的青少年史无前例地拥有了个人化的媒介——手机。保罗·莱文森（Paul Levinson）[①]在其2004年的专著《手机：挡不住的呼唤》中说，手机媒介作为通信工具具有前所未有的革命性，具备“一指定乾坤”的神奇功能。事实上，他在写这本书的时候移动互联网还只是处于发展的初期，手机比他预想的功能要更为多元。手机使得麦克卢汉（McLuhan）“媒介即讯息”的预言在今天更具有了理论的解释力，并不在于青少年使用手机具体干了什么，而拥有手机媒介本身就是一种颠覆性的革命，其带来的影响将会超出我们的预料。

对于青少年手机使用的研究需要放置在复杂的社会情境下展开，因为它不可能单纯取决于青少年或者手机或者其他某个因素，而是取决于不同

① 莱文森.手机：挡不住的呼唤［M］.何道宽，译.北京：中国人民大学出版社，2004.

因素之间的互动。关系社会学中的行动者网络理论[①]给我们对于手机在青少年群体中的扩散提供了新的理论视角。行动者网络理论（Actor-Network Theory）是20世纪80年代中期由法国社会学家卡龙（Michel Callon）和拉图尔（Bruno Latour）为代表的（巴黎学派）科学知识社会学家提出的理论。该理论研究了人与非人行动者之间相互作用并形成的异质性网络，认为科学实践与其社会背景是在同一过程中产生，并不具有因果关系，它们相互建构、共同演进，把技术的社会建构向科学、技术与社会关系建构扩展。该理论有三个核心概念：行动者（actor）、转义者（mediator）和网络（network）。其中行动者既可以指人（humans），也可以指观念、技术、生物、组织、思想等非人的物体（non-humans，拉图尔称之为actant）。二者的地位是平等的、去中心化的，任何通过制造差别而改变了事物状态的东西都可以被称为行动者。因此，在青少年移动互联网使用这一科技扩散的过程中，青少年是行动者，手机也是具有能动力量的行动者，家长、生产手机的商家、通信运营商、内容生产商、推动制定相关政策的政府等都是行动者，制造生产相关理念的媒体也是非人的行动者，凡此种种，共同构成了一个异质性的社会网络，相互建构，共同演进，最终决定了青少年移动互联网使用的具体面貌。

第一节　从奢侈品到必备通信工具的社会变迁

最开始，移动通信设备的发展和互联网并没有直接的关系，而是各自沿着自己的技术路线演进，但是最终汇聚到了一起，两者的结合是具有革命意义的进程。最初，电磁波的发现成为整个移动通信的发源点，使得

① 左璜，黄甫全.行动者网络理论：教育研究的新视界［J］.教育发展研究，2012，32（4）：15-19.

“有线电通信”向“无线电通信”转折成为可能。第一代模拟手机也可以称为1G时代，正是根据电磁频率的不同来区别不同用户的手机并进行数据交换的。之后通信技术的发展一直是围绕着如何快速安全地进行数据交换来推进的。2G时代，将无线通信信号进行数字化，能够进行窄带数据通信，但传输速度很慢。3G时代，发展的是高带宽的数据通信，语音通话的安全性有了提高，传输速度也相对较快，能够较好地满足手机上网浏览图文等内容的需求，但是观看视频仍然较慢。4G时代的网络则能够传输高质量的视频图像，并能够满足几乎所有用户对于无线服务的要求。5G时代则更具有划时代的意义，理论传输速度是4G的10倍，可以满足很多工业级的场景应用。这些通信技术的不同体现在用户体验上，主要表现为上网速度及稳定性，这些技术条件以及费用的下降也直接决定了不同时期手机的使用功能以及使用人群的变迁。首先，我们先来看一下以智能手机为代表的移动上网设备是如何走入青少年的生活的。移动设备的更新换代和逐渐普及是推动青少年移动互联网使用行为的物质基础。此外，移动互联网资费的不断下降以及移动娱乐、社交等业务的出现也使得移动上网从白领阶层的奢侈消费演化为青少年人手一机的“玩具”。

一、1G时代：“大哥大”与成功人士的身份象征

任何发明都不是一蹴而就的，而是有着一个逐渐改进发展的过程。事实上，“手机”的发明和出现已经具有上百年的历史。1902年，美国人内森·斯塔布菲尔德（Nathan Stubblefield）制成了第一个无线电话装置，1940年美国贝尔实验室成功造出战地移动电话机，1973年美国摩托罗拉公司工程师马丁·库帕（Martin Lawrence Cooper）发明了世界上第一部民用手机，1979年日本启动了世界上第一个蜂窝移动电话网，1982年欧洲成立了GSM（全球移动通信系统）移动通信特别组，1985年第一台重达3千克

的商用移动电话机诞生[①]。与现代形状接近的手机则诞生于1987年，其重量仍有大约750克。中国内地的第一台手机于1987年11月18日在广东开通，型号为摩托罗拉3200，用户是一位香港商人。1991年中国推出了第一台国产手机——YD9100，由原邮电部第四研究所（现在的电信科学技术第四研究所）研制，高约20厘米、宽约10厘米。此后，手机开启了由缓及快的市场化进程。

从1987年11月中国移动公司运营900MHz模拟移动电话业务开始，到2001年6月30日停止该业务为止，是中国手机市场的1G时代，即手机使用模拟信号的时代。这一时期的手机功能非常简单，基本上只能进行语音通信，效果很不稳定，无法提供其他增值业务。在形体上较为硕大，外表为长方形，因此起初很多人称呼这种手机为“砖头”或“黑金刚”等，后来被一个流行的称呼取代——“大哥大”。这一时期的手机售价昂贵，动辄两三万元，因此使用者多是富有、成功的人士，于是“大哥大”自然而然地成为富有和身份的象征。在这一时期，手机和青少年基本是无缘的，手机只是成年人而且是富有者的通信工具。

二、2G时代：白领阶层与手机的移动娱乐和社交业务

1G的时代是短暂的，在迅速的技术更新下，1993年9月我国正式开启了2G业务。2G是指数字网络第二代移动通信技术，使用数字传输取代了模拟信号，提高了通话效果。2G手机通话使用PHS（个人手持电话系统）、GSM或者CDMA（码分多址通信系统）几种标准制式，其中GSM较通用，1991年在芬兰最早开始商业运营。GSM数字网具有较强的保密性和抗干扰性，音质更为清晰，通话更加稳定。此外，在2G时代，手机可以使用一些第三方

① 百度百科.手机［EB/OL］.［2022-06-30］. https://baike.baidu.com/item/手机/6342?fr=aladdin.

的服务，如彩信业务的GPRS（通用无线分组业务）和上网业务的WAP（无线应用通讯协议）服务，以及各式各样的Java（计算机编程语言）程序等。

2G时代是中国手机用户数量急速增长的时期，使用群体由早期使用"大哥大"的成功人士向城市白领阶层扩散，手机成为上班族的工作工具。手机功能也开始拓展，虽然通话是最主要的方式，但是与互联网结合的其他增值业务开始逐步融入。中国互联网接入6年后的2000年，中国移动推出"移动梦网计划"，紧接着推出GPRS业务，用手机发短信、发彩信成为人们互相沟通的时髦方式，手机用户还可以享受移动游戏、移动办公、掌上理财、信息点播、旅行服务等。此后移动社交业务开始迅猛发展。以腾讯公司为例，1998年11月公司成立，推出无线互联网寻呼业务，3个月后开通即时通信服务。一年之后即时通信软件QQ（腾讯QQ的简称）用户注册数突破100万，然后仅又用6个月的时间注册用户破千万，2000年6月"移动QQ"进入联通"移动新生活"，2001年2月腾讯QQ注册用户数已增至5000万，一年之后用户数量突破1亿。2003年，中国的移动互联网进入WAP时代，用户可以利用手机收发电子邮件、浏览新闻、下载图片以及网上购物等。在这一时期，移动互联网从单纯的信息提供向社交化方向发展。2003年8月腾讯公司推出的"QQ游戏"再度引领互联网娱乐新体验，2004年4月QQ用户突破3亿。手机不再是简单的通信工具，它已经开始成为娱乐社交生活的重要媒介。但是这一时期，手机仍然是较为昂贵的设备，性能也较为有限。如2004年9月上市的摩托罗拉V3是当时的爆款机型，以700美元的价格一年时间销售了1.3亿部。除了基本的通话和短信功能外，支持彩信、拍照、视频、音乐等功能，内置了小游戏俄罗斯方块等，内置了WAP2.0网络浏览器，支持蓝牙，可以通过GPRS访问WAP网络。但是其摄像头仍然只有130万像素，主屏分辨率则更小，只有176×220像素，其大小大概是现在多数智能手机的十分之一左右。有趣的是，有新闻报道一个外国人在2014年体验了这款十年前的经典手机一个月，结果感觉是

"'地狱'般的使用感受"[①]。另一方面，当时的无线流量资费也价格不菲，比如中国移动在2004年的资费单显示，每个月500M的商务套餐需要交费200元，这还只是上网流量费用，不包括其他业务。因此，在中国移动互联网发展的早期，由于移动设备和资费的昂贵，用户多是收入较高的白领阶层，还没有普及到青少年群体。但是由于互联网的出现一些青少年群体开始成为互联网网民，这为今后发展成为移动互联网用户提供了基础。当然，这一时期手机对青少年而言还是奢侈品，人们也普遍认为青少年还没有使用手机的必要。

三、3G时代：智能手机与青少年手机网民的剧增

3G就是第三代移动通信技术，相对于前两代技术，其突出特点是将无线通信与国际互联网等多媒体通信结合在一起。它能够处理图像、音乐、视频流等多种媒体形式，可以提供包括网页浏览、电话会议、电子商务等信息服务。国际电信联盟在2000年5月确定了W-CDMA、CDMA2000、TD-SCDMA三大主流无线接口标准，并写入3G技术指导性文件——《2000年国际移动通讯计划》。[②]这些标准规定移动设备在室外静止或步行时速率为384Kbps，而室内为2Mbps。虽然这些数据速率在实际环境中会受到一些影响，但是总体上说，3G时代的网络传输速度比2G时代快了不少，有人测算大概是4倍。不过，3G时代虽然传输速度明显提高，浏览网页、图片等较为流畅，但是观看视频仍然较慢，存在卡顿现象。

3G商用最早的国家是日本，日本于2001年开始发放经营许可牌照，并在

① 爱范儿.曾经无冕之王摩托罗拉Razr V3再体验：地狱般［EB/OL］.（2014-07-03）［2022-06-30］. https://tech.sina.com.cn/mobile/n/2014-07-03/08379474387.shtml?from=wap.

② 佚名.第三代移动通信常识［EB/OL］.（2009-06-01）［2022-06-30］. http://www.elecfans.com/3g/base/2009060165003.html.

同年10月运营商NTT（日本电报电话公司）实现了3G网络的正式商用。2004年欧洲各国也正式开通了3G网络。美国于2009年开始3G网络的商用。2009年1月7日，中国工信部向三大运营商发布了3G牌照，开启了中国互联网的3G新时代。不过，3G网络自2004年在全球主要国家开始商用以来，其用户增长量以及终端销售量并没有预期的理想，直到2010年第一季度3G手机销量才开始超越2G手机，渗透率达到50%。中国在2012年8月3G手机出货量超过2G手机，实现50%渗透率，但是却迅速在2014年2月达到峰值，为83.8%。[①]

需要强调的是，在3G时代智能手机开始在中国市场普及。1999年底，摩托罗拉公司推出了一款名为A6188的智能手机，这是“智能手机”的概念首次被正式推向市场。该手机采用了公司自主研发的龙珠CPU（中央处理器），支持WAP1.1无线上网，采用了PPSM（Personal Portable Systems Manager，便携系统）操作系统。同时，这款手机还支持中文手写识别输入，是全球第一部具有触摸屏的手机。但是这一手机屏幕仍然较小，主屏只有320×240像素。之后各种各样的智能手机相继诞生，直到2007年第一代苹果手机出现，真正意义上的大触摸屏智能手机开始进入中国市场。2007年11月5日，Google（谷歌）公司公布了Android（安卓）手机操作系统，为触屏智能手机时代的到来做出了里程碑式的贡献，因为此后很长时间智能手机基本采用的是苹果和安卓两个系统。

智能手机具有三个特点，首先是独立的操作系统，允许用户自行安装软件、游戏、导航等第三方服务程序，其次是可以通过移动通信网络来实现无线网络接入，再次则是具有大屏全触屏式的屏幕。随着智能手机核心部件成本的快速下降，国产智能手机的价格越来越平民化，千元机开始大

① 杨明辉，黄浩阳.电子行业周报：从3G、4G商用时间与终端渗透率看5G进展［EB/OL］.（2018-11-18）［2022-06-30］. https://stock.finance.sina.com.cn/stock/view/paper.php?symbol= sh000001&reportid=595866938840&autocallup=no&isfromsina=no.

量出现，中国手机开始推向市场，从而使得移动互联网使用不仅向三四线城市和农村转移，也使得青少年开始拥有了这个原本属于成年人的通信工具。在这一时期，由于智能手机操作的人性化和娱乐功能的丰富，以及价格的下降，青少年群体尤其是城市青少年群体开始成为手机市场的主要消费用户之一。2009年2月10日，世界电信产业联盟GSMA协会和韩国KTF电信公司表示，对韩国、日本、中国、印度和墨西哥5个国家的6000多名12—18周岁青少年进行了调查，结果显示，韩国青少年的手机普及率最高，达到80.6%。其次是日本（77.3%）、墨西哥（64.0%）、中国（48.9%）和印度（30.6%）。[①] CNNIC（中国互联网络信息中心）的调查数据表明，青少年手机网民从2009年的1.41亿人增加到2014年的2.43亿人，普及率从74.0%增加到87.6%（图1-1）。

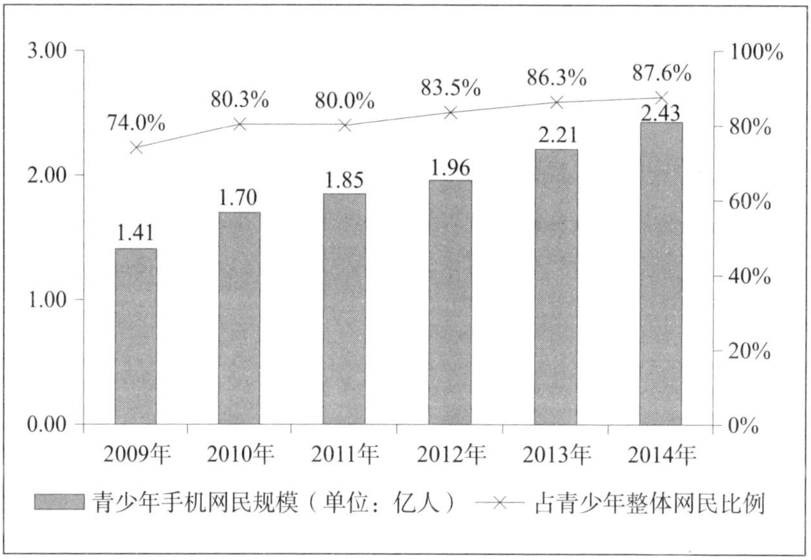

图1-1　青少年手机网民规模及占比发展趋势

数据来源：2009—2014年中国互联网络发展状况统计报告

① 中关村在线.中国青少年半数有手机普及率达48.9%[EB/OL].(2009-02-11)[2022-06-30]. https://m.zol.com.cn/article/1218629.html.

四、4G时代：移动互联网在青少年中的普及

4G即第四代移动通信技术。2G、3G都主要依靠基站控制连接无线资源管理器再连接核心网，而4G的进步则是改成基站直接连接核心网，使得整个网络结构更加扁平化，时延被大大降低，因此视频的传播速度也明显提升。从理论上说，4G可以提供150M/50Mbps的传输速度，达到了3G的10倍，所以人们有“3G时代看图片、4G时代看视频”的说法。

4G标准有两个，分别是TD-LTE以及FDD-LTE（两种长期演进技术的缩写），在2010年12月完成了两个标准的确定。同年，日本、欧洲地区的一些国家开启了4G的商用进程，美国也在2011年初开始了4G的商用。相对这些国家，我国4G的商用时间稍晚，2013年12月4日工信部正式向中国移动、中国电信和中国联通三大运营商发布TD-LTE经营许可牌照，2014年下半年正式开始商用。2015年2月27日工信部向中国电信以及中国联通颁发FDD-LTE牌照，2018年4月3日，工信部向中国移动颁发FDD-LTE牌照。

在4G时代，智能手机终端快速普及。2016年，全球手机出货量为14.5亿部，其中4G手机出货量为11.7亿部，占比达到80%，从开始商用到渗透率达到80%约用了6年时间，中国虽然4G商用起步较晚，但渗透速度惊人：2014年一季度4G手机市场份额还只有7.4%，到2015年一季度末4G手机渗透率已经达到80%，4G手机的渗透率从0%—80%仅仅用了15个月。[①]2017年1月，国内4G手机渗透率已经达到了96%。可以说，这一时

① 杨明辉，黄浩阳.电子行业周报：从3G、4G商用时间与终端渗透率看5G进展［EB/OL］.（2018-11-18）［2022-06-30］. https://stock.finance.sina.com.cn/stock/view/paper.php?symbol=sh000001&reportid=595866938840&autocallup=no&isfromsina=no.

期智能手机基本普及，手机价格从不足千元到数千元不等，网民使用手机上网也成为主要应用。

这一时期宽带等基础设施的提升和移动通信资费的下降也成为推动移动互联网普及的重要行动力量。2013年国务院发布了“宽带中国”的战略实施方案，宽带首次成为国家战略性公共基础设施。截至2017年12月我国互联网基础设施建设保持较快增长态势，光缆线路总长度达3606万千米、互联网带宽接入端口数量达7.6亿个、移动电话基站总数604.1万个。[①]“提速降资”是近些年来移动通信的总体趋势。自“宽带中国”战略实施以来，伴随着Wi-Fi（移动热点）的广泛铺设及移动设备价格的下降，人们深切感受到移动互联网络的普及和宽带进一步提升带来的技术便利。不同于之前电话卡的办理以通话时长、短信数量来选择更优的方案，现在人们更加关注移动数据的流量情况。值得注意的是，各大运营商积极制定优惠政策来获取学生这一人群的青睐，比如中国移动和中国联通都推出了“校园套餐”，最初一年付费200元，套餐包含4G（4GB的简称）的高速流量、300分钟通话和300条短信。2019年套餐中的流量升级到30G，其中中国移动还额外赠送30G的定向视频流量（爱奇艺、优酷、抖音等）。在运营商不断降低资费的同时网速也在不断提升。根据2019年9月公布的第44次《中国互联网络发展状况统计报告》数据显示，与五年前相比，移动宽带平均下载速率提升约6倍，用户月均使用移动流量达7.2GB，为全球平均水平的1.2倍，2016年上半年中国的移动互联网接入总流量为37.5亿GB，2019年上半年这一数据飙升到553.9亿GB，三年之中上升了十几倍。[②]

基础设施的不断完善、手机套餐资费的不断降低、使用人群的递增趋

---

① 中国网信网.第41次《中国互联网络发展状况统计报告》[EB/OL].（2018-01-31）[2022-07-30]. http://www.cac.gov.cn/2018-01/31/c_1122347026.htm.

② 中国网信网.第44次《中国互联网络发展状况统计报告》[EB/OL].（2019-08-30）[2022-07-30]. http://www.cnnic.net.cn/hlwfzyj/hlwxzbg/hlwtjbg/201908/t20190830_70800.htm.

势，进一步加速了移动互联网应用的发展，准确地说，这些因素就如行动者网络理论所主张的那样，不是谁决定了谁，而是相互促进。新闻资讯、即时通信、网络娱乐、网络购物、移动支付等各类应用的开发，流量套餐、Wi-Fi带来的用户24小时在线，语音、视频、图片、文字多种呈现方式，沟通零成本、即时便捷，移动互联网成为我们使用最频繁的电子工具，甚至有人笑称“手机在手，天下我有”，“足不出户尽知天下事、动动手指就可以买到所有的家居用品并送货上门”。需要强调的是，在这一时期，视频服务也成为青少年手机上网的主要内容，利用手机看电影、玩游戏、看动画日渐成为他们的主要消费方式。此外，手机自拍、QQ、微信朋友圈等手机社交App（应用程序）在青少年中也非常普及。这一时期，手机网络游戏开始流行，2017年腾讯开发的《王者荣耀》受到青少年群体的热捧。根据感应塔数据公司（Sensor Tower）整理的2017年全球iOS（苹果系统）手游收入榜单显示，《王者荣耀》全球夺冠。[①]美国市场研究公司超级数据（SuperData）指出，2017年全球移动游戏市场收入达到592亿美元，腾讯旗下移动游戏《王者荣耀》收入排名第一，全年收入达到了19亿美元。[②]此外，值得注意的是，2015年前后，依托移动互联网的网络直播、短视频业务开始流行，并吸引了广大青少年的参与，年轻人越来越热衷于以视频的形式记录和分享自己的生活以及有趣的见闻。根据中国互联网络信息中心第42次《中国互联网络发展状况统计报告》（简称第42次《报告》）[③]显示，截至2018年6月，我国网络直播用户规模达到4.25亿。短视频是继网络直

① 界面新闻. 2017年全球最“吸金”的十款手游《王者荣耀》居首位［EB/OL］.（2018-01-23）［2022-07-30］. https://baijiahao.baidu.com/s?id=1590340565270966948&wfr=spider&for=pc.

② 手游那点事.《王者荣耀》是2017年最赚钱手游，全年收入19亿美元［EB/OL］.（2018-02-01）［2022-07-30］. http://chanye.07073.com/guonei/1727411.html.

③ 中国互联网络信息中心. 第42次《中国互联网络发展状况统计报告》［EB/OL］.（2018-08-20）［2022-07-30］. http://www.cnnic.net.cn/hlwfzyj/hlwxzbg/.

播之后的又一个热点应用，是指以新媒体为传播渠道，时长在5分钟以内（网络时代，短视频时长没有特别具体的定义，一般来说5分钟以内）的视频内容，是继文字、图片、传统视频之后新兴的一种内容传播形式，具有时长短、制作门槛低、社交属性强等特点。第42次《报告》显示，截至2018年6月，综合各个热门短视频应用的用户规模达5.94亿，占整体网民规模的74.1%；合并短视频应用的网络视频用户使用率高达88.7%，用户规模达7.11亿。在短视频平台的典型代表快手上，2017年底，短短一年时间快手累计注册用户从年初的4亿快速增长到7亿，日活用户超过1亿，UGC（用户生产内容）每日生产视频内容超1000万条。[①]根据企鹅智酷在2018年发布的《快手＆抖音用户研究报告》显示，快手和抖音两款短视频App中，一线城市用户仅占10%左右，三四线城市的用户则占60%。另外，平台用户以年轻群体为主，24岁以下用户快手平台为66.6%，抖音平台为75.5%。[②]

正是在作为移动互联网终端的智能手机的普及、宽带提速降费、移动互联网应用的发展等多种因素的促进下，越来越多的青少年成为移动互联网网民。第44次《中国互联网络发展状况统计报告》显示：截至2019年6月，19岁以下网民占总体网民规模的20.9%，人数为1.79亿。[③]2019年3月共青团中央维护青少年权益部、中国互联网络信息中心（CNNIC）共同发布的《2018年全国未成年人互联网使用情况研究报告》显示，未成年人的互联网普及率达到93.7%，明显高于同期全国人口的互联网普及率

① 南方网. 2017短视频行业盘点：领域空间巨大 下半场看点不断［EB/OL］.（2018-01-09）［2022-07-30］. http://it.southcn.com/9/2018-01/09/content_180206520.htm?COLLCC=4273532072&.2018-01-09.

② 腾讯网.热潮下的社交短视频：快手＆抖音用户研究报告［EB/OL］.（2018-04-09）［2022-07-30］. http://tech.qq.com/a/20180409/002763.htm.

③ 中国网信网.第44次《中国互联网络发展状况统计报告》［EB/OL］.（2019-08-30）［2022-07-30］. http://www.cnnic.net.cn/hlwfzyj/hlwxzbg/hlwtjbg/201908/t20190830_70800.htm.

（57.7%），未成年网民中使用手机上网的比例为92.0%，使用其他设备上网的比例均未超过50%，未成年网民中独自拥有上网设备的比例达到77.6%，其中拥有手机的比例为69.7%。[①]

五、5G时代：高速上网与人工智能的技术想象

5G即第五代通信网络，和之前几代技术不同的是，利用超高频段数据传输技术不仅极大地提高了传输速度，还增加了传输的稳定性，而且解决了之前中低频段资源紧张的问题。在传输速度上，其峰值理论传输速度可达每8秒1GB，这个数字要比4G网络的传输速度快数百倍。中国在5G时代技术上走在了全球的前列。随着2016年于乌镇举办的第三届世界互联网大会上美国高通公司推出5G技术原型——第五代移动电话行动通信标准，越来越多的商业力量如中国的华为、韩国的三星电子、欧盟的爱立信等都投入5G网络研发中。华为率先取得突破，2019年6月6日，中国正式向四大运营商发放了5G牌照，开启了5G的商用进程。[②]5G牌照一推出就引发热议，5G技术具有颠覆性的进步，激发了人们的各种想象，尤其是为工业应用提供了巨大的空间。有人认为，在5G时代，“我们面临的将是一个万物互联的世界！这个世界可能远远超过你我的想象！”2019年6月25—28日，为期3天的2019世界移动大会上，5G成为热点。从交通出行到垃圾分类，从教育、娱乐到医疗、农业，包罗万象，各展商纷纷将5G作为主打。目前5G的创新应用主要集中在超高清视频、5G+VR（虚拟现实）/AR（增强现实）文旅、智慧交通服务、远程医疗、智慧城市等方面。在硬件方面，

---

① 中国新闻网.报告：我国未成年网民规模1.69亿 普及率93.7%［EB/OL］.（2019-03-26）［2022-07-30］. http://news.sina.com.cn/o/2019-03-26/doc-ihsxncvh5782138.shtml.

② 百度百科. 5G网络［EB/OL］.［2022-07-30］. https://baike.baidu.com/item/5g%E7%BD%91%E7%BB%9C.

大会期间中国移动联合31家合作伙伴，发布了42款最新5G商用终端及解决方案。中国联通也推出了6大品类23个品牌34款5G终端产品，并展示了手机云游戏、VR娱乐等应用场景，以及监控摄像头、摄像背包、电力巡检机器人等多类5G行业终端。但是5G技术的基础设施、关键技术、终端及行业应用等都还处在探索阶段，正如人们所说的"4G改变生活，5G改变社会"，技术的进步带来的不只是整个产业链而是整个社会的变革，而随着网速的提升，手机使用对青少年的影响将更加深入。

从以上我们对通信网络和移动设备发展历史的简单梳理可以看出，以手机为代表的移动通信经历了一个日渐普及的大众化过程，使用者从早期的社会富有阶层向后来的中下层民众扩散，使用功能从早期的语音通话到移动互联网的娱乐、社交应用为主，手机上网的普及使得青少年群体日益成为移动通信设备使用的重要群体。

第二节　青少年的手机持有、获取与使用情况

手机虽然不是唯一的移动上网设备，但却是青少年上网最普遍、最具有代表性的媒介。在各种移动设备中，为什么手机脱颖而出？青少年们是如何获得自己的手机的？青少年手机使用又存在哪些值得探讨的问题？

一、青少年的手机持有与获取情况

和传统媒体相比，以手机为主的移动新媒体设备具有良好的便捷性和内容的丰富性。从形态上来看，除了手机的迭代更新所带来的各种新功能，各种各样的平板电脑、可穿戴设备的出现也能够满足不同场景和应用的需要。从内容上来看，移动设备的信息更新速度快，通过移动互联网，不仅

能够快速获取各类信息，还能做到即时分享。因此，以手机为主的新媒体设备倍受青少年青睐，加之社会经济和互联网技术的发展，青少年拥有移动设备的数量、种类也逐年上升。

1.青少年移动设备的持有情况

首先，手机是移动设备中最为普及最受欢迎的终端。2021年共青团和CNNIC联合发布的《2020年全国未成年人互联网使用情况研究报告》(简称《报告》）表明，2020年我国未成年网民规模达到1.83亿，未成年人的互联网普及率达到94.90%，如图1-2所示，未成年网民中使用手机上网的比例为92.20%，其次是使用平板电脑，比例为39.60%，台式电脑比例为36.90%，笔记本电脑为30.30%。①

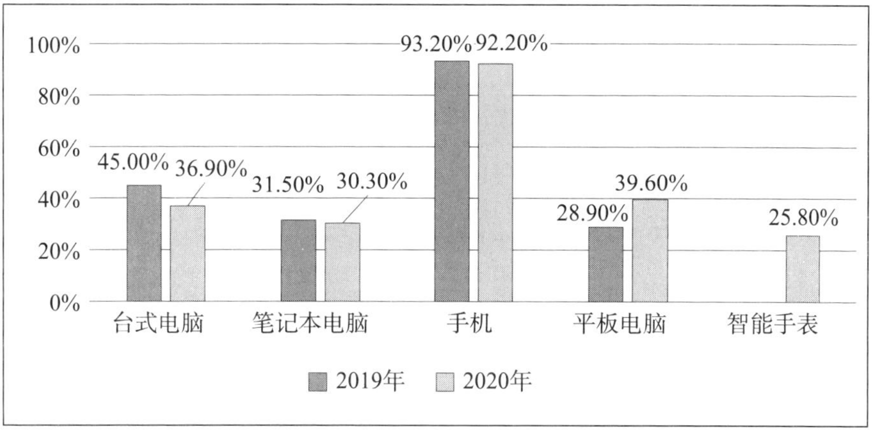

图1-2　未成年网民上网设备使用情况

资料来源：《2020年全国未成年人互联网使用情况研究报告》

另外，该《报告》显示，未成年网民中拥有属于自己的上网设备比例达到82.90%。如图1-3所示，手机是未成年网民拥有比例最高的上网设备，

① 中国互联网络信息中心.2020年全国未成年人互联网使用情况研究报告[EB/OL].(2021-09-15)[2022-07-30]. http://www.cnnic.net.cn/hlwfzyj/hlwxzbg/qsnbg/202107/P020210720571098696248.pdf.

达到65.0%；其次为平板电脑，比例为26.0%。[1]

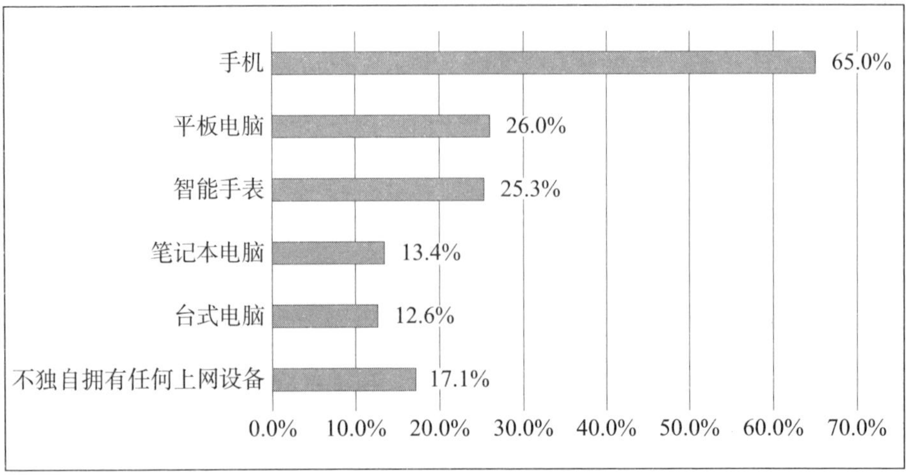

图1-3 未成年网民上网设备拥有情况

资料来源：《2020年全国未成年人互联网使用情况研究报告》

这一数据是针对6—18岁的未成年人的，而对于14岁以上的青少年拥有自己手机的比例肯定要高得多。课题组分别选取大中小城市在初中、高中生中共发放回收问卷8469份，拥有手机的比例为92.4%。人性化的操作、强大的功能和漂亮的外形，使得手机不再仅仅作为通信工具而存在。对于青少年来说，除了基本的功能外，智能手机的吸引力主要体现在上网娱乐和各种App的应用上。另外，可触摸的大显示屏是智能手机相较于其他移动设备的一大优势，大显示屏手机在浏览网页、玩游戏、观看短视频时体验感更好。

其次，作为一种移动上网设备，平板电脑也深受青少年的喜爱。平板电脑更像是手机和个人电脑的结合体，兼具大屏幕和方便携带的优点。2010年，苹果公司推出的iPad在全世界掀起使用平板电脑的热潮，也吸引

① 中国互联网络信息中心. 2020年全国未成年人互联网使用情况研究报告［EB/OL］.（2021-09-15）［2022-07-30］. http://www.cnnic.net.cn/hlwfzyj/hlwxzbg/qsnbg/202107/P020210720571098696248.pdf.

了不同行业、不同品牌的厂商纷纷加入生产平板电脑的大潮中来。平板电脑在市场上的品牌和种类繁多，价格也有所差异，从最低几百元到最高几万元不等。和台式电脑相比，平板电脑深受青少年喜爱的原因在于：首先是观看视频方便，相对于一般的智能手机，平板电脑的屏幕尺寸更大，能获得较好的使用体验。其次是移动便携，平板电脑以触摸屏为输入设备，不需要使用外置键盘。因此和笔记本电脑相比，平板电脑更轻薄，可以随意转换使用场所。另外，平板电脑作为一种方便移动的功能性设备，为青少年的移动学习提供了一定的便利。市场上很多平板电脑都是专为学生设计的，这些平板电脑可以设置程序的使用时间，方便家长对青少年平板电脑的使用进行监督。另外，这些平板电脑还有强大的资源支持，使青少年可以快速方便地获取知识资源。

2.青少年的手机获取情况

随着科技的进步和经济的发展，青少年的新媒体接触时间远大于对传统媒体的接触，在接触互联网时，也更倾向于使用以手机为主的移动设备。调查发现，青少年对手机的获取主要有如下途径（图1-4）：

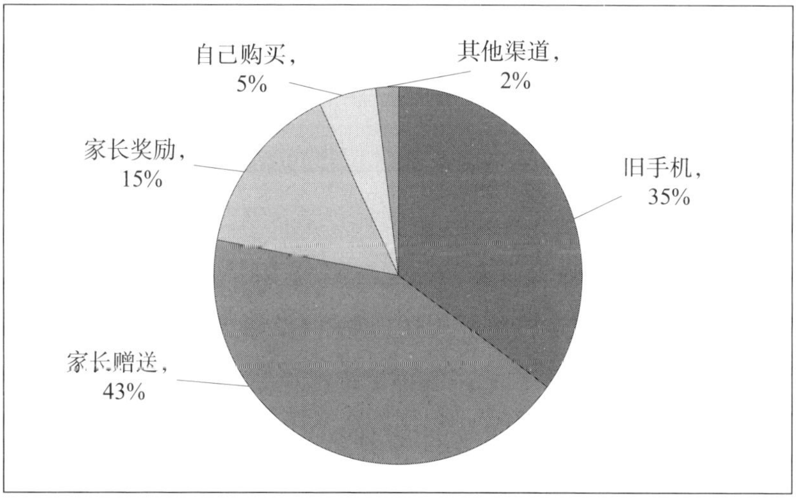

图1-4　青少年手机获取渠道情况

第一种途径是使用家长淘汰下来的旧设备。就手机来说，相当一部分青少年使用的是家长更新手机时替换下来的旧手机，占比35%。第二种途径是家长赠送与奖励的新手机。随着手机制造成本的降低，手机价格下降，功能强大、价格合适的手机成为家长送孩子礼物的一种选择，占比43%。此外，有些家长还把手机作为对孩子表现良好的奖励手段，占比15%。第三种途径是自行购买。经济的发展使家庭生活水平总体上得到提升，青少年可支配的压岁钱、零用钱增多，购买手机成为青少年消费的选择之一，尤其是对于家长不同意购买手机的青少年来说，他们倾向于积攒零花钱偷偷购买，但这部分青少年仍然是少数人，占比5%。

当青少年能够对手机机型进行自主选择时，影响青少年选择的因素主要有：第一是朋友推荐，作为群体的一员，青少年出于对认同的需要，更倾向于倾听朋友的意见。在购买手机之前，青少年会在朋友之间进行咨询和讨论，向手机介入程度高的同学进行讨教，来帮助自己做出购买决策，同时这种咨询也可以有效降低自己手机不受欢迎的风险。除了朋友推荐，手机广告尤其是偶像代言的广告也能够对青少年手机购买行为产生较大的影响。青少年正处于情感充沛和容易冲动的年龄，购买活动以情感导向型为主。青少年更在意产品的外观，广告中风格独特、科技感十足、颜色饱满、有光泽的产品图片以及他们的偶像的推荐更容易打动他们，使他们产生购买冲动和购买行为。除了朋友和广告及偶像的影响外，青少年也会利用网络对手机的产品信息进行搜集和对比，结合家庭经济情况和家长意愿，最终为自己选择一部喜爱的手机。

决定青少年购买手机的主要因素是手机的功能、外观和价格。课题组的调查发现（图1-5），中学生所购手机价格在2000—3000元的占比73%，5000元以上的占比3%，3000—5000元的占比5%，在1000—2000元的占比17%，1000元以下的占比仅为2%。

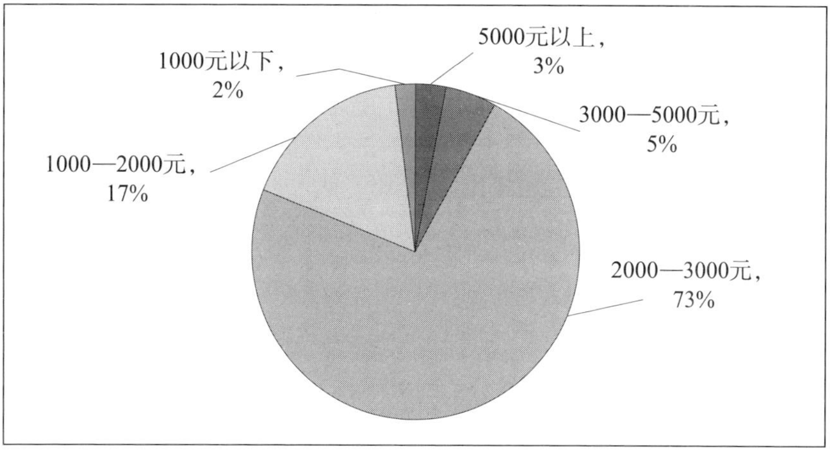

图1-5　青少年持有手机的价格分布情况

2000—3000元的手机之所以成为青少年的主要选择，一方面是因为家长为孩子购买手机时，会担心过高价格的手机容易让孩子产生炫耀心理或保管不当造成损失，另一方面也因为这一价格区间的手机在性能、外观、质量上基本能满足青少年的需求，而且多数青少年也同样认为没有必要购买昂贵的手机。

虽然影响青少年手机获取的因素较多，但是，家长的态度是直接的影响和决定因素。在青少年购买手机方面，家长的态度主要有三种。

第一种是家长对手机的低龄化存在着较为普遍的担忧。和成年人相比，青少年的自制能力更弱，手机的使用会分散青少年的注意力，使其沉迷娱乐或者接触不良内容，从而影响其学业。此外，手机过度使用会影响青少年的睡眠，手机辐射同样会影响青少年的健康。除此之外，家长们担心购买手机会使孩子产生攀比心理。

第二种是家长对青少年使用手机持乐观态度，他们认为青少年应该精通手机等科技产品，才能在未来的竞争中保持优势，过分限制孩子的使用可能导致孩子跟不上时代潮流。也有一部分家长认为孩子有一定的自制力可以抵御手机的诱惑，只要加以合理引导，手机会在孩子的成长过程中发挥积极作用。此外，出于对孩子安全的考虑，家长希望能够随时联系到孩子，并及时了解孩子的状态，而手机、智能手表等移动设备能够使青少年与父母保持顺畅的联系。也有少量家长会出于攀比或炫耀心态为孩子购买手机，希望自己的孩子在同学们面前不要“低人一头”。这类家长在为孩子购买手机时较少顾虑，也较为主动，甚至有的家长出于溺爱和炫耀心理主动给孩子购买昂贵的手机。

第三种是家长持矛盾的态度。这一类家长数量较多，他们一方面觉得孩子持有手机是大势所趋，具有实用性，另一方面也担心手机使用对孩子产生不良影响。这类家长在为孩子购买手机时存在犹豫态度。当然，对于孩子使用智能手机之后的监管和影响则是随之而来的问题。

二、学生机与老年机：青少年手机的限制性使用

青少年对手机的使用分为工具性应用和情感性应用两种。工具性应用包括接打电话、收发信息、学习软件、生活应用（如日常消费、地图）等。在学习过程中，青少年需要使用手机收取老师发在微信群的作业要求或打卡等。情感性应用包括娱乐放松、社交等。对于青少年手机使用的工具性应用家长较为支持，也是其为子女购置手机的主要目的。但是事实上，青少年使用手机往往以情感性应用为主。手机确实能为青少年带来满足感和愉悦感，但它的负面影响同样是显而易见的。无节制使用手机上网不仅会影响学业，还会导致青少年视力下降、睡眠不足。此外，手机上网具有私密性和个人性，青少年在浏览网络信息时，容易受到色情、暴力等不良信息的侵害。因此，家长对青少年使用手机存在矛盾心理。为了解决这一矛盾，有一些生产厂家开始推出学生手机（学生机）。

学生手机是指专为学生研发和设计的手机，适合从小学、初中到高中各个阶段的学生使用。通常，学生机价格相对便宜，在功能上突出学习资

源和娱乐限制功能。[1]早在智能手机还没有很普及的2012年，市场上就已经出现了专为学生设计的手机。如万利达学生派Z500就是一款专门为学生打造的手机，将学习资源、电子词典、远程监控整合于一体。学习资源方面，Z500囊括了从小学到高中所有科目，以及大学四、六级英语学习等内容，用户可以直接下载使用。此外，这款学生机还提供了家长控制功能，家长可以禁止第三方软件游戏的安装，控制软件游戏的运行，也可以控制孩子的上网时间与访问的网站。

一般来说，专门为学生设计的手机有如下功能：视力监测传感器，实时监测用户眼睛到屏幕的距离，当低于安全距离时，会做出提醒；内置学习工具和资源平台，青少年获取学习资源时简单方便；拦截与阻隔程序，学生机只接受适合青少年使用的软件，对容易上瘾的游戏等软件进行限制；家长监控系统，家长可以监控孩子的浏览记录，禁用手机内部分软件，控制设备的使用时间，还能对孩子进行定位，了解孩子的动态。

除了专门的学生手机外，有些手机（如华为）还可以设置为“学生模式”。在设置界面开启“学生模式”后，家长能够随时控制孩子使用应用的种类、时间点和时长，防止过度沉迷手机。另外，在“学生模式”下手机会自动对不健康的网站进行屏蔽和拦截，避免不良信息的侵害。

对于家长来说，为孩子购买学生机可以缓解对孩子使用手机的担忧，但青少年对学生专用手机的态度是比较抵触的，与平板电脑等移动设备不同，手机更趋向于私人化和隐秘化，使用学生机或开启学生模式会使青少年产生被控制的不愉悦感，严重者会产生叛逆情绪。因此，学生机的推行效果并不好，已从最初的火热逐渐淡出市场。

此外，还有的家长会为孩子选择购买“老年机”。老年机是指厂家专门针对老年群体推出的手机，大部分属于非智能手机，功能上以接打电话为

① 百度百科.学生手机：小学到高中各阶段学生使用的手机［EB/OL］.［2022-07-31］. https://baike.baidu.com/item/学生手机/9644796.

主，采用大按键、大音量等符合老年人使用习惯的功能和界面设计。因为其往往限制上网或者根本不能上网，所以也成了一些家长给孩子购买手机的理想选择，但是青少年往往对这种手机存在抗拒心理，需要家长和孩子之间的协商和沟通。

可以说，以学生机和老年机为代表的手机设备都是围绕着青少年手机使用产生的观念冲突及其解决方案出现的。家长们对青少年普遍存在着“望子成龙”“业精于勤荒于嬉”的心态，希望孩子能够好好学习，而手机和移动互联网的使用则容易引发家长们的担忧，通信行业也对此做出了一定的响应。然而智能设备和移动互联网应用是大势所趋，这种堵的方式不能解决根本问题，也容易引发青少年的反抗，所以效果并不理想，如今这些学生机和老人机在市场上已成为明日黄花。

三、高端手机：青少年手机的炫耀性使用

19世纪末，制度经济学派的开山鼻祖托斯丹·邦德·凡勃伦（Thorstein Bunde Veblen）在《有闲阶级论》一书中提出“炫耀性消费”的概念。凡勃伦认为：“那些难于种植并因此昂贵的花并不必然比野生的花漂亮，对于牧场和公园，一头鹿显然没有一头牛有用，但人们喜欢前者是因为它更加昂贵、更加没用，而不生产只消费是荣耀的，这种行为代表着个人的勇武和尊严。”[①]也就是说，人们在进行消费时存在这样一种心理：和商品的使用价值相比，其象征价值要重要得多。随着社会经济的发展，炫耀性消费已经成为一种普遍现象，商品的购买不仅仅以实用为目的，而是为了用商品作为自己的资本进行展示和炫耀，以体现自我的实力和地位。炫耀性消费本来是有钱阶层提高自身身价区别于其他阶层的一种方式，但往

① 凡勃伦.有闲阶级论［M］.程猛，译.北京：北京出版社，2012：34.

往一些经济实力不高的人群中也存在这样的现象。他们用这样非健康的消费形式满足自己虚荣的心理需要。青少年群体虽然没有经济收入，但由于心智尚不成熟，喜欢追求新事物，其消费方式和消费行为容易受到他人的影响，这也是炫耀性消费现象在青少年群体中频频出现的重要原因。

炫耀性消费是人们彰显自己的一种途径，青少年炫耀性消费不仅仅表现在对高端手机的钟爱上，还表现为对其他移动设备的追求，如智能手表、平板电脑等。随着经济的发展，青少年可支配的零花钱增多，许多家长在鼓励孩子学习时也会使用物质奖励方式，加之青少年缺乏正确的消费观做引导，又处于喜爱新鲜事物、渴望得到认同的年龄阶段，因此容易受到炫耀性消费观念的影响。除此之外，社交网络也一定程度上促进了青少年的炫耀性消费。首先，社交网络为青少年提供了炫耀性消费的平台，通过在朋友圈、微博等平台发布动态，青少年可以对自己手中的移动设备进行展示，收获点赞和评论。其次，许多App会对上线账号的手机品牌甚至型号、内存等进行显示，如QQ、微博等，在平台发布动态时，会在账号旁或动态底部显示“使用某某手机发布”“某某平板在线”等。这样一来，社交网络就成为高端手机等移动设备的平台。为了发布一条显示高端手机型号的动态，有的青少年甚至会借用其他同学的手机发布信息，满足自己的炫耀心理。青少年是消费的特殊群体，炫耀性消费行为不仅会加重家庭负担，还会一定程度上扭曲未成年人的价值观。对于这一不合理行为，家庭、学校、网络平台以及社会都应该负起责任，加强引导，帮助青少年树立起正确的消费观。

四、学校、家长的管控与青少年手机的对抗性使用

青少年大多属于在校生，因此，学校与家长一样，成为当前管控青少年手机使用的主要力量。

调查发现，无论是对学校的管理还是家长的制约，青少年都会以各种方式为自己争取手机使用的时间和权利。访谈发现，大约60%的青少年希望自己有自主使用手机的权利，认为自己可以很好地控制手机使用时间，并且希望延长玩手机的时间。即使在老师的监管下，学生仍存在不同程度的使用手机的情况。对于父母的管控，即使父母规定了玩手机的时间，不少孩子都会以各种方式增加手机的使用频次和时长。

无论是学校还是家长，对于青少年手机使用的监管都应该认识到：青少年阶段，其主体性的自我意识和观念在不断增强、逆反心理也在不断加强，因此不能采用粗暴简单的方式，需要进行良好的沟通和引导等，从而帮助青少年树立正确使用移动互联网的观念和媒介素养，使得移动互联网使用能够更好地服务于青少年的健康发展。

第三节　青少年手机网民及其使用行为概述

以上我们探讨了青少年的手机获取和使用情况。下面我们看看作为行动者主体的青少年是怎样的一个群体？他们是如何使用手机的，有怎样的使用习惯，具有哪些使用动机和行为？

一、青少年手机网民群体状况及使用行为概述

1.青少年互联网普及率较高，触网年龄越来越早

第49次《中国互联网络发展状况统计报告》[①]显示，我国未成年网民已

① 中国互联网络信息中心.第49次《中国互联网络发展状况统计报告》[EB/OL].(2022-02-25)[2022-07-30]. http://www.cnnic.net.cn/hlwfzyj/hlwxzbg/hlwtjbg/202202/P020220407403488048001.pdf.

达1.83亿，互联网普及率为94.9%，而总体人口中的互联网普及率为73%，表明未成年人口的互联网普及率远高于成年群体。其中，小学生互联网普及率达到92.1%。值得注意的是，未成年人在学龄前就接触互联网的比例达到33.7%，较2019年（32.9%）提升0.8个百分点。随着国民经济的发展、移动互联网的普及，青少年初次接触移动互联网呈现低龄化趋势，孩子们“触网”年龄越来越小，甚至低于3岁。

2018年1月，中国青少年宫协会儿童媒介素养教育研究中心主任张海波公布了一组调研报告数据。数据显示，平均有超过28.3%的学龄前儿童（3—6岁）每天使用网络的时间在30分钟以上，5岁时网络使用时间超过30分钟的儿童达到31.6%，14岁时在媒介使用各种行为的关键指标就已超越了他们的父母。①

在互联网时代，移动设备已经成为青少年生活的一部分。街头巷尾、餐馆公园、亲朋好友家里，我们经常看到几岁的小孩子拿着iPad或者是大屏手机看动画片、玩游戏。越来越多的App针对孩子开发出各种各样的内容，有的能给孩子们绘声绘色地讲故事，有的能唱上百种儿童歌曲，有的则是给孩子们播放卡通动画。丰富各异的内容满足家长们不同的需求场景：在餐厅里，为了避免孩子吵闹，有的家长会选择让孩子看动画片、玩游戏；在休闲的时刻，有的家长将手机中的儿歌、故事作为进一步教育孩子的内容；在家长们繁忙的时候，他们也常常会以让孩子自己玩手机的方式为自己争取时间；还有一些家长则是为了方便联系而早早给孩子配备了手机。种种因素作用下孩子们接触移动互联网的年龄也越来越小。

2.青少年网民的性别结构与人口属性趋同

第49次《中国互联网络发展状况统计报告》显示，截至2021年12月，中国网民男女比例为51.5∶48.5，中国人口男女比例为51.2∶48.8。由此可

① 胡浩.“数字代沟”呼唤家庭网络教育新理念[EB/OL].(2018-07-16)[2022-07-30]. https://baijiahao.baidu.com/s?id=1606141171800645841&wfr=spider&for=pc.

以看出，中国网民性别结构与人口性别属性趋同。由于手机网民占比高达99.1%，故本书以整体网民性别为依据，推测青少年手机网民比例与人口性别属性比例近似。

3. 青少年网民普及率的城乡差距逐渐缩小

由于经济发展的差距中国网民在城乡结构方面存在明显差异。第49次《中国互联网络发展状况统计报告》显示，截至2021年12月，我国农村网民规模为2.84亿，占整体网民的27.6%，城镇网民规模为7.48亿，占比达72.4%。①但是，在未成年人互联网普及率方面的城乡差异逐渐缩小。《2020年全国未成年人互联网使用情况研究报告》的数据显示，城镇未成年人互联网普及率达到95%，农村未成年人互联网普及率也达到94.7%。城乡未成年人互联网普及率差异连续两年下降，由2018年的5.4个百分点下降至2019年的3.6个百分点，2020年进一步下降至0.3个百分点。②同时，课题组在访谈中也发现，城乡青少年在网络运用能力上的差异也在一步步地缩小，尤其是搜索引擎、网络新闻、网络游戏、即时沟通类工具、网络娱乐类应用的使用方面，但在移动学习以及积极使用媒介等方面城乡未成年人还存在一定的差距。

4. 青少年上网时长存在差异性，日均上网低于1小时为主

上网时长是青少年上网行为的基本参数，也是家长们关心和焦虑的主要问题。CNNIC的《2020年全国未成年人互联网使用情况研究报告》显示，未成年人日均上网时长工作日和节假日呈现出明显的差异。工作日主要集中在1小时以内，比例为76.0%，而节假日这一比例为40.5%。值得注

① 中国互联网络信息中心.第49次《中国互联网络发展状况统计报告》[EB/OL].(2022-02-25)[2022-07-30]. http://www.cnnic.net.cn/hlwfzyj/hlwxzbg/hlwtjbg/202202/P020220407403488048001.pdf.

② 中国互联网络信息中心. 2020年全国未成年人互联网使用情况研究报告[EB/OL].(2021-09-15)[2022-07-30]. http://www.cnnic.net.cn/hlwfzyj/hlwxzbg/qsnbg/202107/P020210720571098696248.pdf.

意的是节假日日均上网时长超过3小时的比例达到22.4%（图1-6）。[①]

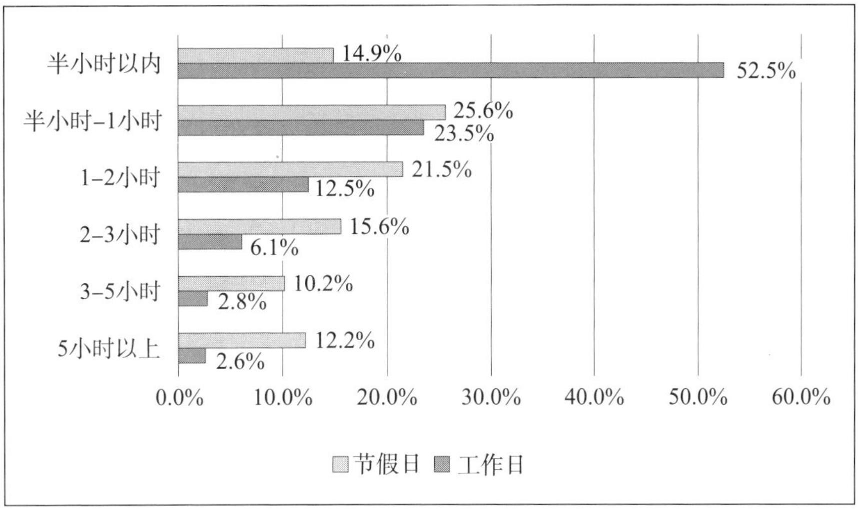

图1-6　未成年网民日均上网时长

资料来源：《2020年全国未成年人互联网使用情况研究报告》

另外，课题组的调查发现，青少年群体在使用时长上存在明显的个体差异性。一些青少年沉迷于手机、被冠以“网瘾少年”的称号，网络沉迷现象时有发生，相较于那些良好的自律、他律的青少年，在使用时长上存在较大的差异。大学教育以下阶段的学生，在校时学校限制使用手机的行为较为普遍。此外，相当一部分家长也限制孩子使用手机，如周末需要在作业完成后才让孩子使用一段时间手机。但也有一些家长对孩子使用手机限制较少，一方面有的家长不在孩子身边疏于管理，或者难以有效限制孩子不得不放任之。另一方面有的家长认为孩子较为自律，不影响学习就不予以过多限制。访谈发现，很多青少年有夜里为了玩手机而较晚入睡的经历，甚至有的孩子凌晨1、2点还在玩手机。另外，农村地区青少年使用手

① 中国互联网络信息中心．2020年全国未成年人互联网使用情况研究报告［EB/OL］.（2021-09-15）［2022-07-30］. http://www.cnnic.net.cn/hlwfzyj/hlwxzbg/qsnbg/202107/P020210720571098696248.pdf.

机的时长较长，尤其是假期、周末等时间。大学以上的年轻人拥有更多自主性，这一部分学生群体使用手机的时长均大于我国网民平均时长，尤其是大一的学生，他们刚刚脱离紧张的高考备考阶段，大学课余时间较多，因此不少大学生使用手机现象较为严重，尤其是一些男生在课外时间容易放任自我、沉迷游戏。

5. 青少年上网场景分散，呈现出随时随地的特点

随着我国移动互联网基础设施建设的推进，青少年可以在各种场景下使用手机上网。中国青年网的一项调查显示，大学生无聊时使用手机最为频繁，占比85.86%；其次为睡觉前和休闲娱乐时，占比分别为74.07%、72.43%。还有25%的大学生在走路时“玩手机”，21.85%的大学生在课堂上“玩手机”。①

相较于大学生而言，中学生使用手机会受到父母、学校等多方面的限制。调查显示，在孩子行为管理上，控制孩子上网时长，限制不良信息和对游戏等娱乐时间的限制是家长比较关注的内容。针对学生这一特殊群体，学校、老师、家长都会采取一定的措施限制手机的使用，所以存在较多的个体差异。总体而言，在每天的碎片化时间使用手机上网成为普遍的事情，早上起床前、晚上的空余时间和睡前为青少年手机使用频次较高的时间段，地铁、公交车上也可以看见青少年使用手机上网，青少年使用手机呈现出随时化、随地化的特点。

二、青少年移动互联网主要使用内容概述

手机成为青少年信息接触的主要渠道，移动互联网为其带来新的学习

① 中国青年网. 大学生“玩手机”情况调查：超过4成一天不玩手机就会无聊［EB/OL］.（2018-04-20）［2022-07-30］. http://edu.youth.cn/jyzx/jyxw/201804/t20180420_11602768.htm.

方式、便捷的社交行为、唾手可得的游戏娱乐、花样翻新的视频等。那么，哪些因素促使青少年使用移动互联网且占据了大量的业余时间？青少年对现有移动互联网使用的主要应用又是什么？

1.学习应用占比最多，上网行为呈现多元化的特征

青少年对移动互联网的需求非常宽泛，但是与这一阶段学习需求为主的特征相符合，青少年的上网行为以学习应用为主的同时呈现多元交织的面貌。《2020年全国未成年人互联网使用情况研究报告》显示（图1-7），学习是青少年上网最多的应用，占比达89.9%。访谈发现，青少年用于移动学习时使用搜索功能的行为较多，有不会的题或想了解的知识就会进行搜索。另外，有不少学校要求使用手机上网完成作业或者通过手机布置作业。其次是听音乐和玩游戏，占比分别为64.8%和62.5%。第三位的则是社交，占比为55.1%。此外，看短视频作为新兴的娱乐类内容也吸引了青少年的注意，占比为49.3%。

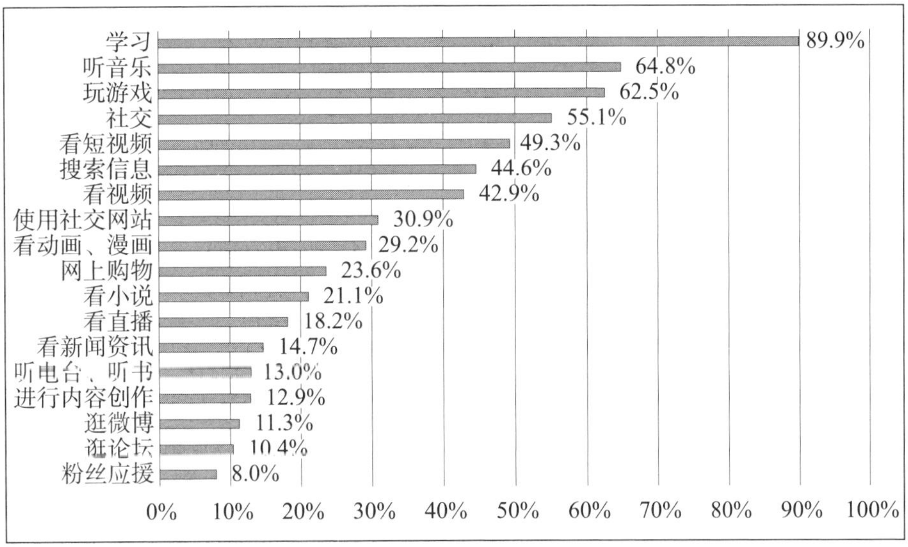

图1-7　未成年网民上网经常从事活动的比例分布情况

资料来源：《2020年全国未成年人互联网使用情况研究报告》

青少年上网行为的多元化与自我需求、兴趣直接相关。在访谈中我们发现青少年的兴趣点、关注点都各有侧重。有的喜欢关注游戏类信息，有的喜欢去一些二次元网站，喜欢看动漫等内容，还有的喜欢通过微博关注偶像信息。

2. 青少年娱乐诉求突出，超半数网民娱乐应用占用时间最多

青少年这一群体任务相对单一，学业是他们目前着重考虑的内容，课上课后的学习时间占据一天的绝大部分，虽然在网络使用方面学习的占比最高，但是不是说明青少年上网主要目的是学习呢？或者用了更多的时间在学习上？事实并非如此，青少年上网学习的比例高，主要是因为学习是青少年的刚需，有这方面需求的人数多。娱乐是排在学习之后的第二大应用，但却是占用时间最多的应用，娱乐内容主要以听音乐、玩游戏、观看短视频为主。《2020年全国未成年人互联网使用情况研究报告》显示，青少年使用手机主要集中在“学习”“娱乐”“社交”三大方面。课题组对这三类应用的占用时间进行了问卷调查，数据显示，51%的青少年选择了娱乐，31%的青少年选择社交，选择学习的青少年比例只有14%（图1-8）。可见，娱乐还是青少年上网最主要也是占用时间最多的应用。

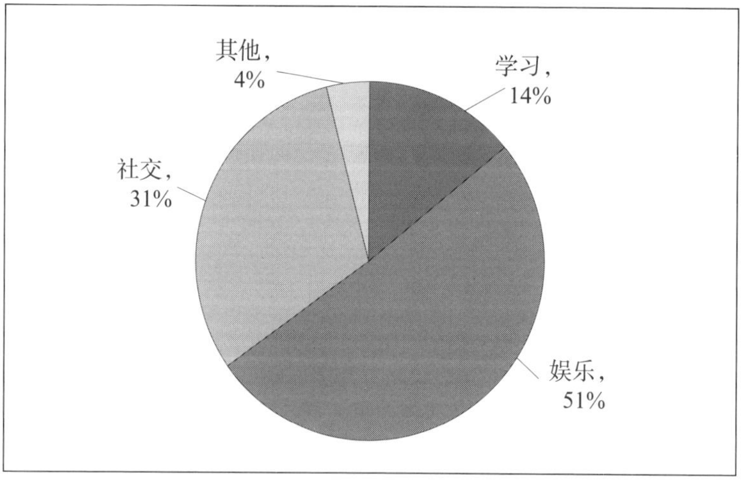

图1-8　青少年移动互联网使用占用时间最多的应用类型

3.社交应用以聊天沟通为主，多为熟人社交

如前所述，娱乐之外，社交也是青少年移动互联网使用的主要诉求，31%的青少年选择社交是占用时间最多的应用。一些大规模的数据调查也支持了这一结论。根据酷鹅用户研究院2018年6月发布的《泛娱乐社交一代，95后社交行为洞察报告》指出，“95后”上网的主要诉求是聊天社交，聊天社交占上网主要目的的85.6%（图1-9）[①]。

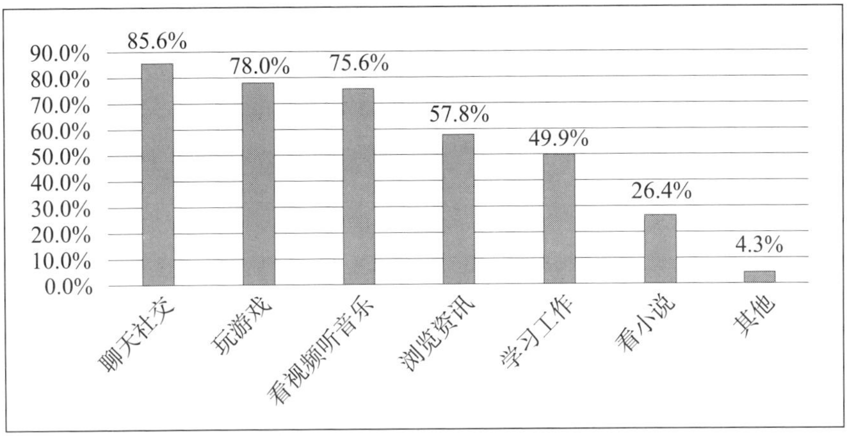

图1-9　“95后”上网的主要目的

资料来源：《泛娱乐社交一代，95后社交行为洞察报告》

青少年上网行为以社交聊天为主体现了他们强烈的社交需求。在进一步的访谈中得知，青少年的网络社交使用主要集中在熟人群体。比如班级群、同学、朋友之间的沟通。青少年多使用QQ、微信等社交工具作为与老师交流的渠道，老师常常在群里布置作业、为学生及其家长答疑等。除了与老师、同学针对学习问题进行的课后沟通的刚需外，青少年与三两好友就网络中了解的新闻、感兴趣的信息、学校趣事、八卦等话题进行讨论，不仅是娱乐消遣也是维系好友关系的重要方式。此外，兴趣也是建立社交

① 酷鹅用户研究院.泛娱乐社交一代，95后社交行为洞察报告［EB/OL］.（2021-02-14）［2022-07-30］. https://max.book118.com/html/2021/0214/6140141211003103.shtm.

关系的主要因素之一。一些粉丝圈、二次元圈、漫画圈等都会有自己的QQ群、微博以及其他一些联系方式，青少年基于自身的兴趣爱好去结识一些趣味相投的同龄人，进一步发展自己的爱好和社群关系。虚拟社交关系的建立、与远方网友的结交，青少年也因此不断构建着社会性自我，实现着社会化的过程。

4.青少年网络购物比例提升，更愿意为潮流和偶像买单

《2020年全国未成年人互联网使用情况研究报告》[①]显示，上网购物是排在学习、社交、娱乐之后的主要应用，占比达23.6%。而在《2019年全国未成年人互联网使用情况研究报告》[②]中这一数据为20.5%，一年时间提高了3.1%。青少年经济能力有限，但是随着网络购物的热潮和各种网络购物节的宣传，青少年网上消费行为越来越普遍，尤其是初中以上年龄段的青少年，他们非常渴望有独立的网络购物支付能力和条件。青年人也显现出更强的网络购物热情和能力。2018年美团研究点评研究院发布的《新青年Lifestyle洞察报告》发现："90后"成为新青年核心群体，贡献了53%的新青年生活服务订单（图1-10）[③]。

虽然这只是网上购物中的部分品类占比，但由此可以看出网络购物的主体人群是青年人。互联网消费品类丰富多样，往往呈现流行化的趋势，购物行为也和社交融合，很多青少年往往会受到潮流的影响，容易"种草"并热衷购买网红产品。2022年1月，21世纪经济研究院发布的《Z世代青年线上消费洞察报告》指出，"超过七成的Z世代倾向于通过自媒体、B站

① 中国互联网络信息中心. 2020年全国未成年人互联网使用情况研究报告［EB/OL］.（2021-09-15）［2022-07-30］. http://www.cnnic.net.cn/hlwfzyj/hlwxzbg/qsnbg/202107/P020210720571098696248.pdf.

② 中国互联网络信息中心. 2019年全国未成年人互联网使用情况研究报告［EB/OL］.（2020-05-13）［2022-07-30］. http://www.cnnic.net.cn/hlwfzyj/hlwxzbg/qsnbg/202005/P020200513370410784435.pdf.

③ 生活数据.美团点评研究院：新青年Lifestyle洞察报告［EB/OL］.（2018-01-30）［2022-07-30］. http://www.199it.com/archives/684624.html.

和小红书等平台的KOC测评及推荐了解品牌信息”[①]。法国学者鲍德里亚指出，现代社会的消费实际上已经超出实际需求的满足，变成了符号化的物品、符号化的服务中所蕴含的“意义”的消费。青少年这一群体由于自身的年龄特点，对新鲜事物颇为敏感且易于接受，契合了鲍德里亚所提出的观点。

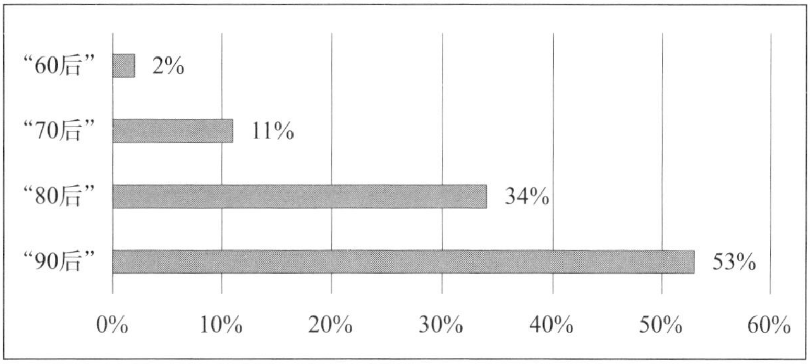

图1-10　各年龄段的新青年的整体订单量占比

资料来源：《新青年Lifestyle洞察报告》

在青少年网络购物中，为偶像买单的现象值得关注。当青少年成为一名粉丝时，会去购买与偶像有关的物品，如写真、唱片、自传、专辑，偶像代言的产品、影院观影、线上赠送礼物、微博打榜、粉丝会员等。以偶像王子异为例，其代言的施华蔻品牌有力地显示了粉丝群体的狂热和购买力。在2018年“双十一”期间，其代言的产品截至12日0点在微博#王子异xG-SHOCK#话题阅读量为1.1亿，品牌相关话题覆盖人数超过3.8亿，讨论热度超过528.1万。[②]“双十一”当天王子异代言的有关产品的销售量也创了历史新高。

网络购物突出体现了青少年“追求自我”的特征和风格，但是其中体现出的青少年偶像崇拜的非理性、易从众的取向也值得我们关注。

① 21世纪经济报道. Z世代青年线上消费洞察：追求“质价比”，购物与社交深度绑定［EB/OL］.（2022-01-18）［2022-07-30］. https://baijiahao.baidu.com/s?id=1722260891163320014&wfr=spider&for=pc.

② 新浪微博账号Boogie_CommercialSpotlight.#正能量偶像王子异#［EB/OL］.（2018-11-13）［2022-07-30］. https://m.weibo.cn/status/4305865731308385.

第二章　青少年移动互联网使用的类型研究

前面我们分析了青少年移动互联网的使用工具和行为特征，那么青少年在使用移动互联网的时候到底在接触哪些具体内容？这些内容会对他们产生什么样的影响？这是我们理解青少年移动互联网使用的关键问题，也是本书的重点内容。这一部分我们采取的是类型研究的方式，我们主要选取了移动资讯、移动阅读、移动学习、移动娱乐、移动社交和移动消费六种类型。另外，需要说明的是，每一部分根据内容类型有不同的侧重，比如，研究青少年移动学习时我们侧重了影响青少年移动学习效果的因素而不是移动学习对青少年本身的影响。在资料和数据采集上，一方面课题组参考了权威部门发布的一些相关数据，另一方面课题组采用问卷调查的方式进行了部分数据的收集，同时结合课题组的访谈加以分析。在此需要说明的是，考虑到需要调查的问题较多，因此每一部分单独设计了调查问卷，每一部分的调查人员和被调查对象并不是一致的，调查工作也是分开进行的，这是本书的遗憾之处。但是总体而言，在本部分我们还是偏向于定性的研究，一方面定量研究需要更大规模的数量调查，课题组人手和精力有限，更重要的是已经有很多商业调查机构进行过类似的调查，我们希望本书能在定量数据基础上呈现更多的分析和解释性工作。

第一节　青少年移动资讯使用与影响研究

随着传播技术的发展，人类进入信息社会，不仅信息资源极其丰富，信息传播极为迅捷，而且信息成为组织联结这个社会的重要生产资料和生产方式，深刻地影响着个体的生活、工作以及社会的发展。青少年通过手机上网，可以极为便利地获取各类资讯。那么，他们是如何获取和使用这些资讯的呢？他们对什么资讯更感兴趣？这些资讯的获取又会对他们产生什么样的影响呢？本部分调研时间为2019年6月至2020年3月，通过调查问卷和访谈的方式对13—18岁青少年的移动资讯使用情况进行了调研，共发放问卷1500份，分别在北京、山东两地各发放问卷750份，涵盖大城市和县城中学从初一到高三各年级的学生，发放时考虑到性别、年级的平衡，共回收有效问卷1430份。为弥补定量研究的不足，辅以焦点小组访谈的形式，每个地区中学选取10人进行了访谈。

一、移动资讯的概念及主要类型

移动资讯，简单来说是指运用手机等移动终端通过移动互联网而获得的资讯。资讯一般而言是指有价值的资料和信息。资讯是信息的一种，但信息的内涵更为宽泛。从广义上说，个体通过资讯的获取建立对周围世界的环境认知。比如通过新闻资讯了解身边及其他地方刚刚发生的重大事件。从具体层面上来说，获取有用的资讯可以帮助个体提升和发展自我，包括身体上的健康、生活的丰富性、心灵的平衡以及工作、事业的发展等多个层面。如一个新医疗技术的报道、一个博物馆展览、一个学术讲座甚至一场电影上映的资讯都可以为你的行动提供更多更好的选择。

从资讯内容的角度，我们可以把移动资讯分为新闻资讯、教育资讯、科技资讯、文化资讯、娱乐资讯、产业资讯、兴趣资讯、消费资讯等多种类型。

二、青少年移动资讯的使用偏好与特征

根据调查发现，我国青少年接触最多的资讯类型有学习类资讯、新闻类资讯、娱乐类资讯以及个人兴趣类资讯，占比最多的是学习类资讯，为92%，这符合青少年以学习任务为主的特征。其次是娱乐类资讯占比83%，实用类资讯占比82%，个人兴趣类资讯占比81%，而新闻类资讯占比明显偏低，为21%，其他类资讯占比15%。具体情况如图2-1所示：

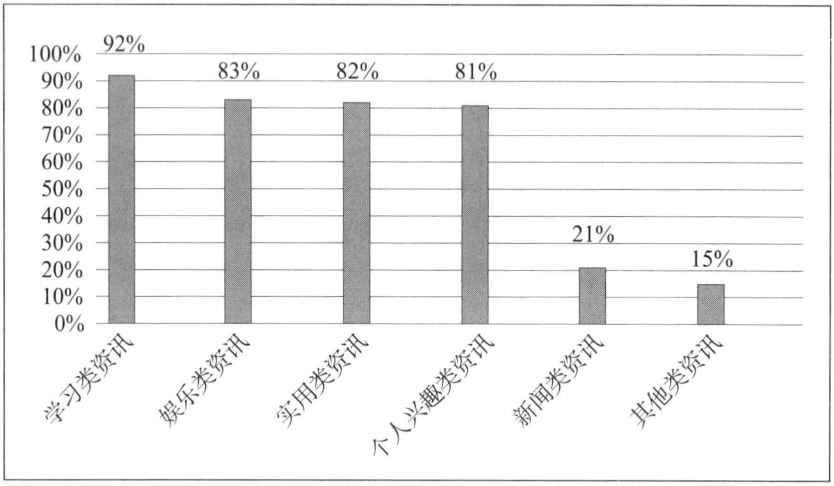

图2-1　青少年对移动资讯的使用偏好

我们分别看看青少年使用这些资讯的具体偏好和特征。

1.青少年对学习类资讯的使用往往出于实用目的，具有被动性

青少年正处于学龄阶段，以初中、高中阶段为主。对于这一阶段的青少年而言，学习是其主要任务，因此学习类资讯也是其使用的主要类型，

占比最高，为92%。但是访谈发现青少年对于学习类资讯的使用往往是出于实用目的，具有被动性。一方面，不少教师成立了班级“微信群”，在群内发布作业，有的要求在群内打卡。不少学校有自己的微信公众号，会推送教育类资讯，如一些传播正确教育观念和方法的文章、相关的讲座通知或者活动等。另外，学生在完成作业时经常用到的就是搜索工具，获得跟作业内容相关的资料和信息。这一部分的使用比例达到91%，而学习类App的使用比例为76%。访谈中发现，青少年对这些学习类资讯的获取要么是被动接收的使用行为，要么是为了完成作业任务而采取的行为。较具有主动性的学习类资讯的获取是英语学习资料的获取，如使用背单词软件、使用听力App等。此外，有少量青少年使用线上视频课程进行学习，多是在家长倡导下购买的，这一比例为17%。除以上内容外，较少有青少年主动获取教育类或学习类资讯。相比之下，家长更为关注这类资讯并经常把自己认为有价值的内容发送给孩子，如高考状元的学习方法、优秀学生的学习计划等，但是有79%的被调查者明确表示对这些资讯并不感兴趣，有65%的被调查者承认自己并不打开这些家长转发的帖子。

2. 青少年较为关注娱乐类资讯，喜欢有趣搞笑的内容

青少年是当下最年轻的网民群体，处于成长期的他们具有较强的娱乐精神，对娱乐资讯的关注度相对较高。在课题组调查数据中，有83%的被调查者表示自己喜欢关注娱乐类信息。在浏览娱乐资讯的过程中，青少年最喜爱的资讯形式为短视频类娱乐资讯。另外，被访谈的青少年表示，他们喜欢看有趣搞笑的娱乐资讯，觉得可以放松，遇到比较有趣的也会在同学、朋友之间转发。

3. 青少年对实用类、兴趣类资讯的获取能力较强

青少年是伴随着互联网的普及长大的，因此其使用移动互联网获取资讯的能力较强，尤其表现在对实用类资讯的获取上，占比为82%。如通过互联网获取各种旅游信息、美食类资讯、购物类资讯等。另外，他们对个人兴趣类资讯的搜索主动性也较强。比如在访谈中一位受访者表示他比较喜欢车，所以平时关注车的资讯比较多；还有一位受访者喜欢打篮球，平时喜欢关注自己喜欢的篮球明星的信息；另一位女性受访者则喜欢画画，关注了一些绘画方面的微博账号，还经常会去百度搜索一些绘画的素材。

4.青少年对新闻类资讯的使用度较低，以兴趣导向为主

根据调查发现，大部分青少年对新闻类资讯的使用较低，选择经常使用新闻资讯的占比仅为21%。另外，访谈发现新闻类资讯的使用具有较大的被动性。此外，青少年对新闻资讯渠道的选择与对社交媒体的选择存在一定的相关性。例如：平时刷微博时间长的青少年会选择通过微博来获取新闻资讯，调查发现，很多青少年通过关注微博热搜能够获知一些热点新闻。青少年往往通过使用的社交软件被动获得新闻，尤其是推送类的新闻，如微信、QQ推送的腾讯新闻，较少主动关注新闻或使用新闻类App。对于这些推送的新闻，有84%的同学选择直接忽略，有12%的同学选择偶尔会看一些感兴趣的推送。在新闻资讯内容的选择上注重要闻以及娱乐新闻的获取，并且大部分青少年表示会关心与自己生活贴近的新闻。他们在看到推送的新闻资讯时，会根据自身的兴趣，选择性地阅读。青少年对新闻资讯内容的选择存在性别差异，比如男生偏爱体育、军事、科技类的新闻资讯，女生偏爱娱乐、视频类的新闻资讯。另外，对新闻资讯内容的选择往往和青少年自身的兴趣关注点相关，如追星的女生会关注偶像的新闻，甚至会主动搜索，也会作为同学之间的话题。

三、突破与束缚：移动资讯使用对青少年的双重影响

上面我们分析了青少年的移动资讯使用偏好及特征，发现青少年偏向使用娱乐类、兴趣类、实用类资讯，在学习类资讯使用中存在被动的情况，而对新闻资讯则关注较少。青少年对移动资讯的这种使用偏好有可能会产

生两方面的影响。

一方面，网络资讯的获取对青少年进行一种典型的媒介赋权。个体通过对所需信息的搜索和接受确立了自己的自信和强烈的自我意识。信息学家香农认为，“信息是能够用来消除随机不确定性的东西”，青少年通过手机上网获得所需信息，消除了自己面对这个世界的众多不确定性，从而提升了自己面对这个世界、把握这个世界的自我效能感。如一个10岁的男孩能够通过互联网搜索设计去异国他乡旅行的路线、订宾馆、选餐馆、提前了解旅游地及景点的相关资讯等，怎么能不使其产生强烈的自信？另外，通过网络获取资讯对于个人兴趣的发展也有着同样的作用，青少年可以通过互联网搜索并获取各种相关资源，可以参加各种线上或线下的相关活动，可以找到和结识他想认识的相关人等，这种信息的扩展无疑也会助长他们培养自己兴趣、发展自我的信心，是对自我狭小现实世界的突破，通过建立个体与广阔的信息世界的链接而提升了自我成长和发展的能力。

另一方面，对网络资讯的获取对青少年进行媒介赋权的同时也产生了一定的负面影响，即容易固守自己的认知范围而排斥其他的信息。青少年对网络的依赖和信任甚至取代了父母、师长的引导作用，不少青少年不愿意和父母沟通，甚至觉得父母知道的并不比自己多多少，还喜欢说教。这正是美国学者桑斯坦（Cass Sunstein）提出的“信息茧房”的效果。因青少年只注意自己选择的信息和自己愿意接受的信息领域，久而久之，会像蚕茧一样把自己束缚在自己编织的“信息茧房”中。访谈中发现，这一点在青少年身上表现得比成年人更为明显。青少年正处于成长的关键时期，主体自我开始形成，自我意识加强，开始形成自我的价值取向和选择标准，容易形成盲目的自信，开始排斥成年人的世界。在资讯获取上也表现出同样的倾向，青少年喜欢自己感兴趣的、娱乐搞笑或者实用的信息，久而久之，他的资讯接受趣味就被重塑了，就会更加倾向于接受同类信息而排斥那些严肃的、深刻的、具有社会性的信息和议题，不关心公共领域的相关话题。在笔者访谈过程中发现很多青少年的资讯获取都有类似特点。

另外，一些网络企业的资讯推送算法也在助长青少年“信息茧房”的效果。推荐算法通过大数据分析网民喜欢看什么，然后给他推送什么，让他沉浸在信息流的同时成为被出售的商品，他的点击、他的观看都是具有商业价值的行为。因此，这种推荐算法本身是一种窄化的资讯获取机制，久而久之，网民的视野就会越来越狭隘，观点也容易趋向极化。这种“信息茧房”效应对于正在成长中应该保持开放心态的青少年来说尤为不利。并不是青少年喜欢的资讯就是有利于其健康成长的资讯，尤其是在当下娱乐化的媒介环境下，信息质量本身是需要警惕的，不良信息对青少年在价值观念等方面的深层影响更需要关注。

要警惕和缓解青少年资讯使用过程中“信息茧房”的负面影响，需要多方面的共同努力。从信息环境而言，需要更为净化的信息环境，从而减少不良信息的传播，这既需要政府部门的有力监管，也需要互联网企业的自觉自律和自我把关，为青少年提供更有针对性和营养价值的资讯，还需要公众的关心、监督和举报等社会参与。从青少年个体而言，则需要加强其媒介素养的教育，培养正确使用媒介获取资讯的意识和能力，加强其解读信息时的批判性思维能力。

第二节　青少年移动阅读行为与引导策略研究

随着手机、iPad、电子书等智能终端和互联网的普及，移动阅读已经成为青少年越来越重要的知识和信息获取方式。移动阅读有狭义和广义之分，狭义的移动阅读是指通过手机、iPad或电子阅读器等移动设备阅读电子图书的行为，如微信读书。广义的移动阅读则包括使用移动设备进行的所有富有知识含量的文字阅读行为，包括阅读电子图书、期刊、网络小说、博客微博、微信朋友圈的文章等。本文所指的移动阅读是广义的，因为各种移动阅读行为都正在成为青少年获取知识的重要途径，在重塑他们的阅读习惯和阅读方式，进而影响他们的价值观念和行为。由于对青少年的移动阅读缺少监管，加上网络上内容良莠不齐，青少年的移动阅读和“手机依赖”开始引起人们越来越多的担忧。那么，青少年的移动阅读状况到底是什么样的？存在什么样的问题？为什么会存在这些问题？又如何才能解决这些问题？这正是本节的关注点。本部分调研时间分为两次，一次是在2015年6月至9月，另一次是在2019年6月至2020年3月，本部分内容综合了两次调研的结果，以第二次调研数据为主，通过调查问卷和访谈的方式对13—18岁青少年的移动阅读情况进行了调研，共发放问卷1600份，分别在北京、山东两地各发放问卷800份，共回收有效问卷1462份。为弥补定量研究的不足，辅以焦点小组访谈的形式，每个地区中学选取12人进行访谈。此外，还随机选取了30名左右的学校教师、家长等就该议题进行了访谈。因此，本书的结论是在定量基础上结合定性访谈获得的。

一、青少年移动阅读的行为特征与影响

通过调查访谈，我们发现在青少年移动阅读行为中存在如下特点。

1.青少年移动阅读行为非常普遍，阅读时间在增加，且呈现出一定的依赖倾向

通过问卷调查，我们发现青少年移动阅读行为已经非常普遍，在回收问卷中有86%的受访者使用智能手机进行移动阅读，在城市学生中这一比例高达92%，农村的学生中比例也达到82%。另外，有31%的受访者在智能手机之外还经常使用平板电脑。城市学生平均每天用于移动阅读的时间为30分钟左右，其中40%的受访者表示周末或假期平均每天用于移动阅读的时间大概在2个小时，68%的受访者表示在工作日每天平均用于移动阅

读的时间在半个小时以内。

农村学生使用移动阅读的时间相对较低，平均每天不足20分钟。另外，有些学校尤其是农村地区的寄宿学校对学生使用手机的行为进行限制，比如由班主任代为保管，在需要打电话或放假回家时才还给学生，这也是部分学生平时使用手机阅读较少的原因之一。但是调查也发现，除高三学生由于高考的压力移动阅读的时间明显减少外，74%的受访者表示自己用于移动阅读的时间和以前比在逐渐增加。

通过调查发现，青少年对手机已经呈现出一定的依赖倾向。97%的受访者表示手机是不可或缺的。93%的智能手机使用者表示如果没有携带手机常常会感到无聊。另外，有72%的同学承认在完成作业的过程中会有不时看手机的行为。由于多数学校对学生持有手机采取了限制措施，学生使用手机的地点多是在家里，46%的学生表示有在临睡前使用手机或iPad阅读的习惯，82%的学生表示如果情况允许会在临睡前进行手机阅读。

2.青少年移动阅读的内容和趣味呈现出娱乐化、流行化的倾向

调查表明，青少年移动阅读内容和趣味的娱乐化、流行化倾向很明显。青少年阅读电子书的数量平均为每年5本，高中生的电子书阅读量较初中生更高，随着年龄的增加青少年电子书阅读量有所增加。我们对青少年手机阅读电子图书的类型情况进行了调查，如图2-2所示：72%的学生看的电子书属于流行小说或漫画，题材包括玄幻、穿越、言情、校园文学、宫斗、武侠、侦探等，他们喜欢这些流行小说的原因以情节奇幻、节奏紧张、语言幽默为主。对于传统的经典小说如四大名著等，在移动阅读上的比例则非常低，只有28%的学生表示看过。另外，国外经典小说的阅读比例为21%，国内经典小说的比例为18%。访谈发现，学生不喜欢这些名著的主要原因是认为内容离他们的生活较远，缺乏时代气息，另外情节和人物关系较为复杂，语言风格太过严肃、缺乏幽默感。此外，只有13%的学生表示通过移动阅读的方式阅读过社科或科普类图书。从这些调查可以看出，

当前青少年电子图书的阅读趣味呈现出明显的娱乐化、流行化的倾向。

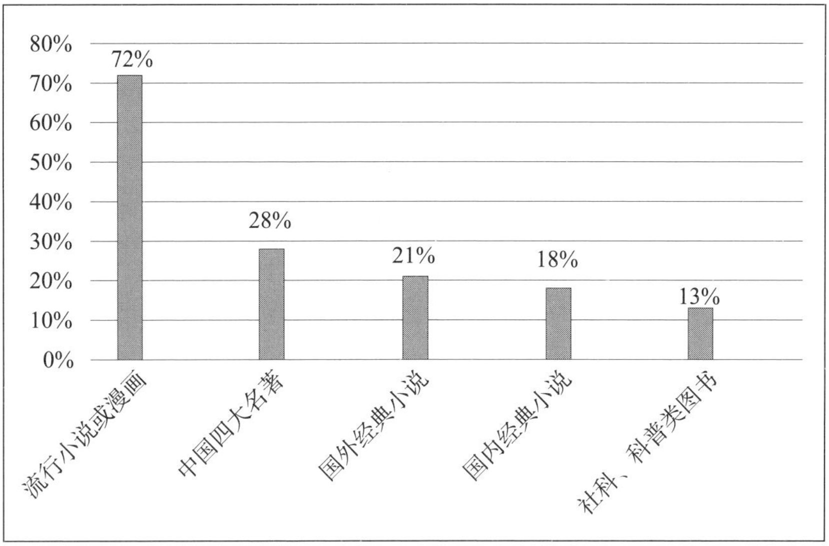

图2-2　青少年手机阅读电子图书的类型情况

另外，有92%的被调查者表示，用在浏览网页新闻、帖子等非电子书上的时间要远远多于阅读电子书的时间。虽然65%的学生表示有过为了学习而阅读的行为，但是其中84%的学生表示是为了配合作业才进行的被动阅读。可见，娱乐和兴趣成为支配青少年移动阅读的主要因素。

值得注意的是，调查发现，青少年移动阅读内容的低俗化倾向也很明显。如图2-3所示，78%的学生承认在电子书或网页中接触过黄色、暴力和不文明语言等不健康内容，其中35%的学生认为会经常接触到这些不健康内容。在不文明语言、黄色、暴力三项内容中，青少年认为最不可以接受的是暴力内容，占比60%，不文明语言占比34%，黄色内容占比仅22%。另外，值得注意的是80%的学生认为这些不健康内容对自己没有多少危害。这一态度表明正处于价值观形成时期的青少年接受能力较强而分辨能力较弱，对于不良内容和信息缺乏抵抗力和批判意识，这必然会影响其价值观念和现实生活中的行为。

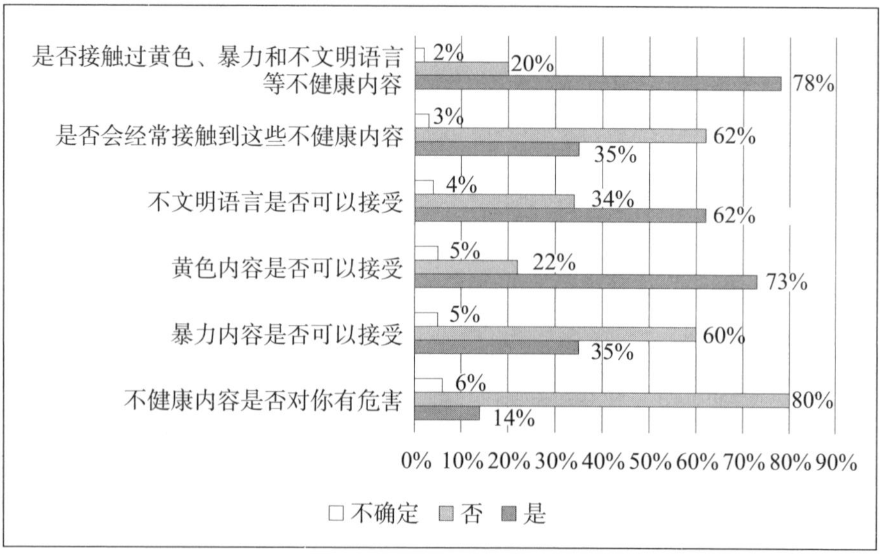

图2-3 青少年移动阅读不健康内容接触及态度情况

3.青少年移动阅读方式呈碎片化、浅阅读倾向，缺乏传统阅读的深度和系统性

传统阅读行为是线性的、深思的、品评式的阅读方式，而移动阅读的阅读方式和习惯则发生了很大的改变。首先从时间的投入来看，移动阅读利用的是碎片化的时间，随时随地可以阅读，但是也很容易被随时打断。其次从阅读的对象来看，移动阅读承载海量的多媒体网页，各类内容链接在一起，阅读很容易被导向其他方向，更不用说微博信息、朋友圈帖子等本身就是各类内容的跳跃式链接了。这些特点决定了移动阅读很容易呈现碎片化、非线性的特点，进而也决定了其浅阅读的倾向，即缺乏深入、系统的思考和品评。如图2-4所示，85%的学生在移动阅读中以单纯的浏览为主，仅有8%的学生会摘抄、记笔记。另外，7%的学生表示有些好文章收藏后还会看。88%的学生承认自己没有系统的移动阅读计划，随意性较强。81%的学生没有阅读电子书后看书评的习惯。

另外，阅读作为吸收知识的重要方式，用写作的方式表现出来是对知识进行转化吸收的重要途径，但是调研发现，学生很少对移动阅读的特定主题或内容以写作的方式来表达自己的思考，只有9%的学生表示自己曾经对喜欢的阅读内容进行过创作。有些青少年尝试就自己喜欢的人物或作品撰写同人小说或同题材小说，如漫画人物的同人小说，还有少量学生会进行cosplay（角色扮演），此外，也有学生尝试小说创作，但是题材多以玄幻、宫斗、校园文学等流行题材为主，受到其阅读趣味的深刻影响。

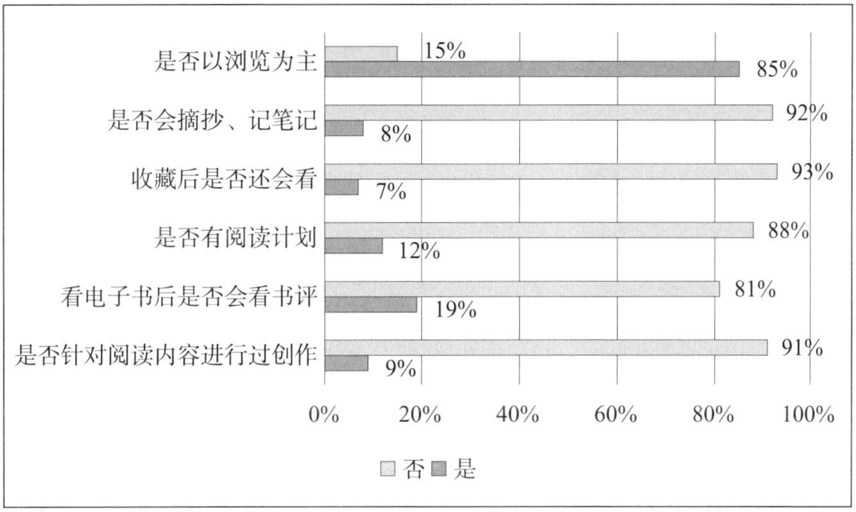

图2-4　青少年移动阅读的接受情况

这些调查数据表明青少年移动阅读的浅阅读倾向是非常明显的。另外，调查发现青少年对移动阅读具有比较模糊的反思意识，有53%的同学承认网络信息混杂，移动阅读耽误时间，对学习有不良影响。75%的学生认为和移动阅读相比，纸质图书的阅读更是获取知识的有效方式，但是移动阅读更轻松有趣、能够开阔视野和获取新鲜的资讯，保持自己和世界的联系。学生整体上比较认同当前的移动阅读行为，88%的学生认为移动阅读利大于弊。

二、青少年移动阅读的影响因素

以上我们分析了青少年移动阅读的行为偏好、特点及其存在的问题。众所周知，我们的社会、家长和学校都非常重视青少年的教育，那么为什么在他们的移动阅读中还会存在这么多的问题？对此，我们必须认识到影响青少年移动阅读行为的因素是多方面的，其问题产生的根源也是多方面的，分析和认清这些是我们解决问题的基础。

1.移动媒介的传播特点导致移动阅读缺少把关环节

网络传播具有自身的传播规律和特点。网络传播具有匿名性、互动性、开放性等特点，各类内容混杂，各种群体和利益都试图在网络上得到表达，网络传播又缺乏现实空间的熟人环境、道德和法律的约束，因此与传统阅读相比，网络阅读本身就缺少把关环节，不像传统阅读出版经过作者、出版社、报社、书店、家长、评论者等多个环节的把关。而且和使用台式计算机进行网络阅读相比，通过便携的移动设备可以随时随地进行比较私密的阅读，因此青少年的移动阅读就更缺少了把关和监管环节，即使青少年的父母也常常对此无能为力。调查显示，83%的受访者表示父母并不了解自己移动阅读的具体内容，89%的青少年希望能够自主阅读，不希望父母或师长对自己的移动阅读进行监管，66%的青少年有过在移动阅读时成功躲避父母监管的行为。

2.移动互联网的商业化导致青少年移动阅读内容的娱乐化、流行化、低俗化倾向

商业力量是主导青少年移动阅读的重要因素。移动阅读的产业化是推动移动阅读繁荣的重要原因，但是商业化也产生了许多不利的影响。资本本身有着逐利的特点，商业力量更注重追求阅读产品和服务的盈利点。当然，优秀的阅读产品能够得到经济效益和社会效益的双丰收。但是，很多

企业追求短期利益，制作大众快餐文化，更愿意生产那些轻松愉快或者有刺激性的内容来制造流行趣味。调查显示，78%的青少年认可网络内容混杂、呈现泛成人化的倾向。74%的青少年认为其原因是过分商业化导致的。这说明青少年也认识到了当前移动阅读环境存在的问题。但是值得注意的是，76%的受访者认为自己有分辨好坏的能力，不会受到太多不良影响。这一认知不足或偏差符合了传播效果里的第三人效果理论，即主观上倾向于认为对别人的不良影响要大而对自己则少得多。毋庸置疑，不够健康的网络阅读环境必然会影响青少年移动阅读的内容和质量，可以说，过分商业化是导致青少年移动阅读趣味娱乐化、流行化、低俗化倾向的主要原因。

3.青少年移动阅读的趣味更多地受到媒介和同龄人的影响

在媒介发达的现代社会，传统社会中长辈对青少年的教育和引导开始让位于各种媒介，青少年呈现出美国社会学家理斯曼（David Riesman）所说的他人引导型人格。在他人引导型社会中个体的自主性受到压制，变得更为顺从流行的标准和同辈群体的趣味，流行文化成为“培养个人的团体顺应性以及指导消费行为定向的有效途径”[①]，移动互联网的使用使得青少年随时随地可以接触各种资讯，甚至调查发现不少学生认为自己对网络的使用和了解比父母要多，这一比例达到72%。另外，这一时期的青少年也更注重寻求同龄人之间的认可，而娱乐趣味的一致性则成为他们获得群体认同的方式。青少年的媒介接触是和同龄人之间的网络社交紧密结合在一起的，他们会在朋友之间互相转发感兴趣的网络内容并交流他们的阅读趣味。调查发现，71%的青少年承认自己的移动阅读更多是受到同学、朋友而不是父母、专家的影响。只有21%的学生主动搜索过优秀图书排行榜一类的信息，认为值得参考。74%的学生会在听到同学议论自己不知道的内容时主动上网搜索浏览。

① 理斯曼，格拉泽，戴尼.孤独的人群［M］.刘翔平，译.沈阳：辽宁人民出版社，1988：164.

4. 青少年课外阅读的娱乐化倾向

青少年的课外阅读普遍有一种希望摆脱学习压力、寻求轻松娱乐的取向。调查中79%的学生认同手机和iPad主要是娱乐和社交工具。在访谈中发现，那些唐宋诗词类的App尽管做得非常精美、图文并茂，但并没有激起学生们接触和阅读的兴趣。他们在课外对知识采取了抵抗式的态度，总体上不希望把移动阅读作为一种严肃、系统的学习方式，娱乐诉求成为主导青少年移动阅读的主要因素。

5. 青少年网络媒介保护和媒介教育不足，网络媒介素养较低

青少年处于成长的特殊阶段，还没有形成成熟稳定的价值观，缺乏辨别能力，因此各国对青少年的媒介接触都采取了一定的保护和教育措施。这些措施主要分为三类，一是减少对不良信息的接触，二是加强其辨识和抵抗能力，三是提高其积极使用媒介的能力。互联网本身是新兴媒介，融合了其他媒介的特点并具有自己的传播特性，虽然人们也意识到了网络给青少年带来的不良影响，但在青少年网络媒介的保护和教育方面仍然既缺乏经验，也缺乏行之有效的措施。在网络信息的海洋中，我们无法有效地把不良信息隔绝在青少年网民之外，我们也没有网络阅读的分级制度让青少年或家长识别不适宜的内容。而学校对学生的媒介教育则被忽视。调查显示，84%的学生认为学校课程没有传授过如何积极利用网络的有价值信息，71%的学生认为老师没有推荐过优秀的网络阅读资源，没有引导学生对不健康的流行文化进行批判性解读。媒介教育的缺乏必然导致青少年的网络媒介素养较低，缺乏对不良信息的识别和抵抗能力，缺乏积极利用网络媒介发展提升自己的能力。这也是导致青少年移动阅读出现问题的重要原因。

三、推动青少年移动阅读正面效应的策略分析

随着移动互联网时代的到来，移动阅读越来越成为影响青少年的重

要方式。网络给青少年带来的不良影响已经引起了国内外人们的普遍担忧。美国埃默里大学的马克·鲍尔莱恩（Mark Bauerlein）教授在《最愚蠢的一代》一书中提出，在当今时代，“知识的源泉无处不在，但是年轻的一代却驻扎在沙漠里，彼此传递着故事、图片、音乐和短信，从同龄人的瞩目中获取快感，作为生活的依靠，与此同时，那些支撑我们走过历史长廊，取得今日成就的文化遗产和公民意识，却被他们抛之脑后”[①]。因此，他认为当今的年轻人日益成为愚蠢、肤浅的一代。虽然这样的论断有些危言耸听，但是优秀的阅读内容和阅读习惯对青少年成长的重要性是不容置疑的。对于当前青少年移动阅读存在的娱乐化、低俗化、浅阅读等问题需要引起我们的重视，那么，如何发挥青少年移动阅读的正面效应呢？

1.在思想上充分重视青少年移动阅读的不良影响

虽然目前人们对青少年移动阅读的不良倾向有一定的认识，但是对其深层影响和危害还缺乏足够的重视。首先从家长的角度来看，不少家长本身就把手机当作娱乐和社交的工具。访谈也发现有些家长认为孩子如果在课外有时间多一些娱乐也无可厚非，因此他们对青少年的移动阅读采取了放任的态度。从政府管理部门的角度看，移动阅读的管理权限分散在多个部门，而且多是将其看作文化产业的一个部分在管理，对青少年的特殊重视和保护不足。青少年移动阅读是一种新的现象和发展趋势，随着移动阅读时间的增加，良好的阅读习惯和优质的阅读内容关系着青少年素质和能力的培养，关系着国家未来的发展，因此，需要各方力量给予足够的重视，进行深入的调查研究，各司其职，协同努力，才能切实解决这一问题，尽可能地趋利避害，发挥移动阅读对青少年的正面效应。

---

① 鲍尔莱恩.最愚蠢的一代［M］.杨蕾，译.天津：天津社会科学院出版社，2011：15-16.

2. 理顺管理机制，落实责任主体，采取有效措施加强青少年的媒介保护

改善青少年移动阅读环境是需要文旅部、新闻出版总署、互联网信息办公室、中宣部、教育部等多个部门协作的系统工程，但是仍然需要落实责任主体，由其联合其他相关部门，形成有效的协作机制，切实制定全方位的青少年网络阅读保护措施。比如加强法律法规建设，在已经列入立法计划的全民阅读立法中体现对青少年阅读的重视，推动实行电子图书的阅读分级制度等；加强对青少年电子读物的内容审查；加强对网络文化环境的净化行动，利用技术力量对网页进行监管，推动网页内容的分级尝试；加强对青少年移动阅读的大数据收集和挖掘，利用技术力量实现对青少年的媒介保护等。

3. 积极扶植和引导，发挥商业力量的积极作用，遏制其不良影响

当前的移动阅读市场开始日渐繁荣，这与商业资本的介入直接相关，市场化是文化产业发展的必然选择。但是，如前所述，商业资本的功利化也给青少年移动阅读带来了一些不良影响。要打造健康的青少年移动阅读环境，一方面管理部门要积极扶植和引导，努力推动商业力量发挥积极作用。比如，扶植和引导商业资本推出符合青少年这一特殊群体的优质阅读内容和产品。当前移动互联网的内容过于成人化，缺少针对青少年阅读的个性化产品，比如推出针对青少年成长的特色网站，利用大数据分析和挖掘向青少年推送有价值的个性新闻，开发专门针对青少年各年龄段的新闻App、电子书App等。另一方面要尽力遏制商业力量的不良影响。比如通过政府管理部门的监管，加强商业网站的自律行为和自我把关，通过经济处罚和取缔一些低俗甚至不法的网站来净化网络阅读环境等。加强对网络文化环境和流行电子读物的评论工作，形成对移动阅读市场的良性监督机制。

4. 推动公共文化服务体系的数字化、移动化，加强高雅文化在青少年移动阅读中的传播

公共文化服务体系是指面向大众的公益性文化服务体系，其建设和管理是由文化系统的政府行政部门而非市场力量主导的，因此它是文化市场强有力的补充，可以起到遏制过分商业化的积极作用。2015年1月，中共中央办公厅、国务院办公厅印发了《关于加快构建现代公共文化服务体系的意见》，明确了在新的形势下构建现代公共文化服务体系的意见和具体措施。在构建现代公共文化服务体系中，加强公共文化服务体系的数字化、移动化建设和传播是非常重要的方式。我们可以利用公共文化服务体系提升青少年移动阅读内容的数量和质量，加强高雅文化在青少年移动阅读中的传播。我国传统文化领域有着丰富优秀的作品资源、人才资源等，在公共文化建设中可以充分开发利用这些资源。但是，开发利用这些传统资源要遵循互联网的传播规律和特点，尊重青少年的接受能力和方式，策划和推出一些大的青少年移动阅读工程和具有品牌效应的活动，用高雅文化深邃的思想、情怀以及精湛的艺术表现来引导、改善青少年移动阅读环境。

5.加强青少年媒介素养教育，提升青少年抵抗不良影响和积极利用媒介的能力

青少年是移动阅读的主体，他们的积极主动性是解决移动阅读问题的内在动力。加强青少年的媒介素养教育是重要的启蒙和赋权方式，可以有效提升青少年对流行文化、对阅读内容的批判能力和积极使用移动互联网发展自我的能力。加强青少年的媒介素养教育也是一个需要社会各方力量共同推动的系统工程。教育管理部门要重视加强青少年的媒介素养教育，把中小学校发展成为青少年媒介素养教育的主阵地，推动媒介素养教育进大纲、进课堂成为常规课程。加强高校的媒介素养教育研究工作，研究成果要付诸应用，比如培养中小学的师资，帮助推动中小学的媒介素养教育工作等。除学校外，网络媒体和网络文化企业及其行业组织、共青团、少年宫、非政府组织等各类社会团体都可以采取多种多样针对青少年的媒介素养培训活动。另外，还可以通过对家长的媒介素养培训工作来推动家长对青少年阅读趣味和能力的关注和引导。总之，各方力量齐抓共管，通过各种各样的媒介教育和培训工作，形成良好的环境氛围，加强青少年对大众流行文化的抵抗能力，趋利避害，使移动互联网成为青少年发展、提升自我的有利媒介。

第三节　青少年移动学习与提升策略研究

移动学习最早起源于1994年卡内基梅隆大学的Wireless Andrew（安德鲁无线）研究项目，这个项目的主要目的是提升校园的无线网络设施建设以为学生的学习提供帮助。随着移动互联网的发展，移动学习逐渐成为世界范围内网民们的重要移动互联网应用。自2011年联合国教科文组织开始举办“移动学习周”，活动期间，来自各国政府部门、教育界、学术界的代表们深入讨论、分享利用移动设备为教育服务的种种前沿理论、科学技术、成功案例、前景及遇到的各种问题等。目前，智慧教育还处于起始阶段，但是在我国移动学习已经日益普及开来。根据第44次《中国互联网络发展状况统计报告》，截至2019年6月，中国手机在线教育用户1.99亿，占手机网民的23.6%（图2-5）。和三年前相比总体人数增加近三倍，表明了手机在线教育的快速增长趋势。

移动设备因其特有的使用便捷、资源海量、交互性强等优势，应该成为青少年学习的有力助力。但是就目前而言，我国青少年移动互联网学习的效果并不理想，存在着诸多问题。那么，青少年移动学习的状况到底如何？移动学习的效果怎样？存在哪些问题？又该如何加以推动？这是本部分想探究的主要问题。本部分调研时间为2019年6月至2020年3月，通过调查问卷和访谈的方式对中学生的移动学习情况进行了调研，共发放问卷1500份，分别在北京城区和郊区的共三所中学发放问卷500份，共回收有效问卷1418份。另外发放教师问卷150份，每个学校50份。为弥补定量研究的不足，辅以焦点小组访谈的形式，每个中学选取10名学生和5名教师进行了访谈。

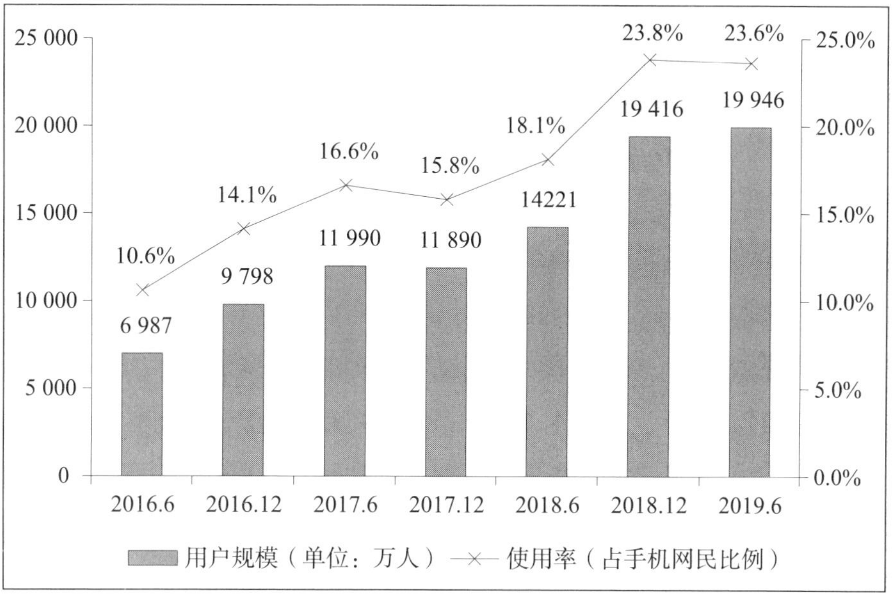

图2-5　2016年6月—2019年6月手机在线教育用户规模及使用率

资料来源：第44次《中国互联网络发展状况统计报告》

一、移动学习的概念与主要资源类型

移动学习是指借助移动设备通过互联网获取教育信息、教育资源以及教育服务的一种新型学习形式，业内也称为在线教育。广义的学习包括了人类的各种学习，如各种知识、技能的提升乃至心性的培养等都是一种学习。而狭义的学习则专指学生对学科相关知识的学习。本文所指的移动学习是狭义上的，指青少年使用移动媒介来进行学科相关知识的学习。

移动学习是一种新型的学习方式，有着丰富的资源、很强的交互性和趣味性以及使用的便捷性。移动学习资源是移动学习活动得以开展的根本保障。按照不同的标准可以对移动资源进行不同的类型划分：根据移动学习资源的功能可分为课堂型、题库型、词典型、工具型。课堂型学习资源主要为青少年提供比较系统的课程内容。题库型学习资源的主要内容为各类考试题库。词典型学习资源如新华字典、有道词典等。工具型学习资源如百词斩、印象笔记等，可以根据用户不同的学习需求，辅助督促青少年培养良好的学习习惯。此外，关于青少年移动学习资源的划分还有多种方式，例如从移动学习资源的开发者来看，可以分为政府主导开发的移动学习资源如国家教育资源公共服务平台（https：//1s1k.eduyun.cn/portal/html/1s1k/index/1.html）、学校开发的移动学习资源及企业或个人自主开发的移动学习资源等。依据内容及服务是否收费可以划分为免费学习资源与有偿学习资源等。

二、青少年移动学习的使用偏好与特征

移动学习已经成为通过移动互联网进行知识传播的新形式，并在促进青少年学习知识、参与学习活动、提高学习效率等方面发挥了越来越重要的作用。那么青少年在移动学习过程中有哪些使用偏好呢？

1. 青少年移动学习主要以课内知识的辅助学习为主，具有一定的功利性和被动性

调查发现，青少年移动学习已经非常普遍，89%的同学表示自己使用手机上网学习。但是对于其移动学习的使用目的调查发现，还是主要以课内知识的辅助学习为主，71%的学生表示使用移动学习的目的是完成老师布置的作业，21%的同学是为了提高成绩，4%的同学是为了探索新知识，只有2%的同学是为了提高学习能力，如图2-6所示。

从以上数据可以看出，青少年的移动学习在目的上较为功利，具有一定的被动性。

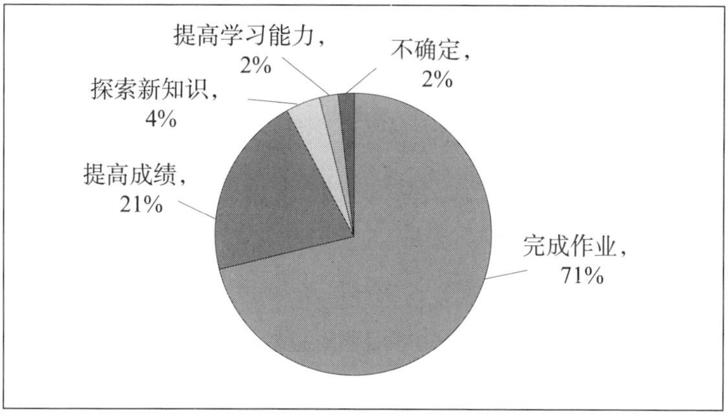

图2-6　青少年移动学习的目的

2.基于信息搜索和交流互动的移动学习是青少年使用最为普遍的方式，没有充分发挥移动学习的协作创新优势

移动互联网的发展改变了人们的信息获取方式，搜索服务成为互联网网民最常使用的应用。“Google”“百度”从一个公司的名称已经被网民们转化为一个表示搜索行为的动词，遇到不知道的或者想确证的就可以“Google一下”“百度一下”。同样，对于青少年的移动学习而言，基于信息搜索的移动学习也是其最普遍的使用方式。通过信息搜索，青少年可以获取各种知识，为青少年的学习提供帮助。调查发现，当遇到不会的问题时，青少年首先选择的解决方式就是“网络搜索”，占比75%；其次是问同学、朋友，占比20%；而问老师的只有1%，问家长的也只有1%，不确定的为3%，如图2-7所示。

对于是否用手机和他人交流学习问题方面，23%的学生表示会经常使用手机与他人交流学习问题；52%的学生较少使用手机和他人交流学习问题；19%的学生选择了极少交流；而从来没有使用手机交流过学习问题的学生比例仅为5%。另外，女生和男生相比，喜欢用手机与他人交流学习的比例更高。访谈中有些男生表示交流太费时间，还不如自己钻研。

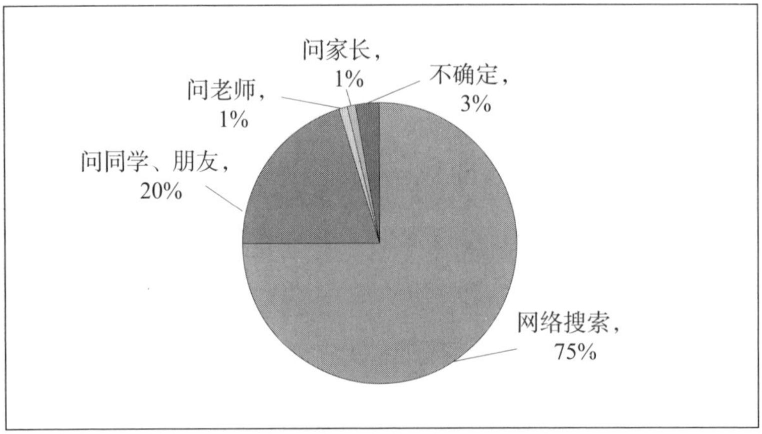

图2-7　青少年遇到学习问题时的解决途径

从以上数据可以发现，当前青少年的移动学习在方式上还停留在初步阶段，没有充分利用移动学习的优势，如进行协作学习和创新思维训练等。教育部科学技术司司长雷朝滋（2018）指出："现在教育最大的短板，就是知识很扎实，创新能力不强"，"未来的教育必然是基于网络环境的更加开放的教育，是更加重视学生个性化和多样性的教育，是引导学生主动探究和快乐学习的教育，是让所有孩子都能享受到优质教育资源的教育，是更加强调终身学习的教育，是更加智慧的教育。"①

3.工具型和题库型资源是青少年较常用的移动学习资源，课堂型资源利用率最低

前文我们按照功能把移动学习资源分为课堂型、题库型、词典型、工具型四种主要类型。调查发现，青少年在移动学习中较常用的资源类型以工具型资源和题库型资源为主，分别占比46%和43%；词典型资源占比28%；而课堂型资源占比16%，访谈发现学生较少使用这类资源主要是因为这类视频性的资源需要时间较长，且不少是付费性的资源，如图2-8所示。

① 雷朝滋.教育信息化从1.0走向2.0：新时代我国教育信息化发展的走向与思路［J］.华东师范大学学报（教育科学版），2018，36（1）：98-103，164.

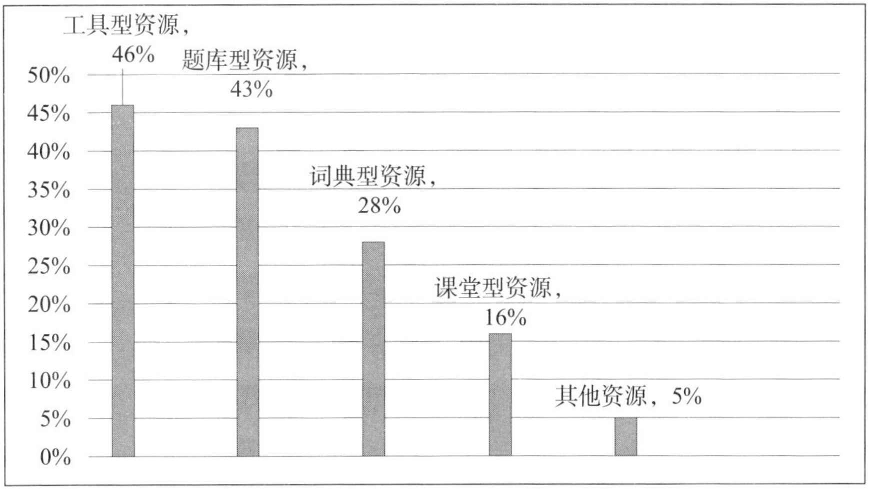

图2-8　青少年对移动学习资源的使用偏好

从以上数据可以看出，青少年移动学习在资源利用上还很不充分，课堂型资源是较为系统深入的学习资源，但是利用率较低。在访谈的30位同学中，没有一位同学使用过慕课资源，其中有19位同学没有听过慕课，11位同学虽有一些了解，但是认为自己没有充分的时间去学习慕课。移动学习主要是对校内课堂学习任务的辅助，而很难作为进一步开拓学习新知识的方式。

4.碎片化的使用方式是青少年移动学习的行为特征

调查发现，和青少年使用手机的碎片化信息接受方式相一致，青少年的移动学习行为也呈现出碎片化的特征。一方面，每次进行移动学习的时间较短，平均在5—10分钟者居多，占比57%，10—20分钟者占比21%，5分钟以下者占比16%，20分钟以上者占比仅6%，如图2-9所示。

另一方面，青少年移动学习的内容也较为碎片化。在学习内容方面，单个问题或知识点的学习占比最多，为78%；对一个章节的系统学习，占比为18%；对一门课程的系统学习，占比为16%；对一本书的系统学习，占比为8%，如图2-10所示。

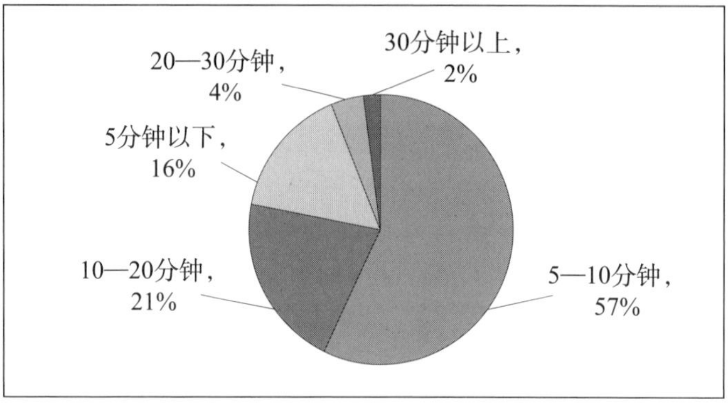

图2-9　青少年移动学习平均时长分布

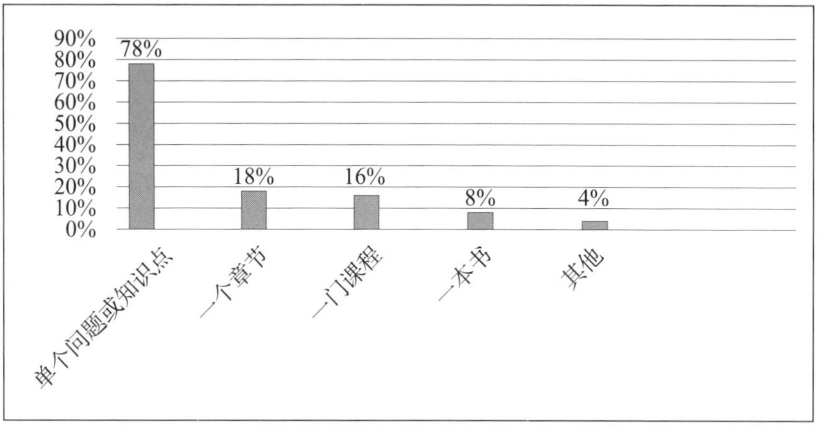

图2-10　青少年移动学习内容的使用偏好

5.社交性是青少年移动学习中较具有使用黏性的因素

在各类学习App或其他平台中，都较注重社交因素，这是对互联网连接属性的利用。社交性也是在青少年移动学习中较具有黏性的因素。如前所述，青少年与同学、朋友之间通过微信、QQ等讨论作业、学习问题是较常用的方式之一。但是访谈发现，他们往往一边交流讨论学习，一边也会交流其他信息，还会互相开玩笑等，也就是说他们的学习和轻松愉快的社交是混合在一起的。这也是为什么有不会的问题他们更愿意和同学、朋友而不是老师、家长交流的原因所在。另外，网络空间的学习平台也常常发挥社交因素的作用，如一些学习类App就发挥了大家帮大家的思路，学生上传自己不会的问题，其他同学可以给予解答，这个过程也常常需要相互交流，有问有答，在访谈中有的同学表示自己的答案被采纳会感到很高兴，自己回答问题的情况也会被记录展示出来，有的甚至因此成了“达人”。还有些学习类App的页面有专门的作业问答专区，可以关注好友并请求特定的个人进行答复。还可以在学生圈板块中按照兴趣和他人一起组成兴趣小组，对某个问题进行探讨研究。当然，在讨论中他们也常常夹杂一些学习之外的话题，比如关于学校、关于兴趣爱好等内容的话题。

三、青少年移动学习的效果与主要影响因素

1.青少年对移动学习方式普遍认可，但是认为学习效果有限

移动学习的方式已经得到了青少年的普遍认可，为其学习生活提供了帮助。91%的同学认为移动学习是非常必要的、是有帮助的。但是同时，他们也认为移动学习是校内学习的补充，效果有限。只有5%的同学认为移动学习的效果很理想，21%的同学认为移动学习的效果还可以，比较理想。8%的同学选择了不确定，35%的同学认为不太理想，31%的同学认为很不理想，如图2-11所示。从这一数据可以看出，66%的同学认为移动学习的效果不理想。

那么，是什么原因导致移动学习的效果不理想呢？如图2-12所示，86%的同学认为移动学习容易分散注意力，被其他无关信息打扰；82%的同学认为自己移动学习缺乏计划性，较为随意；78%的同学认为没有时间进行移动学习；74%的同学认为自己对资源不了解，资源选择上存在一定的困难，费时费力。61%的同学认为在搜索过程中存在资源重复、良莠不齐等情况。52%的同学认为手机设备较小，学习体验不佳。这些都是影响移动学习效果的因素，其中有的是个人能力方面的原因，如容易分散注意力、

缺乏计划性、对资源不了解等；有的是客观时间限制的问题，如作业太多，没有时间学习；有的则是资源本身的问题，如资源重复、良莠不齐；此外还有手机硬件等方面的问题，如容易分散注意力即是个人注意力不够专注的主观因素，也是移动互联网内容庞杂导致的，此外手机屏幕较小，一定程度上也会影响青少年的学习体验。

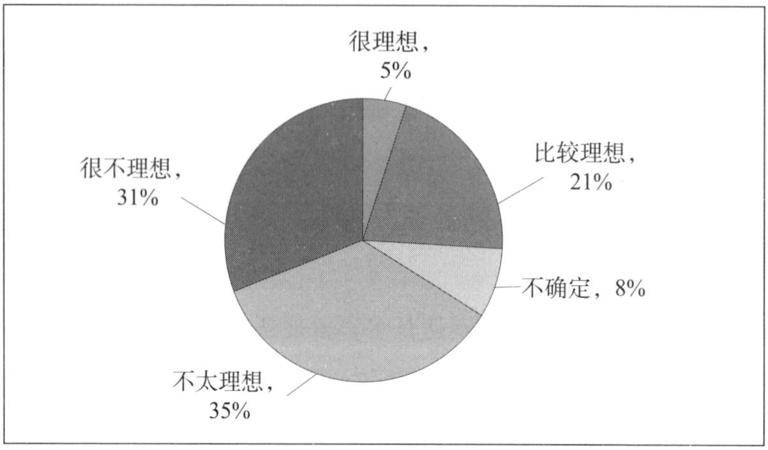

图2-11　青少年对移动学习的效果认知

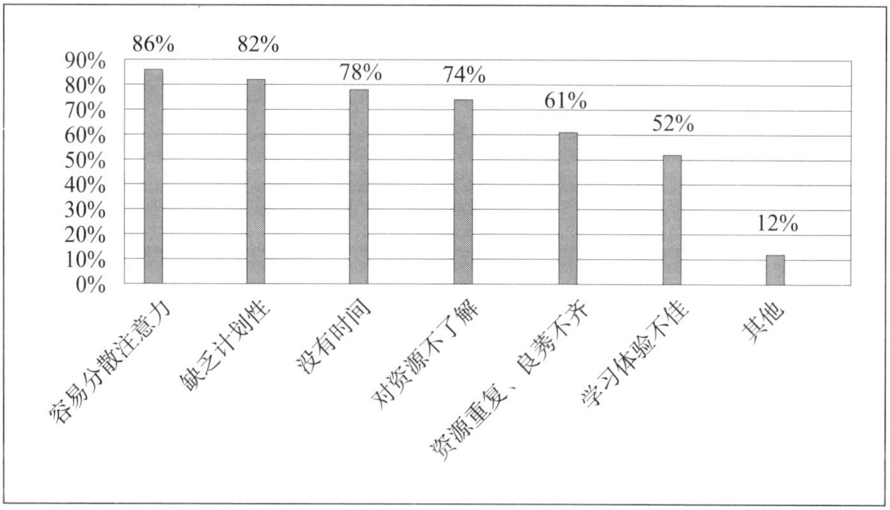

图2-12　影响青少年移动学习效果的主要因素

2.对移动学习社会认可度较低，学校管理方式简单、缺乏引导

在访谈中了解到，社会对移动学习的认可度普遍较低，主要影响青少年移动学习的两个重要力量，一个是学校，一个是家长。首先，从学校来说，大多数教师对移动学习这样一种新的学习形式缺乏系统的理论认知和实践经验，因而他们对移动学习的认知度、认可度均较低。调查发现，在发放的150份教师问卷中，对于移动学习能否提高学生学业成绩，12%的教师表示非常不认可，不太认可的比例最高，达到51%；仅有2%的教师表示非常认可，表示比较认可的比例为27%，如图2-13所示。

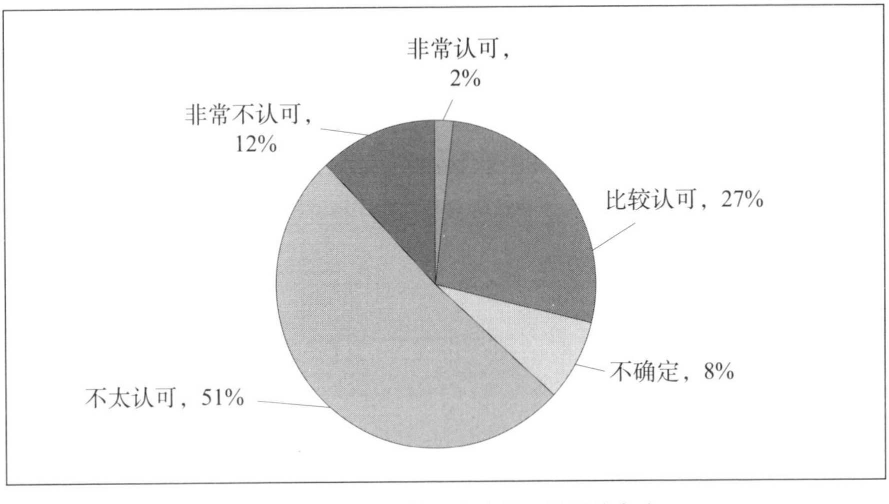

图2-13　教师对学生移动学习效果的态度

鉴于教师对青少年移动学习的不认可态度，因此在教学中也较少要求学生使用手机进行学习。发放的150份教师问卷中，经常布置手机学习任务的教师仅有2人（1%）；偶尔布置过的有21人（14%）；从未组织学生进行过手机学习活动的教师最多，有127人，其比例达到85%。这些数据说明，绝大多数教师都未曾正式组织过移动学习活动。另外，从认知上看，81%的教师认为手机学习更适合在课外探究活动中使用；10%的教师则认为在新课预习过程中可以使用手机学习；11%的教师认为在练习环节可以使用手机学习；此外，仅有1名教师表示在课堂讲授环节可以使用手机学习。另外调查发现，教师也较少分享移动学习资源给学生。如图2-14所示，仅有3%的学生认为自己所有老师都曾推荐过手机学习资源；9%的学生认为大部分老师推荐过；37%的学生选择只有少数老师推荐过；51%的学生则确认从未有老师推荐过。

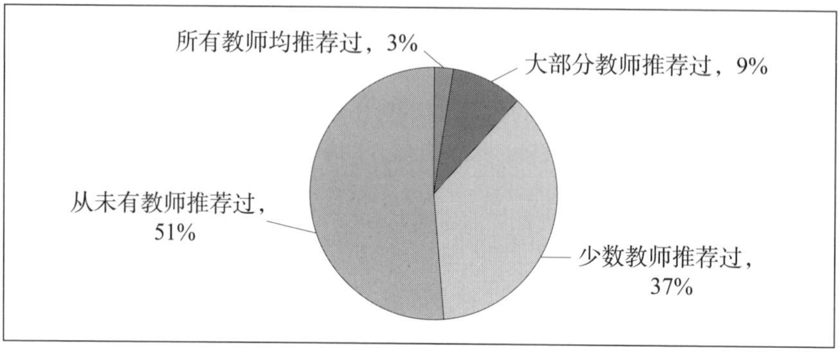

图2-14 学生认为教师对移动学习资源的推荐情况

另外，教师也较少给学生提供手机学习方面的指导和建议。在调查中（图2-15），仅有3%的学生对老师在指导其进行手机学习方面的工作表示非常满意，7%的学生表示比较满意；而不太满意的比例最高，为64%；非常不满意的比例为19%。由此可见，超过80%的学生对老师在移动学习方面的指导是不满意的。

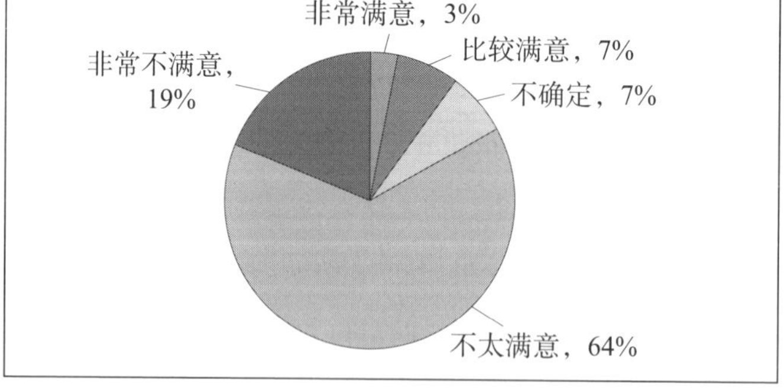

图2-15 学生对教师移动学习指导的态度

事实上，很多学校、教师对青少年使用手机采取了限制措施。访谈发现，不少教师认为学生使用手机学习会管不住自己，容易上网沉迷到其他活动中去。家长也存在同样的情况，他们对移动学习的认知度、认可度也较低。访谈中，不少学生表示家长发现自己在用手机就认为是在玩手机而不是学习。从以上调查可以看出，对移动学习的认知度、认可度低直接影响了青少年的移动学习行为和效果。

四、提升青少年移动学习效果的策略与建议

在移动互联网时代，移动学习是帮助青少年提升学习能力的重要方式。2017年更新的《美国国家教育技术计划》围绕学习、教学、领导力、评价、基础设施等五个方面提出“重塑技术在教育中的作用”。2017年7月，我国发布了《新一代人工智能发展规划》，提出要发展“智慧教育”，用人工智能驱动未来教育。智能教育虽然不等同于移动学习，但是无疑伴随着大数据、云计算等技术的智慧教育的发展必然会推动移动学习的深入和融合发展。但是目前青少年移动学习的效果并不理想，那么如何加以提升呢？

1.从思想认识上，加强各相关方对青少年移动学习的认知度、认可度

原教育部部长陈宝生讲过，教育的主题就是“加快教育现代化，建设教育强国”[①]。而教育现代化的本质是人的现代化，其核心则是教育思想、教育理念和教育手段的现代化。教育部副部长杜占元把人工智能带来的革命称为“零点革命”，并提出了如果未来机器都能思考了，教育应重点培养学生五种能力：自主学习能力、提出深层次问题的能力、人际交往能

① 陈宝生.开启建设教育强国历史新征程［N］.人民日报，2020-09-15(9).

力、创新思维能力以及谋划未来的能力。[①]要培养学生新的能力就需要革新教育理念和教育方式。学校管理者和教育者的观念必须要转变，提高对移动学习的认知度、认可度是其中一个重要方面。如前所述，由于网络内容良莠不齐、担心青少年受到不良影响或沉迷其中反而不利于青少年的学习和成长，因此，学校、教师及家长等相关各方对移动学习的认可度不高。要改变相关各方对移动学习的态度，需要加强正面的宣传和引导，让人们认识到移动学习的优势，而不是一刀切地简单拒绝，把“用手机学习”和“玩手机”等同起来。要引导人们减少对移动互联网的“道德恐慌”。通过积极宣传移动学习的理论和成功案例，逐步校正人们的道德恐慌观念。当前，各类学习软件如雨后春笋般涌现，不少App可以为学生提供即时解惑答疑、在线讨论等。通过移动互联网，青少年可以随时随地进行学习，无论是课堂内还是课堂外，都可以连通国内外的优秀教育资源，这对创新人才的培养是一种裨益，对教育机会这一社会现象提供了一种技术上的解决方案。可以说，移动学习在时空的便利性、资源的丰富性、学习方式的协作性等方面都提供了无可替代的优势。正如教育部科学技术司司长雷朝滋（2018）所说：“只有将信息技术深度融入教育体系，彻底改变传统教育教学理念、模式、内容和方法，推动教育体系的结构重组、流程再造和文化重构，才能达成促进教育改革创新、全面提升教育发展水平的目标。”[②]

2.从政策措施制定层面，既需顶层设计，又需重视具体执行和效果监督

当前，全球很多国家都从国家层面推动教育的信息化，如美国的“国家教育技术计划（NETP）”、英国的“下一代学习运动”、韩国的“教育信

---

① 中国日报网.教育智库与教育治理首届50人圆桌论坛在京举行［EB/OL］.（2017-12-19）［2022-07-31］. http://www.chinadaily.com.cn/edu/2017-12/19/content_35336660.htm.

② 雷朝滋.教育信息化从1.0走向2.0：新时代我国教育信息化发展的走向与思路［J］.华东师范大学学报（教育科学版），2018，36（1）：98-103，164.

息化基础建设工程”等。事实上，教育信息化的工作在我国也早已经得到了强调。在政策制定层面，我国在顶层设计上已经做了很多富有前瞻性的工作。2017年党的十九大明确强调要办好网络教育，随后《中华人民共和国国民经济和社会发展第十三个五年规划纲要》中将教育信息化列入九项教育现代化重大工程，强调要推动现代信息技术与教育教学深度融合。国务院办公厅印发的《关于新时代推进普通高中育人方式改革的指导意见》中强调对学生综合素质的培养，并提出要“深化课堂教学改革，推进信息技术与教育教学深度融合”①；教育部据此先后发布了《教育信息化十年发展规划（2011—2020年）》《教育信息化“十三五”规划》，并印发了《教育部等九部门关于加快推进教育信息化当前几项重点工作的通知》，部署了“三通两平台”（“三通”是指“宽带网络校校通”“优质资源班班通”“网络学习空间人人通”；“两平台”是指“教育资源公共服务平台”和“教育管理公共服务平台”）、教学点数字教育资源全覆盖和教育信息技术应用能力提升等重点工作。但是，在具体落实上还需要进一步细化和推进，效果有待提升。不得不说，教育信息化的具体落实工作还有待加强，效果监督机制需要完善，这将是今后工作的重中之重。

3.从学习资源的层面，需要进一步推动资源建设、共享和效能提升

在国家政策的推动下，各地开始逐步加大教育信息化建设的力度。一是表现在硬件投入上，这方面目前普及情况较好，根据教育部的统计，截至2017年11月，“全国中小学互联网接入率在近五年已经从25%上升到90%，多媒体教室比例从不到40%增加到83%”②。另外，不少经济情况较好的省市还建设了教育城域网，学校网络教学环境大幅改善，教育信息化应

① 国务院办公厅.国务院办公厅关于新时代推进普通高中育人方式改革的指导意见国办发〔2019〕29号［EB/OL］.（2019-06-19）［2022-07-31］. http://www.gov.cn/zhengce/content/2019-06/19/content_5401568.htm.

② 杜占元.教育部杜占元：中国教育信息化取得突破性进展［EB/OL］.（2017-11-30）［2022-07-31］. http://www.chinamde.com/?p=1478.

用的硬件基础条件得到了夯实。二是表现在资源建设上。移动学习资源的质量，是影响移动学习活动效果的核心因素，是手机学习活动得以顺利开展的前提。前期的教育资源建设较多体现在教师备课资源的建设方面，对学生的学习资源建设还远远不够。目前一些经济发达地区正在面向学生开发优质教育资源并推动资源共享，这是今后资源建设的重点方向。比如浙江省江山市教育局自2017年启动《智慧教育三年行动计划》，目前已基本完成云视网（视频管理平台）、云会网（视频教研会议系统）和云课网（同步课堂管理系统）“三朵云”的建设。[①]其中云视网实现了全市录播教室（联网）视频资源共享；云会网系统将视频会议与视频教研结合起来实现直播和开展同屏教研活动；云课网能够实现结对学校互联互通，在教育资源上可以实现中西部、城区与山村的网络互动和资源共享。再比如北京市教委推出的“北京市中学教师开放型在线辅导计划”，项目通过委托北京师范大学未来教育高精尖创新中心搭建服务平台，招募全市中学9个学科的区级及以上骨干教师参与，每个学期内（不含寒暑假）周一到周五18时至22时、双休日及法定节假日8时至22时，教师通过双师服务平台（好双师）开展在线免费辅导服务。[②]该项目始自2016年11月，率先在通州区启动了第一阶段的试点工作，于2018年3月开启了第二阶段，实施范围拓展至平谷区、密云区、怀柔区、延庆区和房山区。2019年11月，新增大兴区和门头沟区，覆盖范围扩至8个郊区。虽然在移动学习资源建设方面取得了可喜的进展，但任重道远，需要由点及面，切实加强学生学习资源的建设、共享和效能的提升，营造“人人皆学、时时能学、处处可学”的教育信息化环境。

---

① 周冰岚，王华君.浙江衢州：三朵“智慧云”描绘课堂新色彩[EB/OL].（2019-07-12）[2022-07-31].https://www.edu.cn/xxh/xy/jj/201907/t20190712_1670446.shtml.

② 刘冕.北京：八区学生享“名师”免费一对一在线辅导[EB/OL].（2019-11-04）[2022-07-31].https://www.edu.cn/xxh/xy/jj/201911/t20191104_1690831.shtml.

4. 从具体执行的层面，学校应该把移动学习融入教学体系中，加大对教师和学生的相关培训

学校是学生学习的组织者和管理者，同样也是推动学生移动学习最直接有力的推动者。一方面，学校要加强对教师的移动学习教育理念和方法技能的培训，把移动学习融入教学体系中去。目前，教师们普遍对移动学习持有不认可的态度，另外，也缺乏移动学习的教育技巧和经验。因此，需要在学校的层面上加大培训转变教师的观念，适应新的现代化的教育环境和社会环境，从传统的应试型的教育思维中解放出来，尝试新的教育手段和方法。调查发现，目前教师不仅在课堂上很少使用移动教学资源或手段，课下也很少使用，甚至对此避而不谈。当前，师生间通过QQ和微信等渠道虽然建立了较为稳固的网络通信，但是这些渠道并不会有计划安排移动学习或分享移动学习资源。学校需要建立专门用于移动教学的渠道和平台。另一方面，要帮助学生遴选和组织移动学习的教育资源，把好质量关。社会上的商业网络教育资源如雨后春笋涌现出来，但是存在着良莠不齐的情况，甚至有的教育平台上出现了一些低俗甚至涉黄的言论与内容。[①] 对此，学校与其避而不谈，不如直面问题，加强管理和引导。比如广东省在2019年6月1日起，正式实施《广东省面向中小学生校园学习类App管理暂行办法》，对该省中小学生在学校和校外培训机构使用学习类App做出规范，明确实行黑白灰名单制度，从源头上进行动态监管。这是国内出台的首个针对校园学习类App的省级实施细则。第三，学校和教师要加强对学生移动学习的指导和管理，提升学生的移动媒介素养，帮助学生制订移动学习计划，加强其移动互联网使用的自我管理意识和媒介素养，提升其进行移动学习的效能。利用互联网和大数据、云计算等技术，有利于进

① 新蓝网·浙江网络广播电视台."作业帮" 等多款学习类App涉黄 网络课堂变"污秽温床"[EB/OL].(2018-04-26)[2022-07-31]. http://n.cztv.com/news/12747689.html.

行现代化的移动教学管理和治理，也就是把智慧教育和移动学习结合起来。比如浙江杭州第十四中学的智慧校园建设，不仅能智能批改作业、试卷，还能提供每一个学生的成长档案和数据分析。[①]

第四节　青少年移动娱乐与影响研究

移动娱乐是青少年移动互联网使用的主要内容之一，也是导致青少年手机沉迷的重要原因。手机移动娱乐的用户规模及使用率近些年来一直保持着持续增长态势。据第44次《中国互联网络发展状况统计报告》统计，截至2019年6月，在我国8.47亿手机网民中，短视频用户达6.48亿、移动网络音乐的用户规模为5.85亿，移动网络游戏、移动网络直播的用户规模分别达到4.68亿、4.33亿，而移动网络文学的用户规模达4.35亿，在总体手机网民规模中占比已超过50%。[②]毋庸置疑，移动网络视频、移动网络音乐、移动网络游戏、移动网络直播、移动网络文学已成为中国手机网民的主要移动娱乐使用类型。那么青少年移动娱乐都集中在什么类型上？有什么特点？对青少年会产生哪些方面的影响呢？为了加深对青少年移动娱乐使用行为及其影响的深入理解，本部分主要采用问卷调查和访谈的方式进行研究，同时结合了一些行业的权威调查数据进行分析。在问卷调查方面，通过上海市区和郊区的两所学校发放调查问卷1500份，回收有效问卷1386份。访谈人数约50人，小组访谈两次，约20人，其他30人为随机访谈。

---

① 严红枫.互联网让中学教育智能化、精准化、可视化［EB/OL］.（2019-10-22）［2022-07-31］. https://www.edu.cn/xxh/xy/jj/201910/t20191022_1688496.shtml.

② 中国网信网.第44次《中国互联网络发展状况统计报告》［EB/OL］.（2019-08-30）［2022-07-31］. http://www.cnnic.net.cn/hlwfzyj/hlwxzbg/hlwtjbg/201908/t20190830_70800.htm.

一、移动娱乐的概念及主要类型

随着互联网技术的高速发展，互联网络与电子通信等高科技手段的“联姻”，传统娱乐方式快速转型升级，如今已发展成一种新型的数字娱乐手段。而随着移动互联网技术及5G技术的成熟与推进，智能手机日渐普及以及流量资费的不断降低，移动娱乐也迎来了更为广阔的发展空间。简单来说，移动娱乐是移动互联网技术快速更迭的产物，是以智能手机、Pad（平板电脑）等个人终端为主要载体，以游戏、音乐、视频、文学等为主要娱乐应用的一种数字化、移动化、流行化的新型娱乐方式。

调查发现，青少年网民对网络娱乐类应用存在明显偏好，其中主要以网络音乐、网络游戏、网络视频以及网络文学为主。近两三年以来，随着网络直播、短视频等新媒介技术的迅速发展及直播平台、短视频应用数量的激增，网络直播、短视频一跃成为移动娱乐的后起之秀，也成为移动娱乐最新颖、最具活力的代表。调查问卷显示，以上各类型娱乐中，短视频占比最高，为89%；网络视频占比86%；网络音乐占比82%；网络游戏占比65%；网络文学占比61%，网络直播占比48%，其他占比5%。如图2-16所示。

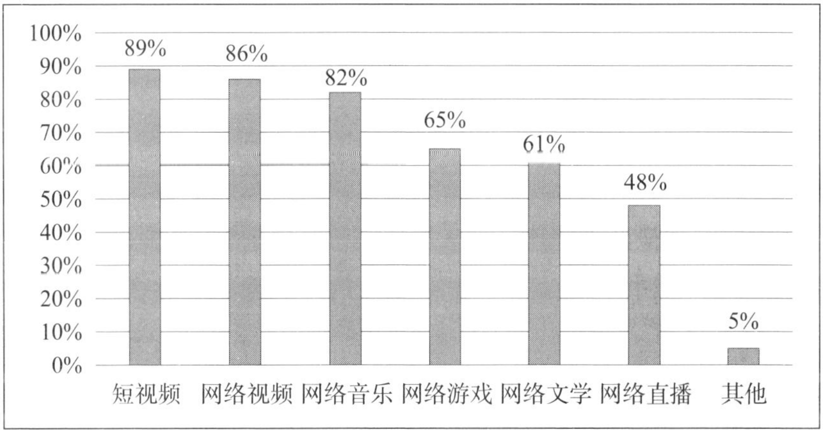

图2-16　青少年对移动娱乐的使用偏好

二、青少年移动娱乐的使用偏好

下面我们分别看一下青少年在不同娱乐类型的使用中有什么具体的偏好和使用特点。

（一）移动网络视频

近年来，我国网络视频产业发展迅速，不论是网络视频平台方的加速升级革新，还是网络视频内容的创新发展，比如网络自制剧、网络综艺等，都为广大网民提供了更好的视频服务及娱乐享受。在移动互联网快速发展的视域下，观看移动网络视频成为网民们精神娱乐、打发时间的绝佳方式，热衷于移动网络视频的广大青少年也成为移动网络视频迅速发展的重要后备力量。

在调查中，受访者限选3项“感兴趣的视频类型”，结果显示，占比在前3位的均是休闲类视频，分别为影视类视频56%、综艺类视频54%、动漫类视频45%。总的来说，青少年在网络视频的使用偏好方面，主要还是集中于影视类、综艺类、动漫类三种类型，也反映出了其追求娱乐化、休闲化、趣味性的心理诉求。

1.影视类

访谈显示，青少年网络影视内容偏好倾向于喜剧、爱情、动作、魔幻几种主要的类型，其中喜剧类、爱情类影视剧占比超过60%。幽默轻松的喜剧片、青春偶像的爱情片及激情热血的动作片受到广大青少年的追捧与喜爱。其次是魔幻类、科幻类充满新奇风格的影视较受青少年欢迎。具体如图2-17所示。

首先，就爱情影视剧来说，近年来《前任3：再见前任》《从你的全世界路过》《后来的我们》《漂亮的李慧珍》《欢乐颂》等影视剧都取得了非常亮眼的市场成绩，如《欢乐颂》在YouTube（优兔）上总点击突破5030万，单集点击突破164万，两项指标均创下该平台2016年纪录，在2016华语剧目中排名第一。颜值、时尚、潮流、浪漫、梦幻等元素极力呈现着都市化的爱情，吸引着大量青少年的关注。青少年时期正处于个人的第二性征发育期，爱情观还处于萌芽阶段，他们对爱情怀着好奇、美好的憧憬。爱情影视剧在一定程度上满足了青少年青春、感性、冲动的心理特征及对未来、对爱情的憧憬和想象。

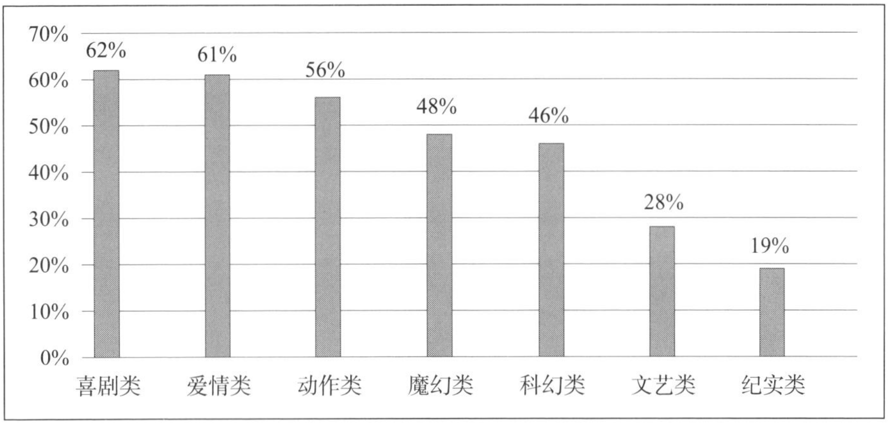

图2-17　青少年对网络影视的类型偏好

其次，喜剧类的影视剧一直广为青少年喜爱，观看喜剧片成为青少年课余生活解压放松的利器。比如近年来的《心花路放》《唐人街探案》《爱情公寓》《万万没想到》等，都以其戏剧性、夸张性、幽默化的呈现形式俘获了众多青少年粉丝。青少年时期正处于学习的黄金期，多样化的课程、大量的课时及作业给青少年造成了一定的心理压力，由于青少年心智发展还未健全，抗压能力较弱且情绪不稳定，观看喜剧片以缓解学习压力成为许多青少年的解压方式。喜剧片惯有的幽默台词、人物表现、剧情等往往能够刺激青少年脑内分泌多巴胺，令人感觉到兴奋、激动，从而暂时忘掉现实生活中的烦恼。

再次，除了爱情片、喜剧片以外，激情热血的动作片也成为许多青少年追捧的影视类型。比如《红海行动》《钢铁侠》等。一方面，动作片通常以功夫、警匪、武侠、黑帮、战争等元素集中彰显了人物的英雄主义及战斗精神。另一方面，追求刺激、惊奇的紧张、激动心理是吸引他们的另一大主要动因。总的来说，动作片对性格外向、活泼好动的男性青少年来说更具吸引力，虽然也有部分女性青少年喜欢这种影视类型，但男性青少年还是其主要受众人群。

值得注意的是，随着全球化的深入推进，青少年也逐渐培养了自己的全球化视野，紧跟时代风向，追求国际潮流，这使得其在影视剧的喜好上也更具流行化、全球化。调查显示，青少年在网络电影类别的选择上更倾向于欧美电影，占比达到63%，位列首位，如图2-18所示。

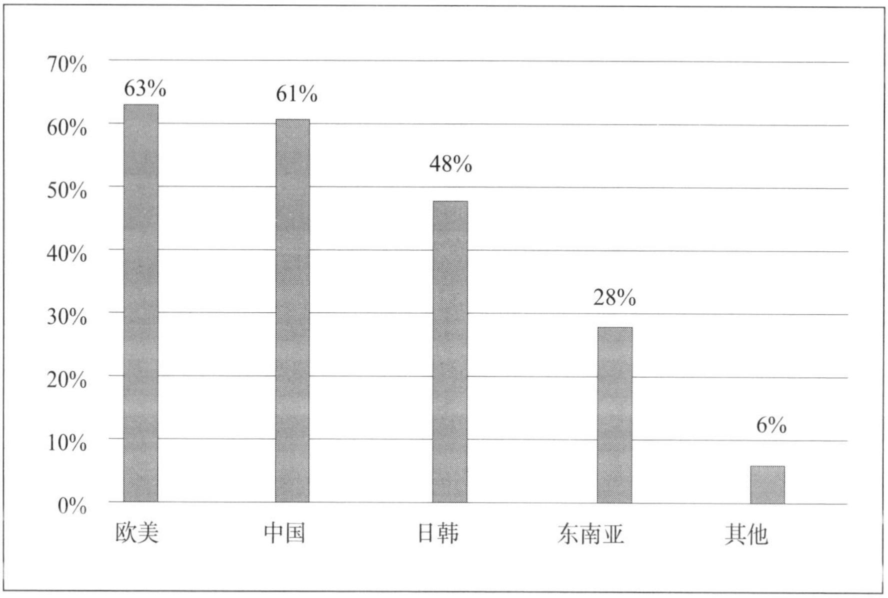

图2-18　青少年对网络电影的国别偏好

就电视剧来说，青少年更加倾向于国产电视剧，占比76%，欧美电视剧仅次于国产电视剧，占比也高达43%，如图2-19所示。

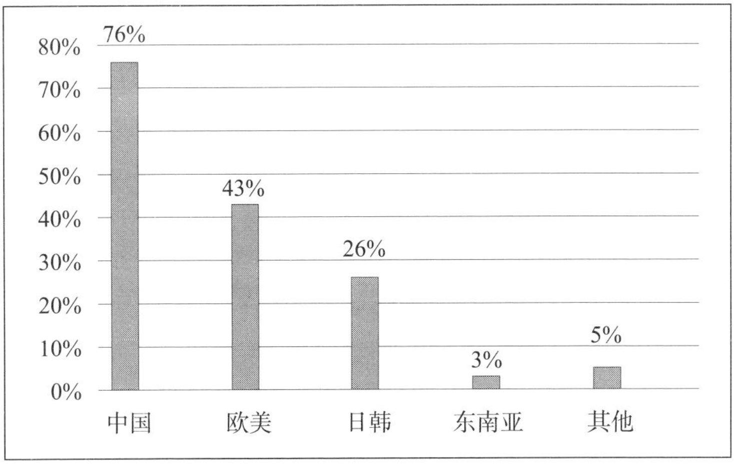

图2-19 青少年对移动娱乐的使用偏好

2. 综艺类

综艺节目的热播在一定程度上离不开节目形式的创新及价值理念的转变。当前，综艺节目的种类多样化，涉及脱口秀类、游戏类、选秀类、户外竞技类、婚恋类等，针对不同的受众人群，为大众提供了多元化的选择。相较于影视剧而言，综艺节目的节目形式更加多元，游戏性、娱乐性等元素丰富了综艺节目的表现形态，满足了受众高度参与性及互动性的需求。如今综艺节目已经发展为青少年主要的视频偏好类型。

近年来，网络综艺的快速崛起与发展激活了传统综艺的生态圈，对于天性好玩、青春个性、感性冲动的少男少女们而言，参与感、互动性、游戏性特征更为凸显的综艺节目更能满足他们的精神需求，也较为贴合该群体的个性特征。

3. 动漫类

青少年是伴随着卡通动漫文化长大的一代，他们自然也成为动漫文化最忠实的爱好者及拥护者。课题组的调查显示，73%的青少年通过网络观看动漫作品。可见动漫作品拥有着相当庞大的受众群体。动漫影视作品类型丰富多样，比如搞笑类、悬疑类、战斗类、冒险类等，迎合了不同青少年群体的兴趣偏好。在调查中，爱情类网络动漫占比为86%，居第一位；其次是搞笑类，占比81%；剧情类，占比76%；鬼畜类动漫近两年较为流行，占比75%。如图2-20所示。

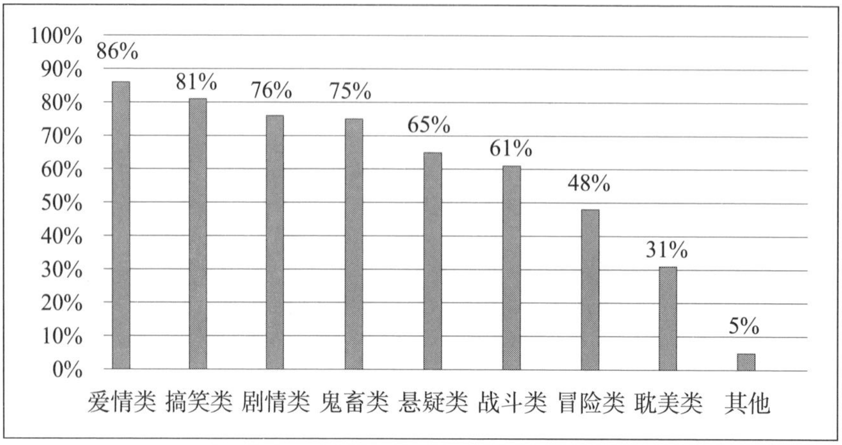

图2-20　青少年对网络动漫的类型偏好

在青少年喜欢的动漫作品来源中，来自日本的动漫占据主要类型，占比为78%，超过国产动漫，如图2-21所示。

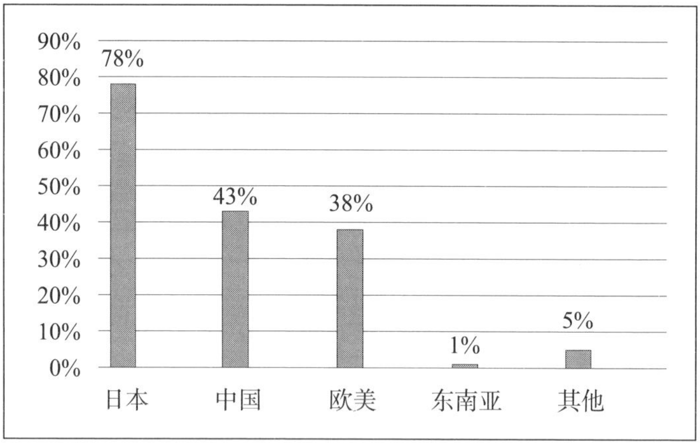

图2-21　青少年对网络动漫的国别偏好

近年来，国产动漫“熊出没”系列、“赛尔号”系列上线成绩卓著，视频播放量达千万，国产动漫在青少年群体中的影响力逐渐增强。青少年热衷于动漫文化，不仅因为大批优秀动漫作品以其生动的情节、精良的画面、个性鲜明的人物形象及深刻的价值取向吸引着他们的关注，更多的是动漫作品塑造了一个理想化、自由化的乌托邦社会，渲染着纯净、童话般的美好氛围，相对单纯、轻松的心境正是青少年所追求的状态。

（二）移动网络音乐

音乐一直以来都是人们释放压力、打发时间、满足精神需求的一种娱乐方式，对于学业繁重、青春感性的青少年来说，收听移动网络音乐成为他们日常娱乐的主要行为。音乐所传递的自由奔放、流行趣味、大众娱乐的精神满足了他们对于个性、时尚、新奇的心理追求，同时也因音乐自身所具有的流行性、时尚性、通俗性、情感性吸引着广大青少年的关注。

访谈发现，听音乐有着伴随性的特点，是青少年网络娱乐生活中使用频率最高的应用，经常听音乐的青少年几乎达到三分之一。而有关音乐风格偏好方面，青少年多关注流行、情歌、摇滚等曲风的歌曲，近年来民谣曲风作为一股清流走进大众视野，也逐渐被更多的青少年所关注，同时，嘻哈、说唱等曲风的歌曲也收获了众多青少年粉丝。嘻哈、说唱以一种无所畏惧、自由随性、开放前卫的精神，迎合了青春期阶段青少年的反传统理念，彰显个性、张扬等个人主义的心理特点。课题组访谈发现，同学们大多表示偏爱欢快、流行的音乐，并经常在QQ音乐、酷我音乐、网易云音乐等平台收听歌曲，几乎所有同学都表示听歌是为了打发时间，想听的时候就会打开播放器收听，这也使得这一行为呈现出碎片化、无序性等特点，而有超过三分之一的同学表示喜欢边学习边听歌。可见，移动网络音乐已经深入渗透青少年的日常学习、生活空间。

值得注意的是，近些年音乐App社交化的创新开始改变了一部分听众的听歌习惯。以往听众不会长时间盯着音乐播放器，收听歌曲更多是一种无目的的辅助性行为，而当前听歌看评论、写评论、刷弹幕则成为一种主动性行为，音乐评论、音乐弹幕的兴起开始成为人们听歌时的另一大娱乐方式。

（三）移动网络游戏

移动互联网的迅速发展及智能手机的日益普及，推动着移动游戏产业朝着更为高速的方向发展。根据Newzoo（游戏市场研究及数据分析服务商）的数据，2018年全球游戏市场总价值为1349亿美元，其中移动游戏占比最多，高达47%，同比上涨12.8%，总价值约为632亿美元。[①]中国音数协游戏工委（GPC）、伽马数据（CNG）联合发布的《2018年中国游戏产业报告》显示，2018年中国移动游戏市场实际销售收入占全球移动游戏市场比例约为30.8%，2018年中国移动游戏用户规模为6.05亿人，同比增长9.2%。[②]如此庞大的营收额离不开游戏产业本身的娱乐、趣味、休闲属性的吸引，更离不开广大移动游戏用户的支持。

移动网络游戏类型多样，总的来说可分为策略类、动作冒险类、飞行射击类、角色扮演类、体育竞速类、休闲益智类、养成经营类以及桌游棋牌类等。策略类如《王者荣耀》《绝地求生：大逃杀》，休闲益智类如《球球大作战》《开心消消乐》，角色扮演类如《阴阳师》等较为流行。课题组在深入访谈过程中，了解到学生们较喜欢《王者荣耀》《绝地求生：大逃杀》等手游，不仅在于游戏的对抗性、刺激性和新奇性，与同学一起组队玩游戏增强了团队合作的趣味性，也成为他们热衷这两款手游的主要原因。另外，在移动游戏的使用偏好上，性别差异也是重要的影响因素。男性青

---

① 佚名.2018年游戏产业大数据盘点：移动游戏占比收入占比高达47%［EB/OL］.（2018-12-19）［2022-07-31］. https://www.sohu.com/a/297180494_120099877.

② 游戏观察产业媒体.2018年中国游戏产业报告：市场收入2144.4亿元 移动游戏份额占62.5%［EB/OL］.（2018-12-21）［2022-07-31］. http://dy.163.com/v2/article/detail/E3J1HKN305269VS7.html.

少年更偏向于对抗性较强的游戏类别，如策略类、动作冒险类、体育竞速类等重量级游戏。女生则更倾向于轻量化游戏，如休闲益智类、经营养成类等。具体如图2-22所示。

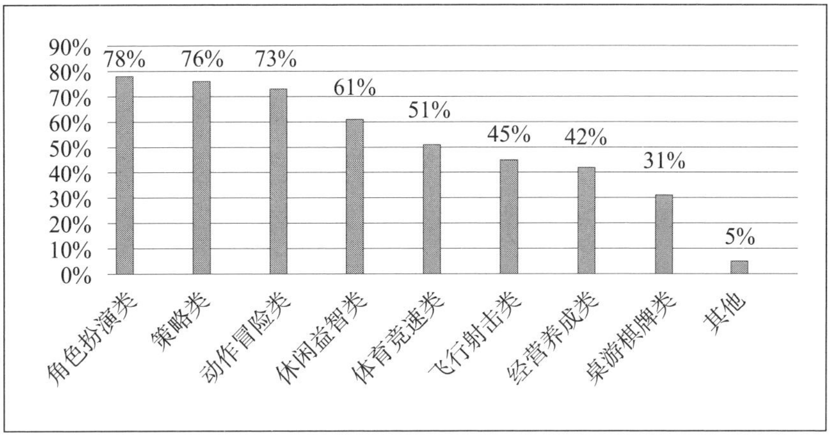

图2-22　青少年对移动网络游戏的类型偏好

（四）移动网络娱乐新媒介：网络直播与短视频

移动互联网技术的快速更迭，催生了一批又一批新媒介，自微博、微信之后，网络直播、短视频迎来了发展的新浪潮，吸引着众多青少年网民的关注与热爱。

1.网络直播

网络直播自2016年诞生以来呈现出“井喷式”的发展态势，网络直播的平台及用户规模呈现出不断扩张的趋势。越来越多青少年也开始关注并加入网络直播中，调查发现喜欢网络直播的青少年占比48%。在青少年喜欢的直播类型中，以游戏直播和秀场直播占比最高，具体如图2-23所示。

由于网络直播互动性、临场感、真实性更高，所以对于大部分青少年来说，网络直播的吸引力比较强。访谈发现，网络直播已经渗透到了青少年的日常生活中。总的来说，青少年在网络直播的观看偏好上更倾向于观看游戏直播与真人秀直播。游戏直播主要指直播解说游戏、电子竞技比赛等直播形式。秀场直播在我国最早出现，是才艺者表演和互动的直播形式。课题组在深度访谈中了解到，男生更倾向于观看游戏直播，女生更喜欢观看秀场直播。

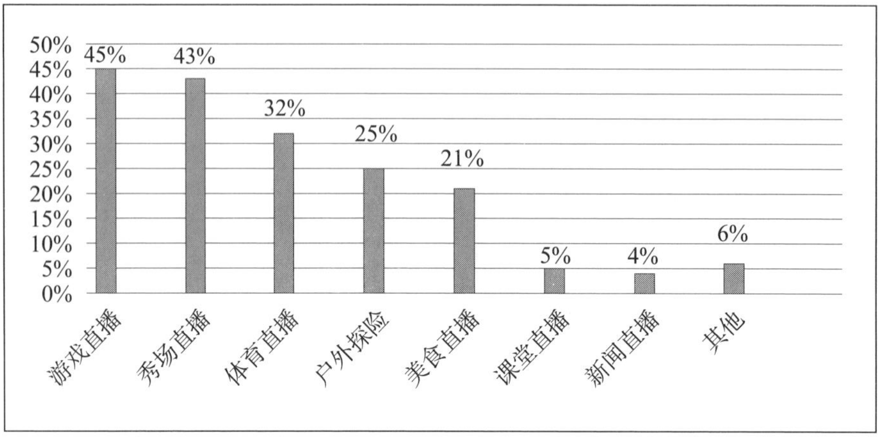

图2-23　青少年对移动直播的类型偏好

处于青春期的青少年，对外界充满了好奇与未知，网络直播的快速发展在一定程度上满足了他们调节自己的生活和心情的需求。

2. 短视频

自2016年以来，短视频市场持续火热，在当前快节奏的生活中，短视频给予了人们一个展现个性的平台，彰显着作为内容创作者的价值，因而备受青少年网民们的欢迎。根据企鹅智酷在2018年发布的《快手&抖音用户研究报告》显示，平台用户以年轻群体为主，24岁以下用户快手平台为66.6%，抖音平台为75.5%。①在短视频中，主力达人和用户基本都是“95后”，这一群体年轻朝气、个性十足、追求时尚。快手大数据研究院发布的

① 企鹅智酷.热潮下的社交短视频：快手&抖音用户研究报告［EB/OL］.（2018-04-09）［2022-07-31］. http://tech.qq.com/a/20180409/002763.htm.

《2020快手年度内容报告》数据显示，快手短剧的观众中“00后”占比最高，贡献了近70%的点赞数。[①]

短视频平台所传达的内容丰富多样，主要内容有模仿表演，唱歌舞蹈、搞笑配音、夸张动作、手指舞等。从形式上来看，抖音相较于快手来说更为多元，植入了音乐、特效等元素，视频呈现更为美观、生动。青少年在观看短视频时，也会更倾向于观看娱乐性、趣味性强的短视频内容。课题组调查数据显示，同学们喜欢看的短视频类型中，娱乐类占比最高，为78%，其次是偶像类，占比53%，才艺类占比32%，而知识类占比仅为11%。如图2-24所示。

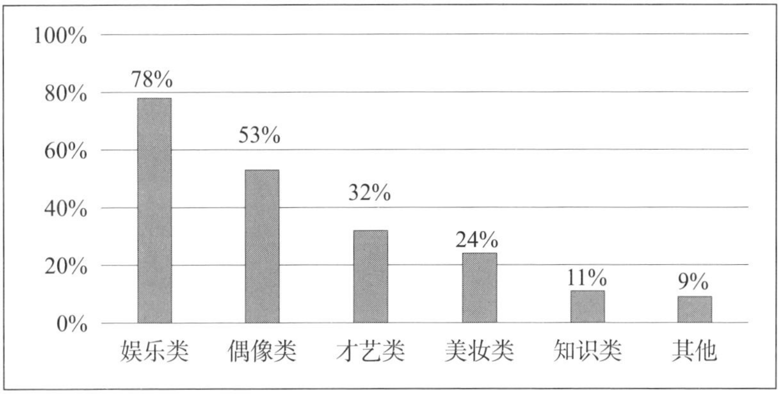

图2-24　青少年喜欢的短视频类型

访谈结果也验证了这一数据，同学们大多表示喜欢观看娱乐类、搞笑类的短视频内容。在快手、美拍、秒拍、抖音等短视频平台中，抖音是较受同学们欢迎的。由于青少年网民大多关注娱乐化的短视频内容，有些甚至沉迷于低俗、色情暴力等内容，低俗化、媚俗化、庸俗化的行为特征十分明显，也引起了社会人士就短视频传播内容对青少年影响议

① 中国新闻网. 2020快手内容报告：平均月活跃用户为内容创作者的比例约26%［EB/OL］.（2021-02-17）［2022-07-31］. https://baijiahao.baidu.com/s?id=1691925539094794440&wfr=spider&for=pc.

题的关注。

此外，不少青少年也喜欢拍摄、上传短视频，分享他们的爱好、特长或日常生活中有趣的时刻。调查中发现有27%的同学有过自己拍摄并上传短视频的经历，但是经常拍摄的人数比例则较低，大概有6%。

三、移动娱乐对青少年的影响

娱乐是人生活的必备要素和调剂力量。古希腊哲人亚里士多德曾说过："放松与娱乐，被认为是生活中不可缺少的要素。"法国小说家莫里哀也说过："我们的心智需要松弛，倘若不进行一些娱乐活动，精神就会垮掉。"对于成年人尚且如此，对于正在成长中的青少年而言，娱乐更是不可或缺的。但是不同时代的娱乐方式不一样，不一样的娱乐带给人的影响也不一样。

（一）移动娱乐对青少年的正面影响

1. 丰富青少年的娱乐生活，缓解精神压力和保持青春的张力

和传统的娱乐活动相比，移动娱乐以其流行性、趣味性、社交性等特征受到广大青少年的青睐，网络游戏、网络音乐、网络影视、网络文学、网络直播等移动娱乐方式适应了不同青少年的娱乐需求。数字娱乐的快速发展打破了传统娱乐在内容、形式、场地等方面的局限，成为青少年主要的娱乐方式。而且当前人工智能、AR、VR等技术的不断更新，也使得移动娱乐呈现出更强的科技性、新奇性，也满足了青少年阶段求新求异的需求。可以说，移动娱乐的极大发展为青少年提供了更为多样化、趣味性的活动方式，丰富了青少年的娱乐生活。对于青少年来说，移动娱乐有效缓解了他们的精神压力，对他们保持青春的张力及生活状态也大有裨益。

2. 给予青少年以精神的鼓励和力量，帮助他们面对困难、积极成长

移动互联网技术门槛的降低，给予了广大青少年更多的享用新媒介以满足自身多样化娱乐需求的机会。伴随着新媒介技术赋权以及移动娱乐的发展，青少年的自主选择性与能动性也得以快速提升，他们可以自由地、随时随地地选择自己感兴趣的娱乐活动。如网络影视、动漫、游戏、音乐等兴趣爱好，不但起着释放青少年学习压力的作用，也为青少年的精神成长和个性发展提供了机会。访谈发现，不少青少年从这些文化消费产品中汲取精神力量。比如一些青少年表示偶像是她们自我激励的动力来源，当她们遇到困难时就会想她们的偶像是如何刻苦训练、如何克服困难、努力奋斗的。一些动漫爱好者也谈到动漫作品给他们的精神鼓励和安慰。

3. 扩展个人的信息空间与知识视野，促进青少年的社会交往和社会化成长

移动娱乐所涵盖的内容范围广泛，包含游戏、动漫、文学、影视、时尚、旅游等多元化的内容，而那些优质健康的娱乐内容往往也包含了丰富的知识文化内涵。以综艺节目为例，比如《朗读者》《中国诗词大会》等节目向我们展示了中国传统文化的博大精深，青少年观看此类节目不仅能够调动自己的知识储备、学习新的文化知识，同时也能加强自身对于中国传统文化的了解和热爱。另外，在动漫、旅游、游戏等娱乐领域，青少年在媒介享受的过程中，也拓宽了他们对各类知识的认知与理解。更重要的是，青少年通过这些娱乐活动加入社群组织拓展了社交空间、学会了各种媒介使用技能、学会了和别人的交往、团结协作等，使得娱乐活动也成为其社会化的一种重要方式。

4. 激发青少年的创造意识与创新精神，引导青少年进行创造性使用媒介的活动

青少年在使用移动娱乐这一过程中，不仅作为被动者在接收多元化的娱乐信息，同时也可以作为积极能动的传播者进行创造性活动。青春期阶段正值青少年大量吸收外界信息，学习文化知识的黄金期，他们对外界抱有强烈的好奇心与探索意识，渴望通过创新性、创造性活动标榜自我，展现自己的创新意识及创造价值，感受自我的力量。当前，移动互联网快速变迁的背景下催生了一个又一个热点，青少年在新奇、娱乐、感性等心理机制的驱动下，也在不断利用新媒介进行创造性的活动。比如，青少年们也在娱乐过程中创造了自己的语言和文化，成为很多网络用语、网络流行语的创造者、使用者，引领着网络文化发展的创新潮流。再比如北京邮电大学的网红大学生“何同学”（本名：何世杰，网名：老师好我叫何同学）被评为2019年度新锐红人。十二三岁就开始喜欢数码产品和相关测试视频，高中期间就自己制作上传数码产品测试类短视频，还成了B站（哔哩哔哩弹幕网）数码区的UP主（上传者），大二期间发布的5G测试视频，点击量过千万，央视、新华网点赞，多家科技企业抛出橄榄枝。总而言之，青少年时期的他们个性突出，主体意识强烈，在整个泛娱乐化思潮的影响下，青少年在使用移动娱乐过程中，潜在的创新意识及精神很容易被激发出来，从而能够创造性地使用媒介为自我发展服务。

（二）移动娱乐对青少年的负面影响

1.移动娱乐的沉浸感容易影响青少年正常的学习、社交和生活

随着娱乐工业迅猛发展，整个社会的泛娱乐化倾向也日益明显。不容回避的是，越来越多的青少年热衷于上网看电影、听音乐、玩游戏等。由于缺乏自制力，不少青少年容易沉迷其中，难免会影响其正常的学习和生活秩序。研究小组的调查显示，80%的同学表示有过为了手机娱乐而影响正常学习任务完成的行为，61%的同学表示用手机上网娱乐的时间要比上网查找学习资料的时间多，21%的同学表示用手机上网娱乐和学习的时间差不多，只有18%的同学认为自己上网娱乐时间要比用于上网学习的时间少。另外，网上的娱乐大多充满感官刺激和充满吸引力的互动体验，从而

使青少年对日常相对平淡的生活、学习、娱乐和社交等往往缺乏兴趣，所谓“玩物丧志”，长此以往，很容易影响青少年自我的主体意识和成就动机，进而影响其成长和发展。

2. 移动娱乐的“视听化”倾向弱化了青少年的逻辑思维能力

当前，传统媒体时代以文字为主、图片为辅的传播格局被打破，逐渐向以文字、图片、音频、视频等多媒体手段进行联动传播的格局转变，尤其是越来越偏向“视听化”的传播生态已日益影响着青少年的信息接受。图片的生动趣味性、视频音像的动态直观性，刺激着我们的大脑与感官，挑战着我们系统、深度的阅读思考及逻辑思维能力。正如卡尔在其著作《浅薄：互联网如何毒化了我们的大脑》中所提到的，以互联网为首的信息技术让我们越来越浅薄，我们不再适应传统纸本时代和印刷时代的深度阅读，而是注意力极度分散，很难沉浸到一本厚重的书中，很难深入思考一个问题。这样的担忧不无道理。青少年热衷于高度娱乐的网络综艺、动感流行的网络音乐、刺激惊险的网络游戏，这些感官性的刺激容易影响青少年的接受趣味，导致他们有可能不再愿意去沉下心来进行文字阅读，不愿意再去面对严谨的逻辑推理思维，理性思维和价值信念在快节奏的数字娱乐空间中被消解，现实的行动力、思考力受到一定的影响。

3. 过度娱乐化容易导致青少年的价值观趋于功利化、非理性的享乐主义、消费主义

在泛娱乐化的社会背景影响下，金钱、地位、美貌、权力等元素在互联网盛行，不少青少年的价值观受到较大的冲击与挑战。受到一些网红主播的影响，青少年的价值取向很容易出现以颜值、金钱为导向的趋势。另外，在网络游戏中存在着一个较为突出的现象，即很多青少年玩家形成了一股攀比、炫耀之风，游戏装备、游戏等级不仅展示了玩家之间游戏水平的高低，同时也表现出了权力与财富的差距，往往等级越高的玩家账号拥有更高的游戏特权，所以不少青少年不惜花重金去打造自己在虚拟世界中的英雄替身。还有一些青少年沉溺于追星而花费了大量时间与金钱。网络的浮躁环境下对于金钱、权力等的追逐弥漫着非理性、功利化的享乐主义、消费主义，这对于价值观正处于形成关键时期的青少年来说，其影响是尤其需要注意的。

4. 色情、暴力、暗黑等不良内容容易影响青少年的身心健康

互联网上各种信息呈现良莠不齐的状态，许多情色类、暴力类的信息、视频、音频隐秘传播。青少年由于媒介素养不高，自我控制能力不够强，并且比较注重感官刺激，容易沉溺于这些信息而影响其身心健康，甚至不乏一些青少年在不良信息的刺激下出现道德失范甚至触犯法律的行为。比如网络上时常会流传一些校园霸凌的视频，其恶劣程度常常令人震惊。这种暴力行为与他们对暴力视频等的接触不能说没有关系，甚至有的为了发视频博人眼球而故意为之。另外，网络上的涉黄内容也较为泛滥，有些较为直接的、明显的内容便于监管，但是一些擦边球性质的内容则难以辨识。

第五节　青少年移动社交与影响研究

移动社交是青少年使用移动互联网的基础性应用。移动社交打破了传统社交时间、地点、对象、范围等方面的局限，随时随地、一对多、多对多的社交互动成为现实，并已经全面渗透到青少年的日常生活中。那么，青少年的移动社交主要有哪些类型？具有什么特点？对他们的生活产生了什么样的影响呢？本部分通过调查问卷和访谈的方式对13—18岁青少年的移动社交情况进行了调研，共发放问卷1500份，分别在深圳、河北两地选取大城市和县城的中学从初一到高三各年级发放问卷750份，共回收有效问卷1395份。为弥补定量研究的不足，辅以焦点小组访谈的形式，每个地区中学选取10人进行了访谈。

一、移动社交的概念、主要类型及使用偏好

（一）移动社交的概念

移动社交是移动互联网快速发展的产物，是用户以手机、iPad等移动设备为载体，以微信、QQ、微博等社交媒介为主要传播平台，以文字、语音、图片、表情包、小视频等为主要传播手段的新型社交方式，当前“移动社交”已经发展成为新媒介时代下使用最广泛、最流行的交流方式。

（二）移动社交的主要使用类型及使用偏好

问卷调查显示，青少年网民即时通信工具、论坛、微博的使用率居前三，分别为100%、86%和63%，如图2-25所示。

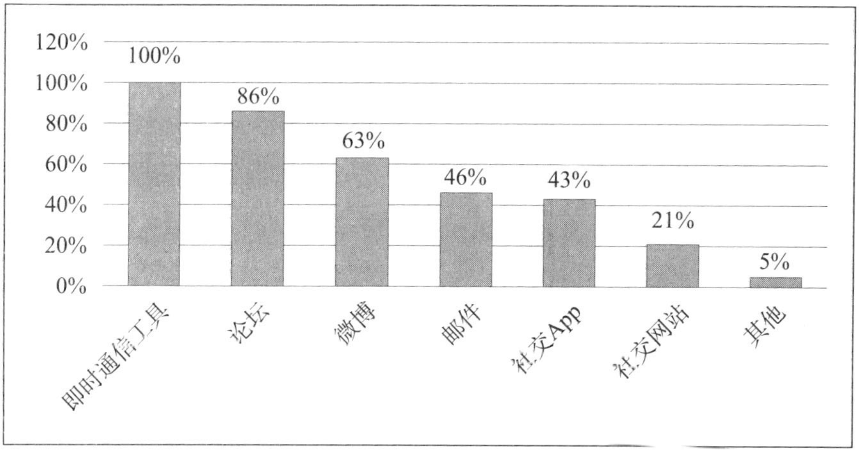

图2-25　青少年对移动社交方式的使用偏好

在典型的社交应用中，排在前四位的分别是微信、QQ、百度贴吧和新浪微博，使用率分别为98%、83%、67%和61%。综合来看，微信、QQ、新浪微博已经成为最受青少年喜爱的社交媒体平台，虽然百度贴吧近年来

的发展势头趋于疲软，但是在青少年受众圈中，粉丝崇拜的追星热度持续不减，加之各种兴趣贴吧作为广大青少年交流活动的重要平台，其活跃性也不容忽视。所以，本节将着重从微信、QQ、新浪微博、百度贴吧四种典型的社交媒体平台来分析青少年的移动社交行为。

1.微信

微信于2011年上线，如今已经成为当之无愧的社交霸主，成为使用人数最多的社交媒介。调查显示，青少年几乎（98%）都使用微信，经常使用的约为84%。在访谈过程中也发现，微信是青少年使用最多的社交媒介，日常聊天、刷朋友圈、学习交流、看新闻成为他们在微信平台上使用最多的内容，而微信支付的使用也比较常见。

由于青少年的社会关系比成年人单纯，所以微信中“熟人社交”体现更为明显，而且他们通讯录好友的人数往往并不多。调查显示，50人以下的占比为23%，50—100人为56%，100人以上的为11%。他们的好友大多是家人、亲戚和老师、同学，不熟悉的、不认识的“匿名好友”非常少。在日常聊天中，他们的交流对象主要是自己的好朋友，这一代青少年多是独生子女，他们更愿意与同龄伙伴分享交流，交流内容广泛，从日常生活到影视作品到明星八卦到动漫游戏等。值得注意的是，他们私底下会单独建立小群体的群聊，以便于同学、好友之间的吐槽及畅聊，但是很少在班级群里主动发言。而关于学习交流方面，他们主要是通过微信群查看老师布置的课后作业，遇到不明白的地方会跟同学讨论交流，其余时间少有涉及学习内容的讨论交流。青少年群体在聊天中特别热衷于使用网络语言、网络表情包等交流符号，比如“蘑菇头”“乖巧宝宝”“长草颜团子日常”等系列表情包，“打call”“尬聊”“×××，了解一下”“skr”等网络用语，而且他们会经常使用不规范的标点符号，比如“。。。”“？？？”“！！！”“…”，甚至不使用标点，这都在一定程度上反映了他们的交流偏好和社交特点。

另外，从朋友圈的使用行为方面来看，课题组据访谈了解到，他们发朋友圈的频率并不高，内容多集中于考试前转发锦鲤图文、旅游照片、美食、日常的学习生活吐槽等，当朋友圈提及同学之间的八卦趣闻或者对学校老师、作业的吐槽时，有些还会额外屏蔽老师及家长。部分女生表示会使用美颜软件自拍，在朋友圈展示自我以获取他人的点赞及评论。在观看新闻的过程中，青少年较多关注明星八卦类、新奇类、搞笑类等新闻，而这些趣味性、新奇性的新闻热点也正好契合了青少年阶段的娱乐诉求。

2.QQ

腾讯QQ自1999年2月问世以来已经走过了20多个年头，作为一款老牌社交软件，在当前社交媒体快速崛起的网络空间中依然保持着顽强的生命力。据2018年1月18日在京发布的《中国儿童参与状况报告（2017）》显示，我国中小学生有85%的人拥有QQ号。[①]可以说，腾讯QQ已经深入了中小学生的社交生活。虽然微信的后来居上导致大部分QQ用户转移至微信平台，但是在“95后”“00后”等新一代网络原住民群体中，还是有大批粉丝受众更加喜欢使用QQ。这不仅在于QQ的界面风格以及功能更加趣味性，个性化程度更高，更重要的在于成年人大多使用微信，而QQ则成为属于青少年的社交工具。在课题组的调查问卷中，使用QQ的青少年比例为83%，其中经常使用QQ的比例为56%。

和微信相比，青少年在QQ的使用内容上并没有太大的差别，基本上也是基于个人聊天、学习交流、看新闻、经营QQ空间等，但是QQ提供了更为趣味性、多样化的玩法，比如QQ曾经推出的激萌表情、斗图、阅后即焚到厘米秀等，各种二次元游戏化玩法均引发了青少年的追捧。而在好友聊天中，打出来的字可以设置文字的边框风格、颜色，以及产生文字气泡，对于天性好玩的青少年来说，无疑更为新鲜有趣。另外，QQ社群里

① 王新喜.拿下了85%的中小学生，QQ到底是如何做到的？[EB/OL].(2018-07-23)[2022-07-31]. http://www.sohu.com/a/218072324_117917.

的机器人、匿名聊天等功能的设计，也从侧面展现了QQ群组对于互动性、个性化、娱乐性的追求。青少年在群聊中并不追求实质性的内容交流，往往是出于“好玩”的目的沉浸其中、乐此不疲。不过总的来说，在微信及QQ这两款社交软件的使用上，他们都不太喜欢跟陌生人聊天，而且通讯录好友人数都不多。课题组据访谈情况了解到，和微信相比，他们QQ上的陌生好友会相对多一些，有些同学会出于好奇、新鲜的心理跟陌生人聊天，不过对于成长中的他们来说，这也留下了一定的社交安全隐患。

值得注意的是，目前QQ在内容方面的布局已经形成一整套体系，包括从Now直播、企鹅电竞到腾讯动漫平台、兴趣部落、QQ看点、腾讯文学、QQ阅读等产品。据QQ看点负责人在腾讯全球合作伙伴大会上透露的数据，“95后”人群在QQ看点平台上的占比接近70%。[①]值得一提的还有QQ兴趣部落，以及2018年新上线的“坦白说”功能。虽然大部分青少年的QQ好友中陌生人很少，但是他们又热衷于匿名的兴趣社交部落，QQ兴趣部落为他们寻找志同道合的朋友提供了平台支持，尤其是活跃度较高的明星类部落更是为其追星、参与粉丝活动提供了群体归属。而“坦白说”这一新鲜趣味的玩法则增强了好友间的互动性，匿名给好友打标签也极大地满足了青少年的心理需求。

总的来说，从早期的QQ头像、QQ签名、QQ秀、QQ游戏等到如今“坦白说”、Now直播、企鹅电竞等功能，QQ以持续性的功能创新及个性化探索不断满足着青少年日益个性化、娱乐化的追求，同时也为广大青少年提供了表达自我、展现自我的个性化平台，QQ成为青少年钟爱的社交软件也就不足为奇了。

3. 新浪微博

2019年3月15日，新浪微博数据中心发布最新《2018微博用户发展报

① 王新喜. 拿下了85%的中小学生，QQ到底是如何做到的？［EB/OL］.（2018-07-23）［2022-07-31］. http://www.sohu.com/a/218072324_117917.

告》，2018年第四季度财报显示，微博月活跃用户4.62亿，连续三年增长7000万+，其中22岁以下用户占比41%，2018年娱乐明星微博的粉丝总人次增至167亿人次，同比增长39亿人次，“90后”人数突出，“00后”增速明显。[①]由这些数据可以发现，青少年使用微博的趋势在日渐增加。在本书的问卷调查中，使用微博的青少年占比为63%，其中经常使用微博的占比为28%。访谈也发现，微博是青少年群体了解最新社会动向的重要窗口，微博同时也是学习交流、社交娱乐的重要平台。

作为社交媒体，新浪微博和QQ、微信相比媒体属性更为突出，用户使用新浪微博更多是出于经营自媒体或者关注实时新闻、微博热搜、明星八卦、体育动态等讯息，纯聊天交友的行为较为罕见。调查发现，青少年最主要的微博行为是关注浏览感兴趣的账号、了解热点话题，另外也有部分青少年会通过微博发表自己的观点或者发泄自己的情绪。在发表自己观点和情绪方面，和QQ、微信相比，微博的匿名性、开放性更为突出，微博给青少年提供了一个相对隐蔽的表达自我的网络空间。处于青春期的少男少女对自我、对他人、对社会不免会有很多困惑，他们在微博中或分享、或吐槽、或发泄，往往内容短小，形式不规则，风格天马行空，往往是想到什么说什么，思维跳跃性极强。在相关热点事件面前，有时甚至会发表非理性、情绪化的观点，转发煽动性的意见。

此外，了解热点话题、查看微博热搜也成为青少年在微博上的主要行为之一。微博热搜聚集了当下实时的新闻热点，包含娱乐明星新闻、社会民生新闻等。

4.百度贴吧

百度贴吧自2003年成立至今，作为一个以兴趣而生的网络社区，已经有2280多万个主题贴吧。根据百度官方公布数据，贴吧积累注册用户总数

① 数据局.微博报告中心：2018微博用户发展报告［EB/OL］.（2019-03-22）［2022-07-31］. https://www.sohu.com/a/303116238_483389.

达到15亿，月活跃用户超过3亿，“90后”用户超过60%，日均浏览量超过35亿次。[①]有数据显示，在贴吧里，24岁以下用户占比一直保持在65%—70%，而以青少年为主体的二次元相关吧的数量超过了50万，二次元相关贴吧的总粉丝量为900万，每日活跃用户700万，日均发帖量为200万。[②]显然，年轻一代的青少年成为百度贴吧重要的发展力量。另外，百度贴吧作为网民信息重要的集散地，不仅是各种话题的策源地、用户聚集的大本营，同时也是粉丝文化生态圈的重要发源地和活动平台。贴吧为粉丝的聚集提供了一个快速、便捷、针对性强的渠道，网民很容易找到与其兴趣相同的“粉丝组织”，不同地域、文化背景的粉丝聚集，也使得各种各样的粉丝文化得以发展壮大起来。

百度贴吧作为代表性的兴趣社区对青少年具有较强的吸引力，也成为他们文化活动的主要聚集地。比如百度贴吧成为大部分表情包出现的源头。以2016年里约奥运会为例，在此期间，“与奥运会及运动员有关的表情包出现了大约92万个，相关帖子为2691万个，热议量为499万，共有386万用户参与，传播次数约为2691万次”[③]。青少年在推动这一话题的广泛传播中发挥着重要作用。再比如，兴趣贴吧聚集着来自全国各地拥有共同兴趣的粉丝，他们基于对某一个人、某一个领域的热爱而聚在一起，在贴吧内互相分享知识，表达观点，组织着线上线下的各种活动。对于广大青少年而言，他们资历较浅，在现实社会中较少拥有话语权，他们渴望表达自我，被他人认可。在贴吧中，那些活跃在“一线”，能快速搜集资讯、经常发言

① 百度推广.百度贴吧营销资源详解［EB/OL］.（2019-10-28）［2022-07-31］. https://www.bdtg0755.com/m/article/?790.html.

② 吴怼怼.百度贴吧：二次元新人类最爱的初代互联网产品?［EB/OL］.（2017-12-25）［2022-07-31］. http://baijiahao.baidu.com/s?id=1587758473226971226&wfr=spider&for=pc.

③ 李静.百度贴吧表情包　打开里约奥运年轻人观看新姿势［EB/OL］.（2016-08-24）［2022-07-31］. http://it.people.com.cn/GB/n1/2016/0824/c1009-28660158.html.

的青少年很容易成为“粉丝”社群的意见领袖，吧主、吧务管理，贴吧等级等都彰显着其话语权与威望。可以说，青少年不仅能在粉丝族群中寻找到志同道合的朋友，分享兴趣、聚沙成丘，同时网络赋权也满足了成长期的青少年对于自我价值的追求。

二、青少年移动社交的特征

青少年还处于社会化的初期，移动社交打破了传统上物理空间的局限，为其社会化提供了多元路径和多样化的方式。青少年也积极通过网络社交，确立自我的主体意识和自我认同，并在群体中寻求归属感和集体认同，呈现出独特的社交特征。

1.青少年积极的社交互动彰显了其寻求自我认同的主体意识

处于青春期阶段的青少年，他们感性张扬、激情冲动，渴望突破传统的束缚，用自己的力量去撬动社会，成为被他人认可的“大人”。这一阶段的他们尤其渴望表达个人观点，寻求个人、他人乃至社会的认同。社交媒体的快速发展开创了“互动式”的媒介新时代，它给予广大青少年一个自由表达、自主参与的共享式平台，青少年利用社交媒体成为主动的传播者，他们在社交媒体上分享着对热点事件的看法、对自我生活、学习、爱好、娱乐的展现，以表达着他们这个群体特有的价值观念及诉求。

青少年在社交媒体平台上活跃程度极高，他们积极在平台上分享着个人的观点及日常生活，这一行为已经逐渐演变为一种以“秀”为目的的“晒文化”现象，已经构成当下一种非常重要的青少年亚文化形态。青少年的个人主义突出，较为关注自己朋友圈、说说、微博收到的点赞数或评论数，通过“晒”让他们有机会得到朋友的关注，尤其是当“赞”“评论”较多时，他们的愉悦感、虚荣心获得极大的满足，而这种满足感的获得又将会促使他们更加积极的表达。毋庸置疑，“晒文化”已经逐渐成为一种流行与时尚，原本私人生活的场景被展现在“前台”，青少年于社交圈“你来我往”的点赞评论互动中，乐此不疲地“晒”出自己的风采，表达着强烈的个人主体意识，以寻求自我、他人及社会的认同。

2.“新部落化”——以趣缘结群的社群文化盛行，彰显着青少年开放、共享的精神特质

青少年在社会化的过程中必然离不开社群的参与及支持。互联网海纳百川的包容性，青少年对自由和个性的追求，对新技术和新事物的追逐，促使青少年网络流行文化的大众化、流行化日趋向小众化、趣缘化的圈子文化演变，呈现出社会学家马费索里所说的“新部落化”的存在样态。[①]在社交媒体日益发展的今天，以血缘、地缘、学缘为主导的传统交往结构被打破，以趣缘结群的网络社群文化逐渐盛行，小众化、多元化的社群开始受到青少年们的广泛关注。

基于共同的兴趣、爱好，青少年往往会加入各种各样的特定兴趣社群，比如“学习”“穿搭”“偶像”“二次元”“网络游戏”“文学”“校园”“星座”等兴趣社群，从衣食住行、学习生活到娱乐休闲等应有尽有。比如QQ的各种兴趣部落、不同主题的百度贴吧以及多样化的微信群聊都聚集了很多志趣相投的青少年。另外，近年兴起的“打卡小程序”等学习社群也营造了一个良好的学习氛围，在这个圈层中青少年可以共享学习资源、互相交流学习心得。

社交网络以其去中心化、扁平化的结构属性为青少年创造了一个平等性的交互空间。他们可以自由平等地在群里交流彼此的想法及观点，自主参与社群组织的活动。网络社群彰显着青少年开放、合作、交流、共享的精神特质，同时社群的良性发展也满足了他们的群体认同感与归属感。

---

① 马中红.新媒介空间中的青少年文化新特征：“青少年网络流行文化研究”调研报告［J］.中国青年研究，2016（7）：58-66，73.

3. 参与式文化崛起，青少年成为真正意义上的“生产型消费者”

新媒介技术的革新打破了传统的单向式传播局限，使得双向互动的交流成为可能。在社交媒体的流动空间中，青少年们已经不仅仅是传统意义上的信息消费者，而是转变为主动的信息分享者、传播者和创造者。整个网络文化环境呈现出参与、分享、互动的特征，参与式文化崛起并逐渐流行起来。詹金斯认为，“媒介消费的模式因一系列新媒介技术而遭到了深刻的改变……参与式文化指的就是在这种环境中浮现的消费主义的新样式”，这种文化的背后，实际是“媒介消费者想成为媒介生产者，而媒介生产者则想保持它们对媒介内容的传统主宰”①。在参与式文化的崛起发展中，青少年成为当之无愧的最活跃的推动力量。

研究小组的调查数据显示，网络游戏的青少年玩家们有42%参与网游讨论，20%参与电子竞技，16%撰写或制作过网游攻略，38%的青少年参与过网络上的追星活动。青少年自己制作网络表情的比例占8%，一些社交网络平台推出的“另类”表情正是出自他们之手。另外，14%的青少年曾经尝试过网络音乐的创作，8%的青少年参与过网络动漫的创作，7%的青少年创作过网络文学作品。这些数据表现出青少年在网络社交中比较明显的参与性和创造性。

青少年在这一过程中创造了大量的UGC（用户生成内容），部分青少年创造的内容甚至达到了准PGC（专业生产内容）的专业水准。在参与式文化与社交媒体推拉结合的作用下，青少年热衷于创新网络语词、网络表情包等，有些甚至使用“傻瓜式”的P图软件（图像处理软件）自制表情包在私密的群聊里分享斗图。另外，如今的短视频时代也不乏一部分青少年拍摄短视频，积极创造传播个性化的内容。社交媒体为青少年提供了一个自由的表达空间，也正满足了其对于开放、自由、平等、个性的参与式行

① JENKINS H. Quentin Tarantino’s star wars? Digital cinema, media convergence, and participatory culture［M］. London: The MIT Press, 2003: 286.

为的追求，青少年已然成为真正意义上的“生产型消费者”。

三、移动社交对青少年的影响

社交是人们社会化的重要途径，青少年的移动社交行为具有自己的特点，那么，移动社交会对青少年产生哪些方面的影响呢？

（一）移动社交对青少年的正面影响

1.移动社交的开放平等性增强了青少年的主体意识与自我价值感

在现实社会中，人与人之间的交往往往会受到各种因素的影响，譬如交往双方的性别差异、外在形象、性格特点，乃至人格魅力、代际沟壑、家庭背景、文化背景等都会影响着社交的体验及效果。对于为人处世和价值观还不成熟的青少年来说，他们的社会交往总是受到各种外界规则的影响。移动社交以其平等性、开放性、匿名性等优势为青少年提供了一个平等交往的场所。在网络社交平台中没有绝对的话语主导者，每个个体都作为网络中心的小节点，彼此联系又自我独立。对于欠缺社交经验的青少年而言，互联网提供了一个平等轻松的交往环境，让其能够敞开心扉，自由与其他人交谈。同时，主体性的解放也使得他们更愿意在社交平台分享，他们精心经营着自己的社交圈，设置个人感兴趣的头像、昵称、聊天背景，在公共社交圈中分享个人的生活、发表个人的观点，以强烈的“主人翁”意识打造个人的社交圈，并积极展现自我。社交媒体提供的平等性、自主性的个人表达平台，极大地激发了青少年作为行为主体的“主我”精神，同时也增强了青少年的自我价值感。

2.线上社交和线下社交相互结合增强青少年人际交往的亲密度

移动社交网络的出现为人们的社会交往提供了极大的便利性，在维持现实人际关系、增强人际亲密度上发挥了重要作用。青少年借助移动社交网络不仅能够结识更多新朋友，同时也可以进一步加强与巩固已有的人际关系。

时间、空间距离是影响人际亲密度的重要因素之一，大部分人际感情的建立主要依靠双方在现实社会中的互动交流。但是线下社交往往受制于时空等物理因素的影响，而线上社交则弥补了线下社交的不足。对于青少年来说，处于青春期的他们正面临着学业与成长的双重压力，他们渴望与人交流、互相分享，但是他们没有那么多时间、精力进行线下的交流活动，移动社交网络作为情感纽带为其提供了更多的交往可能。他们借助QQ、微信等社交媒体应用，通过文字、表情、图片、表情包、语音、视频等多种方式交流，分享学习、生活中的苦乐，话题无所不包，从日常琐事、个人吐槽、学习生活到明星八卦、游戏娱乐等。同时，QQ空间、朋友圈的点赞评论互动也加强了彼此间的联系。这些因素都有利于增加其亲密关系的建立。虽然有些研究认为线上社交具有虚拟性不利于建立亲密关系，但是也有研究并不支持这一观点。比如谢尔曼（Scherman）在研究社交媒体如何影响亲密关系时发现，"两名女性青少年面对面聊天产生了最高水平的亲密联系，然而，面对面聊天并不比视频聊天产生的亲密度高出很多"[①]。随着沟通平台变得越来越可视化，谢尔曼认为这些变化能够使得线上联系让人们更加亲密。

总体上说，移动社交打破了时空的限制，在一定程度上便利了青少年之间的情感交流，弥补和强化了现实交际圈的情感联系，也增强了青少年人际交往的亲密度。

3.移动社交拓展了青少年的社交圈，增加了对不同群体的同理心与认同感

在传统社会中，人际关系网主要是根据血缘、地缘或者学缘关系而建

① 弗洛拉.智能手机损伤青少年大脑吗［EB/OL］.王鹏程，雷雳，译.（2018-03-31）［2022-07-31］. http://xmwb.xinmin.cn/lab/html/2018-03/31/content_13_1.htm.

立起来的，虽然这种关系是基于现实空间发展起来的，相对比较稳定，但与此同时交际范围也受到较大限制。移动互联网的超时空、无界性大大拓展了人们的交际圈，拓展了远距离、多样化的社交关系。每个人申请到属于自己的专属社交账号后，可以根据年龄、性别、兴趣爱好、地域等选择自己感兴趣的群组或者个人进行沟通交流。

对于青少年来说，传统上交际圈大多局限于同学、邻居、社区伙伴或者亲戚朋友等，跨地域、跨文化的互动交流机会十分罕见，但是移动社交使得他们有机会与社会中不同阶层、不同文化、不同地域的人进行沟通交流。青春期的少男少女们有着强烈的求知欲与热情，喜欢交朋友，乐于与不同群体的人交流，了解不同地域的美食、风景，更能感知不同的文化与习俗，同时也能提高对不同群体的认知与认同感。在2016年，荷兰的一项研究调查了942名青少年，并在一年后重新调查了一次。结果显示，使用社交媒体提高了青少年理解、共享同伴感受的能力，通过智能手机进行联系甚至可能提高其同理心。①

4.提升社交能力，积累社会资本，为青少年的发展提供平台支持

如前所述，移动互联网拓宽了青少年的社交圈，使其认识新朋友的机会大大增加，而且以移动社交网络为纽带，还强化了虚拟交际圈与现实交际圈的联系，增强了青少年人际交往的亲密度，从而也提升了其社交能力和水平。除了基本的社交关系的维系外，移动社交在另一个层面即社会资本的获得上也起到了较大的作用。社会学家林南认为社会资本“首先是一种社会关系或社会网络，其次是人们为了获取利益而进行的资源投资活动，这些进行投资的资源包括货币、财产、信任、规范以及声望、影响力等”②。

① 弗洛拉.智能手机损伤青少年大脑吗［EB/OL］.王鹏程，雷雳，译.（2018-03-31）［2022-07-31］. http://xmwb.xinmin.cn/lab/html/2018-03/31/content_13_1.htm.

② 林南.社会资本：关于社会结构与行动的理论［M］.上海：上海人民出版社，2005：29.

对于青少年而言，移动社交为其积累社会资本提供了一个平台，这种社会资本更多的表现为人脉资源以及个人影响力。青少年在使用移动社交的过程中，往往会基于兴趣而加入各种各样的兴趣社群及部落，比较典型的如二次元社群、粉丝社群、游戏社群、校园社群等，他们在兴趣社群中积极参与，展示自我，结识更多不同个性、不同地域的人，有些甚至能够发展成为线下的好朋友。另外，在兴趣部落中，他们只有积极发言，热情参加群内活动才能“混脸熟”，获得他人的认可。同时，他们倾向于在群体环境中展示自己积极阳光、多才多艺的一面。不少活跃的青少年成为同学、朋友眼中、社交圈中的意见领袖，他们甚至破圈获得更广范围的关注，为自己的发展提供了契机。比如北京邮电大学的“何同学”就因为在B站发布短视频成为红人，为自己的发展打下了良好的基础。

（二）移动社交对青少年的负面影响

当然，移动社交在带给青少年正面影响的同时，也不可避免地产生了一些负面问题，需要我们加以警惕。

1. 青少年容易沉溺于虚拟社交，导致现实人际交往能力减弱

专门从事心理学研究的美国杜克大学教授丹·艾瑞利指出：“人人都离不开社交网络，任何人都能把自己最新的情况放到网上，然后通过社交网络，跟自己认识或者不认识的人分享，当这种分享得到一些人的肯定时，人的心理会有满足感；越多人的参与，这种满足感就越强烈……当这种满足感成为一种习惯时，许多人已经依赖甚至离不开网络了，从而出现了社交网瘾。”[①] 当今许多年轻人，尤其是自控力更为欠缺的青少

① 周末画报. 社交网络为何让人成瘾［EB/OL］.（2011-11-01）［2022-07-31］. https://www.xinli001.com/info/100003852.

年过度沉迷于虚拟的移动社交，频繁地打开社交软件查看最新动态，时刻牵挂着自己的社交圈，每当离开通信设备或者是手机没电时便会心急如焚，生怕错过了重要的社交讯息。这甚至可以发展成为一种严重的心理病态现象，他们日常的生活被移动社交媒体“绑架”，成为十分典型的“QQ人”“微信人”“微博人”。长此以往，青少年沉浸于虚拟的社交空间中，习惯于用冷冰冰的移动社交媒介进行人际交往，这将在一定程度上影响其现实人际交往的积极性与主动性，甚至有一部分青少年到了“没有表情就不会聊天”“现实交往完全不知道说什么”的地步。青少年沉迷于网络聊天，容易忽视现实社会中对亲人朋友的关心，导致现实人际交往能力减弱。

2.青少年缺乏自制力和规则意识，在移动社交中存在行为失范现象

在现实社会中，个人的身份、性格、人格等特征都是较为真实的，虽然每个人会根据其所处环境而表现出不同的自我修饰，但相较于网络虚拟、匿名的“身份”来说更为真实。而网络环境较为虚拟、匿名，缺乏约束，由于缺乏理性的自制力和规则意识，再加上移动社交中交往对象的广泛性以及身份的不确定性更高，使得他们的言行容易肆无忌惮。成年人尚且容易成为网络暴力的帮凶，心智尚未成熟的青少年在网络事件面前更容易失范，出现非理性的群体极化现象。可以说，虚拟匿名的社交空间为青少年提供了一个情绪宣泄、释放压力的场所，他们容易沉浸在这种刺激感更强缺少束缚的虚拟社交中，引发青少年的行为失范现象。

3.青少年缺乏辨别能力和安全意识，在移动社交中容易被骗，受到身心创伤

移动社交的隐匿性使得网络空间中的社交行为呈现出不确定、高风险的特征，极易滋生诸如网络诈骗、网络暴力、网络谣言等问题。由于青少年人生经验、认知判断力以及安全意识不足，所以青少年的移动社交存在较大的社会风险。当前社会上报道的大量网络诈骗事件，都是一些社会不法分子利用移动社交的虚拟性，通过骗取他人信任从而达到获取非法利益的目的。青少年往往成为一些骗子诈骗的主要对象，除了财务的损失外，更为严重的是一些青少年容易信任陌生网友，陷入“网恋”，或被拍摄隐私照片、视频等，被骗后则容易身心受到重创，乃至影响以后的健康成长和发展。

第六节　青少年移动消费与影响研究

移动消费是以手机和iPad等移动设备为工具购买商品或服务的行为。移动消费具有快捷性、便利性、私人性等突出优势，因而日益受到移动运营商、商家和消费者的青睐。移动消费具有强大的便捷性，对于喜爱新鲜事物的青少年群体来说接受程度也较高。青少年可支配的零用钱包括QQ钱包、支付宝、微信钱包等，移动支付逐渐成为青少年进行消费的重要方式。那么，青少年的移动消费有什么特点？这种移动消费对于青少年而言又会产生什么样的影响？本部分通过调查问卷和访谈的方式对13—18岁青少年的移动社交情况进行了调研，共发放问卷1500份，分别在北京市区、郊区的三所中学发放问卷500份，以班级为样本采集单位，并参考样本在性别、年级中的平衡性，共回收有效问卷1378份。为弥补定量研究的不足，辅以焦点小组访谈的形式，每个中学选取10人进行了访谈。

一、移动消费的概念与主要类型

从整体来看，青少年在移动消费方面整体上是较为理性的，一般情况下消费数额也较小，但是部分青少年仍然存在情感消费和从众消费的非理性现象。青少年的移动消费主要以网络购物和外卖订餐为主，此外还包括移动娱乐消费、移动学习消费等。

根据调查的数据来看，在较常使用的移动消费类型中，网络购物的比例为56%，外卖订餐比例为45%，音乐消费比例为42%，游戏消费比例为39%，影视消费比例为26%，图书消费比例为21%，打赏比例较低，为6%，如图2-26所示。

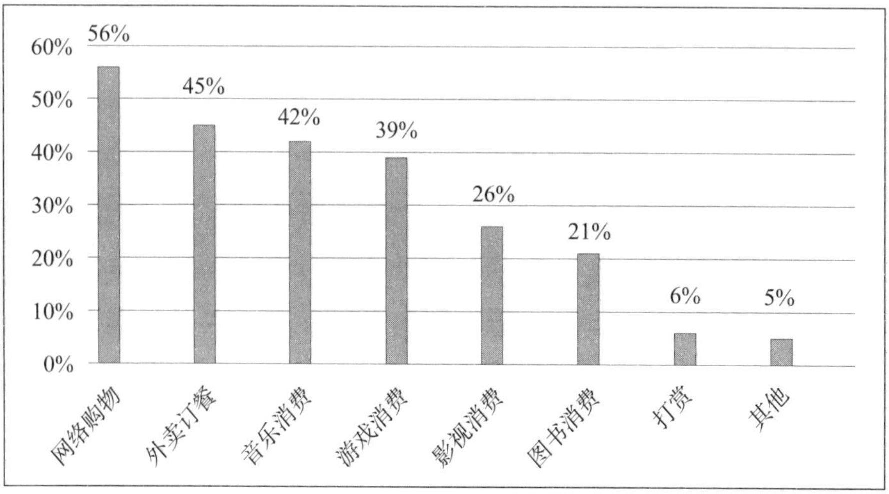

图2-26　青少年对移动消费的使用偏好

二、青少年移动消费的特征

1.青少年移动消费行为较为普遍，相当一部分父母不太了解其消费行为

调查显示，73%的青少年进行过移动消费，其中57%的青少年每周会有一次移动消费行为。另外，在移动消费中，21%的青少年表示父母基本了解自己的所有移动消费行为，55%的青少年表示父母了解自己大部分的移动消费行为，13%的青少年表示父母了解自己少部分的消费行为，而11%的青少年父母不了解自己的消费行为。如图2-27所示。

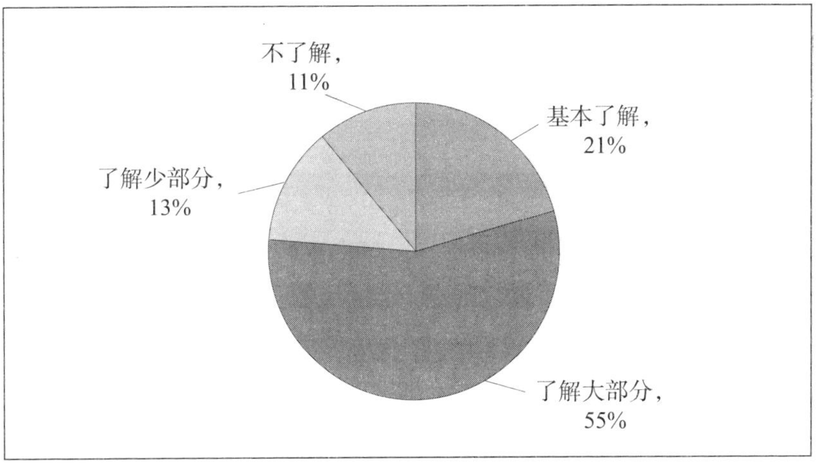

图2-27　父母对青少年移动消费的了解情况

2. 青少年娱乐消费较具有持续性，付费行为随着年龄增加而呈现增长趋势

调查发现，在各种类型的移动消费行为中，数额较高的是娱乐消费，较典型的就是网络游戏消费。访谈发现，青少年的娱乐消费行为一旦发生很容易产生持续消费行为。网络游戏消费是青少年重要的线上消费方式之一。在网络游戏消费方面，七成青少年有过游戏付费行为，低龄青少年付费比例较低，但是随着年龄增加付费比例逐渐上升。11—14岁青少年中有过付费行为的占比64%，而15—18岁青少年中有付费行为的占比78%。另外，在游戏消费中，由于缺乏独立的经济来源，大部分青少年消费数额较低。调查显示，青少年每月网络游戏消费数额在300元以上的占比仅为6%，100元以下的占比60%，100—200元的占比21%，200—300元的占比13%，如图2-28所示。但是访谈也发现，一旦有过付费行为的，则该付费行为较具有持续性。

除了网络游戏外，打赏网络主播也是青少年线上消费的新方式之一。调查发现，青少年较喜爱娱乐、电竞类题材的网络直播，68.7%的青少年表示不会给网络主播打赏，12%的青少年表示愿意给网络主播打赏，有过打赏行为的则占6%。

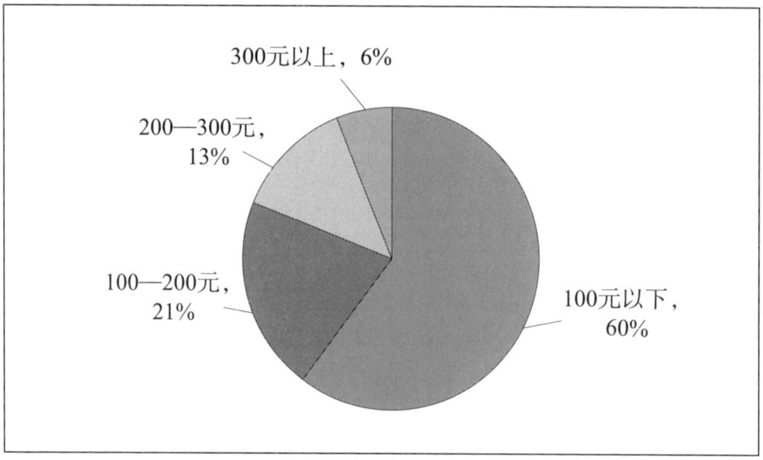

图2-28　青少年每月游戏消费的数额情况

3. 青少年的移动消费侧重符号性消费，注重消费品的符号意义

符号消费是指消费者在购买商品时更为关注商品符号价值的消费行为。移动互联网使符号性消费成为青少年的消费重心。也就是说，青少年在进行移动消费时，商品的符号性成为一种不能被忽视的消费动机，这使得青少年关注商品的符号价值多于关注商品的实际使用价值。

商品的符号属性能够为消费者提供声望、个性、地位或权利，比起商品的使用体验，符号性消费带来的精神愉悦感和满足感更为重要。在移动消费过程中，青少年对符号性消费的追求首先体现在对虚拟符号商品的购买上，例如对QQ会员、QQ秀、影音会员以及游戏道具和皮肤的购买。相对于实体商品，青少年在移动消费时更钟爱虚拟产品，这些虚拟产品具有一定的使用价值，平台会员可以获取更多的服务，在游戏中氪金（花钱）可以降低游戏的难度，购买虚拟皮肤能够让自己的虚拟形象更好看。但更重要的是，这些符号让青少年更加个性化，而“优于普通用户”的感觉比产品带来的实际使用价值更能让青少年们心动。此外，有些虚拟产品还会以视觉符号的形式向他人展现出来，例如QQ会员的昵称颜色会区别于非会员，会员等级也会以明确的标识表现出来。

另外，为偶像买单也是青少年符号消费的重要体现。一些粉丝非常愿意购买偶像代言的产品，在他们看来这是支持自己偶像的行动。而购买偶像周边更是作为粉丝义不容辞的行为，一些偶像周边常常推出限量版，青少年粉丝为偶像买单的行为具有持续性，是一种典型的情感消费，也催生了一个被称为粉丝经济的产业链条。此外，在青少年群体普遍追求符号性消费的前提下，相似的符号性消费有助于青少年与群体其他成员保持一致，缩小与群体成员间的差距，从而更好地融入群体或强化群体归属感，因此，在进行移动消费时青少年喜欢追求潮流，偏向于选择与自己的精神或者个性相一致的产品。此外，青少年的网络消费也体现出较强的社交化特点，容易受潮流影响，购买所谓的网红产品。访谈发现，在网络购物方面，小红书是影响青少年网络消费的重要平台。

4.青少年消费行为总体上较为理性，但也存在着一定的非理性消费

虽然青少年的移动消费行为整体上较为理性，但冲动消费仍是这一群体在消费过程中不可忽视的重要特点。一方面，青少年在线上消费时容易受到广告的影响，容易被产品的图片或描述轻易打动，对产品进行盲目购买；另一方面，在移动消费的过程中，由于缺少对虚拟货币的概念，加上冲动消费的心理，部分青少年会产生过度消费的行为。

三、移动消费对青少年的影响

移动互联网的使用改变了青少年的消费方式，为青少年的生活带来便利，也极大地提高了青少年的消费自主权。但同时，移动消费也对青少年的消费心理和消费行为产生了一定的负面影响。

1.移动消费为青少年提供了消费便利和自主权

青少年对网络新兴事物的接受度高，网络消费这一新型消费方式迎合了青少年的消费特点。首先，移动互联网的使用为青少年提供了消费便利。

移动消费方式的出现全面解放了人们的钱包，也降低了钱币丢失的风险。由于移动支付不受时间地点的限制，青少年不仅能够做到足不出户就货比三家，买到心仪的物品，还能够节约时间和金钱。其次，移动互联网的使用为青少年提供了消费自主权。由于移动互联网的个人性和隐秘性，青少年在消费过程中有了更大的自由度，这种自由度赋予了青少年更多的消费自主权。第一，青少年获得了家庭消费的话语权，一般来说，青少年能够同父母一样接触到互联网中的购物信息，甚至在同伴的帮助下获得比父母还要多的信息。在家庭购买决策的过程中，青少年可以给予家庭消费意见，甚至对自己的消费行为决策起到主导作用；第二，移动支付的隐秘性使青少年可以选择不向父母汇报自己的收支情况，这使得青少年在理财时更具自主性；第三，便捷的移动支付使青少年有了更多的购物自主权，遇到喜欢的实体商品，可以自主选择样式并下单。在虚拟商品的消费上，青少年的购物行为也更具私密性。

2.移动消费使青少年更易产生非理性消费行为

移动互联网的使用改变了青少年的消费方式，信息的丰富性和易获得性扩大了青少年的消费空间，提高了青少年的消费欲望。支付手段的便利性和隐蔽性为青少年提供了充分的自主权，也使青少年的移动消费能够轻易逃脱家长的管束。在缺乏监督和管束的前提下，消费欲望的提高往往使青少年更容易产生非理性消费行为。

一般来说，青少年受同龄人的影响大于家庭的影响，在购买某些商品时，青少年更愿意咨询群体中同伴的意见，在购买完毕后也会在群体中进行分享。在移动消费过程中，群体成员之间消费行为几乎是公开的，因此更容易产生从众消费和攀比消费行为。从众消费的产生，一方面是由于青少年个体对群体压力做出的反应，在群体压力的作用下，青少年不得不购买某种产品。另一方面，青少年为了寻求群体认同，会主动对自己的消费方式做出调整，适应群体的消费方式，以从众消费的方式拉近自己与同伴的距离，从而产生安全感和群体归属感。

攀比消费是由攀比心理导致的一种非理性消费行为。《心理学大辞典》为攀比心理下的定义是这样的："攀比心理指脱离自己实际收入水平而盲目攀高的消费心理，在正常情况下，消费者满足自己消费需要的程度，取决于他们的经济收入水平，但有时由于受一定时期社会消费水平日渐增高、'大款'人物高消费的示范效应及消费者本人'面子消费'心理的影响，消费者的消费行为互相激活，导致互相攀比，这种心理极易造成追逐消费热点、负债超前消费乃至抢购等怪现象，将消费行为导入误区。"[①]与社会上存在的攀比心理不同的是，由于环境的局限性，青少年的攀比消费只能体现在对身边物品的购买上，而互联网的出现扩大了青少年的购买范围，移动互联网为攀比性购买提供了新的消费渠道和展示渠道。在访谈中发现，对青少年来说，消费不仅仅为了满足使用需要，心理需要的满足也同样重要。拥有价格较高或数量较多的产品能够提高同伴对自己的关注度，甚至获得同伴的仰视和羡慕。实际上，攀比性消费不仅加重家庭负担，在网络消费的大环境中还会增加消费风险。此外，攀比消费使青少年之间的交往建立在物质之上，不利于青少年形成健康的校园人际关系，也不利于青少年价值观的培养。

移动互联网降低了青少年的消费门槛，加之从众心理和攀比心理的作用，青少年在移动消费的过程中容易产生过度消费的现象。在青少年群体中，过度消费一般有两种表现形式，第一种表现为青少年为了某种心理需求购买不必要的东西，增加家庭负担，这种过度消费尚在可控制的范围内。第二种表现形式则是随着移动互联网的发展形成的平台型过度消费，如在游戏平台大量充值、在直播平台过度打赏主播等，而且青少年的这类消费往往是瞒着家长进行的。这种过度消费的危害性极大，轻则影响家庭成员

① 林崇德.心理学大辞典［M］.上海：上海教育出版社，2003：223.

之间的关系，重则为家庭经济带来不可估量的损失。

青少年各种非理性消费行为，诸如盲目模仿、超前消费、攀比消费、过度消费、炫耀消费等，一方面会给青少年的心理健康带来负面影响，容易形成消费主义、享乐主义的价值观念。另一方面也会带来不必要的社会资源的浪费，对环境、生态等产生负面影响，不利于社会的可持续发展。在这种情况下，家庭和学校对青少年移动消费行为及消费心理的引导尤为重要，只有帮助青少年形成健康的消费心理和合理的消费方式，才能有效避免移动互联网提供便利的同时为青少年带来的消费风险，使青少年的移动消费向健康和谐的方向发展。

第三章　青少年移动互联网使用的文化研究

——以直播、短视频为例

如前所述，短视频和直播是青少年移动互联网应用中的热点应用。《2020年全国未成年人互联网使用情况研究报告》显示，2020年未成年人使用短视频的应用比例达到49.3%，2019年为46.2%，2018年为40.5%，未成年人短视频使用近些年一直保持增长态势。[①]艾媒资讯的数据也显示，2020年3月快手24岁及以下用户占比最高，达到了48.58%。[②]抖音25岁以下用户比例为48.6%。[③]这些数据表明短视频越来越成为青少年手机使用的重要应用。艾媒资讯的数据表明，在线直播平台用户以年轻群体为主，24岁及以下用户占比49.0%，30岁以下用户更接近八成。[④]可见，短视频与直

① 中国互联网络信息中心.2020年全国未成年人互联网使用情况研究报告［EB/OL］.(2021-09-15)［2022-07-31］. http://www.cnnic.net.cn/hlwfzyj/hlwxzbg/qsnbg/202107/P020210720571098696248.pdf.

② 艾媒咨询.短视频行业数据分析：2020年3月快手24岁及以下用户占比48.58%［EB/OL］.(2020-07-28)［2022-07-31］. https://www.iimedia.cn/c1061/73013.html.

③ 蔡文杰.抖音用户数据分析［EB/OL］.(2021-07-16)［2022-07-31］. https://pinkehao.com/infor/13932.html.

④ 法制视界.在线直播行业报告：2021年用户规模将超6亿，正能量内容受欢迎［EB/OL］.(2021-05-20)［2022-07-31］. https://baijiahao.baidu.com/s?id=1700273273886455409&wfr=spider&for=pc.

播成为青少年当前较为普遍的移动应用。一方面，他们是这些平台内容的观众，另一方面，他们也是主要的内容创作群体。所以直播、短视频不仅是青少年重要的娱乐方式，更是他们自我呈现和表达的文化空间。当青少年可以非常便捷地以视频的形式展示自我的时候，青少年群体的自我展示将呈现出什么新的特征？又能够体现出青少年群体怎样的社会心态？本章我们选取直播、短视频这一典型应用来研究青少年移动互联网使用中的文化现象。

第一节　直播、短视频的兴起及其背后的商业驱动

网络直播指基于互联网以视频、音频、图文等形式向公众持续发布实时信息的活动。网络直播并不是新的网络应用形式，但是近几年直播平台发展迅猛。2015年被称为网络直播元年。根据CNNIC第42次《中国互联网络发展状况统计报告》[①]显示，截至2018年6月，我国网络直播用户规模达到4.25亿，其中真人秀直播用户2亿，占总体网民的25.3%。到2022年，网络直播用户规模达7.03亿，较2018年6月增长2.78亿，占网民整体的68.2%。[②]在前期，网络直播以体育直播、游戏直播、真人秀直播为主，但是内容和形式正在逐渐走向多样化，尤其是2020年新冠肺炎疫情之后商业直播兴起并后来居上。截至2021年12月，电商直播用户规模为4.64亿，占网民整体的44.9%；游戏直播的用户规模为3.02亿，占网民整体的29.2%；

① 中国网信网.第42次《中国互联网络发展状况统计报告》(全文)[EB/OL].(2018-08-20)[2022-07-31].http://www.cac.gov.cn/2018-08/20/c_1123296882.htm.

② 中国互联网络信息中心.第49次《中国互联网络发展状况统计报告》[EB/OL].(2022-02-25)[2022-07-31].http://www.cnnic.net.cn/hlwfzyj/hlwxzbg/hlwtjbg/202202/P020220407403488048001.pdf.

体育直播的用户规模为2.84亿，较2020年12月增长9381万，占网民整体的27.5%；真人秀直播的用户规模为1.94亿，占网民整体的18.8%，各类直播用户均呈增长态势。①

短视频是继网络直播之后的又一个热点应用，是指以新媒体为传播渠道，时长在5分钟以内的视频内容，是继文字、图片、传统视频之后新兴的一种内容传播形式，具有时长短、制作门槛低、社交属性强等特点。短视频平台的典型代表是抖音和快手。2017年底，短短一年时间快手累计注册用户从年初的4亿快速增长到7亿，日活用户超过1亿，UGC每日生产视频内容超1000万条。②2021年第四季度财报显示，快手日活用户达到3.23亿。③而2016年上线的抖音后来者居上，2022年5月31日，抖音电商总裁魏雯雯表示，抖音日活用户已超6亿。④由以上数据可以看出，网络直播、短视频的兴起速度非常迅猛。另外，直播和短视频的发展呈现融合态势，直播平台开通短视频模块，短视频平台也增加了直播功能，二者互相补充。直播、短视频的迅猛发展有多种原因，比如智能终端和移动互联网的普及与资费的下调、视频形式本身的鲜活生动和交互性以及直播、短视频创作的便捷性和低门槛、青少年网生代的网络化生存和生活方式带来的文化需求等。但是毋庸置疑，在当前的情况下，作为一个新兴的产业领域，在众多因素中商业资本的驱动对直播、短视频的兴起及其面貌起着重要的决定

① 南方网. 2017短视频行业盘点：领域空间巨大　下半场看点不断［EB/OL］.（2018-01-09）［2022-07-31］. http://it.southcn.com/9/2018-01/09/content_180206520.htm?COLLCC=4273532072&.

② 南方网. 2017短视频行业盘点：领域空间巨大　下半场看点不断［EB/OL］.（2018-01-09）［2022-07-31］. http://it.southcn.com/9/2018-01/09/content_180206520.htm?COLLCC=4273532072&.

③ 网易. 快手2021年营收811亿元同比增37.9%，四季度日活用户3.23亿［EB/OL］.（2022-03-29）［2022-07-31］. https://www.163.com/tech/article/H3L2DKCU00097U7R.html.

④ 证券时报.抖音日活用户已超6亿［EB/OL］.（2022-05-31）［2022-07-31］. https://baijiahao.baidu.com/s?id=1734333865096953990&wfr=spider&for=pc.

性作用，值得关注和研究。

一、商业资本的追捧加速了直播、短视频的产业发展

资本是市场嗅觉最灵敏的探测器，资本的动向则是搅动市场风云的风向标。2015年，一夜之间几乎所有社交、电商、视频App等都开始做起了直播，直播压倒性地成为创投圈第一热词，尤其是泛娱乐直播平台更是受到资本的追捧。据艾瑞咨询《2017年中国泛娱乐直播平台发展盘点报告》统计，2015年泛娱乐直播平台获投资事件共45起，2016年投资数据为41起。① 较有代表性的是，2015年虎牙直播获欢聚时代7亿元投资，斗鱼TV获腾讯、南山资本、红杉1亿美元B轮融资。2016年熊猫直播获得6.5亿元A轮投资，2017年又获得10亿元B轮融资。2018年，腾讯独家投资斗鱼直播6.3亿美元，投资虎牙直播4.6亿美元。在短短两三年时间里，创业者们蜂拥、传统行业进军、VC撒网、王思聪、周杰伦、马化腾、雷军等人也纷纷加入。随着大量资本的涌入，直播行业的竞争越来越激烈。同时，短视频市场也迅速成为继直播后的又一个投资热点。以快手为例，该公司诞生于2011年3月，最初是一款用来制作、分享GIF（图形交换格式）图片的手机应用。2012年4月，快手获得晨兴资本A轮融资数百万美元。2012年11月从纯粹的工具应用转型为短视频社区，用于用户记录和分享的内容平台。随着智能手机、平板电脑的普及和移动流量成本的下降，快手在2015年以后迎来市场契机。2015年1月，快手获得了数千万美元B轮融资，由红杉资本和晨兴资本联合投资；2016年3月，快手完成C轮融资，约为2.5亿元，由百度领投，红杉资本、晨星资本等跟投；2017年3月，快手完成新一轮3.5亿美元的融资，由腾讯领投；2018年4月，腾讯再度领投快手4亿美元。

---

① IPTVOTT. 2017年中国泛娱乐直播平台发展报告［EB/OL］.（2017-04-10）［2022-07-31］. https://www.sohu.com/a/133128177_488163.

但是2022年的财报显示，快手仍然处于亏损状态，2021年财年，快手经营亏损为227亿元，经营利润率为–34.2%。[①]。从快手发展和融资历程可以看出，如果没有风投的支持，快手很难在持续严重亏损的状态下仍然发展成为一个日活用户3.23亿的一线短视频企业。短视频内容从基于社交的娱乐、搞笑为主，向新闻获取和知识分享等专业化、垂直化方向发展，涉及生活、工作等多方面，诞生了一大批垂直型应用。比如主打财经资讯的“功夫财经”、主打家庭美食的“日日煮”以及主打美妆的“小红唇”，均获得了数千万甚至上亿元的融资。另外，以BAT（B指百度，A指阿里巴巴，T指腾讯）为代表的互联网巨头在短视频领域也迅速布局。例如，腾讯两轮以数亿美元领投快手，并与其社交、新闻应用深度整合；2017年阿里的土豆网全面转型为短视频平台并投入20亿元鼓励扶持内容创作。由以上数据可以看出，直播、短视频领域的快速发展主要是依靠资本的支持和追捧，这样的模式就决定了商业资本将对其产业生态产生直接影响。

二、网络视频平台的运营策略增加了用户的使用黏性

毋庸置疑，资本是以盈利为驱动力的，但是目前无论是直播还是短视频都投入资金巨大，加剧着平台间的竞争和运营压力。比如，直播和短视频均需要大量的带宽投入，一些平台每月的带宽支出高达千万元。因此，很多直播、短视频平台都在亏损运营，处于烧钱抢占市场的时期。目前直播、短视频的盈利模式主要有以下几种：一是打赏模式，即观众购买虚拟礼物送给主播，主播或其所在的工会和平台进行分成。这是最常见的直播类产品的盈利模式。2020年网络表演（直播）行业市场规模达到1930.3亿元，其中75%的收入来源于打赏分成。占主播收入的35%—45%，而泛娱乐直播平台的打赏

① 金融界.快手的盈利疑问［EB/OL］.（2022-04-28）［2022-07-31］. https://baijiahao.baidu.com/s?id=1731336270819477296&wfr=spider&for=pc.

收入占总收入的比重超过90%。[①]这种依靠用户打赏的方式很容易导致主播采取各种方式吸引用户，有的以违反道德甚至法律的方式诱惑、诱骗受众打赏。缺乏理性和辨识能力的未成年人更容易成为直播打赏骗局的受害者，不少新闻报道或诉至法院的案例见诸报端，导致最高法院在2021年出台了相关意见明确未成年人打赏可以退换。二是广告模式，即平台负责在App中、直播室中、直播礼物中或短视频中植入广告，按展示/点击或购买情况与广告主结算费用。三是导购模式，一般电商类直播产品/竞拍类产品采用该盈利模式。主播在直播时，推荐店铺商品，同时有优惠或参与竞拍，最终主播与直播平台按照既定比例分成。四是用户付费模式，直播用户或网民付费，此外还有一些提供会员增值服务、工具付费使用等盈利方式。

在竞争时期，盈利并不是最主要的，吸引用户才是根本。因此，直播、短视频网络平台一直在积极运用各种运营策略增加用户黏性。首先，在内容上平台引进知名人士、奖励优质内容创作者。其次，平台运用各种策略推动其社交功能，加强互动以黏住用户。最后，平台在技术研发上也致力于黏住用户。一方面，平台运用大数据技术对用户进行深入分析，判断用户喜好，构建分发机制，提高用户使用黏性。此外，各平台都积极进行技术研发，提高用户的手机短视频拍摄效果和使用体验。另一方面，平台也利用大数据技术提高了广告投放的精准性，能在一定程度上解决广告位短缺和转化率低迷等变现问题。

三、直播、短视频行业逐渐成为青少年群体新的职业向往

早在2015年，随着直播平台的兴起和平台之间竞争的加剧，主播开始

① 粉丝邦娱乐. 2020直播行业发展报告发布，主播数量超1.3亿，大多数收入几千元［EB/OL］.（2021-05-19）［2022-07-31］. https://baijiahao.baidu.com/s?id=1700130130112299188&wfr=spider&for=pc.

进入人们的视线，一些主播的年薪从几十万被炒到了上千万。同样，可以带来流量的短视频作者也受到了平台的重视和奖励。在这些高薪、大奖的激励下，更多的年轻人开始投入到直播、短视频行业中寻找发展的机会，不少在校大学生成为签约主播。另外，也催生了培训网红主播的经纪公司或专业公司。如成立于2013年的娱加娱乐现在拥有线上签约艺人超过3万名，而经纪公司对这些在线艺人进行全方位的培训和市场推广。这也意味着主播们的背后有了更加专业的团队和管理，进入了商业化运作的产业链条，从而也推动着直播群体的日益壮大。国家人力资源和社会保障部公布的数据显示，2016年应届高校毕业生最向往的新兴职业排行榜中，有54%毕业生选择了网红主播[①]。这一动向表明网红主播开始成为年轻人向往的职业。据现场直播网的直播行业数据调研报告，2017年全网有2000万人参与直播[②]，而2020年根据23家直播平台数据统计，直播行业的主播数量超1.3亿，并且日均新增主播4.3万人，主播年龄集中在24—30岁年龄段，占比近一半。[③]这些数据表明直播、短视频行业逐渐成为青少年群体新的职业向往。

第二节　商业驱动下直播、短视频中青少年秀文化的新特点

前面的各种数据显示，直播、短视频的用户以青少年群体为主。直播、

① 搜狐网. 大学生向往职业：54%毕业生选择做网红主播［EB/OL］.（2016-07-25）［2022-07-31］. http://www.sohu.com/a/107507727_254058.

② 搜狐网.《2017年直播行业数据研究报告》：直播风口依旧，行业走向成熟！［EB/OL］.（2018-01-24）［2022-07-31］. http://www.sohu.com/a/218635528_738359.

③ 粉丝帮娱乐. 2020直播行业发展报告发布，主播数量超1.3亿，大多数收入几千元［EB/OL］.（2021-05-19）［2022-07-31］. https://baijiahao.baidu.com/s?id=1700130130112299188&wfr=spider&for=pc.

短视频蓬勃发展的背后，更深层次的原因是青少年群体的表达、展示和分享的需求。可以说，青少年秀文化是青少年在直播、短视频使用中的重要内容和文化体现。青少年秀文化是指青少年群体在网络空间展示自我的一种亚文化现象。“秀”来源于英文词汇“show”，有展示、炫耀之意。严格说来，秀行为自古有之，如展示自己的才艺、技能、美貌、学识、物品等，一些群体性的节庆行为、竞技行为等也是一种秀文化。可以说，秀文化是人类一种基本的社会文化行为。但是，在传统社会，这种展示有诸多社会行为规范、时空限制的约束等，在大众媒介发达的现代社会，青少年秀文化得以迅速发展。值得注意的是，在网络空间中秀文化的形式和内容也随着网络技术、应用的发展而发生着变化。如早期网速较低的时代，秀文化主要是以文字、图片的形式来呈现的，如在论坛、贴吧的网友以文字、图片形式秀自己。当然，这种文字、图片形式的秀今天仍然广泛存在着，如QQ空间秀、朋友圈的各种晒、美颜自拍等。但是随着直播、短视频应用的快速普及，以视频形式出现的青少年秀文化开始蓬勃发展起来。那么，这种新型青少年秀文化又呈现出哪些新的特点呢?

一、形式上的交互性、社交性

与传统的秀文化相比，直播、短视频平台上的青少年秀文化在形式上具有较强的交互性和社交性，这种较强的交互性既是视频形式本身具有的特征，也是商业力量推动的结果。因为这种交互性不仅能够增加用户黏性，也直接为平台带来商业利益。如前所述，在直播平台上，打赏是平台盈利的主要方式，而获得打赏需要主播和粉丝的良好互动。一方面，主播可以随时和粉丝打招呼，观看粉丝的弹幕评论，回答粉丝的问题，对粉丝的礼物表示感谢等，通过一系列的互动形成了以主播为核心的社群，不少社群从线上发展到线下聚会、社交等。另一方面，平台也推出了不同主播之间的互动，被业内称为平台社交。另外，不少平台采取策略增加直播、短视频平台及内容的社交功能和属性，从而促进用户活跃度和黏性。如直播平台斗鱼上线了自己的游戏社区“鱼吧”，花椒的6.0新版本加入了MV短视频功能和“开趴”功能，可以实现6人同屏实时聊天，抖音也推出话题、挑战、合拍功能等增加用户之间的互动和社交功能。可以说，传统的秀文化更侧重秀的主体性，即主体想展示内容的主观意愿，甚至在一定程度上带有我行我秀和强制观看的意味。但是，在直播、短视频平台上，秀文化的主体和受众之间形成了互动性较强的新型人际关系，这使得秀的内容和风格很大程度上直接受到粉丝喜好的影响。事实上，无论是直播还是短视频的内容生产者，都在不同程度上不断地根据粉丝的反应调整着内容的类型和风格。因此，这种互动性、社交性在很大程度上影响着青少年秀文化的面貌。

二、内容上的多元化、多样化

因为直播、短视频平台的多样性和开放性，青少年秀文化的内容呈现出多元化、多样化的特点。首先，不同平台有着不同的定位，从而奠定了青少年秀文化内容多元化的基础。在直播方面，全民社交直播平台有美拍、映客、ME直播、陌陌直播等；垂直内容直播平台虎牙直播（YY直播）专注于游戏，斗鱼TV专注于游戏和体育，熊猫直播专注于娱乐等。另外，在直播+的模式下，越来越多的行业参与到直播大军里，直播平台也在对直播内容做着多元化的尝试。在短视频方面，抖音致力于音乐和创意为主题的短视频拍摄，快手则定位为记录生活与分享生活的工具，而梨视频则采用“专业编辑+全球拍客”的内容生产模式提供新闻视频内容等。随着直播、短视频行业的深入发展，视频内容从最初同质化较强的技艺、颜值、才艺展示、聊天陪伴、娱乐搞笑等逐渐走向多元化，向着内容细分、专业化的方向发展。此外，在管理部门和相关行业的号召和推动下，诞生了不少弘扬主旋律、传播传统文化、非遗等的直播和短视频内容并获得广泛关注。如腾讯NOW直播的探索发现类节目“QQ-X计划”征途横跨大半个地球，影响覆盖45个国家和地区；陌陌直播、秀色、一直播、六间房、斗鱼、花椒等平台启动了“直播+非遗”“直播+传统文化”的举措。其次，视频创作者来源的多样化也在推动着秀文化内容的多元化。直播、短视频平台都是开放性的平台，吸引了不同阶层、职业、文化程度、地域的青少年参加，是一种典型的参与式文化，由于网民群体的广泛参与，普通用户贡献了超过80%的视频内容。这些内容生产者围绕自身的特长、兴趣、生活背景等进行直播或短视频拍摄，其内容的多元化可想而知：既有普通人的温馨生活画面，也有残疾人的各种日常生活，还有专业人士的知识分享；既有时尚炫酷的拍摄，也有朴实无华的实录；既有优美动人的风景，也有令人唏嘘的贫民窟等。各种内容像万花筒一样折射着复杂多元的人类世界。

三、风格上的平民化、生活化

和灯光陆离的舞台秀场、电视秀场模式不同，直播、短视频平台的青少年秀文化呈现出平民化、生活化的特征。在内容提供方面主要有两种来源，一是专业机构生产的内容即PGC模式，这些内容相对精致，具有明确的策划和较强的包装能力，但是其内容风格也多考虑到青少年网民的文化口味。如颇为流行的短视频创作者“papi酱”（本名：姜逸磊），毕业于中央戏剧学院导演系，本人就是网生代，其原创短视频是她本人价值观、生活经验、关注点、喜好的高度浓缩。在题材选择上善于选择社会热点、针砭年轻人生活中的时弊，使用诙谐逗趣的网络语言，配合极具张力的表演形式，贴合了网生代的文化口味，获得众多青少年粉丝的认同，她发布的《男人的谎言》《高标准严要求》《键盘侠》等多条短视频在全网的播放量超亿次。另一种是普通用户生产内容的UGC模式。这些网民原创的节目，题材选择、出境人物、背景等都是日常生活化的草根风格。在题材上，很多内容来自日常生活的对话、情节等，不加修饰，真实自然，非常富有生活气息和人情味。另外很多视频题材是日常生活的技巧、美食、化妆、健康减肥等方面的实用知识等。在出境人物和背景方面，虽然一些美女主播较注意化妆，但是聊天内容和直播间的场景也非常生活化。短视频的拍摄则更为随意，人物多是本色出演，没有精致的化妆和灯光，背景也都是人们熟悉的生活、工作场景，比如家庭、厨房、街头、工地、大学宿舍等，具有鲜明的“草根文化”的特征。

四、目的上的功利性、商业性

在网络直播、短视频平台上，秀文化不只是以展示自我为目的，而是具有较强的功利性和商业性。尤其是在直播平台上，网红主播们的天价年薪引发了不少年轻人的追捧。在短视频平台上，盈利模式还不太清晰，专业机构生产的内容变现能力相对较强，而普通用户生产的内容还处于赚人气的阶段。无论是专业生产机构还是普通网民都希望自己的视频有更多人关注，能够“火”起来。一方面更多的粉丝关注和点赞可以给用户带来获得认可的心理满足，另一方面也是一种盈利渠道或潜在的商机。青少年秀文化是青少年群体张扬自我、展示自我的一种文化形式，不得不说，这种较强的功利性、商业性使得青少年秀文化在一定程度上失去了其应有的文化内涵和意义，甚至成了迎合一些网民低俗欲望的表演。

第三节　从直播、短视频平台看青少年群体的社会心态

快速接受和适应新媒体创作与表达的青少年群体进一步掌握了网络空

间的话语权，他们将网络空间与现实空间同等视之，当代青少年的社会现状与个人悲喜在互联网场域中展露无遗，甚至出于互联网的匿名性、流动性特征，网络中的自我表露更加自然真实、不受拘束，更能够代表当代青少年群体真实的社会心态。社会心态是指一段时间内弥散在整个社会或社会群体、类别中的宏观社会心境状态，是整个社会的情绪基调、社会共识和社会价值取向的总和。[①]社会心态是表层化的情绪表征，是对社会现实生活及时、动态的再现。社会心态的变化是影响社会运行的一个重要因素。青少年群体的社会心态及其健康发展需要持续关注和研究。《中长期青年发展规划（2016—2025年）》指出，要"促进青年身心和谐发展，指导青年正确处理个人与他人、个人与集体、个人与社会的关系。加强对不同青少年群体社会心态和群体情绪的研究、管控和疏导，引导青年形成合理预期，主动防范和化解群体性社会风险"[②]。当前，直播、短视频成为青少年最热门的移动互联网使用类型，直播、短视频文化映射着这一群体的社会心态，反映着他们的实际需要、利益诉求、情感情绪和精神状态。因此，从青少年直播、短视频文化中了解当前青少年群体的社会心态是非常有意义的。由于青少年群体自身构成的复杂性和阶层性，直播短视频中的青少年文化也体现出复杂多元的群体心态，主要归纳如下。

一、网生代与展示自我、张扬个性的青春心态

如前所述，直播、短视频作为新兴的网络文化传播形式，吸引了喜欢新鲜事物、伴随网络成长的网生代青少年用户群体。

---

① 杨宜音.个体与宏观社会的心理关系：社会心态概念的界定［J］.社会学研究，2006（4）：117-131，244.

② 人民政协网.中共中央、国务院印发《中长期青年发展规划（2016—2025年）》［EB/OL］.（2017-04-14）［2022-07-31］. http://www.rmzxb.com.cn/c/2017-04-14/1480101.shtml.

首先，直播、短视频给了青少年群体一个非常开放、便捷、生动的展示自我的方式和空间。比如，抖音最初定位就是“专注于新生代的15秒音乐短视频社区”。年轻人追求酷炫、个性和创意，爱好运动、音乐和舞蹈，而抖音平台用节奏感强、富有表现能力的音乐作为短视频的生产主题，用户可以配上各种肢体动作和表情，或自由创作，或模仿，或恶搞，或挑战等，将音乐与舞蹈二者充分结合起来，给了青少年一代以充分展示自我、张扬个性的空间。正如抖音名字的意义，让年轻人“抖”起来，“抖”是一种炫酷的展示，背后体现的正是青少年群体展示自我、张扬个性的青春心态。

其次，平台还为用户提供了大量特效，从而实现了让普通视频“一秒变大片”的神奇效果，让普通人轻易实现当导演、当演员的梦想。正如尼古拉·尼葛洛庞帝说过的，互联网时代人人都是艺术家，艺术作品的表现和传播都能与技术得到很好的融合。在新媒体环境的刺激下，网民尤其是年轻网民产生了越来越强的表演欲和自恋心理。“戏精”一词成为2017年大火的网络用语，在“戏精”们的积极参与下，催生了很多被网友称为“魔性表演”的短视频。

另外，平台的社交功能加强了青少年群体自我展示的热情。平台就是一个巨大的秀场，他们在私密的现实空间尽情表演，通过网络这一虚拟的T台（时装演出中模特用于展现时装的走道）吸引了无数网民的眼光。用户们直播或上传自己的视频作品，获得粉丝的点赞和转发，给用户带来强烈的被认同的心理满足感。通过对各平台UGC内容观察可以看到，用户渴望他人通过点赞、评论、关注等方式来表达对自己的认可，“双击666”“求赞”“点亮红心”等网络用语的流行，表明这些青少年特别希望得到他人的赞同。心理学家威廉·詹姆斯的定律强调，他人对自己的认可和欢迎是人类埋藏最深的本性，所以说他人对自己的肯定是刺激用户展示自我的重要因素。

二、小镇青年与生活安逸、满足现状的休闲心态

近几年，“小镇青年”一词成为社会热点。小镇青年是指生活在三四线及以下小城镇、年龄在18—35岁之间的青年。这一群体之所以被重视，是和当前中国社会的消费下沉趋势直接相关的。首先是在电影市场上，票房冠军《战狼2》和《前任3：再见前任》让人们看到了小镇青年这一新兴消费力量的巨大贡献。随后人们发现小镇青年也重新定义了移动互联网市场——他们用“阅读”打造了趣头条，用“消费”供养了拼多多，用“观看”带火了快手和抖音，可以说，小镇青年是作为新崛起的市场消费力量被关注、被重视的。快手大数据研究院调查显示，每年约2.3亿小镇青年活跃在快手平台，每年小镇青年在快手发布28亿+视频。[1]

通过对快手、抖音平台的相关内容分析发现，大部分小镇青年呈现的是享受生活、满足现状的休闲者形象。首先，他们的短视频和直播记录了大量的日常休闲生活，包括展示家庭生活的自拍、晒美食、晒宠物等，也包括在室外的街边演出、广场舞、健走队等，还有周末等闲暇时间去周边野餐、自驾游、朋友聚餐、参加集体性的体育运动、看电影、K歌、外出旅游等场景。例如快手用户“市井雷总”生活在黑龙江省佳木斯市，目前已发布239条短视频记录自己的日常生活和所见所闻。其中包括自己的婚礼、儿子的出生、一家人过年的场景、公园里写书法的大爷、街边磨刀的大爷等。这些日常生活的内容在直播、短视频平台中占据了较大的比例。根据《2018快手内容报告》显示，从平台内容来看，生活内容占比28%，

① 中文互联网数据资讯中心.快手：2019小镇青年报告［EB/OL］.（2019-08-22）［2022-07-31］. http://www.199it.com/archives/871215.html.

居第一位。[1]需要指出的是，发布这些内容的账号往往粉丝数量并不多，大约几十个或几百个。主要是因为这些内容相对来说较为平淡无奇，不容易引发关注和转发。但是访谈发现，这些发布者对发布的内容仍然是有选择的，他们记录的是他们认为有意义的生活瞬间或者认为有趣的日常见闻，并认为拍摄和发布这些视频增加了他们的生活趣味和存在感。另外，视频下面常常会有一些评论，发布者也会和粉丝积极互动，其中有些粉丝是他们现实中的朋友，因此发布视频也成为他们进行社交和展示自己的一种方式。

相比之下，一些特色小镇的青年倾向于在平台上展示当地独特的风土人情，而且往往具有较高的浏览量和关注度。如抖音用户“抖音带你游凤凰”所发布的内容大部分是湘西凤凰古城的风土人情和这位小镇青年具有民俗特色的日常生活。他在工作之余会参与古城的舞龙活动、弹钢琴、打糍粑等，充满了小镇的生活情趣。在他发布的作品中点赞量最高的有两条：第一条为俯拍凤凰古城雪景，文字为“这样的小城简直世外桃源，不接受反驳”，收获点赞4.4万个，粉丝在评论中纷纷感叹古城的美丽。第二条为苗族人以歌为媒，一对男女对山歌定情的场景，收获点赞8.6万个，评论中粉丝被这种淳朴的苗族风情打动，纷纷留言：“想去凤凰”“现在学唱歌还来得及吗？”饱含着对远方新鲜有趣的古城民俗生活的向往之情。

通过对这些直播、短视频的内容分析和对发布者的访谈发现，这些小镇青年的社会心态是较为闲适、安逸的，这符合之前人们对“小镇青年”的一般性认知。他们年龄在18—35岁之间，大多已组建自己的家庭，生活相对稳定。他们中有的有较好的家庭背景；有的有一份较好的工作；有的则凭借一技之长或做点小生意能够有稳定的收入。总体上说，一方面，他们没有过大的生活压力，另一方面，他们拥有较多的业余时间，有精力也

① 中文互联网数据资讯中心.快手：2019小镇青年报告［EB/OL］.（2019-08-22）［2022-07-31］. http://www.199it.com/archives/871215.html.

有心情去享受休闲的日常生活，因此他们也更积极地通过直播、短视频记录并展示自己认为有意义的日常生活片段。正如欧文·戈夫曼（Erving Goffman）在其《日常生活中的自我呈现》中所提出的那样，个体在日常生活中的自我呈现是有目的性的“表演”“用以维护个体在他人面前造成的印象”“向世界展示自己更好的或理想的一面”[①]。休闲心态的人对自己日常生活的展示和呈现同样也是力图传达自己生活中精彩的一面，以期管理他人对自我的印象。

三、奋斗青年与积极乐观、追求理想的进取心态

与小镇青年的休闲心态不同，也有一些青年愿意在直播、短视频中记录自己辛勤工作的画面。这些工作有的甚至非常普通，属于体力劳动。例如在快手平台上，徐州的汽修工“潇洒哥”的直播、短视频作品中几乎超过九成的内容都是在路边修车的场景，他身着简单朴素的T恤、带有油污的工装裤，但一旦修起车来便专心致志，不惧脏累，甚至用自己的嘴疏通堵塞的油路，淋着大雨修好发动机。在潇洒哥的视频评论中，粉丝评价他“穿最脏的衣服，用最脏的手，赚最干净的钱”。他的账号粉丝已经达到319.7万，这表明了人们对辛勤工作的青年形象的肯定。另外，有些青年将抖音、快手作为一个分享技能和创业的平台。例如快手用户“小镇姑娘√【分享美食】”生活在山东临沂，她的快手账号目前已有26.8万粉丝，主要发布的内容是分享各种家常美食的做法，吸引了大量粉丝聚集学习。快手用户“手工耿”原名耿帅，生活在保定，早年间在大城市打工，十余年的时间辗转五六个城市，做过十余种工种，他无意间发布了自己制作的手工“脑瓜崩”“菜刀梳子”等“无用良品”，结果意外走红。随后他回到故

① 戈夫曼.日常生活中的自我呈现［M］.冯钢，译.北京：北京大学出版社，2008：11-29.

乡，将制作手工和直播、拍摄短视频当作自己的事业，目前在快手拥有320万粉丝，获得大量的点赞。值得注意的是，这类青年中还有些人会积极展示自己的歌曲、舞蹈等特长，从中我们可以更直观地感受到他们追逐人生理想、积极向上的精神与对生活的热爱。例如快手用户“外卖小歌神（周磊）”是一名河北秦皇岛的美团外卖送餐员，目前拥有粉丝45.8万人，他的视频作品主要有两个主题——送外卖与唱歌。在送外卖时，尽管天气炎热，他的第一句台词永远是“太好了”，并愉快地向观众介绍今天的收获；在唱歌时，他仍身着黄色送餐服，在家里、街边，不放过任何一个可以唱歌的机会。也正因为在快手上小有名气，吉林电视台《家庭欢乐秀》节目向他发出邀请，随后还参加了《星光大道》节目并获得了2018年度总决赛季军。

此外，广受关注的李子柒也在短视频中分享了自己的理想生活。李子柒是一位被誉为“东方美食生活家”的视频博主，2016年初开始拍摄手作视频，荣获中国“2017第一网红”称号，2019年成为四川成都非物质文化遗产推广首位大使，有主流媒体评价她“不仅是奔波劳碌寻常人理想生活的代表，更是中华传统文化当之无愧的传承者”[①]。她的视频充满中国风和古典韵味，从炒腊肉、佛跳墙、桂花酒等中国传统地方美食，到蜀绣、窗花、木雕、活字印刷、染衣服等传统民间工艺，再到贴春联、插艾草、吃月饼等传统节日习俗，她用娴熟的全手工制作，把田园生活的诗意演绎得淋漓尽致。其视频呈现出的天人合一的中国传统文化和诗意精神引发了海内外网民的共鸣。她居住在远离尘世的大山中，院子里种满瓜果蔬菜和鲜花，随手采摘就成为新鲜的美食食材，劳作过程一举一动都充满诗意。她动手制作各种古朴的器皿，亲手呈现传统手工艺，让人惊羡她的神奇创造力。马克思说过，劳动是人的本质力量的体现，这种本质力量就是人的创造力、

① 环球网娱乐频道.李子柒——用镜头记录乡愁［EB/OL］.（2018-05-16）［2022-07-31］. https://www.sohu.com/a/231765089_100110321.

想象力、意志力和实践能力。人们在劳动中创造美，美又反过来作用于人，使人成为自由全面发展的人。但是在工业化的社会进程中，人被从大地上驱赶开，从天人合一的生活中剥离出来，劳动被异化了，劳动者感受不到创造的乐趣和自身的本质力量。存在主义哲学家海德格尔对此开出的药方就是——“人，应该诗意地栖居在大地上”，李子柒正是以自己的行动实践了这一哲学，她再现的不是真实农村的辛劳生活，而是在现代工业社会解救人类心灵困顿的在大地上的诗意栖居，也正因如此，她的视频才具有了打动人心的普遍力量。

可以看到，这些青年他们热爱生活和自己的工作，哪怕身处底层，也从不自怨自艾，而是勤勤恳恳、踏踏实实，追求自己的价值和人生的尊严。他们将工作场地变为自己的舞台，通过拍摄直播、短视频的方式展现了他们辛勤工作、积极向上、追逐理想的乐观心态，通过对他们爱好和特长的展示表现出这一群体的青春活力与多彩风貌，体现了中华民族传统中勤劳向上的优秀品格和精神在青年身上的传承。粉丝的数量和评论也展现了人们对这一类型青年群体及其社会心态的认同与赞赏。

四、屌丝群体与追求愉悦、幽默搞笑的娱乐心态

成功固然是青少年群体的最大梦想，但是能够获得成功的青少年毕竟有限，大多数人不过是默默打拼却顶着各种压力生活的普通人。事实上，青少年阶段正处于人生社会资源和需求极为矛盾的时期，一方面青少年充满理想和梦想，希望成功、希望过上不平凡的生活，但是另一方面，他们又要面对缺乏工作经验、薪酬低、职位低等现实的压力，于是追求愉悦、幽默搞笑的娱乐心态在青少年网络文化中表现出来。

娱乐是人类的基本需求之一，从古至今，人类已经创造了各种各样的娱乐方式。进入消费社会以来，不仅娱乐产业本身异常发达，文化也日益

产业化，从原来神圣的精神生产和教化使命中解脱出来，越来越承载着为普通大众提供娱乐的功能。直播平台仍然以游戏直播、秀场直播、泛娱乐直播为主，善于讲段子、笑话、幽默有趣也成为主播们重要的素质，无疑表明了网民们追求愉悦的心态。如果说观看直播还需要相对安静的环境和完整的时间，而短视频则创造并同时满足了人们随时随地进行娱乐消费的碎片化需求。简短的篇幅很难承载深入的思考，但是却非常适合发挥博人一笑的娱乐功能。因此，在短视频平台上，娱乐搞笑的内容占据了半壁江山。一度流行的各种段子被翻新成视频形式重新热播，各类恶搞过程也被表演得惟妙惟肖，影视片段被无数次重新演绎，各种表情、动作夸张搞笑，各种幽默搞笑的评论和视频内容相互媲美。如抖音账号“大唐公主”用彩色行李包、塑料、蔬菜等日常生活用品作为道具，化装成影视作品中的人物进行表演，搞笑而有创意的造型，配上一本正经的模仿，令人捧腹大笑。其短视频常常有几十万的点赞和上万条评论，网友“凌晨的”在其节目下评论：“迟早要笑死在抖音里。”这些视频内容彰显着网络视频文化背后普通青少年群体追求愉悦、幽默搞笑的娱乐心态。但是需要警惕的是，在青少年群体中这种娱乐心态有着泛化的趋势，也就是用娱乐的心态看待任何事情，从而模糊了娱乐与社会现实的界线，缺少严肃的理性和社会责任感。

五、空巢青年和虚拟生存、寻求陪伴的孤独心态

近两年“空巢青年”成为网络讨论的热点话题。这一概念相对于“空巢老人”而提出，指的是在城市打工远离亲人、单身且独自租房的年轻人。根据淘宝发布的《2017年中国空巢青年图鉴》[①]数据，20—29岁的空巢青年总数超过了5000万，其中“90后”占到了60%以上。按人口基数换算，这

① 互联网新看点资讯. 2017中国空巢青年图鉴出炉，5000万空巢青年赶紧看过来！[EB/OL].(2017-05-22)[2022-07-31]. http://www.sohu.com/a/142649209_468719.

意味着每6个“90后”中就有1人是空巢青年。中国青年报社就此问题对2000人进行了一项调查①，结果显示，64.3%的受访者表示自己身边的“空巢青年”多，缺乏感情寄托（57.9%）和居住条件差（57.8%）被认为是他们面临的两大困境。55.1%的受访者认为“空巢青年”既是一种居住状态，也是一种心态。一方面，空巢青年们可以享受独处的自由，选择个人的生活方式。另一方面，生存压力和独居状态也自然而然让他们产生一种强烈的孤独感。在知乎发起的“如何看待空巢青年”话题②上，网友们写出了自己的孤独和艰辛：“无人问我粥可温，无人与我立黄昏。”“孤独得像条狗，我和siri成了好友。在沙发上看电视睡着了，醒了发现一切依旧，没人给我盖被子，没人关电视……”“千万不要午睡，因为等你傍晚醒来时，看着窗外缓缓下沉的夕阳，会有一种被全世界抛弃的感觉。”

“宅”是空巢青年们的一大特征。一方面，他们在陌生的城市里缺乏稳定的社会人际关系网络；另一方面，交通、生活成本或者拥挤的公共空间使得他们不喜欢社会交往，宁愿独处。孤独催生了强大的陪伴经济，而继网络游戏、社交媒体之后，以直播和短视频为代表的网络视频则为空巢青年们提供了打破物理空间限制、方便快捷的虚拟交流，完成替代性的社会交往和文化娱乐。一项对北京网络主播青少年群体的实证研究表明③，主播青少年群体自身需求中占第一位的是获得陪伴、满足交流需求，比例为47.4%，第二位则是获得关注、满足物质需求，占比38.9%。从直播内容来看，占比38.3%的主播日常直播内容为聊天交流，主播通过直播过程中与

---

① 中青在线.谢宛霏：走进“空巢青年”的孤独世界［EB/OL］.（2017-05-22）［2022-07-31］. http://zqb.cyol.com/html/2017-03/02/nw.D110000zgqnb_20170302_4-01.htm，2017-03-02.

② 知乎网.如何看待“空巢青年”？［EB/OL］.（2017-05-22）［2022-07-31］. https://www.zhihu.com/question/41740780.

③ 廉思，唐盘飞.社会安全阀视域下的网络直播功能探析：基于北京网络主播青年群体的实证研究［J］.中国青年研究，2018（1）：48-55.

观众的互动交流来缓解其现实生活中的情感沟通的缺失带来的孤独感。还有新闻爆出“女主播全程无话直播写作业，超十万人在线观看”“‘00后’小鲜肉直播吃饭日入数万”等，这些令人费解的现象背后体现的正是空巢青年的孤独心态。当然，不只对于主播，对于观看直播和短视频的用户来说，更是其排解孤独的一种方式。主播是空巢青年们最贴近的偶像，看直播时主播随时和粉丝互动，打赏的粉丝更是会得到主播的殷勤关注，粉丝们还会形成以主播为核心的社群，从线上发展到线下社交，增加其群体归属感。但是这种虚拟社交具有两面性，在为空巢青年提供陪伴、消解孤独的同时，也会进一步导致其和社会现实及其人际网络的疏离，而且这种虚拟的、浅层的人际关系并不能从根本上解决这种孤独感。

除上述五种社会心态外，一些青少年在秀文化中还表现出了宣泄自嘲的心态、追求公平的心态、逐利的心态及色情化心态。

（1）宣泄自嘲的心态。

由于直播、短视频平台的开放性和技术接近的便捷性，和其他媒介相比，网络视频平台吸引了大量处于社会底层的青少年群体。2016年，霍启明博士在网文《残酷底层物语：一个视频软件的中国农村》[1]中分析了快手中农村青少年的表现和中国乡村的精神面貌。这些农村青少年在快手平台上卖力、出位地进行表演，以吸引人们的眼球，他们呈现出来的是无所适从、叛逆自嘲的社会心态。需要注意的是，这类视频多不是对现实生活的记录，而是剧情创作的方式，以此戏剧性地展示其生活境遇和社会心态。

（2）追求公平的心态。

在快手、抖音平台上，有大量的情节短剧往往不是对真实生活的记录和分享，而是通过创作的短视频故事演绎了青少年群体的生活际遇和面对不公平的社会心态，我们可以从中看出这些青少年塑造的理想的自我形象。

① 好吃你就少吃点.残酷底层物语：一个视频软件的中国农村［EB/OL］.（2018-03-31）［2022-07-31］. https://www.bilibili.com/read/cv337865/.

一方面这些青少年生活环境相对单纯，怀着对美好事物的淳朴向往；另一方面社会转型时期，存在一些拜金主义、阶层分化、社会歧视现象。他们渴望改变，因此在短视频中塑造出理想的青少年形象，这正是青少年群体对理想社会秩序的美好追求。

（3）逐利的心态。

毋庸置疑，成功是青少年群体最大的梦想，青少年为了获得成功的打拼精神是社会发展的动力。但同时，由于青少年群体的道德价值观念还不太稳定，缺乏对成功、成名和人生意义的正确理解，在一些网红主播、购物达人等迅速成名及一些浮躁的网络环境的影响下，一些青少年群体表现出逐利的心态，使得不少年轻人在秀文化中违反道德标准甚至触犯法律红线。

（4）色情化心态。

食色，性也。性是人类最重要和最基本的生理需求，尤其是对处于生命旺盛期的青少年群体而言，对性的关注无可厚非，但是性本身需要人类文明的约束。精神分析学家弗洛伊德认为，人类社会本身就是一个压抑性的社会，人类文明的产生来源于人类克服、控制自己的本能，并将其强行转移到对社会有用的生产实践上去。哲学家马尔库塞区分了性欲与爱欲，认为性欲是一种暂时的、局部的生物内驱力，而爱欲是一种恒久的、整体的文化内驱力，人类需要把性欲转化升华为爱欲，从而提升个体的生命质量，实现社会的发展。随着市场经济的发展和网络社会的到来，一些娱乐和文化产业走向低俗化、色情化。这一现象背后反映的是一部分青少年群体尤其是男性色情化的社会心态。这些青少年多由于教育背景和文化素质较低，在他们看来，性完全是一种与爱无关的生理刺激和满足，尤其是在网络平台、在直播这一相对私密、匿名、隐身的空间里，更加没有了性道德甚至是法律的约束。

以上，我们总结了直播、短视频文化中体现的较为典型的青少年社会心态，这些心态反映着青少年群体的社会生存和心理状态。对于健康的社会心态我们要积极推动和促进，对于不健康的心态则要多方面加以干预和引导。同样，对于商业驱动下的青少年网络文化本身，也需要加以规范，从而用更为健康的文化来影响青少年群体的心态，形成良性循环。这需要不同部门和组织的共同参与和配合，也需要学术界进一步的关注和研究。

第四章　青少年移动互联网使用的个案研究

前面的研究侧重对青少年使用移动互联网的总体性描述和分析，这样的研究可以让我们了解把握整体情况，但是缺少深入的细节和鲜活具体的个案呈现，缺少以青少年主体为关照并将其放置在生活情境中的质性研究。粉丝文化和游戏文化是青少年娱乐文化中的两个典型类型，前者以女性青少年为主，后者则在男性青少年群体中更为典型。因此本章分别选取了两个个案进行分析，以此加深对青少年移动互联网使用及其影响的理解。第一个是一位追星女孩，代表的是青少年网民在移动互联网时代的一种参与式粉丝文化行为及影响。第二个是一位15岁的网络游戏男孩玩家，其行为具有了网游依赖和沉迷的典型特征。希望通过这两个典型案例探究网络娱乐行为对青少年文化趣味和价值观念方面的深层影响。

第一节　粉丝：参与式文化的个案研究

长期以来，追星一直是非常典型的青少年网络娱乐行为，但是在互联网尤其是移动互联网兴起后的粉丝文化其参与行为和方式都和传统的追星大为不同。詹金斯早在20世纪80年代就电视剧粉丝的文化行为提出了“参与式文化”这一概念。随着互联网的普及和粉丝文化产业的发展，这一概念具有了更强的理论适用性，指出了网络社会新的粉丝文化的消费和生产逻辑。在粉丝文化中，成为一名粉丝同时也意味着成为粉圈的一员，意味着会参与或被组织进各种追星组织中，被组织到不同形式的情感劳动中，被组织进不同的社会生产关系和人际关系中。文化消费和生产不再是单向的、被动的个体行为，而是一种通过网络媒介和商业资本参与下形成的组织化的、主动的、群体式的参与式行为，因而使得粉丝文化无论是在社会影响力方面还是个体的卷入度与影响方面都是巨大的。2018年的《创造101》和《偶像练习生》的大火充分彰显了粉丝群体的强大参与性和影响力。那么，作为主体的青少年在这种高度参与性的文化消费和生产活动中都经历了什么？他们是如何参与到这种文化活动中来的？这种参与式文化又呈现出什么样的特征？青少年在其中收获了什么？又会对青少年产生什么样的影响？为了解答这些问题，本节选择了一名较有代表性的粉丝小琳（化名）进行个案研究。

小琳是一所重点中学高中二年级的学生，学习成绩中等偏上，比较喜欢文科。小琳的父母都是大学老师，对其管理相对宽松，比较尊重她的个人兴趣。小琳只有十几岁，但追星经历持续了7、8年，从最初关注偶像的各种演出、消息到购买明星周边，再到多次参加粉丝团体并成为核心成员，不仅是一名网络推文的写手，还多次参加和策划偶像应援活动。此外，为了获得应援偶像的费用还曾经和其他粉丝合作设计销售明星周边产品。这些经历表明小琳算得上是一个较为典型的资深迷妹。为了对移动互联网背景下青少年的粉丝文化或者说是追星行为有更深入的了解，笔者选择对小琳进行个案研究。笔者对小琳先后进行了五次时间不等的访谈，并关注了其微博和所写的推文，对其父母也进行了两次访谈。以下是对该案例的分析。

一、外因与内因：粉丝追星之路的影响因素分析

个体作为具有能动性的主体，是决定媒介使用行为的核心要素。那么对于青少年移动互联网使用而言，他们是如何养成某种特定的行为偏好的呢？具体到本案例中，笔者发现在小琳的追星之路上传统的电视媒介和网络媒介起到了关键的引导作用，而社交需求和生活环境的变化也推动了她追星之路的进程。

1.媒介成为引导青少年走上追星之路的关键因素

首先，电视综艺节目是小琳走上追星之路的引导者。小琳在小学三四年级的时候开始关注明星偶像，那时家里人在吃晚饭时会看电视，她偶然在电视综艺节目《音乐风云榜》里看到了EXO成员的照片，觉得很帅，于是记住了EXO这个名称。那时她没有手机，也没有自己的台式电脑，所以没有更多机会接触这些偶像信息。后来在她生日的时候爸爸送了她一个iPad作为礼物，于是她就用iPad搜索了EXO的信息，从此踏上了追星之路。也就是在拥有了iPad之后她开始要求父母不要陪自己做作业，说想要独立完成作业，父母以为这是女儿成长的表现，也就慢慢同意了。另外，她开始以不能打扰她做作业为由锁上了自己的房间，一开始父母颇为反对，但是在她屡屡坚持下也就逐渐默许了，这为她的追星之路提供了私人的空间。小琳躲在自己的房间里，开始利用各种闲暇时间观看EXO参加的综艺节目，在这些节目里逐渐认识了EXO组合的成员。之后小琳开始主动了解各种相关信息，比较常去的是EXO贴吧，了解偶像的背景、活动、八卦等信息，然后会观看相关的综艺节目。在小琳的再三请求下，妈妈在她小学毕业后给她买了一个华为大屏智能手机，之前妈妈想给她用老人机，被她坚决拒绝了，她感觉那样的手机不能上网对自己来说没有什么价值。自从有了自己的智能手机后，小琳更加随心所欲，她能够随时随地了解到更多

和偶像相关的资讯。在iPad和手机的助力下，她的追星范围也从EXO逐渐扩展到其他组合。小琳关注最多的还是综艺节目，如《天天向上》《快乐大本营》等，从中认识到更多的明星偶像。她说最喜欢《天天向上》，感觉节目有趣还具有一定的知识性。比如有一期节目做了航天的主题，当时是因为中国首次发射探测器到月球背面；还有一次是做了阿里巴巴食堂和百度食堂的PK。在这个节目上小琳看到UNIQ组合，开始喜欢王一博。EXO和UNIQ都是韩国选秀节目出道的偶像组合，她也因此了解了韩国偶像产业的情况。访谈中发现，小琳说起韩国公司以及曾经推出的组合如数家珍，对韩国公司的偶像打造流程也很清楚，并认为韩国在这方面非常成熟完善，影响了中国的偶像产业。后来国内也开始有了选秀节目，她关注了《星动亚洲》，她说蔡徐坤就是在这个节目上出道的，还有其他好几个后来都比较成功的偶像，但是当时这个节目并不火，公司还把他们送到韩国去训练，成立了SWIN男团。后来这个男团因为抄袭当时热门的韩国组合GOT7的歌被非议，在《偶像练习生》中再度出道的蔡徐坤还因此被讥讽。从这一事件中小琳开始接触GOT7组合，直到现在仍然是GOT7组合的粉丝。另外，她当时还关注了腾讯公司推出的一个选秀节目叫《燃烧吧，少年》，这个节目是腾讯和韩国知名娱乐公司SM合作的，《燃烧吧，少年》请EXO做导师，又是韩国公司参与的，所以她较为关注。在访谈中，她历数了参加这个节目的各位明星及其各自之后的发展道路，还说到热播电视剧《小欢喜》里扮演季杨杨的演员就是在这个节目里出道的。小琳从这个节目开始喜欢肖战，并加入了一个粉丝应援组织。后来这个节目没有大火，偶像肖战也逐渐少了消息。于是她开始把主要精力集中到GOT7组合上来，她说自己喜欢王嘉尔和段宜恩，加入了另外一个粉丝组织为他们应援。另外，在《偶像练习生》大火期间她也较为关注该节目，积极为自己喜欢的偶像钱正昊投票，因为这个节目又追看了其前身韩国选秀节目《创造101》。访谈中，听着她历数韩国及中国的娱乐造星公司、造星流程、相关的综艺节目及一个个偶像的名字和各自的发展脉络，笔者不得不思量这需要多少的精力才能了解得如此清楚，不得不感叹追星也是一个流派纷呈的江湖。

从小琳对偶像的关注及其变迁可以看到媒介在其追星之路上的重要引导作用。首先是电视综艺节目和选秀节目。在这些视频节目中，偶像可以充分展示他们的形象和才艺，从而对粉丝产生吸引力。对十几岁的女孩来说，这些偶像帅气的外表和出众的才艺，无疑是非常具有诱惑力的。其次，网络媒介为她主动搜索相关信息提供了渠道，通过使用iPad和智能手机她也拥有了随时随地接触更多偶像信息的机会。iPad和智能手机是私人性的媒介，成为打开其追星之路大门的钥匙。电视不仅是单向的信息传递，同时也是属于家庭的，观看电视会在家人的视线范围内，对于中小学生来说无疑是会受到限制的。而使用手机和iPad则容易摆脱家长的监控。小琳从拥有了iPad开始就拥有了自由上网的机会，也为她的追星之路打开了大门。

2.社交需求推动了青少年追星之路的发展

青少年正处于成长阶段，有着强烈的自我意识和对社会交往的需求，这是青少年寻求自我认同和群体归属感的重要表现。青少年特别重视和同学的关系及在同辈群体中的被认同，而共同的话题、兴趣和爱好则是青少年相互接纳、发展良好人际关系的纽带。在小琳的案例中，共同的偶像则成为同学们彼此之间建立友谊的重要纽带。她说在她五年级的时候（2014年前后）同学中间开始兴起两股追星的力量，一个是追韩国的男团音乐组合EXO，另外一个是追中国的男团组合TFBOYS。两股粉丝力量几乎达到了势不两立的程度。一般来说，追韩国偶像的会多多少少有一些优越感。不同偶像的粉丝们在网络上会互相争吵甚至互撕，在现实中如果身边的同学分别是两个组合的粉丝，大家尽量避免涉及这个话题，免得争论和不愉快。而有着共同偶像爱好的同学则很容易成为要好的朋友。她说自己当时追星是比较早的，也影响了身边的一些同学喜欢EXO，比如她一个至今仍然非常要好的同学就是受她影响开始追星的，在小学六年级时这位同学跟随父母移民去了加拿大，但是多年来两个人一直保持着密切的联系，仍然是非常要好的闺密。小琳追星最初除了看偶像参加的各种节目，在贴吧里关注偶像的信息之外，也开始购买偶像的海报、徽章、杂志专辑、小卡照片、写真等。她和几个要好的同学经常去位于西单的一家明星周边商店，在购买周边产品之余，一起喝偶像代言的奶茶，然后吃饭或者看电影什么的，当然她们往往首选的也是偶像参演的电影，这些活动成为她们常规的集体活动，一般每个月会有一两次。

2015年年底，小琳随妈妈一起去美国访学，在异国他乡的生活让小琳感到语言、文化差异、人际关系等方面的不适应，这一经历不但没有断绝她的追星之路，反而推动她向网络空间进一步深入和拓展。她开始使用微博，注册账号转发偶像的各种信息。也开始主动在网上和国内的粉丝建立联系，比如加入粉丝应援组织、QQ群、微信群等。她最初加入的应援组织叫“红队文工家属团”，支持的是《燃烧吧，少年》节目中的肖战。这个“红队文工家属团”是粉丝的自发组织，有一百多人，粉丝把这样的组织称为站子，站子的人有共同的偶像，并一起为偶像进行应援。成员在站子内根据自己的特长和爱好会有不同的分工，小琳主要从事文案工作，也为此学会了排版设计和PS修图。加入这个后援组织后她感觉自己才真正成为一名粉丝，有了集体的归属感。这一阶段她认识了不少粉丝，他们来自天南海北，在为偶像应援的活动中彼此建立起友谊。她说大家都是女孩子，为了自己的偶像相互协作，成了一个战壕里的姐妹，他们都是肖战的“家人”，如果他们哪次的应援活动取得良好的效果，大家就有一种打了胜仗的成就感。在美国期间她只能在线上参与应援，2018年回国后她开始参加线下活动，如去机场接机、去现场看演出等，还组织过线下的应援活动。此外，小琳还联合其他粉丝设计了一些偶像的周边产品，比如印有偶像图案的文化衫、手机壳、钥匙链等进行销售。一个暑假她曾经赚了三四千块钱，她说她挣这些钱是为了更好地为偶像应援，因为父母不会同意为她支付追星的费用，一次妈妈看到她看偶像演出的票根还批评了她。

从小琳以上的经历可以看出，社交需求和社交网络推动了她的追星历程。最初，追星和现实的社交需求相互联系在一起，她因为对偶像的关注而和同学们建立了友谊，也因为对偶像的更多了解而成为类似意见领袖的角色，获得了在同学们中间的影响力和认可度。他们形成了一个小圈子，有着自己常规性的集体活动，如周末一起去购买明星周边并聚餐、看电影等。这种围绕偶像形成的社交生活也进一步促进了她的追星行为。而在她去美国生活环境发生变化以后，现实中围绕偶像的社交生活难以为继，于是她开始转战网络空间，加入粉丝组织，参加应援活动，获得了归属感和身份认同，追星的参与程度也经历了一个由浅入深的过程，从而成为粉丝文化产业大军中的一员。

二、情感与满足：粉丝与偶像的亲密关系研究

那么粉丝和偶像之间确立的到底是一种什么关系？为什么粉丝会如此不惜时间和金钱去投入支持自己的偶像？微博是小琳追星的重要平台，有一次小琳的手机坏了，有四五天时间没有上微博，她随后发布的一则微博内容是："手机坏了，几百天没有看微博，终于修好了，太开心了，微博真好！"一方面她通过微博关注了解跟偶像有关的信息，她最常关注的是偶像相关的话题和热搜栏目，其次就是自己平时关注的微博账号，共121个，几乎都是和追星相关的。另一方面她也发表原创微博或者转发偶像信息，她的微博从2016年2月开始使用，共有微博534条，其中90%以上都是跟追星有关的内容。因此，从小琳的微博内容中可以对她的追星行为有进一步的深入解读和分析。

1.情感投入：粉丝追星具有公开、合法、集体的恋爱属性

追星是一个成年人所不太接受的行为，"幼稚""疯狂""浪费父母的

钱”等都是贴在追星粉丝身上的负面标签。但是追星对于青少年来说却又别具意义，那些偶像总是闪闪发光，既然自己不能成为那样的人，那就喜欢和支持他，参与他的成功、以不同的方式接近他。正如一位粉丝所说的：“追星不过是一场盛大的暗恋，你用尽全力喜欢一个发光发热的人，然而他却不一定知道你的名字，时过境迁，他会娶妻生子，你会长大嫁人，但是，当初对他满满的喜欢会随着时间的沉淀，留在你心里，成为最美好的回忆。”[①]对于小琳而言，追星正是这样一场公开的、合法化、集体性的恋爱。

首先，不同的粉丝喜欢的偶像是不一样的，那么在众多偶像中他们选择自己偶像的标准又是什么样的呢？就小琳而言，她说自己选择偶像的第一个标准是看眼缘，首先要选自己看着帅、喜欢的偶像。她给笔者展示了那些偶像的照片，都是中性化但是稍微偏男性气质一点的风格，如张艺兴、王一博、肖战等。她评论肖战说他“不仅帅，而且美，不仅美，而且有气质”。而评论《偶像练习生》里的朱正时则是“太女性化了”。第二是看偶像的才艺，主要是唱歌、跳舞。比如她第一次在一个综艺节目里看到UNIQ组合，听到王一博唱了一首歌，当时就被圈粉了。第三就是看偶像的性格，她比较喜欢那种可爱、温暖、努力、沉稳的类型。比如在最初她选择了韩国的EXO组合而没有选择国内很流行的TFBOYS组合，原因就是她觉得后者年龄更小一些，好像初中生的样子，比自己大不了两三岁，比较幼稚。而EXO里的成员基本大她十岁左右，更成熟、更懂得呵护女孩子。小琳在微博里经常转发偶像们的秒拍视频，并会发表几句简单的评论。从中可以看出她注重偶像什么样的行为和表现出来的性格特点。她在微博里喜欢转发偶像可爱的表情、动作，如GOT7成员崔荣宰演出时比了一半的心发现自己走错了舞台的方向，小琳在转发短视频时的评论是“阿哈哈哈哈哈

① 搜狐网.那一场盛大的暗恋［EB/OL］.（2019-11-18）［2022-07-31］. https://www.sohu.com/a/354601951_780130.

哈哈哈崔荣宰太可爱了吧，比了一半的心发现自己走错了啊哈哈哈哈哈哈哈哈哈真的是闹木KIYO”；评论王嘉尔：“王嘉尔在经纪人哥哥身上贴了一个自己的小贴画阿哈哈哈哈哈哈哈太可爱了吧！”评论段宜恩：“啊啊啊啊啊啊啊和在蹦米撒娇的段宜恩要不要这么可爱！”她还喜欢转发偶像温暖有爱的瞬间，如朴珍荣在节目中用身体替女嘉宾挡击剑，小琳的评论是：“后面仔细看朴珍荣一直在用身体帮女嘉宾挡击剑，我的天啊，真的是太暖了，为什么会有这么暖心的男孩子！”转发GOT7成员悄悄帮节目里脱外套的女嘉宾捏住衣角防止走光的短视频，小琳的评论是“原来我的小七不只是打游戏的钢铁直男啊!!！少女心暴击了!!！”评论朴珍荣“真的感觉荣荣很强大，他不再是会依靠谁的小孩，永远会默默地照顾大家，尤其是日常的小事情，而且荣荣每一件事情都做得非常优秀，之前的驾照考试荣荣很担心但是考的分数很好，他不管是做演员，综艺，MC总是给我一种从容镇定的感觉，感觉荣荣会是一个好男朋友好老公好爸爸”。可以看出，小琳喜欢偶像的单纯可爱、温暖有爱的性格以及努力做事、从容镇定的成熟品质。

其次，小琳的微博内容毫无保留地表达了自己对爱豆（偶像）的感情和热情洋溢的赞美。比如在响应另外一个粉丝的感受时说：“写paper一个字都不会写，要我夸爱豆我觉得两万字都少，我应该可以出本书！”2016年初她参加了支持肖战的站子“红队家属文工团”，这个粉丝组织用一个多月的时间自己组织制作了粉丝音乐《灼目星光》，画面是剪辑的偶像的演出视频、照片等，歌词是粉丝自己写的，音乐是粉丝自己配的，表达他们对偶像的热情和支持。小琳和几个粉丝一起谱写的歌词。虽然人在美国，她关注的仍然是自己的中国偶像，并且多次表达了自己在美国追星的不方便和遗憾，如“还有哪里比美国更不容易追中国爱豆”，她刚去美国之后发布的微博内容：“时差阻止不了我爱肖战，这个鸟不拉屎的地方也埋没不了我的热情！站站，我会一直在美国支持你的，还有和同学安利你！你这个长腿boy值得被全世界喜欢！”微博下面配了她拍的照片，照片有不同的背景，有几张是小琳用手举着一张写着“我爱你”的心形纸片，用文字写着“守护肖战每一天”。还有一张是举着有肖战照片的iPad拍的。另外，她的偶像不止一个，比如对GOT7组合的赞美也同样毫不吝啬：“你们是夜空中最亮的星！你们是平凡之路上最美的风景，你们也是我对流星雨许下的愿望。”下面配的图是把照片进行素描化处理的GOT7成员的偶像照片。看了王嘉尔参与的跑男节目，在微博说：“啊啊啊啊啊啊看了跑男这次超好看！我不管我要嫁给你啦！王嘉尔！”她在微博回复一个问题“一百万现金和自己的爱豆结婚，你会选哪个？”答案是“不要说一百万了，就是一个亿我也要和我的爱豆结婚，等等让我想想和哪个爱豆结婚”。

从这些微博内容可以看出，追星行为就像一场集体的、公开的、合法的恋爱，粉丝可以毫不顾忌地表达自己对偶像的喜爱，虽然这样的恋爱近似单恋，但是又不是苦逼的暗恋，他们可以公开表达。当然，粉丝也有粉丝的行为规范，比如不能打扰爱豆的生活等。小琳谈到一次接机时一个女孩没有征得偶像同意就一直往偶像身边挤，想自拍和偶像同框的合影，她感觉那样的行为特别不礼貌。她评论说：“那个小女孩一看就不是粉丝，她妈妈还在一边说赶紧拍赶紧拍，偶像是不允许拍合影的，他们根本就不懂。”由此可见，粉丝对偶像的爱的表达既是狂热和毫无保留的，又是在一定范围内的合理表达。这种近似单恋式的表达也是偶像必需的，而且偶像会时时召唤和回应这种情感，比如在公开场合回应和表达对粉丝们的“爱”。就这样，在双方的默契与互动中共同建构起了一种合法化的、集体的、虚拟的、合乎规范的特殊爱恋关系。

2.情感回报：偶像满足了粉丝的基本心理需要

在追星过程中，粉丝们的情感投入不只是单向的付出，也会收获来自偶像的情感回报，因此偶像成为满足粉丝基本心理需要、伴随粉丝成长不可或缺的心理滋养。

小琳在微博里写了一个比较长的帖子谈自己追星的心理和感受，起因是一个粉丝因为偶像自杀了，这个帖子阅读量达到了3.1万。内容如下：

“看到INS上有个跟了钟铉八年的站姐自杀了，一瞬间很多感情涌上心头，其实这种情感都不懂吧，那种话我觉得追星的女孩都听过很多遍吧，你不觉得追星幼稚吗……你这样做你不觉得对不起你爸妈吗，或者一些更难听的话，其实一开始我会很气愤，但是后来也就想开了。说起来粉丝和偶像这样的关系的确很难琢磨，但是我个人觉得很多时候是一个念想吧，听听他们的歌我会很开心，一个梗我可以笑一辈子，因为他们我学会了调色、剪辑、画画、写文，我觉得我收获了、我开心了，不就行了吗？我至少能在做错事情被骂的时候想想他们之前做错事是不是也会被经纪人说，我在熬夜写作业的时候想想他们是不是也在熬夜赶行程，说实话我心里真的会好受一点。我这个人兜不住事，屁大点事都要和人分享，所以经常有人说我追星幼稚，其实我之前很少在朋友圈和空间分享这些东西，因为我总是怕别人看了讨厌，可是后来我觉得好像我不必太过于去在乎别人的眼光，我喜欢我就分享了，你喜欢看就看，不喜欢那你就拉黑我，可是这就是我啊，我就是喜欢啊，和你喜欢打游戏、喜欢漫画、喜欢唱歌是一样的。讲真的自己一个人生活挺不容易的，GOT7现在也和我的挂念一样，要是昨天的头条是马克的话我说不定也会做同样的事情，所以我希望你们能明白，这对我真的真的真的很重要，别拿我爱豆开玩笑，我真的一点也不喜欢。我之前借给朋友充电器总是习惯让他说一句GOT7真帅，然后有天我问他借，他让我说GOT7是垃圾，我明白他没有恶意，但是我宁愿没有充电器也不希望说这样的话，因为他们对我很重要，讲真的我每天两三点睡，第二天承受着折磨，我真的很抑郁，我很讨厌，非常讨厌，但是我尽力地想保持我的乐观，我想笑，因为GOT7，可是如果没有他们我不知道我要多难过，要多痛苦。我真的真的真的需要他们。”

从上面的内容可以看出，偶像在小琳生活中的重要性和意义所在。首先，她经过了一个对自我粉丝身份的确认过程。一开始，追星被贴上“幼稚”“对不起爸妈”的标签，她也为此困惑过，不敢在朋友圈发相关的东西，怕别人说自己幼稚，怕别人讨厌，为了别人的贬低感到气愤，但是后来想开了，不怕承认自己对偶像的喜欢，不在乎别人的眼光，这本身是粉丝对自我身份的一个确认，是一个增强其主体性的过程。而这种确认的动力来源于对偶像对粉丝生活意义的真实感受和体验。一方面是提供粉丝愉悦的情绪体验，比如“听了他们的歌会开心、一个梗可以笑一辈子”。另一方面是在粉丝情绪低落、受挫或疲惫的时候提供慰藉和支持。比如被骂的时候想想他们的偶像也会被经纪人责备，累的时候想想偶像的坚持。偶像给予粉丝成长路上的这种情感支持和陪伴具有积极的意义，成为满足粉丝心理需要增强自我力量的源泉。心理学中的自我决定理论通过大量实证研究表明，在所有的心理需要中，自主需要、胜任需要和关联需要是三种基本的心理需要。自主需要指的是个体能体验到自己可以主宰自己的行为；胜任需要指个体感到自己能够胜任特定的活动或任务；关联需要指个体感受到与重要他人相互关爱和支持。自我决定理论中的目标内容理论认为，不同的目标对心理产生的结果是不同的，并将目标分为两类——内在目标和外在目标。内在目标是指个人成长、发展有意义的人际关系、为社区做贡献、保持身体健康等；外在目标则包括积累物质财富、成为名人，以及获得迷人的外表等。而大量研究表明内在目标能更直接地满足基本心理需要，而外在目标却不容易，甚至会阻碍基本心理需要的满足。[①]在本案例中，小琳的追星行为属于内在目标的满足，因而能够更好地满足其基本的心理需要，就如她说的“我觉得我收获了、我开心了，不就行了吗？”正是在追星过程中这种切实的收获能够让她乐此不疲地持续着其追星之路。

① 周静.人类基本心理需要的现代心理学研究［D］.武汉：武汉大学，2014.

3. 情感劳动：粉丝在偶像生产过程中的作用

在互联网环境下粉丝和偶像的关系出现了新的特点，形成了一种非常亲密的关系。其中一个重要原因就是粉丝在偶像出道过程中的参与感和作用越来越大，比如粉丝的投票、打榜、控评等各种行为。粉丝的这些劳动是一种新的文化生产和消费方式，被称为情感劳动。“情感劳动”这一概念源自意大利哲学家安东尼奥·奈格里（Antonio Negri）和迈克尔·哈特（Michael Hardt）的同名论文《情感劳动》，他们认为感情劳动是“非物质劳动”的重要形式，指的是人与人在真实或虚拟的交流与沟通过程中所付诸的情感实践。情感劳动的相关研究主要是围绕由情感劳动引发的劳动实践和社会价值的讨论，以及劳动者的主体性是得到解放还是被剥削两个问题展开。有研究者认为情感劳动属于自愿的、有情感收获的劳动，具有自主性和创造性，是一种自我增值的劳动。但是也有研究者认为感情劳动是资本主义发展到一定程度下资本对人情感的控制和剥削过程，在情感经济中劳动者尽管具有一定的自主性，但受到更为隐蔽的剥削，沦为资本的免费劳工。[①]粉丝的情感劳动是情感劳动研究中的一个重要领域，那么到底粉丝在追星过程中为什么会付出这些情感劳动？这些情感劳动又对粉丝和偶像的关系产生了哪些影响？

首先，粉丝成为偶像成名的制作人即生产者。传统的偶像、明星往往是由权威媒体决定的，经过权威媒体的曝光才出现在众目睽睽之下，一出场就带着闪亮的光环，只可仰视，不可接近。而在网络环境下，明星的各种信息很容易为粉丝所了解，往往在其出道之前接受训练的过程就会曝光在粉丝的视野中，因此偶像往往褪去了被神化的外衣，被粉丝目睹了从素人到成名的过程。而且随着选秀类节目的推出在偶像出道过程中粉丝的参与度和话语权也越来越高，粉丝成为决定偶像成名的重要推手。粉丝在真

---

① 刘芳儒. 情感劳动（Affective labor）的理论来源及国外研究进展［J］. 新闻界，2019（12）：72-84.

真切切见证偶像成长的同时，还以各种情感劳动形式如投票、应援等直接生产了偶像，粉丝成为集体劳动者，成为偶像制作人，从而拉近了和偶像的关系，产生了一种深度的参与感、养成感和自豪感。

其次，正是粉丝和偶像的这种养成关系使得粉丝对偶像产生了亲密感和责任感。从小琳的微博内容看，粉丝对偶像的称呼往往很亲昵，比如称呼肖战为“肖美人”，称呼某个偶像为“宝宝”“我们家孩子”“哥哥”等，粉丝则有时候自称“妈妈”“鸟宝宝们”。从这些称呼可以看出，偶像不再是高高在上的明星，粉丝对偶像的呵护、亲昵之情溢于言表。如小琳说到夏之光时说：“从燃少第一期都秀看光光一点点长大，已经不是当初那个青涩的少年了呀，真不知道舞蹈进步了多少，唱歌也大有进步。小孩长高了，现在手长腿长的就是不一样了，真的是越看越喜欢，感觉以后的光光了不得。”评论《偶像练习生》钱正昊：“我们小宝太可爱了吧!! 唱歌巨好!!! 太好听了!!! 妈妈爱你啊!!! ”从以上文字和表达中，可以感受到一种近似家长看着自己孩子长大的喜爱和成就感。由于粉丝在偶像出道中体现出的强大影响力，从而也助长了粉丝对自我力量和话语权的自信，这种自信是来自对粉丝集体力量的认同，这也使得粉丝对偶像产生了庇护的责任感和胜任感，就如同家长庇护甚至袒护自己的孩子，一荣俱荣，一损俱损。2017年8月，TFBOYS组合的编舞老师夏震为成员王俊凯的编舞抄袭了GOT7成员金有谦的*Hit the Stage*，引起粉丝们的热议和争论。小琳也参与其中并发了好几条微博谴责对方，其中一条的内容是：“我也护短，我们家有谦是个视舞蹈为生命很努力也很有天分的孩子，孩子辛辛苦苦编的舞，不知道被哪个‘老师’看了一眼，还理直气壮的，我心疼我们家孩子不行吗？”从中可以看出，粉丝的确把偶像视为自己的孩子一样去庇护。事实上，偶像的年龄远远大于小琳，当时的小琳也不过是一个16岁的女孩子，其口气俨然是个成年的家长。这种责任感正是来源于粉丝和偶像之间建立起的共生和养成的亲密关系。

如前所述，在社会化网络不断升级下的粉丝经济催生了偶像与粉丝的新型关系模式。这种新型的亲密关系是粉丝、明星、商家及媒体之间更广泛的连接和更复杂的互动关系的体现。媒体、文化和产业之间的融合趋势进一步加深，粉丝已成为社会化网络时代文化产业模式创新的重要参与者。虽然粉丝是被裹挟进粉丝经济的文化产业大潮中应运而生的，但是从以上分析我们也可以看出，粉丝作为一个行动主体，追星是发自内心的一种自愿行为，从中体验到的心理需要的满足推动和强化着其行动。可以说，青少年的追星其实追的是自己的成长和情感体验，是对自我基本心理需要的满足。当然在这一过程中，这种主体意识是否如阿尔都塞所说的是被操控和召唤的虚假意识，这种情感劳动是否会对主体产生某种程度的异化仍然是需要进一步考查的。

三、机遇与风险：参与式文化对粉丝的双重影响

"参与式文化"最早是詹金斯于20世纪80年代初在《文本盗猎者：电视粉丝与参与式文化》一书中提出，是为了区分传统观众与粉丝，指的是粉丝的参与性行为。随着互联网的发展，参与式文化外延逐渐扩大，更多强调的是公众参与创造、传播、分享媒介文本和媒介讯息的个性化和自发性行为。"参与式文化"这一概念概括了互联网发展到Web2.0时代的参与、对话、共享的特征，体现了用户或者网民在内容生产、传播过程中的主体性和创造性。他认为，粉丝们通过共同交流、分享，构成小型的社会关系，并且在交往中，可以体现多元和民主的价值观，形成独立或共同决策的能力。[①]无疑，这是一种时代的进步，为广大网民的社会参与、主体提升等提供了机遇。但是，机遇和风险往往同时存在，如果这种参与使用不当也会

① 詹金斯. 文本盗猎者：电视粉丝与参与式文化［M］. 郑熙青，译. 北京：北京大学出版社，2016.

对网民甚至社会带来风险。就粉丝文化而言，粉丝作为一个集体在积极参与中提升了主体力量和话语权，但是粉圈的各种乱象也为粉丝个体乃至社会带来了一定的负面影响。下面我们考查一下本案例中追星行为给小琳带来了哪些影响。对这个问题的调查一方面来源于对小琳的访谈和她发布的微博内容，另一方面是来源于对其父母的访谈。

1.正面影响

从小琳的角度而言，她认为追星带给她的影响主要是正面的。首先，追星给她提供了情感和基本心理需要的满足。偶像不仅能带给她快乐愉悦的体验，还能在她情绪低落时给予安慰和鼓励。这一点从前面的内容中也可以看出来，在此不再赘述。其次，追星满足了她的社交需求，并提升了其社交能力。她说，追星的都是女孩子，相对安全，大家因为同样的爱好走到一起相互合作，让她学会了怎么和陌生人打交道，怎么进行团队沟通和磨合。从小琳发布的微博内容也可以看到，这个女孩子有着相对这个年龄而言更为成熟的社交能力。比如2017年她曾发布一条对粉丝团队表达的帖子，语言幽默，嬉笑怒骂，有组织者之风。而事实上，这些成员大多年龄比她还大，其中还有一些是大学生。追星过程中，小琳结识了一些网友，有的还发展成了生活中无话不谈的朋友，有机会也偶尔会在线下见面。但是，她说通过追星她也认识到了人和社会的复杂性，粉丝圈也是一个江湖，也会发生各种各样的事情。比如有的站姐会卷着粉丝们的钱跑了。站子是粉丝自发组织的，通常由资深粉丝招募成员组成，组织者通常被称为站姐，站姐会组织各种应援活动，如募捐、预定偶像周边产品等，有的站姐拿到的钱多了就起了贪心，甚至有的卷了粉丝们上百万块钱消失了。此外，小琳觉得追星也给了她自信。通过参加追星活动，她锻炼了自己撰写文案、剪辑、修图等方面的能力，当得到大家认可的时候感觉特别高兴。另外，随着自己逐渐成为资深粉丝，带领着新粉丝们，听他们喊自己“老师”，也很有被尊敬和认可的成就感。

在对小琳父母的访谈中得知，父母都不支持小琳追星，但是也没有严格禁止。对于追星，小琳妈妈认为也有正面影响。首先是锻炼了小琳的社交能力和组织能力。小琳进入初中三年级后被选为班长，组织策划的一些活动得到了大家的认可，如担任了学校元旦晚会的总导演、毕业典礼的策划等。其次，小琳在追星过程中学会了PS、文案策划等技能，还设计了偶像周边产品，这些经历也影响了她对以后的专业目标，中考结束后她主动要求学习美术，将来想就读美术设计类专业，而在艺考的专业面试中也展示了自己当初追星的一些设计作品，给老师们留下了较好的印象，并最终进入了理想的大学学习了艺术类专业。

2. 负面影响

在访谈中，小琳谈起追星来很是津津乐道，她喜欢强调追星给她带来的正面影响。笔者追问她自己觉得有没有一些负面影响？她停顿了一下说，“主要是耽误时间，学习太忙的时候我就只好减少追星的时间了，比如上高中以后我用在追星上的时间已经比较少了，但是那些粉丝群还在，也还关注偶像的消息，只是不太参与应援活动了”。小琳觉得追星已经成了她的一种习惯和寄托，至少短时间内不可能完全放弃，也许上大学或工作以后会慢慢对追星没有热情了。

虽然小琳妈妈认可追星对小琳不乏正面影响，但是她认为负面影响也是多方面的。

首先是追星耗费了很多时间和精力。小琳放学后经常使用手机，妈妈担心影响学习几次想为她代为管理没有成功。小琳总是软硬兼施，劝妈妈放心并保证自己会好好学习，妈妈也没有太过强硬地禁止。但是妈妈一直觉得关注这些娱乐信息肯定会耽误学业，也会影响其学习吸收更多优秀知识和文化。访谈中，小琳妈妈也有所遗憾和困惑，觉得自己管理也许太过宽松，关注不够或警惕性不高，不知不觉女儿就在追星路上走远了，想完全阻止已经很难了。她能做的只能是平时提醒小琳多一些自律，平衡好娱乐和学习，提醒她自己制定的高考目标需要付出更多的努力才有可能实现。

其次，妈妈觉得对感性娱乐的追求也一定程度上影响了小琳对相对枯燥的学业的兴趣和耐心。比如她不喜欢数学、不喜欢背英语单词、读英文书籍，也不喜欢阅读中文经典著作，抱怨和自己的生活距离太远。喜欢看偶像主演的电影、电视剧，喜欢读《盗墓笔记》一类的网络小说，另外，一天到晚戴着耳机听音乐，甚至是在做作业的时候。总的来说，其阅读趣味深受流行文化的影响，父母对此也很无奈。

再次，追星对小琳消费行为的影响也非常大。小琳在追星过程中不仅购买明星周边、看偶像演出等，而且热衷于购买偶像代言的产品。小的时候小琳会积攒零花钱偷偷购买偶像海报、小卡照片、写真集一类的，随着年龄增长、网络购物的便利以及零花钱的增加，小琳的“偶像式消费”也有所增加，还经常给妈妈安利偶像代言的各种商品。小琳妈妈因担心其过度消费而有意识地限制其零花钱。另外，因为偶像的代言小琳一度养成了喝奶茶和饮料的不健康习惯，虽然妈妈发现了以后多次提醒和批评，也经常给她转发奶茶、饮料影响健康的帖子，但是小琳还是屡禁不止，直到体重过重在医生警告下才开始转变。

最后，追星还使得小琳有些早熟。受偶像的影响小琳喜欢化妆，喜欢买偶像同款的服饰如衣服、耳环、睫毛、美瞳一类的。而且，小琳在初中三年级的时候竟然早恋了，虽然她主动告诉了妈妈并再三保证，但是妈妈还是很担心，她觉得小琳的早恋、早熟应该与追星有关。作为一名粉丝，整天说爱偶像、喊着嫁给偶像怎么会不催熟原本青涩懵懂的少女之心呢？

从以上分析可以看出，小琳的案例是较为典型的青少年粉丝文化的个案，追星给她带来的影响是双重的。因此，我们需要客观理性地面对，既不能居高临下否定青少年的追星行为，同时也需要对其负面影响予以警惕，从不同层面加以引导和规制，比如加强青少年个体的媒介素养教育，加强对偶像形象的规制、对粉圈乱象予以治理等，从而减轻粉丝文化对青少年健康成长的负面影响。

第二节　玩家：网游沉迷的个案研究

如果说粉丝文化主要是女性青少年群体的流行文化现象，而在男性青少年群体中则无疑当属游戏文化。小闻（化名）正是这样一位痴迷于游戏世界的玩家。他是如何走上游戏之路的？对游戏的痴迷又对他产生了哪些影响？

小闻15岁，刚参加完中考，父母在4年前离异，他和妈妈一起生活。小闻的爸爸大专毕业，在一家国企单位从事会计工作多年，后来单位解散开始自谋职业，开办了一家课外培训机构，但是经营情况不是很好。小闻妈妈也是会计，在一家比较大型的私人企业工作，比较繁忙。小闻的爸爸大闻（化名）是笔者的朋友，从大闻口中了解到小闻及其家庭的一些情况。小闻酷爱玩游戏，学习成绩不理想，和父母的沟通存在较为严重的问题，于是小闻成了笔者打算访谈和研究的对象。笔者把想法告诉大闻，大闻说他自放暑假一个月来还没有联系上儿子，小闻一直拒接他的电话，也不回复，他忙着照顾住院的父亲也一直没有去找儿子。听了这些话笔者担心：一个不愿意和父母沟通的孩子是否会接受另外一个成年人的访谈？没想到几天后大闻回复笔者说儿子欣然同意。看来不愿意和父母沟通的小闻并没有对成人世界产生很强的叛逆，作为一个孩子，他也许是需要、愿意和成年人沟通的。随后笔者先后对小闻及其父母分别进行了两次访谈，对小闻的访谈共用时5个小时，对其母亲访谈2个小时，对其父亲访谈3个小时，共10个小时。短短10个小时的访谈也许并不能很深入地了解小闻及其家庭，但是作为一个深度爱好游戏的青少年玩家，小闻的行为及其观念是有一定代表性的。下面我们根据访谈资料对这一案例进行梳理和分析。

一、监管乏力：青少年偷偷走上游戏之路

首先，我们来考查一下一个玩家是如何走上游戏之路的。这通常需要几个条件，第一是需要具备玩游戏的硬件；第二需要接触到游戏软件；第三需要有志同道合的朋友；第四需要得到家长的允许或能够躲避家长、学校的监管。只有在这几个条件同时具备的情况下，一个青少年才能逐步成为一个游戏玩家甚至沉迷网游之中。在大部分情况下，家长的监管乏力是导致青少年沉迷游戏的主要原因。下面我们来看看小闻是如何走上游戏之路的。

第一，是玩游戏的硬件条件。小闻回忆说开始接触游戏应该是三四年级的时候，最初是玩妈妈的手机，但是只能偶尔玩玩。小学五年级的时候父母给他买了一台台式机，正是这台可以上网的台式机开启了小闻的游戏之路。另外，在初中以后父母给他买了iPad和智能手机，他玩游戏就更加方便了。而且除了玩游戏他也开始看游戏直播，几乎每天都会看，斗鱼直播是他常用的平台，他有几个自己喜欢的主播。访谈的时候，小闻认为总体上说还是用手机玩游戏比较多一些。用他的话说“用电脑玩游戏太明显了，很容易被家长发现”。初中阶段学校不允许带手机上学，他有过偷偷带手机上学的情况。但是平时在学校不方便玩手机，因此偷带手机的情况也不多。初三老师要求手机要交给家长保管，晚上写作业需要的时候再跟父母要。假期里他可以自己拿着手机，玩游戏的情况比较多，用台式机也比较多。和手机相比，他觉得PC端游戏玩着比较有意思，他喜欢的《英雄联盟》也没有手机版。但是手机玩游戏比较自由，不容易被家长发现，而且携带比较方便，可以随时随地玩。比如和同学出来聚会时大家可以用手机玩《王者荣耀》。

第二，是对游戏软件的接触。小闻一开始用妈妈的手机玩一些内置的小游戏，妈妈也不反对。买了台式机以后，起初也主要是玩一些小游戏，用他自己的话说一开始玩的也是比较“弱智”的游戏，如4399上的那些小游戏。玩得也比较少，因为爸爸经常管他，看到玩游戏就批评他。初中开始父母离异，他和妈妈一起生活，开始玩大型游戏，主要有《英雄联盟》《火影忍者》《王者荣耀》三款。此外，也会玩一些小游戏，比如等待加载的时候就会玩小游戏。最初接触这些游戏是受身边朋友、同学的影响，小闻喜欢和同学一起玩游戏，大概要好的有六七个人，都是同班同学，如果谁想玩游戏就在微信群约着一起玩。他在游戏里加入了工会，但是参加活动不多，自己也觉得加入工会不太有意思。但是在玩游戏的时候他也认识了一些陌生的玩家朋友，他喜欢加那些打游戏比较好的玩家为好友，主要是可以一起打游戏，没有线下或涉及其他方面的联系。他说以前《英雄联盟》游戏只有三十级，他用一个学期玩到了满级，现在这款游戏没有满级之说了，可以一直升级，他觉得这样更有意思。目前他在《英雄联盟》中玩到了一百多级，因为他没有钱买特别好的装备升级变得越来越困难。他愤愤不平地说有些人玩游戏的技能不怎么样但是装备特别好，杀伤力强。一方面，小闻有些瞧不起这些“人民币玩家”（指玩游戏的技术不好但是喜欢花钱买装备什么的玩家），另一方面，他觉得如果通过自己的技能而不是装备打败对方则是玩游戏中特别爽的事情。另外，小闻表示随着自己年龄的增加对游戏方面的了解也越来越多，在关注了游戏主播之后他玩游戏开始更多地受到主播们的影响，另外对游戏资讯的关注也使得他对新推出的游戏有更多了解。一些大厂家推出的新游戏他通常都会试玩一下，如果感兴趣就会玩一段时间，也会和同学们相互分享或一起玩。另外，有了手机之后他用手机玩游戏的情况也非常多，初三临近中考一个月，在他的央求下，妈妈给他买了一款性能更好的新手机，他觉得玩游戏爽多了。在他看来，手机游戏的选择很多，可以找到适合各种场合下玩的游戏。访谈中笔者想看一下他手机里安装了什么游戏或软件，他很不好意思地笑了，说，“别看了，都是游戏，很多”，笔者笑着问：“能有多多？几十个？上百个？多也没关系，让我看一下都是什么游戏吧。”他再次不好意思地笑着拒绝并重复说：“别看了，反正是很多很多。”这是整个访谈里他唯一拒绝的事情。

第三，是家长的监管情况。小闻玩游戏比较多的是在初中二、三年级。由于父母离异，脱离了爸爸比较严格的管制为他玩游戏创造了条件。妈妈虽然一直反对他玩游戏，也采取了一些限制措施，但是很多时候他会“偷着玩游戏”。根据小闻的自述，他玩游戏的情况主要有以下两种。

第一种情况是妈妈不在家的时候。平时小闻放学后会比妈妈早回家半个小时，这是他玩游戏的常规时间。他每次回家先玩游戏，并且锁上门，妈妈开门或者敲门赶紧关掉游戏。妈妈怕他偷玩游戏经常把网卡、鼠标、键盘、iPad都藏起来，他回家发现没有会到处找，几乎每次都能找到，等妈妈回来前再放回原来的地方。有时候妈妈可能发现东西被他动过了就会换一个地方再藏。如果他“到处找不到”，就“只能等着”，等妈妈回来偷偷跟踪她，因为她一般会去藏东西的地方看看是否还在或动了没有，这样第二天他就知道藏在哪里了。当小闻说到这些的时候脸上不由自主地露出一种得意的笑容。这样类似猫捉老鼠的游戏几乎一直持续了整个初中。另外，妈妈出差的时候小闻一个人在家，这是他最开心的时候，因为可以无拘无束地玩游戏了，他会利用这个机会玩通宵，不过妈妈出差并不多，一年大概三四次。另外，假期里妈妈也管得比较松，妈妈白天上班就他自己在家，所以他可以有较多的时间玩游戏，而作业则积攒到最后几天写，妈妈平时也不检查他的作业。

第二种情况是妈妈在家的时候。一是他和妈妈争取可以玩游戏的时间。玩游戏是他每天必备的活动之一，初一的时候学校作业比较多，多到几乎完不成，所以玩游戏的时间比较少。但是初二初三作业减少了，他说是因为有家长去学校反映了，后来学校就改了，他说真是“太谢谢那个家长了”。初二初三的时候，小闻白天在学校里挤时间做一部分作业，晚上回家大概一个小时之内可以完成全部作业，然后就是玩游戏的时间。妈妈曾经提出来给他每天40分钟游戏时间，但是他觉得太少了。笔者问：“那你理想的时间是多少？”他犹豫了一下说：“我也没有想过，我觉得应该是我想玩就玩，她不要管我。”到了约定的时间妈妈经常会过去阻止他玩游戏，一开始他通常要求玩完那局再结束，妈妈一般也会同意，但是如果觉得时间太长比如玩了两个小时了还没有结束，妈妈就会比较强硬地阻止。小闻说：“有时候会动一下手，不过最可怕的不是打我，而是直接给我关机。一关机就输了。”事实上，约定的时间很难严格执行，小闻会以各种理由延长时间。另外一种情况就是平时做作业期间他会偷偷玩游戏。为了防止他做作业玩游戏妈妈曾经尝试陪着他做作业，但是被小闻坚决拒绝了。后来做作业的时候妈妈经常会去偷偷看他，他听到声音会把手机藏起来，装作做作业的样子。有时候来不及藏被发现了就会被批评。但是妈妈一般不会打他，他说妈妈对他的管理要看妈妈的心情，如果他表现好，比如考试成绩提高了一些或者在班级群里被老师表扬了，妈妈就会允许他多玩一些游戏。初三妈妈按照学校要求收走了他的手机，但是他可以说作业需要，比如有英语作业需要通过手机完成时，他会抓紧完成作业然后尽量多一点时间玩游戏。

从访谈中可以看出，除了不想让笔者看他手机里到底有多少游戏之外，小闻对自己玩游戏的行为几乎没有隐瞒，讲述了他玩游戏的历程和种种瞒着妈妈玩游戏的“斗智斗勇”。在调研中发现，偷玩游戏或偷偷用手机几乎是大部分青少年的共同经历。一般父母都会反对或限制孩子们玩游戏或过多用手机，孩子们则想出各种方法来规避。在成年人的眼中，“业精于勤，荒于嬉”，游戏和玩手机自然是有害无益的。父母一般期望孩子能够成才、能够成功，表现在青少年时期就是好好学习。但是这些期望对于大部分缺少理性的孩子而言只是外加的期望与压力而已，游戏对孩子们的吸引则是直接的、感性的、快乐的切身体验。于是在家长的限制和孩子自己的快乐体验之间有一部分孩子选择了偷偷摸摸玩游戏、玩手机，同时也选择了对家长的说教充耳不闻。家长却往往没有意识到孩子偷玩游戏的严重性，等孩子已经形成了玩游戏的习惯之后再监管起来更是难上加难，甚至不少家庭因此引发了悲剧。

二、娱乐至上：游戏对玩家学习态度和文化趣味的影响

对于一个初中阶段的少年来说，学习自然是最根本最重要的任务。玩游戏需要花费大量的时间，自然会和学习形成冲突。在本案例中，无论对于小闻还是他的妈妈而言，玩游戏和学习或者具体表现为完成作业的矛盾是亲子关系中最大的冲突。小闻妈妈总是要求他先完成作业再玩游戏，但是小闻觉得没有必要，他认为只要完成作业就行了。他表示“我一般喜欢把作业放到最后再做，那样效率也挺高的，因为不抓紧就完不成了”。事实上，对于作业他的看法是其实没有必要做，认为做作业“太麻烦了”，“浪费玩游戏的时间”。当笔者让他在玩游戏和做作业之间只能选择一个的时候，他毫不犹豫地选择了游戏，否认作业对学习成绩的帮助，断言“学习成绩和作业没有多少关系”，并认为游戏对自己的帮助更大，因为“游戏会让我放松，每天有更好的精神状态去学习。作业写不写无所谓，反正我都会”。从以上访谈可以看出，作业成为小闻玩游戏的障碍，因此他从心理上非常排斥，以各种理由来为自己不做作业玩游戏的行为提供“合理”的解释。

作业其实是学习的一个缩影。小闻对学习的态度和作业如出一辙，他认为学习也是没有用的。在小闻看来，玩游戏是快乐的，一天到晚打游戏都不会够。而学习则根本没有快乐可言，是非常枯燥乏味的事情。他说最

不喜欢语文，认为“没有用，识几个字就够了”。数学也没有用，“以后不可能用到那些X轴、Y轴、函数什么的”。可以说，小闻在学习上是缺乏内在驱动力的，既没有从经验中感到学习的乐趣，也不能理性地理解学习对自身的成长及以后发展的意义，因此从感性和理性上都缺乏对学习的认同感。这个年龄段的孩子处于感性经验为主的时期，小闻对于快乐的理解更多地被玩游戏的感性经验所主导。事实上，对快乐或者说娱乐的追求成为小闻文化趣味的主要取向。在日常生活中，除了玩游戏，他比较喜欢看的就是搞笑视频，如B站上的鬼畜类视频。此外，也会在视频软件上看一些动漫，比如和游戏相关的《火影忍者》等。他认为看书和玩游戏一样应该是快乐的。事实上，他看书比较少，以前看过一些日本的悬疑、科幻类图书。问他是否看过《三体》，他说翻看了第一章，觉得太难理解了，就没有看。对于如《鲁滨逊漂流记》一类的老师推荐的阅读书目他觉得没有意思，不喜欢看，也基本没有认真读过，多是看参考书记住一些人物性格、情节分析一类的内容。可以说，小闻的文化趣味以追求快乐的感性体验为主，而游戏恰恰满足了这一点，或者说二者互为因果，游戏造就了他对感性快乐体验的偏好，以至于影响到了他对学习的理解和文化偏好，消解了他学习的内在动力。事实上，他的学习并没有特别差，处于中等水平，主要是因为外在的压力使然，比如学校的安排和父母的压力。但是在学习方面他的自我评价较低，不止一次提到自己的成绩“已经很烂了，还能烂到哪里去”。对于今后的学习也没有明确的目标，没有上进的动力，觉得“考不上好大学也无所谓”，甚至觉得不上大学做个游戏主播是他的职业理想。

三、不劳而获：游戏对玩家职业理想及人生目标的影响

通过前面的访谈可以看出，小闻对于学习缺少认同，也没有体验到学

习的快乐和成就感，因而缺乏学习的主动性和执行力。那么他有没有对未来的职业目标呢?

从访谈中发现，小闻对未来职业最清晰的想法就是当游戏主播，在初三时还曾经和妈妈提出退学去做游戏主播。他认为做游戏主播不需要学历，他认识的一个主播初中毕业也很成功，他觉得做主播只要会玩游戏和比较幽默就可以吸引粉丝，而他认为自己具备这样的条件。他认为上大学并不是太必要，听说大学有游戏专业，他断然表示不喜欢，觉得设计游戏“太麻烦了”，自己还是喜欢玩游戏，做游戏主播既能天天玩游戏又能赚钱，是最理想的职业。此外，他还有一个职业设想，就是开网店，“我觉得很轻松，不用上班，躺在家里就可以挣钱。别人有什么问题问，你就回答，就没有什么了”，“如果赔了就不干了”。另外，在访谈中小闻还很神秘地谈到一个他发现的某购物平台上的漏洞，就是可以打折购买纪念币，买了以后去银行兑换，从中能够挣钱，认为如果没有人发现这个漏洞自己“以后就可以躺在家里通过这样的方式挣钱”。

从这些访谈可以看出，一方面体现出一个少年对职业想象的懵懂和幼稚，另一方面也表现出希望不劳而获的观念，比如想通过购物平台的漏洞或者开网店在家“躺着挣钱”。值得注意的是，笔者的问题是“你未来想干什么”，而他的回答则明确围绕着“挣钱”二字，而且希望是“在家”“躺着挣钱”，表明他缺乏对未来人生理想的追求，停留在浅薄的挣钱的功利层面上。另外，在访谈中，小闻在不同情况下多次提到“太麻烦了”。第一次是在做作业的时候，认为那些数学题一看就会做，还要一步一步做“太麻烦了”。第二次是在谈论班级排名的时候，张贴的成绩单按照从上往下排，他说想要知道自己的排名需要一个一个数，“太麻烦了”。第三次是说到是否喜欢到大学就读游戏专业的时候他再次强调“做游戏太麻烦了”。可以说，对这一词语的重复使用典型地表现出他缺乏耐心和不愿付出的心理特点，这与他喜欢轻松快乐的即时体验一脉相承。游戏造就了他对感性快乐体验的偏好，以至于影响到了他对学习、工作和生活的理解和选择。总体上说，缺少相对清晰稳定的职业规划和对人生未来的规划是这个年龄段孩子的特点，也是学校教育、家庭教育较为缺乏的一个方面。如果青少年没有对未来的目标和理想，就容易缺乏外在引导力和内驱力，没有在日常实践中的辛苦付出和收获的锻炼就容易想不劳而获，也体会不到创造和努力付出后得到回报的快乐。当然，这样的理解和选择也许只是暂时的、阶段性的，充满了少年时期的感性特征和不稳定性，但是在这样一个价值观形成的关键时期仍然是需要重视和引导的。

四、“信息茧房”：玩家围绕玩游戏建立起的外在屏障

对于青少年游戏玩家而言，如何防止陷入游戏沉迷的境地，需要有效地引导和教育。而在小闻的案例中，引导缺失是其逐渐走上游戏沉迷之路的重要原因。如前所述，因为沉迷游戏带来的快乐体验，小闻主动营造了一种“信息茧房”，为玩游戏建立起了一个信息屏障。一方面，他建立起了有利于自己玩游戏的认知和观念，排斥作业和学习，形成娱乐至上的文化趣味，并把未来的工作设想也和玩游戏联系起来。这形成了支持他玩游戏的观念内核。另一方面，他从外围为自己构建了一个“信息茧房”的屏障。首先，他接触的都是和游戏相关的信息。玩游戏、看游戏直播等几乎能够占据他可支配时间的三分之二以上，甚至坦言天天在家玩游戏也不会玩够。其次，小闻的人际关系网络也是围绕着玩游戏建立起来的，好朋友都是因为玩游戏而走到一起的。他很少和父母沟通，把父母的教育当作说教充耳不闻。父母有时候会转发一些人生道理或者如何好好学习的帖子给他看，但是他坦言都不会打开，也不相信，觉得那些都是说教，甚至质疑“怎么可能会有人喜欢学习呢？多假啊”。当笔者问他身边有没有人让他比较信服

时，他想了半天只想起一个人，就是他曾经学习乒乓球时的教练，因为对方认同他“不学习、玩游戏、当游戏主播也可以成功”的想法。从以上情况可以看出，小闻身上的“信息茧房”效应是很明显的，这形成了他玩游戏的一个外在屏障。

那么，如何防止这个“信息茧房”的形成？对于成长期的青少年来说，身边负有监护职责的父母是第一道重要的干预力量。但是在小闻的案例中，父母的教育引导恰恰是缺失的或者无效的。在父母的眼里，小闻并不是一个很叛逆的孩子，但是父母都觉得和他很难沟通。访谈发现，小闻的妈妈对小闻的管理有较多的无力感。一方面自己没有足够的时间，管理上相对宽松，某种程度上采取了放任的态度。另一方面也缺乏引导管理孩子的能力和方法，觉得自己不能太强制，而且也已经引起了孩子的逆反，她说儿子每天放学回家就锁上门不出来，两个人已经到了没法沟通的地步，“他觉得我的观点和他不一样，甚至他听到我的声音就烦”。于是小闻妈妈不得不退让，寄希望于其他人的帮助，比如请家教、希望小闻的爸爸能够“唱白脸”管理小闻等。但是，小闻的爸爸也觉得很难和儿子沟通，不知道该如何管理。他说：“他妈妈老是说我不好好管孩子，说做爸爸的平时不在身边就应该严厉一点，做个白脸。我真信了。有一次假期我就把他接到我这儿，我想好好管他一个假期。第一天晚上陪着他学习，一个古文的背诵作业，他不愿意学，我还没有让他一个人背，我跟他说我和你一起背，他一开始前几句还认真背，后来就背不下去了，我就有点着急了，就说背不下来不能睡觉，我就跟他较劲儿，一共两百多字的古文，他从晚上八点一直背就是背不过，后来我都困了，坐在沙发上睡着了，都夜里一点了，他叫起我来，我检查，终于背过了，这才去睡觉。但是第二天他就说要回去，从那以后再也不来我这儿了。你说这怎么管？”“另外，这个孩子还有个毛病，就是不守信用，以前我要求他每天和我通一个电话说说学习情况，一开始他还接电话，后来就不接了。这次放假都一个月了，他都不接我的电话。

他看到我的未接电话，也从来不给我回电话，没有一次主动给我打电话的时候。我问他为什么不给我打电话，他说没有什么事儿，我说中考成绩出来了，不是大事吗？你也不打电话告诉爸爸？”

可以看到，小闻的父母对于如何与小闻沟通都感到很无奈。那么，为什么会形成这种情况？访谈发现，小闻对妈妈最不满意的地方除了限制他玩游戏、不理解支持自己想当主播的想法外，就是妈妈平时太关注他的学习，“老是唠叨他”，他对此极为反感，连续用了三个“一直说”来表达自己的感受，并强调这种唠叨“太讨厌了”。另外，小闻对妈妈也缺乏情感上的依赖，他希望妈妈多出差，这样她就可以自由玩游戏，他不愿意和妈妈沟通，不希望妈妈打扰自己围绕着游戏建立起来的小世界。在这一点上，他对父母的态度是一致的。小闻在对爸爸的描述中，也强调了对爸爸管理自己学习的不满。他说一开始他也会给爸爸打电话，但是每一次爸爸都是强调要好好学习，不能玩游戏，后来他就拒绝按时打电话甚至也不想接爸爸的电话了。另外，小闻甚至想不起来和爸爸在一起有什么很愉快的事情。可以看出，小闻爸爸过于关注孩子的学习而忽略了和孩子感情的培养，没有走进孩子的内心世界，这样就很难建立孩子对父亲的信任感、依赖感，所以连中考成绩出来这样的大事儿都没有告诉他。另外，父亲对自己和孩子的沟通方式也缺少反思，对孩子不愿意接他的电话感到不理解甚至生气，还给孩子贴上了“不守信用”的道德标签。从以上情况看，小闻的父母对于孩子缺乏引导能力，很难获得孩子的认同，因此导致孩子不愿意和父母沟通。

总体上说，在小闻的案例中，父母过于关注孩子的学习，体现出鲜明的功利性教育导向，而缺乏对孩子内心世界的了解和引导教育孩子的能力方法，没有和孩子建立起良好的亲子关系，孩子对家长没有信任感、依赖感。另外，由于小闻对父母对其学习管教过多的不满，对父母缺乏同情心和责任心，甚至他没有考虑过妈妈离婚一个人带他的不容易，还认为自己也花不了多少钱，没有考虑过要如何帮助或回报父母，因此没有对家庭的归属感和责任感。父母对孩子的教育和引导缺位，孩子停留在较低水平的认知上，容易故步自封，认为学习没有什么用，上不上好大学也无所谓，缺乏内在的和外在的驱动力。于是，孩子把自己的感情依赖转向了以感性体验为特征的游戏，转向了一起玩游戏的小伙伴，转向了那些能够让他快乐的主播们，而这些又是父母不认可的，所以他有意无意地关闭了和父母交流沟通的大门，封闭起来我行我素。小闻的问题也或多或少地存在于不少喜欢玩游戏的青少年身上：不接受家长的价值观念和引导，沉浸在舒适快乐的游戏和娱乐中，把学习看作乏味枯燥不得不做的事情，缺乏对学习的正确态度和对人生理想的追求，缺乏自尊和自信，没有上进心、正确的人生理想和目标。

“媒介是文化和意识的主要塑造者”①，网络游戏对青少年的影响不止表现在耽误学习时间这一方面，其深层影响更需要关注，尤其是影响到他们对学习、对未来和对自己的价值观念和积极的人生态度。当代教育专家朱永新总结教育的定律中第一条就是“态度决定一切”，他提出教育在一定意义上“就是培养积极的人生态度”②，积极的人生态度包括几个维度，其中笔者认为比较重要的和青少年关系密切的有四个：一是对待未来的态度，指的是具有明确的人生目标和理想并能积极热情地去追寻和实现。二是对待社会的态度，指的是一个人是否具有强烈的社会责任感。三是对待学习的态度，指的是具有良好的学习兴趣和习惯，不断充实完善自己，保持开放的心态。四是对待自己的态度，指的是一个人能否正确评价自己，能否拥有自律和自信，能否充分挖掘自己的潜力和把握各种机

① 梅罗维茨. 消失的地域：电子媒介对社会行为的影响［M］. 肖志军，译. 北京：清华大学出版社，2002：19.

② 北京教育融媒体中心. 教育专家朱永新：好的教育，就这9大定律［EB/OL］.（2019-09-19）［2022-07-31］. https://www.toutiao.com/article/6738325226515350029/?channel=&source=search_tab.

会。青少年是一个能动的个体，具备自我成长和发展的内在力量，所有的外在教育必须内化成这一力量才能起作用。积极的人生态度正是引导青少年成长的正向驱动力，如果缺乏积极的人生态度，其发展自然会受到阻碍甚至出现偏颇。

第五章 青少年移动互联网使用的影响研究

手机对于我们的生活来说，不仅仅是通信工具，也不只是便利生活的通行证和维系感情的纽带，还是改变人们感知结构和社会结构的新媒介形式。麦克卢汉的名言“媒介即讯息”，是说并不只是讯息内容的传播影响了人们的思维和行动，实际上是媒介形式本身在产生影响，导致我们感知世界的方式、行为乃至社会结构发生着变革。他举例说，“如果从机器如何改变人际关系和人与自身的关系来看，无论机器生产的是玉米片还是凯迪拉克高级轿车，那都是无关紧要的”[①]。麦克卢汉的言论在当时有些惊世骇俗，读了他书稿的编辑沮丧地说：“你这本书有75%的材料是新的，一本书要成功，就不能冒险去容纳10%以上的新材料。”[②]几十年过去了，随着媒介技术的迅速发展和对社会的深刻影响与冲击人们开始重新认识麦克卢汉的伟大预言。手机作为一种媒介，其使用本身给青少年带来的影响是非常值得我们思考和关注的，此外，到底哪些因素在影响着青少年手机使用的行为及其效果，也是学术界关注的重要议题。

① 麦克卢汉．麦克卢汉精粹［M］．何道宽，译．南京：南京大学出版社，2000：172.

② 麦克卢汉．麦克卢汉精粹［M］．何道宽，译．南京：南京大学出版社，2000：21.

第一节　移动互联网使用对青少年的影响

手机和移动互联网本质上是一种技术和工具，但随着手机功能的日益强大，手机在青少年个体生活中的作用越来越大，一个明显的作用就是提供一种情感性的满足。青少年在使用手机时形成了工具性使用和情感性使用两种不同的媒介关系，这使得媒介对青少年个体的成长和身心健康具有较大的影响，这种影响体现在正反两个方面，下面我们分别加以分析。

一、移动互联网使用对青少年的正面影响

在人类历史上，信息传播技术一直是成年人的特权，以什么方式传播给未成年人什么信息也是成年人主导和控制的。其中最主要的方式就是正规的教育机构，在教育系统内，什么样的知识和内容可以传递给未成年人是经过慎重考虑和权衡的。事实上，在人类历史的大部分时间里，在人类社会的大部分民族和文化类型中，人们对于成年人和未成年人是有着较为严格的区分的。而且基本认定未成年人是需要养育和保护的，对于他们尚未成熟或仍然很幼稚的心灵而言，一些如暴力、色情、不道德、权谋等内容是对未成年人健康成长权利的侵犯。同时，成年人总是试图把自己认同的价值观念、行为准则等传授给未成年人，把未成年人培养成为自己期待的样子和角色。但是从哲学的辩证法来看，事情总是一体两面的，这种教育和保护如果逾越了某种程度往往就走向反面成为控制。所以在人类自古到今的亲子关系中，家长和子女的矛盾屡见不鲜。《红楼梦》里宝玉和父亲的矛盾就非常典型。尼尔·波兹曼在他的著作《童年的消逝》中提出，儿童和成人的一个重要区别就是“成人拥有据信是儿童不宜知道的信

息”[1]。这也是成年人确立其权威的一种重要方式。但是他认为随着以电视为代表的大众媒介社会的到来，媒介无差别地把世界形象地、赤裸裸地呈现在屏幕上，儿童和成年人的界限正在消失，成年人的权威受到极大的挑战。但是和互联网相比，电视有着较为有限的频道资源，并且有着相对专业的生产机构，而互联网不仅内容海量、庞杂，而且理论上通过一台小小的手机就可以和任何人进行交流和联系，这一点对于未成年人而言和成年人具有同样的权利。所以，可以说，手机对于未成年人而言是一种最大限度的赋权工具，挑战着未成年人和成年人的界限及成年人的权威，也为青少年的发展和成长提供了多种可能性的资源和舞台。

（一）网络赋权理论及其相关研究

新加坡国立大学东亚研究所所长郑永年教授在其《技术赋权——中国的互联网、国家与社会》一书中研究了互联网这一新的技术对中国的国家和社会的赋权以及在不同阶层、群体之间的分权。可以说，迄今为止，还没有哪一种技术像互联网一样对整个社会结构和各个社会群体发生如此大的影响。他的书中没有提到以年龄划分的青少年群体。但是互联网技术尤其是以手机使用为代表的移动互联网对青少年的赋权是非常明显且值得研究的。

赋权理论最初属于社会学社会工作领域的范畴，大致出现在20世纪六七十年代。赋权（empowerment）、权力（power）、无权（powerlessness）和社会分层（stratification）等都是赋权理论的核心概念。在Merriam-Webster词典（《韦氏词典》）中，动词形式的赋权（empower）有三层意思。首先是赋予官方权威或者合法权利；其次是使能够（enable）；最后则是促进自我实现（self-actualization）或者增加施加影响的能力。在《社会工作

① 波兹曼. 娱乐至死·童年的消逝［M］. 章艳，吴燕莛，译. 桂林：广西师范大学出版社，2009：211.

词典》中，赋权是指帮助个人、家庭、团体或者社区提高其个人的、人际的、经济的或政治上的能力，而达到改善他们现状的目的的过程。由此可见，赋权是指个人或团体获得权力、资源和掌握自己生活的过程，而权力则是指一种控制资源和他人的能力，无权是指人们管理情绪、掌握知识、技能和资源能力的丧失，社会分层是指由于社会中的群体所掌握的权力的不同而导致不同群体处于不同的社会等级位置。[①]赋权理论认为，正是因为社会分层和等级制度的存在，导致社会中一些个体或团体没有机会获得权力、资源和掌握自己的命运，因此社会工作者的使命就是帮助他们获得这样的权力、资源和掌握自己命运的能力。

进入20世纪80年代，赋权理论的研究在社会学、传播学、教育学等领域活跃起来。随着互联网的发展，赋权理论从社会学领域转向网络传播领域。当互联网作为一种新型媒体出现时，数字化的早期论述者尼葛洛庞帝（Nicholas Negroponte）就提出“网络赋权”概念，并将网络赋权与分散权力、全球化、追求和谐称为数字化生存的四大特征。这一赋权概念，旨在突出互联网背景下个体能力从被动到主动的激发与聚合。研究者认为：“新媒体技术的迅速扩散和应用，使得赋权理论找到了新的结合点和实验场，新媒体赋权强调多样化主体传播与权力的博弈，它通过个体、群体、组织等获取信息、表达思想，从而为其采取行动、带来改变提供了可能。”[②]需要注意的是，赋权理论研究本身也发生了转向，赋权理论从“为弱者的传播”转变为“弱者的传播”，弱者的内部性、关系性和能动性得到重视和强调，赋权的目标、过程、路径亦随之发生转变。互联网赋权属于一种技术赋权，即利用科学技术为社会人群通常是为弱势群体进行赋权。美国社会心理学

① 黄月琴.“弱者”与新媒介赋权研究：基于关系维度的述评［J］.新闻记者，2015（7）：29.

② 罗以澄，王丹艺.新媒体赋权语境下网民的言论表达与行动研究：以“哈尔滨天价鱼”事件为例［J］.当代传播，2016（2）：4-7，12.

家所罗门·阿希（Solomon E. Asch）认为："'赋权'就是协助受到社会压迫甚至被边缘化的群体对抗来自社会的不公平对待，同时减低个人的无能感的专业活动。"[①]国内学者丁未在梳理国外相关研究文献的基础上提出应从个体和集体两个层面来认识"赋权"。从个体心理动机角度看，赋权是"通过提升强烈的个人效能意识，以增强个体达成目标为动机，它是一个让个体感受到能控制局面的过程"。如果从社会情境与社会关系的集体角度来看，赋权主要有三个理论取向：第一，赋权是针对无权群体的增权；第二，赋权在对话、传播中得以实现；第三，赋权的价值在于使整个社会权力结构更趋公正。[②]总体来说，互联网赋权的研究主要集中于弱势群体的信息获得、利益表达和集体行动等方面。通过信息获得的便捷可以为个体提供赋权。如郑欣和王悦的《新媒体赋权：新生代农民工就业信息获取研究》侧重互联网对作为弱势群体的农民工在信息获得方面的赋权。而通过信息公开也可以成为监督公权力的方式而推动社会公平，如对腐败问题的信息曝光与舆论监督也是对社会公众的赋权。在利益表达方面，个体遭遇不公平对待时的话语权，可以通过互联网表达引发社会关注从而促进个体利益的维护。如对个体遭受的司法案件不公平结果、拆迁户的维权抗争等都可以通过互联网进行表达。在集体层面上，则更多表现为弱势群体的表达与行动，如艾滋病群体、女性群体、网络社群等，如《新媒体话语赋权下的边缘抗争——基于一个艾滋病论坛的话语分析》《新媒体对社会边缘群体的组织化与赋权研究——以"女友组"为例》等。需要强调的是，在集体层面上，互联网赋权体现了其关系性本质，使得弱小的个体之间通过链接形成聚合起来的强大力量。不少研究关注了这种互联网集体行动中的动员机制。当然，从政府的角度而言，也在主动利用网络这一科技手段推动社会的发

① SOLOMON, BRYANT B. Black empowerment social work in oppressed communities[J]. Journal of social work practice, 1987, 2(4): 79-91.

② 丁未.新媒体与赋权：一种实践性的社会研究[J].国际新闻界，2009(10)：6.

展。正如骆正林所言，“世界各国都将信息技术、网络技术当成国家战略，网络技术最初总是以‘国家赋权’的面目出现，但网络发展的结果却超出了权力的想象，社会大众因网络而得到无限、持续的赋权”[①]，从而增加了弱势群体的社会公平，如利用互联网减小信息鸿沟、接受社会公众监督、投诉等。

事实上，青少年群体相对于成年人而言也是一个弱势群体。他们处于未成年时期，缺乏经济及决策等各个方面的独立自主性，对家长具有很强的依赖性，父母则具有法定的和约定俗成的教育抚养的权力。互联网对青少年这一群体的赋权也是极为明显和突出的。但是在文献资料中这一方面的研究还较为稀少，如前所述，研究者更多关注的还是移动互联网或者手机使用对青少年群体的负面影响。青少年群体是一个根据年龄划分的群体，随着青少年年龄的增长，他们逐渐走向独立自主。青少年作为一个有能动性的生命个体，其成长过程就是一个自我赋权的过程，是一个逐渐获得权力、资源和掌握自己生活的过程。在这一过程中，手机这样一个新的媒介技术给他们的成长带来了怎样的赋权？

（二）移动互联网使用对青少年的赋权及正面影响

如前所述，赋权可以发生在个体和集体两个层面，发生在信息、表达与行动等不同领域，笔者对青少年媒介赋权的研究也从这些层面展开分析。

1. 从个体角度：移动互联网使用增加了青少年的自主感、自信感

首先，对手机媒介使用的自主性增强了青少年的自主感。

在十八个月到三四岁的幼年期，随着身体机能和语言功能的发展，儿童开始产生独立自主做事情的需求，自我控制为儿童带来自主感。成长为青少年后，这种自主感体现为青少年自我意志的实现。手机的体积决定

① 骆正林. 传媒的技术赋权与当代中国社会的进步运动［J］. 新闻爱好者，2019（7）：6.

了它是一种私人性媒介，它是属于某个个体的私有物。这一点不同于电视，后者常常是家庭共同享有的媒介，一家人常常一起观看同一个电视节目，当然也会产生对不同节目选择的争议，而且孩子们正在看什么节目家长们也一目了然。但是手机媒介完全归属于个体独立自由的使用，这无疑可以给予青少年极大的自主感。这一点较早就已经得到了国内外研究者的证实，威尔士（Walsh）、怀特（White）和杨（Young）认为使用手机已经成为青少年自我认同的一部分。他们通过设置与众不同的手机铃声和屏幕墙纸等方式凸显自己的个性，并且认为拥有手机意味着慢慢脱离父母的约束而获得越来越多的独立空间。他们的研究也证实了自我认同感能预测青少年的手机使用频率。[①]在访谈中，当我们问这些青少年第一次拥有自己的手机是什么感受时，他们都描述了拥有自己手机时的兴奋和喜悦，都强调了这是他们“自己的”手机，再也不用老是想各种方法在各种场合借用父母的手机了。理论上说，通过一部小小的手机和无形的网络，他们可以选择看任何内容，可以和任何人联系，可以发布他们想发布的内容。可以说，通过手机的使用未成年人拥有了独立接触这个世界的新方式和独立选择的自由。当然，他们的自由仍然是有限制的，他们需要面对父母及学校一定程度上的监管。但是由于手机使用的私密性导致这种监管尤其是家长的监管常常是有限的。访谈发现，几乎所有的未成年人都或多或少存在着瞒着家长使用手机的情况。另外，大部分家长并不了解自己孩子使用手机的具体情况，他们有的只是大致的了解，比如我的孩子喜欢看动漫、喜欢玩游戏、喜欢看短视频等，但是他们并不具体了解他们在看哪些动漫，在玩什么游戏，在看什么内容的短视频，也不知道他们是否在网上结识了陌生人，更不了解也许在他们以为孩子入睡的时候他们却偷偷在玩手机。

① WALSH S P, WHITE K M, YOUNG R M. Over-connected? A qualitative exploration of the relationship between australian youth and their mobile phones [J]. Journal of adolescence, 2008, 31(1): 77-92.

所以尽管家长们在以不同程度不同方式对青少年的手机使用进行监管，但对青少年而言，手机的确是一个可以带来更多自主感的媒介工具。不少新闻报道了青少年因为抗拒父母对其过度使用手机的监管而发生的极端案例。笔者就曾在女儿班级（高中一年级）的家长群（460名成员）里看到有家长转发了一篇公众号上的文章，题目血淋淋的，叫作《“不让玩手机我就去死！”14岁男孩连砍自己6刀，背后的真相让无数家长深思！》[①]。随后文章图文并茂地举了多个类似的惨剧。文章一方面指出了未成年人玩手机的严重性，另一方面也警告父母要反思自己的教育方式，并认为“最好的家庭教育态度，是和善而坚定的”，对此笔者是非常赞成的。但是转发此条文章的家长随后感叹文章的“触目惊心”之外更是感慨“手机变成毒品”。其实这样的锅甩给手机合适吗？随后，微信群里的家长们热烈地讨论了关于孩子使用手机的管理方式和经验，有的说还在让孩子使用老年机，有的则和孩子讲明了利害把自主权给了孩子。相对而言，这些给予孩子自主权的家长的选择更加客观、理性，他们认识到对于孩子使用手机不能一味堵或采取粗暴的方法，还是需要让孩子学会自我管理。比如一位家长这样说：“永远用压制的方法是无法教育出自律的孩子的，家长的爱与责任，也是在跟孩子不停地对立和沟通中探索方法论。每个家庭教育风格都不尽相同，但触发孩子自己内心奋起向上的信念，才是最根本的。”并表示自己的方法是：“我也是一直在努力探索，初二初三我也是把孩子的手机暂时‘保管’了，其间发生了不少对抗，但上了高中我交还了手机使用权给他，同时跟他谈了这个年龄应该懂得时间分配的重要性和自律才能给人带来终极的自由。”手机作为一种工具是对未成年人的极大的赋权，但是确实也需要他们能够自主地管理自己的使用行为，这本身也是其成长

① 明教育公众号.“不让玩手机我就去死！”14岁男孩连砍自己6刀，背后的真相让无数家长深思！[EB/OL].(2019-09-04)[2022-07-31]. https://mp.weixin.qq.com/s/ilNxrFOUE90U0fj7MahtrA.

的一个过程。在这一过程中需要父母的恰当引导，既不能放任不管，又不能过度剥夺孩子的自主权和成长权。孩子和父母因为玩手机发生激烈对抗的行为，一方面是因为孩子希望获得手机使用的自主权，是其成长过程中的必然产物，另一方面也是父母平时疏于管教和引导，等发现孩子沉迷或过度使用手机的时候又往往采取了较为粗暴的教育方式造成的。没有恰当的教育方式，粗暴干涉孩子的自主选择权和自由是家庭教育和亲子关系的主要问题之一，即使不是体现在手机的使用上也会在其他事情或其他方面体现出来，只不过因为手机这一媒介的赋权性质较强所以矛盾显得更加突出，甚至可以说手机成了家庭教育问题的“照妖镜”和“放大镜”。

其次，移动互联网使用中信息获取的便捷性赋予了青少年自信感和行动力。

手机信息使用的便捷性无疑会赋予青少年更强的自信，即对自我处理事情及面对外在世界能力的认可。青少年在主动获得信息和传播信息的过程中，会产生“获得感”和“自信感”，相信自身有能力通过某种方式达到某种目的，从而进一步带来满足感和确定感，相信借助互联网媒介能够更好地认识并应对这个世界。比如笔者的一位师姐也是大学老师，她非常喜欢旅游，今年暑假她带10岁的儿子去法国，儿子通过互联网搜索目的地旅游信息和其他人的旅游路书，和妈妈商议下主动完成了旅游计划的策划。在巴黎，10岁的儿子可以通过地图设计路线，乘坐公共交通工具，一次两人还因为乘坐交通工具的方向发生分歧，结果证明儿子是对的。儿子还能够搜索自己喜欢的美食信息，带领朋友去当地评价很好的餐厅等。这一经历让笔者的朋友深有感触，觉得儿子做事像个小大人，感叹自己10岁的时候出门是何等懵懂无知、依赖父母。青少年对信息的主动获得并以此实现自己的目的，必然会产生对自己能力的信任和正面判断。这样的经验性结论也得到了科学研究的证实。心理学研究人员费舍尔（Fisher）、戈度

（Goddu）和科尔（Keil）发布了他们关于网络搜索的研究结果，他们通过设计的控制实验研究了网络搜索对个体自我知识评估的影响。实验过程分为两个阶段，第一阶段把实验对象分为两组，要求他们回答一系列问题。一组要求他们通过互联网搜索问题的答案和解释，另一组要求他们不能使用互联网搜索。第二阶段，请所有的实验参与者评估自己回答一系列问题的能力，结果发现，在每一个问题领域网络搜索组明显比另外一组更加自信，认为自己的知识更丰富，觉得自己能够回答实验中提出的问题。[①]也就是说，网络搜索者在搜索行为后比搜索行为前更加自信，搜索行为让他们的自我评价显著提升。这项研究说明，网络成为个体外在的有力助手，能借助网络工具的人更加自信，认为自己更有能力。

而且随着移动互联网的普及，青少年对信息的获取打破了城乡差异，一定程度上缩小了“信息鸿沟”，减少了青少年群体内部的不公平。对于教育而言更是如此，利用信息网络技术和设备乡村学校或边远地区也可以获得丰富的教育资源，青少年利用自己的手机上网也可以获得各种免费的学习资源，这对于提升青少年的学习效果无疑是很有裨益的。当然，如何更好地利用移动互联网提升青少年的学习还需要规范和推动。

最后，青少年的移动互联网使用增强了其话语表达权，提升了其存在感、成就感和自我认同。

传统上，青少年是较少具有话语权的群体。而互联网的开放性给了青少年以平等的话语表达权。这种表达权可以体现在多个方面。首先，从最基本的方面来说，青少年在使用手机时常常在微信、QQ、朋友圈、微博等空间对自我存在状态、兴趣爱好和情绪等予以记录和分享，这种表达有助于增加青少年的存在感，从其他人的点赞评论中体验社交互动和他人的

① FISHER M, GODDU M K, KEIL F C. Searching for explanations: how the internet inflates estimates of internal knowledge［J］. Journal of experimental psychology: general, 2015, 144(3): 674.

认同。其次，从一些特定遭遇方面来说，当青少年遭遇到需要求助或不公平的现实经历时也往往会选择通过互联网发声来获得帮助或维护自身的权益。比如有的女性青少年受到性侵或骚扰的时候通过互联网曝光对方维护自身权益。一位毕业8年的同学2019年9月在班级群控诉初中班主任当年"作恶太多"，被当事老师踢出群。愤怒的他随即将当年被老师辱骂的情况，在微博上进行了举报。经调查后当地教育部门已撤销该老师富乐中学副校长等一切行政职务，并调离富乐中学。该生表示"当时不能带手机，不能随时和母亲沟通"且遭到老师威胁，因而没有及时反映问题[①]。此外，近些年也发生了多起女生举报男老师性骚扰的事件，[②]在网络舆论的关注下当事学校往往很快做出处理，维护了当事女生的权益。2020年4月30日晚，一微博账号发帖称，至少10多名男学生集体举报他们就读高中时的化学男老师梁某，称梁某于学生就读高中时或升学后，多次将男生叫至家中或酒店，对学生进行性骚扰甚至侵害。举报人说，事发时他并不知道受到梁某侵害的人这么多，"我实名讲出我的经历，就是希望能够提醒更多的人，不要受到同样的侵害，也希望相关部门能够对梁某的行为进行调查，并依法处理"[③]。从这些维权事件可以看出，正是互联网媒介的出现和普及使得他们具有了公开发声的话语权，表达自身的愤怒和屈辱遭遇并维护自身的权益。最后，从更为宽泛的层面上来说，互联网媒介给了青少年更多的文化、趣味的参与权和表达权。他们可以根据自身的兴趣和需求通过互联网进行文化的生产和创造，进而在表达自我的同时也获得成就感，获得对自

---

① 红星新闻. 学生毕业8年后举报班主任辱骂自己，已升副校长老师被撤职［EB/OL］.（2019-10-10）［2022 07 31］. http://news.hsw.cn/system/2019/1010/1120368 shtml.

② 青春成都. 又一高校学生举报老师骚扰、猥亵，面对性侵害，我们该怎么办?［EB/OL］.（2018-07-29）［2022-07-31］. https://www.sohu.com/a/244062681_99910226.

③ 北青Qnews.12名男生举报曾遭男老师性骚扰 成都警方：已介入调查［EB/OL］.（2020-05-01）［2022-07-31］. https://new.qq.com/rain/a/20200501A0BUBC00.

我的认同。比如B站2019年年度UP主有两位，一个是“2019年度最具人气UP主”——“复旦之耻”老番茄。老番茄在初中时期喜欢电脑和游戏，当时班级要拍摄一段宣传片，他负责剪辑工作，从此喜欢上了视频，然后结合自己的兴趣开始试着做游戏视频。在7年时间里从初中生到高中生，到复旦大学，再到如今的研究生，老番茄一直坚持自己的爱好，后来落户当时声名鹊起且很受学生追捧的B站，粉丝数从开始一两年的几乎无人问津，到2018年迎来爆发，再到如今的接近千万粉丝。老番茄谈到自己做视频的初衷时明确说自己高中时并不擅长社交，做视频就是“为了表达我自己！”①另一位“年度百大UP主最佳作品奖”的得主是网名为“老师好我叫何同学”的北京邮电大学学生，他本名何世杰，以一个测试5G的短视频刷爆朋友圈，并获得人民日报微信、新华社微信、央视新闻微信、共青团中央微信等主流新媒体的转发点赞，在之后不到一年时间疯狂涨粉400万。其实这位何同学在高中时就喜欢拍视频，但是不知道给谁看，由于成绩一般，自己感觉也比较消沉。毕业时做了一个视频，同学们看得开心投入，他感到是自己“最有成就感的一天”②，也觉得自己擅长做视频。从这两位同学的经历可以看出，互联网尤其是移动互联网给他们提供了文化生产和表达、传播并获得社会认可的渠道。而对于更广泛的青少年来说，也都以各自的方式参与着网络文化的生产，表达着自我的趣味和声音。比如包括粉丝文化、二次元文化、表情包文化等在内的各种文化现象，青少年都是积极的参与者和生产者。

① 坦桑尼亚好饼干.“复旦之耻”老番茄？“北邮一般”何同学？[EB/OL].(2020-03-31)[2022-07-31]. https://new.qq.com/omn/20200330/20200330A0Q4SN00.html?pc202003/31.

② 坦桑尼亚好饼干.“复旦之耻”老番茄？“北邮一般”何同学？[EB/OL].(2020-03-31)[2022-07-31]. https://new.qq.com/omn/20200330/20200330A0Q4SN00.html?pc202003/31.

2. 从群体角度：移动互联网使用帮助青少年建立群体链接，赋予其群体归属感和群体身份认同

为了获得自我身份的确立，处于青春期的青少年逐渐与家庭的关系产生了疏离，但是其自我身份又没有完全确立起来，因此这一阶段在心理上会有不稳定感以及身份的不确定感、对自我与环境的不可控感等，容易使青少年产生强烈的沟通意愿、强烈的群体依赖意识以及稳定的归属需要。在这种情况下，出于沟通和获得理解的心理需求，青少年往往会对自己所在的同辈群体产生群体依赖感。而移动互联网的使用则自然而然地成为他们联系朋友、满足社交需求、融入群体的重要赋权工具。

进入青春期后，随着身体上的一些变化，青少年会产生一些心理烦恼，加之自我意识的发展，这些烦恼往往无法与家人、老师等长辈进行倾诉，寻求朋友的理解和支持就尤为重要。同辈群体是青少年在社会交往中极为重要的社会关系，通过使用手机，青少年能够隐秘地与朋友分享问题和烦恼，同龄朋友不仅能够耐心倾听青少年的烦恼，还能给予其感同身受的理解与支持。此外，手机也是青少年满足社交需求、快速加入新群体的工具。相比于成年人，未成年人更加渴望友谊，尤其是初入新集体时，陌生感和孤独感使青少年对社交的渴望尤为强烈。手机可以加速青少年融入新集体的速度。一方面，对于青少年来说，加入某个QQ群或微信群就等同于加入了这个集体。另一方面，青少年在网络上能够更轻松主动地表达交往意向，寻找自我与他人之间的共同点，从而快速建立起自身与群体之间的联系。青少年的群体并非仅仅以班级为单位，在班集体中存在各种各样的小群体，这些小群体特征各异，群体成员往往具有某些共同点。在手机社交的过程中，青少年不仅可以迅速捕获彼此的共同点，通过拉群（QQ群或微信群）的形式联结起来，也能够迅速建立起彼此间的信任感和群体归属感。另外，通过手机上网，青少年可以加入各种兴趣小组，发展自己的兴趣，形成各种类型的青少年亚文化，是一个较好的社会化的过程，也是其获得

自信、力量和支持的重要社会关系。这些群体关系也往往成为他们实现自我意志抵抗父母干预的外在支持力量，借以充分缓解个体的孤独感，获得群体的归属感和安全感。

网络赋权与传统赋权实践的不同之处在于，通过网络不仅可以实现弱者的自我赋权，更可以通过网络把作为弱者的同类群体的力量汇聚起来形成强大的声音和气势。对于青少年群体而言，网络帮助青少年形成族群化的各种圈子，加强了其群体身份的确立，拓展了其社会资本，加速了其社会化的过程，产生群体的力量感和归属感。在集体层面上，互联网赋权体现了其关系性本质，使得弱小的个体之间通过链接形成聚合起来的强大力量。传统的社会角色可以在这个空间中完成再造与重构，甚至向主流文化发起挑战。这种身份赋能意味着，对于代际群体中的青少年而言，他们在互联网上有更大的空间来表现和展示自己，创造属于自己的文化和认同，成为青少年群体彰显自我存在和力量的结果。

在青少年的网络实践中，不可不提的就是哔哩哔哩平台和小红书。以B站为例，不同于其他相对主流、包罗万象的流媒体平台，B站购买了大量动漫视频的版权，自诞生之初就被视为二次元的营地，时至今日，B站已经被视作青少年获取免费视频内容的唯一选择。该平台需要通过一系列题目的考试才能正式注册成为会员，一定的门槛为B站建立了相对私密的内容平台，并形成了“90后”“00后”的圈群表意空间。无论二次元迷、Vlog（博客的一种类型）粉丝、视频博主还是普通观众，都可以在这里找到属于自己的部落，B站由此演化为发挥个人创意、满足群体归属和建构群体身份认同的平台。小红书是青少年群体的另一个聚集地，从最初的海外购物分享社区发展成为年轻人潮流生活方式的平台，内容几乎无所不包，具有较高的社交黏性，成为年轻人生活潮流的风向标。

青少年在网络空间的这种群体性的积极参与与文化生产实践一定程度上提升了这一群体的社会存在感和话语权，推动了他们对现实社会的参与积极性。另外，这种网络自组织的力量也容易产生网络暴力和失控现象。以粉丝文化为例，“帝吧出征”事件彰显了青少年群体的网络自组织能力和群体爱国热情，在2020年新冠肺炎疫情中粉丝们的捐助行为也获得了良好的社会评价。而不同粉丝圈之间的互黑、互骂等行为则常常走向网络暴力的极端。

二、移动互联网使用对青少年的负面影响

如果把移动互联网使用对青少年的正面影响称为赋权，那么移动互联网对青少年的负面影响可以视为一种侵权。侵权严格意义上是一个法律领域的词汇，是指对个体权益的侵犯。青少年处于特殊的成长阶段，因而享有更多的权利。正如联合国《儿童权利宣言》所示：“儿童因身心尚未成熟，在其出生以前和以后均需要特殊的保护和照料，包括法律上的适当保护。”这里的儿童是指18岁以下的人。《中华人民共和国未成年人保护法》第三条规定：“国家保障未成年人的生存权、发展权、受保护权、参与权等权利。未成年人依法平等地享有各项权利，不因本人及其父母或者其他监护人的民族、种族、性别、户籍、职业、宗教信仰、教育程度、家庭状况、身心健康状况等受到歧视。”[①]就像我们常常说的，科技是一面双刃剑，移动互联网和手机媒介亦然。一方面，通过移动互联网手机媒介成为对青少年的一种赋权工具，使其拥有自主感、自信感和安全感，为其成长和发展提供更充分的社会支持。但是，另一方面，手机媒介通过移动互联网也把一个成年世界的复杂、混乱甚至不法行为毫无遮拦地推到了未成年人面前，从而造成对他们各种防不胜防的侵害，这些侵害有些是心理、精神的层面，

---

① 教育部网站．中华人民共和国未成年人保护法［EB/OL］.（2019-10-17）［2022-07-31］. https://www.moe.gov.cn/jyb_sjzl/sjzl_zcfg/zcfg_qtxgfl/202110/t20211025_574798.html.

有些则是对身体、财产的侵害；有些是违反了道德，有些则是违反了法律，而这些侵害正是我们应该积极应对并对未成年人采取媒介保护的根本原因。

（一）问题性手机使用及相关研究

由于移动互联网本身的复杂性和青少年处于成长阶段的特点，使得移动互联网使用在给予青少年赋权和发展支持的同时，也出现了一些意想不到的侵害和负面影响。但是需要明确的是，这些负面影响是建立在青少年因为缺乏社会经验、理性不足等原因而对移动互联网不能正确使用或者说问题性使用的基础上，即青少年没有能够正确恰当地使用手机和移动互联网。主要表现为手机过度性使用而导致的手机依赖和手机成瘾。在不少学者的研究中，手机依赖和手机成瘾常常混用，但是也有研究者对此进行了区分，认为手机依赖指使用者虽然产生了一定的依赖行为但是仍然处于可控的状态，也没有对使用者的生活和工作产生严重且长期的影响。而手机成瘾则是手机依赖到一定程度的病态状态。本书也是在这一意义上区分二者的。事实上，很多社会上的调查数据存在着夸大网络成瘾或者手机成瘾的现象，原因就是把手机依赖和手机成瘾混淆在一起使用。早在2007年，卡尔顿（Charlton）和丹佛斯（Danforth）[①]在对行为成瘾的实质标准划定时，特地区分了行为成瘾的两大标准：一个是核心标准，另一个则为次要标准。核心标准主要指标涵盖了成瘾行为的冲突、戒断症状、复发以及行为突出表现性。而次要标准则主要是指行为的兴奋性、认知突显性和耐受性。达到成瘾核心标准的被称为“成瘾”，而只符合次要标准的则被称为“高度参与”。这一区分实际上

① CHARLTON J P, DANFORTH I D W. Distinguishing addiction and high engagement in the context of online game playing[J]. Computers in human behavior, 2007, 23(3): 1531-1548.

是区分了行为成瘾和行为依赖两个阶段，对于手机使用而言也存在这两种不同的状况。

1. 手机依赖

手机已经成为我们生活的一部分，社交、资讯、娱乐、购物，我们都有意无意地拿起自己的手机，手机成功地占据了每个人的闲暇时间。早在2013年，美国皮尤研究中心的数据显示，44%的手机用户睡觉时会把手机放在枕边，67%的手机用户即使根本没有消息提示也会非常频繁地查看手机。[①]英国每日邮报2008年的一篇报道中首先提出了“手机失联焦虑症”这一概念，并指出英国一项调查表明53%的手机用户会因为手机丢失、没电、欠费、连不上网而感到焦虑万分。[②]中国青年网就“大学生手机使用情况”话题，对大学生一天没有使用手机后果进行了调查，结果显示，36.1%的大学生觉得感到不适，进一步的则会感到焦虑、烦躁、惶恐、气愤。[③]

这些数据表明，很多用户已经对手机产生了依赖。我们将新一代人称为“互联网原住民”，这一形容生动地说明了当代青少年的成长方式，青少年生活在互联网的包围中，习惯于互联网和移动互联网带来的便利和内容的吸引。而青少年处于自我意识、价值观、人格等形成期，自控能力、抵挡诱惑的能力相对欠缺，手机依赖表现得较为典型和普遍，以至于出现了“手机依赖症”的说法。对于手机依赖症没有专业的、严格的界定。严格来说，手机依赖症还不是一种疾病，也没有得到医学界的

① 董晨宇，段采薏.我的手机哪里去了 手机失联焦虑症的两种研究取向［J］.新闻与写作，2018（3）：40-44.

② 董晨宇，段采薏.我的手机哪里去了 手机失联焦虑症的两种研究取向［J］.新闻与写作，2018（3）：40-44.

③ 中国青年网. 大学生“玩手机”情况调查：超4成一天不玩手机就会无聊［EB/OL］.（2018-04-20）［2022-07-31］. http://www.yntv.cn/content/2018/04/826_394458.html.

认可。但是这一词汇的出现说明了这一社会问题的严重性，青少年对手机使用的依赖甚至造成了许多见诸报端、引人唏嘘的过激事件。[①]诸如此类关于限制青少年玩手机引发的过激行为的报道彰显出青少年对玩手机具有极强的依赖性。在课题访谈中，我们也发现青少年对手机的使用存在着较强程度的依赖性，许多孩子会在半夜躲在被窝里刷手机、躲到卫生间玩手机等，有些人离开手机以后会产生一定的焦虑和不安。但是大部分青少年能够在外部力量的制约下放弃使用手机，比如大部分学校对学生在校园里使用手机的行为进行了管理，学生虽然不太情愿但是大部分都能够理解和遵守，只有少数学生会采取偷带手机、偷看手机等反抗措施。

2. 手机成瘾

在手机成瘾之前学术界对网络成瘾已经有了较多的研究。研究者普遍认为网络成瘾应包含行为无法控制与日常功能受损这两个方面的内涵。网络成瘾中较有代表性的是游戏成瘾，较早引起了医学、心理学、教育学等学术领域的关注，但是到底如何界定成瘾行为及治疗方案等都没有定论。美国心理学会在1996年和1997年连续两年所举办的年会上召集一批研究人员就网络成瘾症的具体标准做了探讨，形成了初步的意见。对“网络成瘾”领域的开拓性研究是美国匹兹堡大学教授——金伯利·杨（Kimberly Young）于1996年开始的。他编制了网络成瘾问卷，并调查发现网络成瘾是一种真正的临床障碍。那些每星期在网络上花费40—80小时的人对生活会产生负面的影响，例如持续疲劳引起睡眠的障碍、工作效率低下、人际交往障碍等症状。[②]此后各个学者分别进行了成瘾标准及其测量的研究。比

① 中国青年网. 初三女生因家人不让玩手机　从19楼跳下身亡［EB/OL］.（2017-09-18）［2022-07-31］. http://news.youth.cn/sh/201709/t20170918_10735179.htm.

② YOUNG K. Internet addiction: the emergence of a new clinical disorder［J］. Cyberpsychol behave, 1996, 1(3): 237-244.

如我国学者崔丽娟借助于安戈夫法针对网络游戏成瘾做了具体化的评级，并编出了专有的《网络游戏成瘾量表》[①]。此外，一些医院也制定了临床诊断指标，比如中国人民解放军总医院第七医学中心成瘾医学科经过四年的研究，通过对1300多例网瘾人员的临床观察与分析，对网络成瘾加以了命名与界定，并且确定了相应的指标。

虽然网络成瘾或者说游戏成瘾一直没有明确统一的认定，但是成瘾一词越来越被用于青少年网络使用行为中并得到重视。中国社会科学院大学青少年工作系副教授、青少年健康研究中心主任周华珍主持了教育部人文社科研究项目《青少年成瘾行为调研报告——基于2017/2018青少年健康行为网络问卷调查数据分析》[②]，课题组选取北京、湖北武汉、辽宁大连、辽宁岫岩县4个城市及周边郊区30所中小学的4991位学生，进行了网络问卷调查。调研结果显示，41.3%的青少年尽管知道上网的有害影响也难以停止使用电脑，43.1%的青少年因为上网而放弃过兴趣、娱乐或者社会活动，41.5%的青少年认为上网是逃避问题或者减轻不好情绪的方法之一，40.9%的青少年为了掩盖上网的程度而向家人和朋友说过谎，42.7%的青少年由于上网和父母或者老师发生过冲突，41%的青少年由于上网和父母或者老师发生过争吵，调研还发现游戏成瘾是网络成瘾较典型的类型，总体来看，每天玩游戏时间在1小时以上的青少年占51.1%，而玩游戏时间在“2—3小时”“4—5小时”“6—7小时”“8小时或更长”的青少年，分别占到31%、9.3%、3.2%、5.5%。调查组还认为，根据这些数据，我国有40%左右的青少年面临着网络成瘾的潜在风险。根据课题组调查访谈的经验看，这一数据较为夸张，存在着之前提到的依赖和成瘾混淆的

① 崔丽娟．用安戈夫方法对网络成瘾与网络游戏成瘾的界定［J］．应用心理学，2006（2）：142-147.

② 环球网．调查：中国二成青少年有电子游戏成瘾现象或风险［EB/OL］．（2018-07-02）［2022-07-31］．https://baijiahao.baidu.com/s?id=1604837063300163749&wfr=spider&for=pc.

问题。长时间以来，在我国，人们对游戏成瘾的界定和判断较为模糊，一些“妖魔化”网络游戏的声音乃至报道屡屡出现，一度引发家长的社会焦虑，甚至出现了一些社会机构以不科学甚至不人道的方式帮助青少年戒除网瘾的恶性事件。导致这些问题的根源也正是因为人们对游戏成瘾缺乏权威、专业的界定。

2019年5月25日，世界卫生组织投票通过了《国际疾病与相关健康问题统计分类》第11次修订草案（ICD-11），其中“游戏障碍”（Gaming disorder）作为精神与行为疾病归类为“由成瘾性行为导致的障碍”并列出了几条标准：

（1）在玩游戏的频率、强度、时长、开始和结束，以及游戏情景上缺乏自制力；

（2）将玩游戏的优先性排在其他生活兴趣与日常作息行为之上；

（3）在过度游戏导致负面影响后，仍旧会继续甚至加大玩游戏的力度；

（4）相关行为要持续至少12个月。

虽然这一标准的界定仍然有模糊之处，但是根据这一标准，真正能被判断为精神疾病的游戏成瘾案例是较为少数的。毋庸置疑，人们对喜爱的事物有某种程度上的沉迷甚至是成瘾是难以避免的心理现象，只有对身体健康和正常的生活、学习、工作等造成严重影响的才是需要干预和治疗的疾病。游戏引发的疾病问题固然是少数极端情况，但对这一新现象、新问题仍然是需要关注和研究的，从这一角度来说，世界卫生组织的这一决议体现了其人道主义关怀的一贯立场。中国先贤智者孔子有云，“名不正则言不顺，言不顺则事不成”，这一方案的公布恰恰也是正名之举。这一方案有助于人们正确判断游戏成瘾是否达到了疾病的程度，有助于医学界针对“游戏障碍”展开更多专业的研究和治疗，也有助于消除家长对游戏成瘾的社会恐慌。

随着智能手机的出现和普及，对手机成瘾的研究也开始得到人们的关注。韩登亮和齐志斐[①]认为界定手机成瘾的标准体现在三个方面：一是对手机的滥用，不该用的时候也频繁使用；二是手机过多地影响生活、工作和学习；三是停机或手机不在身边时，身体会出现一系列不适反应，包括生理和心理反应。手机成瘾的研究较多借鉴了网络成瘾或游戏成瘾的研究成果和思路方法。在手机成瘾的测量方面，由于目前对于手机成瘾的程度判定缺乏一个统一普遍适用的量表，在做测量时，部分研究者会延续前人的量表，另有一些研究者会自行设计量表。如姜永志、白晓丽[②]在以往相关量表的基础上结合访谈，抽取出手机依赖的核心症状以及手机依赖相关问题，其中手机依赖核心症状包括强迫性使用和戒断性反应2个维度，手机依赖相关问题包括人际疏离、身心健康不良以及关系卷入3个维度。再比如熊婕等人[③]编制了包括四个维度的手机成瘾量表：手机戒断，即没有参与手机活动时生理或心理上的负面反应；手机凸显，即手机使用占据了思维和行为活动的中心；社交抚慰，即手机的使用在人际交往中的作用；心境改变，即手机造成的情绪变化。总体上说，手机成瘾被归结为行为成瘾，具有成瘾行为的核心特征，如缺少自我控制、情绪改变、耐受性、戒断症状、认知受阻和复发等特性。不少研究对青少年手机成瘾的比例进行了研究，结果并不一致。如刘红和王洪礼[④]以贵州省部分大学生为被试的研究发现，29.84%的大学生存在手机成瘾。陆少艳等人[⑤]对1439名医学生的研究显示，

① 韩登亮，齐志斐.大学生手机成瘾症的心理学探析［J］.当代青年研究，2005（12）：34-38.

② 姜永志，白晓丽.大学生手机依赖量表的初步编制与应用［J］.教育生物学杂志，2013，1（3）：181-187.

③ 熊婕，周宗奎，陈武，等.大学生手机成瘾倾向量表的编制［J］.中国心理卫生杂志，2012，26（3）：4.

④ 刘红，王洪礼.大学生的手机依赖倾向与孤独感［J］.中国心理卫生杂志，2012，26（1）：4.

⑤ 陆少艳，周王义，金华利，等.医学院校大学生手机依赖性及影响因素分析［J］.中国校医，2013，27（2）：89-92.

手机依赖（手机成瘾）比率为15.8%；黄海等人[①]研究发现，15.4%的大学生存在手机依赖（手机成瘾）。

（二）移动互联网使用对青少年的侵害及负面影响

1.手机过度使用侵害了青少年的身体健康成长权

首先，移动互联网使用或者说手机使用对青少年的侵权体现在身体健康层面，这一主题引起了学者们的广泛研究和关注。总体而言，青少年正处于身体发育的阶段，手机过度使用主要影响了青少年的视力、睡眠、骨骼发育、肥胖程度等。

（1）手机过度使用容易影响视力和引发眼部疾病。

手机、电脑、iPad、kindle（电子阅读器）、游戏机，多种多样的电子设备满足青少年的娱乐、学习、社交需求，青少年对于各种电子产品都有"谜"一般的执着，长时间的用眼过度必然会导致孩子们的视力下降。人眼在波段400—500nm辐射下会因光化学作用出现视网膜损伤的潜在危险，称为蓝光危害。蓝光危害已经得到科学实验的证实。周犇和周晓明针对市场上三款常见的不同材质的手机屏幕，在黑暗中、屏幕距离瞳孔15cm处的模拟条件下对4种不同色温情况进行了测试，结果表明随着色温升高，屏幕对人的生理节律和蓝光危害影响增大，文章建议在青少年使用手机时，应该尽量调低色温，减少手机对自身的影响。而且他提出"由于人眼透射率随年龄的增大而降低，因此青少年受到手机光辐射所引起的生理节律和蓝光危害的问题不可小觑"[②]。许多调查和数据也都证明了这一点。2018年8月，世界卫生组织的一项研究报告显示，目前我国近视患者达6亿，青少

① 黄海，侯建湘，余莉，等．大学生网络和手机依赖及其与心理健康状况的相关性［J］.中国学校卫生，2014，35（11）：4.

② 周犇，周晓明.不同手机屏幕对青少年生理节律和蓝光危害的影响［J］.发光学报，2019，40（2）：257-263.

年近视率居世界第一，高中生和大学生的近视率均已超过七成并逐年上升，小学生的近视率也接近40%，相比之下，美国中小学生近视率仅为10%。[①]全国学生体质健康调研最新数据表明，我国小学、初中、高中生近视率分别为45.71%、74.36%、83.28%，国内因高度近视致盲者已达30多万人。[②]虽然这些数据不尽一致，其权威性也有待考证。但是这些数据和相关研究表明，目前在青少年群体中普遍存在的视力健康问题在一定程度上与长时间使用手机有关。我们在调查访谈时也遇到过多例报告手机使用影响视力的情况，这也成为家长担心的重要问题之一。

2016年12月，一条《与你我都有关，年轻人眼癌增三成！晚上熄灯后千万不要看手机！》的帖子引起热议。事后这一帖子被证实是虚假新闻，列入2019年2月的"科学流言榜"，手机的确会影响视力，但其屏幕光亮强度还不至于导致黄斑疾病。[③]虽然这一新闻被辟谣，但也可以看出人们对于手机使用对视力影响的担忧。事实上，手机过度使用到底能不能引起更严重的眼部疾病也有待证实。2018年一则新闻报道即将满18岁的少年阿权因过度使用手机导致失明。报道中写道："厦门眼科中心青光眼专科黄维艺医生接诊了阿权，经过检查，阿权双眼检测出左眼眼压为49.8mmHg，右眼眼压50.4mmHg，视野严重缺损，阿权的双眼都被诊断为青少年型青光眼晚期，青光眼专科王玉宏主任为阿权双眼做了express青光眼引流器植入术，目前眼压控制良好，眼酸、眼胀也得到控制，但损失的视力已无法挽

① 环球网. 中国青少年近视率居世界第一：小学生近视率接近40%[EB/OL].(2018-08-20)[2022-07-31]. https://baijiahao.baidu.com/s?id=1609279642819362573&wfr=spider&for=pc.

② 北京日报. 学生体质健康调研结果　全国小学生近半数视力不良[EB/OL].(2018-08-20)[2022-07-31]. http://sports.people.com.cn/n/2015/1127/c22176-27864700.html.

③ cnbeta. 玩手机会导致失明？ 2019年2月"科学"流言榜[EB/OL].(2018-08-20)[2022-07-31]. http://mobile.163.com/19/0303/11/E9BF96LO0011819H.html.

回。”[①]医生认为，在黑暗之中人的瞳孔会放大，手机发出的光有时十分强烈，强光大量进入眼睛会导致眼压上升，就容易引发闭角型青光眼。青光眼的眼压得不到控制的话会造成视神经损坏，这种眼疾至永久性失明的概率很大。

（2）手机过度使用影响青少年的睡眠质量。

调查中发现，大部分青少年在入睡前都有手机上网的习惯。有调查显示：睡觉前，57.7%的青少年都在玩手机，36.8%的人睡前玩手机超过50分钟。[②]他们大多是在刷微信朋友圈、追剧、看综艺、微博、逛淘宝、玩游戏等。青少年在晚上使用手机，不仅导致睡眠时间减少，还难以避免地会影响睡眠质量。夜晚光线相对昏暗，手机等移动电子设备屏幕发出的蓝光刺激性较强，会干扰大脑分泌与睡眠相关的激素，从而影响大脑正常的血液流动和机能代谢，进而严重影响青少年的睡眠质量。有学者对手机成瘾对睡眠质量的影响进行了研究，如刘庆奇等人在《手机成瘾与青少年睡眠质量：中介与调节作用分析》一文中指出：“手机成瘾显著预测睡眠质量，青少年手机成瘾程度越重，睡眠质量越差。”[③]中国的大规模研究（被试超过4000名）同样发现，从小学到高中，青少年的睡眠质量逐渐下滑，手机使用是青少年睡眠质量的重要影响因素。[④]国外也有类似研究结论，比如木泽（Munezawa）等人通过对近10万名日本青少年的调查研究表明，熄灯后玩手机对一系列睡眠障碍（如短睡、较差的睡眠质量、过多的白天睡眠时间

---

① 北京维视力. 悲剧!!! 18岁少年无节制玩手机导致双眼失明［EB/OL］.（2018-02-08）［2022-07-31］. https://www.sohu.com/a/221742221_417073.

② IT168.90后睡眠报告表：57%以上睡前会玩手机［EB/OL］.（2018-02-08）［2022-07-31］. http://www.techweb.com.cn/digitallife/2018-03-19/2646962_2.shtml.

③ 刘庆奇，周宗奎，牛更枫，等.手机成瘾与青少年睡眠质量：中介与调节作用分析［J］.心理学报，2017，49（12）：1524-1536.

④ 马云会，郭菲，陈祉妍.网络与手机使用对青少年睡眠质量影响的调查分析［J］.中华护理杂志，2014，49（12）：1495-1499.

及失眠症）存在明显的预测作用。[①]课题组在文献检索中发现，在SSCI数据库中被引率最高的是凯恩等人[②]的一篇综述性文章，该文章综述了36项关于包括电视、电脑、手机在内的电子媒介使用对青少年睡眠影响的研究，发现这些研究基本证实了电子媒介使用会导致他们晚睡或者少睡。

（3）手机过度使用容易引发青少年骨科疾病。

青少年长期使用手机还容易引起骨科疾病。首先是颈椎关节病变，长时间低头玩手机、玩iPad导致的颈椎病也被医生称为"苹果病"。北京积水潭医院脊柱外科的医生韦祎在一篇报道中说："成年男性的头重量大约为8公斤，脖子相当于一个杠杆。……低头时，特别是低头超过45度时，头的重量就会通过杠杆放大，施加给脖子的压力达到30公斤大小。"[③]低头看手机时，颈椎较长时间保持一个姿势不动，这样颈椎肌肉就得不到良好的休息，保持紧张状态，久而久之容易导致肌肉劳损，严重的会进一步诱发骨骼和间盘系统的颈椎病。黄永穗等人对63例青少年非创伤性颈椎生理曲度异常的病例进行了研究，发现这些病例"使用手机、电脑上网越多，头晕、颈痛时间越长"[④]。

此外，长时间使用手机还可能患上腕管综合征、腱鞘炎等。例如，我们在朋友圈点赞、评论、刷微博都需要动用手指，最常用的手指，有时会出现疲惫麻木、僵硬、不能弯曲等症状，很有可能是得了腱鞘炎。手机带

---

① MUNEZAWA T, KANEITA Y, OSAKI Y, et al. The association between use of mobile phones after lights out and sleep disturbances among Japanese adolescents: a nationwide cross-sectional survey [J]. Sleep, 2011, 34(8): 1013-1020.

② CAIN N, GRADISAR M. Electronic media use and sleep in school-aged children and adolescents: a review [J]. Sleep medicine, 2010(11): 735-742.

③ 人民网. 低头玩手机角度超过45度　相当于在脖子挂了2个大西瓜［EB/OL］.（2018-02-01）［2022-07-30］. http://health.people.com.cn/n/2015/0624/c14739-27201531.html.

④ 黄永穗，农丕地，李定彪，等. 青少年颈椎生理曲度异常与头晕颈痛的相关因素探讨［J］. 中国现代药物应用，2015，9（15）：86-87.

来的各种“并发症”愈发显现，身体在给过度玩手机的人们不同的暗示和提醒。这需要人们去关注和了解一些对应的症状、有效预防、及时医治；也需要青少年们克制自己对电子产品的使用，切勿形成依赖。

（4）手机过度使用引发青少年肥胖、糖尿病等疾病。

青少年使用手机的时候处于静坐状态，减少了体育活动，容易引发肥胖。马赫（Maher）等人①通过对澳大利亚2200名9—16岁青少年进行调查，指出肥胖和超重与青少年（尤其是男孩）的屏幕时间有较强的关联性。希森（Sisson）等人②认为，低体育活动和高久坐行为青少年的超重可能性是其他青少年的2倍。戈麦斯（Gómez）等人③的研究描述西班牙青少年的久坐行为，提出不符合久坐人群公共健康的建议。研究样本为1724名13—16岁西班牙青少年，采用HELENA（海伦娜）久坐行为问卷进行调查。结果发现超过63%的青少年上学日不符合久坐行为时间的建议（每日小于2小时），87%的青少年在周末不符合该规定。研究者指出有必要对青少年的公共健康行为进行干预。米歇尔（Mitchell）等人④跟踪研究了1336名14—18岁青少年的屏幕时间，每6个月记录1次。结果显示，屏幕时间与BMI（身体质量指数）呈正相关，超重和肥胖青少年的屏幕时间缩短可以改善肥

---

① MAHER C, OLDS T S, EISENMANN J C, et al. Screen time is more strongly associated than physical activity with overweight and obesity in 9-to16-year-old Australians[J]. Acta paediatrica, 2012, 101(11): 1170-1174.

② SISSON S B, BROYLES S T, BAKER B L, et al. Screen time, physical activity, and overweight in US youth: national survey of children’s health 2003[J]. Journal of adolescent health, 2010, 47(3): 309-311.

③ GÓMEZ D C, VEIGA O L, ZAPATERA B, et al. Patterns of sedentary behavior and compliance with public health recommendations in Spanish adolescents: the AFINOS study[J]. Cadernos de saude publica, 2012(28): 2237-2244.

④ MITCHELL J A, RODRIGUEZ D, SCHMITZ K H, et al. Greater screen time is associated with adolescent obesity: a longitudinal study of the BMI distribution from ages 14 to18[J]. Obesity, 2013, 21(3): 572-575.

胖症状。斯密斯（Smith）等人[①]采用减少屏幕时间进行了干预实验，在新南威尔士低收入社区的14个中学随机选取了361名有肥胖风险的男孩对其进行了为期20周的干预，发现减少屏幕时间对肥胖有较强的积极影响。

此外，一些研究也证实了过度使用电子设备对糖尿病、心脏病等疾病存在一定的影响。哈迪（Hardy）等人[②]研究了青少年屏幕时间与其心血管疾病、2型糖尿病、脂肪肝风险因子的关系。结果显示，每日屏幕时间多于2小时的青少年的胰岛素水平和胰岛素抵抗稳态评估模型的异常率是少于2小时屏幕时间青少年的2倍。关于屏幕时间与青少年血压的相关研究也发现，青少年过多的屏幕时间还是其血压升高的影响因素之一。杉山（Sugiyama）等人[③]发现，屏幕时间与青少年血压升高值有显著关联性，青少年每天增加1小时看电视（视频）的时间，心脏收缩压大约会增加0.5mmHg。莎拉（Sarah）等人[④]对美国中学生的调查也发现，符合每日屏幕时间标准规定学生的心脏收缩压显著低于不符合标准的学生。这些研究表明，增加体育活动、减少屏幕时间是预防青少年高血压病的重要干预措施。

总之，青少年对手机日益形成愈加强烈的依赖的状况下，需要多加预防，手机使用者需要充分了解手机不良使用存在的隐患和预防措施，要做

① SMITH J J, MORGAN P J, PLOTNIKOFF R C, et al. Smart-phone obesity prevention trial for adolescent boys in low-income communities: the ATLAS RCT［J］. Pediatrics, 2014, 134(3): 723-731.

② HARDY L L, DENNEY-WILSON E, THRIFT A P, et al. Screen time and metabolic risk factors among adolescents［J］. Archives of pediatrics & adolescent medicine, 2010, 164(7): 643-649.

③ SUGIYAMA T, XIE D, GRAHAM-MAAR R C, et al. Dietary and lifestyle factors associated with blood pressure among US adolescents［J］. Journal of adolescent health, 2007, 40(2): 166-172.

④ ULLRICH-FRENCH S C, POWER T G, DARATHA K B, et al. Examination of adolescents' screen time and physical fitness as independent correlates of weight status and blood pressure［J］. Journal of sports sciences, 2010, 28(11): 1189-1196.

到有效预防、积极治疗。但是在访谈中发现，对于手机过度使用对青少年身体健康的影响方面，大多数青少年认为影响并不大，有的在视力下降及家长的干预、控制的情况下会减少手机、iPad的使用，但是对于还没有出现明显或严重问题的情况，无论是青少年自己还是家长都没有给予足够的重视。

2.移动互联网使用侵害了青少年的心理健康成长权

如果说手机过度使用对青少年身体健康的影响是更为可见的，而其对心理健康的影响则较为隐蔽和深入。

（1）移动互联网使用有可能对认知能力产生负面影响。

2008年，美国著名科技作家尼古拉斯·卡尔（Nicholas G.Carr）发表了一篇掀起争议浪潮的文章——《Google让我们变得愚蠢吗？》。他指出，大量依赖搜索引擎查询资料，让人失去深思与专心的能力，广泛地收集各种信息，让现代人的智慧变得肤浅与功利主义。在其新著《浅薄——互联网如何毒化了我们的大脑》一书中，卡尔探讨了电脑上网对人们大脑及思维方式的影响。他说："电脑绝不只是一个对你言听计从的简单工具，它是一种能以微妙而又确定的方式对你施加影响的机器。电脑用得越多，它对你的工作方式的改变就越大，……我们的思考方式、认知方式和行为方式既不是完全由基因决定的，也不是完全由童年经历决定的，我们通过自己的生活方式，而且正如梅尔则尼奇所说的，也通过我们所使用的工具，来改变上述三种方式。"[①]卡尔认为所有的信息技术都会带来一种智能伦理，图书让人们聚精会神，促进了深度思维和创造性思维的发展，而互联网则鼓励碎片化的信息接收方式，遵循的是效率至上的工业主义伦理。人们容易在快餐化阅读的同时丧失了专注、沉思和反省能力。一些学术研究也证实了这一点，过度依赖从手机获得信息，而非自己去学习或解决的积极思考，

① 卡尔．浅薄：互联网如何毒化了我们的大脑［M］．刘纯毅，译.北京：中信出版社，2010：16-17.

这种形式对一个人的认知和未来发展都具备破坏性。胡月等人以湖北省某高校在校大学生为对象，调查他们关于手机依赖与认知的关系，结果显示，手机依赖倾向越高的个体在日常生活中越可能产生认知失败。①

但是，尼古拉斯·卡尔的文章也遭受很多技术至上和乐观主义者的批判，比如当代思想家、世界级语言学家和认知心理学家哈佛大学教授史蒂芬·平克（Steven Pinker）则认为，电子媒介并不会改变大脑处理信息的机制，而且互联网最有趣的发展趋势是，它正在适应人类思维。他说："十几年前，万维网的诞生是互联网应用方面的质的飞跃，这主要体现在用户界面，即图形浏览器上，它基于一系列计算机线性处理器硬件，模拟出了带有窗口、图标和按钮的熟悉的视觉世界。特别是最近，我们看到更多自然的设计取代了传统的呆板模式：更自然的用户界面、对人类专业知识更优化的模拟，以及互联网技术在社会和情感方面的应用。可以肯定的是，人类思想生活的方方面面都受到了互联网的影响。但将其称为'人类思维'的改变者，我认为过于夸张了。"②

虽然手机是否真的会对人的认知能力造成影响还需要科学家们进一步研究和深化分析，但手机及移动互联网的使用对我们的认知能力可能产生影响仍然是需要我们加以反思和重视的。

（2）移动互联网使用对心理健康产生的负面影响。

如果青少年在日常生活或者学习等方面遇到困难，他们在心理上会承受更大的压力，从而产生一些负面情绪，如焦虑、抑郁等，因此他们往往会选择通过互联网来释放这些压力与不快，给自己解压。当然不可否认互联网给青少年带来了很多正面的心理支持，但是其对青少年心理健康的负

① 胡月，黄海，张雨晴，等. 大学生手机依赖与认知失败的关系：负性情绪的中介作用［J］. 中国临床心理学杂志，2017，25（6）：5.

② 湛庐文化. 史蒂芬·平克：这6个大问题让我彻夜忧虑［EB/OL］.（2017-04-16）［2022-07-31］. https://www.sohu.com/a/134401482_166112.

面影响或者侵害也引起了研究者的关注。在有些情况下，手机的过度使用不仅不会解决青少年的负面情绪，在导致眼疾、眩晕、头痛、疲劳等身体不适症状之外，还往往会增加孤独、焦虑、抑郁等情绪和心理问题。不少研究表明，通过手机这种虚拟介质所建立和维持的人际圈，使用得当有助于消除青少年暂时的孤独感，但使用过度则会使得他们逐渐疏远现实生活中的家庭和朋友，缺少面对面的社交互动，更容易产生孤独感、抑郁、焦虑的心态。手机App如微信、微博、QQ等交流方式已经逐渐代替了面对面的沟通，过度使用手机让人们逐渐忽视了现实生活中的人际交往和情感交流，使人际交流困难等现象成为青少年中较为常见的问题。雪莉·特克尔（Sherry Turkle）在其《群体性孤独》中认为，信息技术在给人们带来沟通便利的同时，也使人与人之间的关系弱化，使人们更焦虑、更孤单，需要学会独处和重拾交谈。很多青少年沉溺于虚拟世界的交流，回避现实社会的活动，表现出孤僻、冷漠、不合群等心理问题，不仅影响日常生活与学习，严重的还会影响其健全人格的形成。哈杰（Ha Jee）等人①研究认为，对手机依赖的青少年普遍存在抑郁、焦虑和低自尊等表现。桑切斯马丁内斯（Sánchez-Martínez）和奥特罗（Otero）②对马德里市9个社区的1328名高中生进行调查，发现过度使用手机者有更多的抑郁症状、社交孤立感和学校受挫感，以及更多的吸烟和酗酒倾向，甚至有的学者③研究发现，自杀情绪与夜间使用手机行为有关。

---

① HA J H, CHIN B, PARK D H, et al. Characteristics of excessive cellular phone use in Korean adolescents［J］. Cyberpsychology & behavior, 2008, 11(6): 783-784.

② SÁNCHEZ-MARTÍNEZ M, OTERO A. Factors associated with cell phone use in adolescents in the community of Madrid (Spain)［J］. Cyberpsychology & behavior, 2009, 12(2): 131-137.

③ OSHIMA N, NISHIDA A, SHIMODERA S, et al. The suicidal feelings, self-injury, and mobile phone use after lights out in adolescents［J］. Journal of pediatric psychology, 2012, 37(9): 1023-1030.

此外，青少年受到网络欺凌的现象也较为普遍。国内的相关研究[①]发现，56.88%的中国大陆青少年遭受过网络欺凌。多恩（Doane）等人[②]对大学生的研究表明，78%的大学生报告说他们至少经历过一种形式涉及欺骗的网络欺凌，88%的大学生报告说他们经历过涉及恶意的网络欺凌，73%的大学生报告说他们经历过涉及公开羞辱的网络欺凌，66%的大学生报告说他们经历过涉及不愿接触内容的网络欺凌。

由于网络空间的匿名、超越时空等特性打破了传统欺凌发生的物理限制，这对受欺凌者的伤害可能变得更深。在网络生活中，网络欺凌实施者的“野蛮人”“原始人”特性可能会毫无顾忌地暴露出来，谩骂、诽谤、嘲讽、攻击等网络欺凌行为也会变得肆无忌惮。[③]虽然网络受欺负者会感到孤独、焦虑、威胁和愤怒等，但与传统受欺负者相比，网络受欺负的儿童和青少年事实上更少会主动寻求帮助，也更少人愿意把网络受欺负事件告诉成人。[④]网络受欺负对青少年的心理与行为都会带来一定的负面影响。研究还发现，无论是传统受欺负还是网络受欺负，都能显著增加青少年的抑郁水平。[⑤]此外，国内外学者的研究均发现，网络受欺负越多的青少年其偏差行为也会越多。[⑥]思尼克莱尔（Sniclair）等人[⑦]对17 366名中学生进行了调

① ZHOU Z, TANG H, TIAN Y, et al. Cyberbullying and its risk factors among Chinese high school students［J］. School psychology international,2013, 34(6): 630-647.

② DOANE A N, KELLEY M L, CHIANG E S, et al. Development of the cyberbullying experiences survey［J］. Emerging adulthood, 2013, 1(3): 207-218.

③ 李昕祎. 青少年网络受欺负与抑郁［D］. 武汉：华中师范大学，2016.

④ DEHUE F, BOLMAN C, VÖLLINK T. Cyberbullying: youngsters' experiences and parental perception［J］. Cyberpsychology & behavior, 2008, 11(2): 217-223.

⑤ 丘文福. 大学生网络风险行为、网络受欺负与抑郁的关系研究［D］. 福州：福建师范大学，2018.

⑥ 黎亚军，陈福美，卢富荣，等. 青少年网络受欺负对偏差行为的影响及自我控制的调节效应［J］. 中国临床心理学杂志，2015，23（5）：5.

⑦ SNICLAIR K O, BAUMAN S, POTEAT V P, et al. Cyber and bias-based harassment: associations with academic, substance use and mental health problems［J］. Journal of adolescent health, 2012, 50(5): 521-523.

查，结果发现中学生的网络受欺负能够显著正向预测其物质滥用、自杀和逃学等不良行为。

（3）移动互联网使用对青少年价值观产生的负面影响。

互联网是一个开放的平台，各种内容都得以传播，其中不少涉黄、低俗、暴力内容也防不胜防，正处于成长阶段的青少年接触这些内容必然会对其心理健康、价值观念及行为产生一定的影响。在手机媒介诞生之前，学术界对媒介对人的观念及行为的影响就多有研究，如电视暴力对青少年的影响。早在20世纪60年代，美国政府专门成立了“暴力起因与防范委员会”，格伯纳（George Gerbner）主持了对电视暴力问题的研究，发现了美国电视暴力的严重性及其负面影响。国内也有不少学者进行了类似的研究，如中国传媒大学的龙耘教授的专著《电视与暴力——中国媒介涵化效果的实证研究》等。同样，互联网上的暴力、黄色内容也是各国严加治理的主要内容，是互联网使用对青少年产生危害的主要担忧因素。英国通信管理局（OFCOM）2017年的调查表明①，3%的儿童（5—7岁）有社交媒体资料；17%的儿童（8—11岁）及29%的青少年（12—15岁）都称自己曾在网上看过令人不安或不健康的内容；45%的青少年（12—15岁）在网上看到过仇恨内容；10%的青少年（12—15岁）在网上或手机上看过性相关内容，并感到不适。一些自制力较弱的青少年在观看黄色内容后模仿甚至犯罪的行为时常见诸报端，比如曾引起争议的大连一个未满14岁的男孩强奸并杀害了同小区一个10岁小女孩的案件。②

极端的事件固然更容易引起人们的关注和讨论，而事实上青少年通过使用手机接触各种成人化的内容，其潜在的影响也应该得到关注。比如未

① Internet World Stats.Internet 2022 Usage in Asia［EB/OL］.［2022-07-31］. http://www.internetworldstats.com/stats3.htm.

② 央视新闻网. 未满14岁男孩杀人案引发强烈关切 未成年的“罪”该如何惩治?［EB/OL］.（2019-11-03）［2022-07-31］. https://new.qq.com/omn/20191103/20191103A04Q9E00.html.

成年人过早向成年人学习而变得日益成人化的现象。访谈中一位家长对此表达了自己的不满，她说："经常看到抖音上有一些童模，戴着遮住半张脸的太阳眼镜，穿着长裙和小皮鞋在视频里走猫步。还有一些小朋友拿着化妆品对着镜头展示自己的化妆技术。其实这也没有什么违法的，但是就觉得过于成熟了，不应是他们这个年纪的小人该干的事情。"未成年人和成年人一样接触着各种信息，使得青少年同成人的价值观越来越接近，同时也难免会受到了成人具有的消极性格和行为特征的影响。[①]再比如青少年的早恋现象日益普遍，甚至不少青少年十几岁开始自嘲"单身狗""求扩列"等。而网络上的各种娱乐化现象也同样影响着青少年的价值观念，变得越来越倾向于享乐和不劳而获，于是明目张胆地"求包养""炫富"，缺少正确的人生价值观。

如前所述，娱乐是青少年手机使用占用时间最多的应用。对娱乐的过度追求很容易影响青少年的人生观、价值观。比如本书案例中的沉迷游戏的15岁少年小闻（见第四章），他的娱乐活动基本都是围绕"快乐"进行的，如玩网络游戏、看搞笑视频等，他把游戏作为快乐的事情，而把学习、上班作为乏味的活动加以对立，沉迷在感官的、直接的快乐刺激中，失去了探索世界和发展自我的动力，而对于未来的打算则是"躺在家里就能赚钱"的不劳而获的异想天开。这种"娱乐至死"的价值取向无疑会影响青少年的人生观。伴随短视频的发展，抖音、快手成为时下青少年喜欢的短视频类App，而成为网红博主也成为年轻人向往的职业。国家人力资源和社会保障部公布的数据显示，"2016年应届高校毕业生最向往的新兴职业排行榜中，有54%毕业生选择了网红主播"[②]。青少年对主播职业向往的根源

① 覃川，戚天雷. 媒介化生存与大学生成长［M］. 北京：中国传媒大学出版社，2016：169.

② 讯天科技. 大学生向往职业：54%毕业生选择做网红主播［EB/OL］.（2016-07-25）［2022-07-31］. http://www.sohu.com/a/107507727_254058.

则是“钱途”的诱惑。比如斗鱼女主播阿冷在2016年就拿到了1600万元的年收入，还创造了8个月被打赏3000万元的直播界纪录。在这些高薪、大奖的激励下，更多的年轻人开始投入直播、短视频行业中寻找发展的机会，不少在校大学生成为签约主播，直播成为年轻人成名致富的快捷通道。直到2021年某些网站推出的“十大热门职业”排行榜中，网络主播排名第一。[①]由于青少年群体的道德价值观念还不太稳定，缺乏对成功、成名和人生意义的正确理解，因此不少主播们把成功和金钱作为人生追求的唯一目标，表现出不择手段、急于求成的逐利心态，造成各种直播乱象。自2018年4月起，抖音短视频每个月会发布一次对违规账号、违规内容、违规挑战等内容的处罚通告。以2018年4月的处罚通告内容为例，“抖音短视频平台在3月共清理了27 231条视频内容，8921个音频内容，89个挑战，同时对15 234个账号采取了永久封禁的措施。这些内容和账号涉及低俗色情、暴力谩骂、侵犯版权、垃圾广告、传播谣言、内容引起不适和涉嫌违法等多种违规类型”[②]。

2022年4月30日抖音直播公布了“整治网络直播乱象”治理成果，平台以“色、丑、怪、假、俗、赌”等违法违规内容为切入点，从严整治违法行为、蹭热点乱象、打赏失度、恶意营销等突出问题。2022年4月1日至28日，平台违反了整治网络直播乱象治理规则的主播共计4487个。[③]网络视频、网络直播、网红现象，随着移动互联网的便捷应用带来许多鱼龙混杂的内容，本应在学校中接受教育、享受单纯和乐趣的青少年中的许多人

① hph. 国内十大热门新兴职业：第一是网络主播，侍酒师上榜［EB/OL］.（2021-08-16）［2022-07-31］. http://www.bala.cc/jiaoyu/zhiye/2021/11368.html.

② 广州日报. 抖音发布处罚通告：3月份永久封禁15234个账号［EB/OL］.（2018-04-13）［2022-07-31］. https://baijiahao.baidu.com/s?id=1597632162789747780&wfr=spider&for=pc.

③ 站长之家. 抖音直播「整治网络直播乱象」中4487名主播遭处罚［EB/OL］.（2022-04-30）［2022-07-31］. https://www.chinaz.com/2022/0430/1390874.shtml.

却因为网络传播乱象改变了自己的人生追求，盲目模仿网络上的不健康内容对青少年人生观、价值观的影响值得我们重视和警醒。

3.移动互联网使用增加了青少年面临的社会风险

移动互联网使用为青少年的发展提供了赋权和实现途径的同时，如果使用不当也会对青少年的发展产生负面影响。移动互联网的匿名性、开放性增加了青少年面临多方面社会风险的机会。利文斯通（Livingstone）及其同事在2006年至2012年间进行的“欧盟儿童在线”研究中鉴别出了多种风险，并将这些风险归为现在通常所说的“3C”风险，即内容（content）风险、联系（contact）风险和行为（conduct）风险。

内容风险是指那些色情、暴力、隐私泄露等信息或内容在互联网传播导致的风险。一方面青少年容易接触到这些不良信息或内容，另一方面由于青少年自我保护意识不足，自身也常常成为这些不良内容传播的受害者。2016年英国网络观察基金会（IWF）数据库中关于不雅照的数据[①]表明：2016年，共有57 335个包含儿童性虐待图片或视频的网页被移除；经确认，455个新闻组内有不雅照；相比10岁及以下儿童的不雅照，11—15岁儿童的照片数量有所增加，因为越来越多的人使用网络摄像头“自制”内容，然后在网上分享。我国虽然没有准确的相关数据，但是由于互联网的无国界性，其情况也可以想象。再比如网络经常流传的一些青少年霸凌短视频[②]，一些青少年欺负殴打同伴后拍摄视频并传播到网络上，这一行径自然加重了对被欺负青少年的侵害。

联系风险也被概括为社交风险，是指网络社交引发的各种风险。总

① DAVIDSON J, BIFULCO A. Child abuse and protection: contemporary issues in research, policy and practice［M］. London: Routledge, 2018. 转自陶肖蒙.《儿童虐待与保护：当前研究、政策和实践》（第六章）翻译实践报告［D］.成都：四川外国语大学，2019.

② 菏泽信息港. 12岁女生遭多名男学生围殴欺辱，警方通报来了！［EB/OL］.（2020-06-01）［2022-07-31］. https://www.sohu.com/a/398939975_99965110.

体上说，青少年更容易通过网络接触陌生人，缺乏防范意识和自我保护意识。国外对Facebook（脸书）的研究表明，作为一种广泛使用的社交网络，Facebook的使用似乎已成为网民网络受害发生的主要原因之一。[①]在青少年网络约会暴力的研究中，茨威格（Zweig）和她的同事在2013年进行的一项实证研究的发现被广泛引用。该研究对美国东北部的十所学校的3745名近一年内曾有过恋爱经历的学生数据样本进行分析，结果显示，有超过四分之一（26%）的学生表示在过去的一年里遭遇过某种形式的网络约会暴力的侵害。[②]此外，引诱青少年发生网恋或者性诱骗行为是较为常见的社交风险。但是由于这一风险发生的条件具有隐匿性导致较难获得准确数据，所以大都是依据受害者的自我汇报。欧洲委员会互联网持续安全行动计划资助了一项调查，旨在通过访谈描述来确定已被定罪的网络诱拐犯和受害者的特征，从而加强防范和安全意识。调查发现有两类受害者较为突出，一种是脆弱型的人，他们对情感和关注有高度需求，和父母的关系不佳，家庭生活也问题百出。他们在网络上寻找“爱情”，认为诱拐关系就是亲密关系。另外一种是冒险型年轻人，他们喜欢冒险，不受拘束，认为自己是网络互动的主导者。这类年轻人更能承受压力，不愿公开，因为他们相信诱拐犯对于自己配合的看法以及引诱的罪责[③]。此外，由于网络直播等新网络技术和服务的出现，以盈利为目的的儿童网络性虐待事件也开始出

① PELUCHETTE J V, KARL K, WOOD C, et al. Cyberbullying victimization: do victims’ personality and risky social network behaviors contribute to the problem? [J]. Computers in human behavior, 2015(52): 424-435.

② ZWEIG J M, DANK M, YAHNER J, et al. The rate of cyber dating abuse among teens and how it relates to other forms of teen dating violence[J]. Journal of youth and adolescence, 2013, 42(7): 1063-1077.

③ DAVIDSON J, BIFULCO A. Child abuse and protection: contemporary issues in research, policy and practice[M]. London: Routledge, 2018. 转自陶肖蒙.《儿童虐待与保护：当前研究、政策和实践》（第六章）翻译实践报告[D].成都：四川外国语大学，2019.

现。2020年3月韩国发生了令人震惊的“N号房事件”[①]，通过加密聊天室付费观看性剥削视频和受害者信息，甚至包括“一个女孩被几名成年男子强奸的实时共享视频”，N号房创始人“godgod”曾在聊天时透露，他们如何在社交网络寻找上传过大尺度影像的女性，并想办法胁迫她们拍摄性虐视频。其中有多名未成年少女，最年轻的受害者只有11岁。

此外，青少年在网络交易行为中的风险引发了人们的关注，也频繁见诸报端。青少年在玩游戏的过程中容易产生不理性的消费行为。比如一位8岁的男孩用爸爸闲置的手机上网课，开始偷偷打游戏，并在《和平精英》中充值，3个月时间充值了6900多元。[②]此外，观看直播的过程中瞒着父母高额打赏主播的案例也不少，比如一位11岁女孩把近200万元人民币打赏给了某直播平台的主播，以维系跟主播之间的“友谊”。[③]有些孩子的家庭条件并不宽裕，一位妈妈在小学当帮工的12岁男孩两天时间给主播打赏了5万多元。[④]此外，青少年还容易出现不理性的购物行为。比如青岛胶州市12岁的女孩玩妈妈手机的时候转账并删除了聊天记录，短短三天时间，花费了12 547元用于购置一种叫“盲盒”的玩具。[⑤]此类情况已经不是个案，而是具有一定的普遍性，而且新冠肺炎疫情期间呈现明显增多趋势。根据

① 中国新闻网. 韩国26万人围观的“N号房”是什么［EB/OL］.（2020-04-17）［2022-07-31］. http://sn.ifeng.com/a/20200417/13959318_0.shtml.

② 佚名. 宝鸡8岁“熊孩子”玩游戏花费近7000元，最高一次充值620多元［EB/OL］.（2020-05-26）［2022-07-31］. https://www.sohu.com/a/397771234_100033962.

③ 法律读库. 孩子打赏主播200万，钱还能要回吗?［EB/OL］.（2019-04-20）［2022-07-31］. https://www.sohu.com/a/309193248_120032.

④ 大河报网. 男孩给25个主播打赏！一查银行账单，妈妈哭完孩子哭……［EB/OL］.（2019-02-20）［2022-07-31］. https://www.dahebao.cn/dahe/appweb/1359398?cid=1359398.

⑤ 齐鲁晚报. 12岁女孩三天花上万元买盲盒！店家给其备注：胶州小土豪［EB/OL］.（2020-06-05）［2022-07-31］. https://www.thepaper.cn/newsDetail_forward_7719055.

报道显示[①]，2020年第一季度，江苏全省消保委系统受理未成年人网游类投诉425件，与去年同期相比增加了46%。其中，未成年人充值群体中年龄最小的是3岁，充值金额最高达7万元。为此，江苏省消保委结合未成年人游戏充值、直播打赏调查，约谈了涉及的7家网络游戏企业、9家直播与短视频平台，并要求他们完善“直播打赏规则”，制定“游戏消费标准”。2020年5月，最高人民法院新出台的《关于依法妥善审理涉新冠肺炎疫情民事案件若干问题的指导意见（二）》中，对这些涉及未成年人的网络消费行为纠纷进行了明确的法律解释，规定限制民事行为能力人（8周岁以上的未成年人）未经其监护人同意，参与网络付费游戏或者网络直播平台“打赏”等方式支出与其年龄、智力不相适应的款项，监护人请求网络服务提供者返还该款项的，人民法院应予支持。

第二节　青少年移动互联网使用行为的影响因素

以上我们分析了青少年移动互联网使用产生的各种影响，其中有正面的赋权和积极影响，也有负面的侵害和不良影响。为什么同样使用移动互联网，不同的青少年会受到不同的影响呢？到底是哪些因素在影响着青少年的移动互联网使用行为及效果呢？

生态系统理论（Ecological Systems Theory）是由发展心理学家布朗芬布伦纳（Bronfenbrenner）提出的，该理论强调发展个体嵌套于相互影响的一系列环境系统中，这些系统与个体相互作用并影响着个体的发展，也就是说个体行为的发生是个体与其感知的社会环境间相互作用、相互适应的一系列过程。在生态系统理论框架中，人类行为发展的生态环境由四级子系统组成

---

① 东北网. 游戏消费限额，这是个帮“熊孩子”的好办法［EB/OL］.（2020-04-30）［2022-07-31］. https://www.sohu.com/a/392251514_99962390.

（图5-2）：微系统（Microsystem）位于环境层次的最里层，主要关注个体自我意识部分，包含人格特质及行为控制模式等方面。中系统（Mesosystem）是第二层环境，主要关注直接环境，即亲密关系之间的关联或相互影响，包括同伴、家庭、社交网络、学校等方面。外系统（Exosystem）是第三层环境，主要关注支持性环境，包括媒介使用和移动互联网的发展、内容及服务，应用技术的更新等方面。宏系统（Macrosystem）是最外层环境，主要关注宏观的社会环境、文化、亚文化等方面。

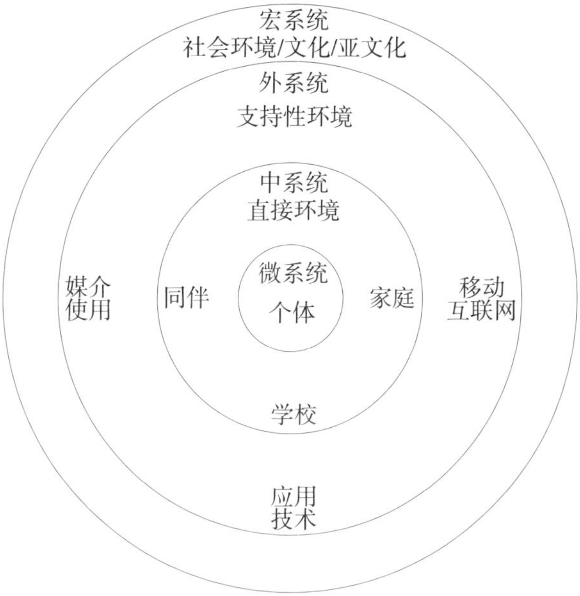

图5-1　生态系统理论模型

这一生态系统理论为我们全方位理解青少年移动互联网使用行为的社会影响环境和因素提供了框架。移动互联网使用行为形成的影响因素是相当复杂多样的，根据生态系统理论层次结构，手机本身特征、个体特质、家庭、学校等集体环境、互联网行业的发展以及社会环境、文化及青少年亚文化等，都在不同层面不同程度上影响着青少年的移动互联网使用行为。下面我们分别加以分析。

一、微系统中的青少年个体因素

青少年个体因素是直接决定着其移动互联网使用行为的核心，其他系统因素的影响是通过个体因素这一中介因素来起作用的。当然个体因素也不是完全被动的，而是具有主观能动性，其和其他系统的影响是相互的，也就是说个体因素具有影响和改变外在环境的能力。事实上，个体因素本身也是一个复杂的、有着不同因素相互作用的微系统，如青少年的心理状况及需求、个体的人格特征、发展动机、自控能力、教育程度、媒介素养等都会在某种程度上影响着青少年的移动互联网使用行为及效果。在此，我们将综合心理学、社会学、传播学等不同领域学者的研究成果来进行综合分析，以期加深对影响青少年移动互联网使用的个体因素的理解。

1.青少年的心理特点及需求

布朗芬布伦纳的模型还包括了时间纬度，他把时间作为研究个体成长中心理变化的参照体系。他认为，随着时间的推移，儿童生存的微观系统环境不断发生变化。引起环境变化的可能是外部因素，也可能是人自己的因素。因此，不同年龄阶段个体的微观系统及其环境都是不一样的，是发展变化着的。布朗芬布伦纳将这种环境的变化称为“生态转变”，每次转变都是个体人生发展的一个阶段。青少年正处于走向成熟的特殊时期，有着这一阶段的心理特点和需求。总体上说，这一阶段的青少年的心理特点具有过渡性，兼具成年人和儿童的心理特点。一方面他们随着青春期的开始有着部分成熟的特征，主要表现为强烈的独立需求，他们希望脱离父母的严厉管控而能够自主地安排学习生活和娱乐等，而父母则往往难于放手，如果沟通处理得不好则容易导致亲子关系的矛盾激化。这一点也明显地表现在移动互联网使用上，他们希望能够独立自主地使用手机上网，希望父母少加干涉，在父母严格的管控下不少青少年采取偷偷使用或者公开反抗等方式维护自己的独立自主权。青少年的这种独立自主的发展需求也蕴含着其寻求隐私性和社会性的心理特点。这一阶段成长变化较快，青少年开始有越来越多的隐私和秘密不愿意和家长教师等分享，他们在移动互联网使用过程中接触了哪些内容、哪些人，他们往往不愿意告诉父母，这也是导致父母对其移动互联网使用行为较多担忧的原因。此外，这一时期他们对社会关注增多，社会活动增加，尤其是对同辈群体的依赖和社会交往增多，也开始更多寻求同伴的认同，而往往拒绝接受家长的引导，所以他们的网络社交行为非常活跃，喜欢玩游戏等集体娱乐，也大多参与了各种网络兴趣族群。

另一方面，他们又具有儿童时期心理不稳定、缺乏安全感、好奇心强、没有足够的理性、自制力等心理特点。青少年时期在看似走向成熟希望脱离父母的同时，其实隐藏着对安全感和认同感的强烈需求。尤其是一些缺乏爱和包容的家庭环境的青少年，更容易在网络上寻求替代性的满足，甚至投入陌生人的怀抱造成伤害。此外，青少年具有旺盛的好奇心和求知欲，容易接受新事物，注重感性体验、缺乏理性思辨能力，因此当互联网给他们展现了一个广阔驳杂的新奇世界，青少年很容易沉迷其中。一方面，青少年时期学习压力较重，他们希望寻找放松和发泄的渠道，而互联网上轻松搞笑的娱乐内容很容易吸引青少年。另一方面，互联网内容驳杂，无所不包，有些内容迎合了人性的一些阴暗面和本能，这些内容常常是青少年在日常生活和学习中接触不到的，比如涉黄的内容。访谈和调查发现，大部分青少年都通过网络接触过这些内容，甚至有些男生之间还会传播涉黄视频，女生则偏向看成人小说，不少成人小说中也会有涉黄内容。

学者高文斌等人提出“失补偿”假说解释网络成瘾行为的产生，认为青少年在个体发展需求的动力下有着各种各样的需要，受到干扰因素阻碍后，发生“心理补偿”过程，通过满足发展需求来建立对自我的评价体系，构建自我意识。如果自我认同感降低，需求不能得到满足，发生“病理性补偿”过程，青少年便有可能通过诸如网络游戏等容易产生成就感的方式进行补偿。[①]方晓义团队按照需求获得满足的途径，将心理需求分为心理需求现实满足及心理需求网络满足两个方面，并认为如果青少年心理需求现实满足强于网络满足，那么形成依赖行为的可能性就会降低，反之，如果青少年心理需求网络满足强于现实满足，则产生手机依赖的可能性将增高，并根据实证研究的结果提出“心理需求网络满足优势理论”[②]。

以上是青少年时期总体的心理特点及需求对其网络使用行为的影响。但是，青少年时期本身也是一个较长的跨度，不同年龄段也存在不同的特点。比如我们在课题调查中发现，和初高中相比，大学生阶段则具有较强的自制能力，尤其是大二大三以后，他们对移动互联网的依赖明显减轻，也更能理性使用互联网。

2.青少年的人格特征

人格特征对青少年移动互联网使用的影响得到了较多学者的关注。这一关注较早出现在对网络成瘾的研究上。关于人格特征自20世纪90年代以来最知名的就是大五人格理论。伊万·戈登伯格（Ivan Goldberg，1992）称之为人格心理学中的一场革命，不同的研究者通过词汇学的方法，发现大约有五种特质可以涵盖人格描述的所有方面。这五种人格特征分别是以下几点。[③]

开放性（openness）：具有想象、审美、情感丰富、求异、创造、智能等特质。

责任心（conscientiousness）：显示胜任、公正、条理、尽职、成就、自律、谨慎、克制等特点。

---

① 高文斌，陈祉妍.网络成瘾病理心理机制及综合心理干预研究［J］.心理科学进展，2006(4)：596-603.

② 方晓义，刘璐，邓林园，等.青少年网络成瘾的预防与干预研究［J］.心理发展与教育，2015，31(1)：100-107.

③ 彭聃龄.普通心理学［M］.北京：北京师范大学出版社，2012：58.

外倾性（extroversion）：表现出热情、社交、果断、活跃、冒险、乐观等特质。

宜人性（agreeableness）：具有信任、利他、直率、依从、谦虚、移情等特质。

神经质性（neuroticism）：难以平衡焦虑、敌对、压抑、自我意识、冲动、脆弱等情绪的特质，即不具有保持情绪稳定的能力。

1987年，美国心理学家克斯塔（Costa）和迈克雷（McRae）编制出大五人格量表，后来经过两次修订。该测验在学界和业界应用广泛，具有优秀的信度和效度。很多研究者利用大五人格理论及量表研究了人格特征对网络使用行为或网络游戏成瘾的影响。研究[①]发现，人格特质是智能手机使用和社交网络使用的重要影响因素，它能较为稳定地预测手机成瘾行为和社交网络过度使用行为。高雄（Takao）[②]研究认为外向性和神经质性这两种人格对问题性手机使用具有积极的预测作用。外向性和神经质性的个体更频繁地更新状态、下载和上传照片、评论他人发布的状态，并且他们也拥有更多的社交朋友[③]。姜永志和金荣[④]研究了人格特质对青少年移动社交网络使用的影响，发现具有高神经质性人格倾向和高外向性人格倾向的青少年更易形成移动社交网络过度使用行为，他们会在移动社交网络中花费更多的时间、体验到更多的沉浸体验，但这种过度的使用往往也会导致

---

① EZOE S, TODA M, YOSHIMURA K, et al. Relationships of personality and lifestyle with mobile phone dependence among female nursing students［J］. Social behavior and personality: an international journal, 2009, 37(2): 231-238.

② TAKAO M, TAKAHASHI S, KITAMURA M. Addictive personality and problematic mobile phone use［J］. CyberPsychology & behavior, 2009, 12(5): 501-507.

③ LEE Y K, CHANG C T, LIN Y, et al. The dark side of smartphone usage: psychological traits, compulsive behavior and technostress［J］. Computers in human behavior, 2014(31): 373-383.

④ 姜永志，金荣.人格特质对青少年移动社交网络使用的影响：性别的调节作用［J］.贵州师范大学学报（自然科学版），2018，36（5）：109-114.

消极的心境的出现，并降低学习和工作效率。这是因为神经质人格作为一种消极人格，往往表现为情绪不稳定、焦虑、急躁和追求完美等，具有这类特质的青少年大多可能在现实生活中具有社交不良问题，因此，他们在使用移动社交网络时往往会具有很强的目的性，很容易沉溺其中而难以自拔，进而对学习和工作造成消极影响。外向性人格特质往往具有热情、开放、活力、喜好社交等特点，具有这样特质的青少年除了在线下拥有更多的朋友，也更乐于在线上与他人交流，以建立更为广泛的社会关系。而具有高宜人性、高谨慎性（责任心）和高开放性人格特质的青少年在使用移动社交网络过程中，较少体验到消极心境，不会在移动社交网络使用上花费大量时间，也不会因移动社交网络的使用而影响学习生活，并且具有谨慎性人格的青少年也不易形成移动社交网络过度使用行为，这说明该人格特质的青少年对移动社交网络的使用具有较好的自我控制力。这是因为宜人性、开放性和谨慎性（责任心）一般被视为积极人格特质，具有这类人格特质的青少年往往表现出较多责任心、开朗、自信、随和、严谨、认真等特点，这类群体往往也具有较高的自我控制水平，这使得他们在移动社交网络的使用过程中，不会花费大量时间，较少沉浸其中，不会影响学习和工作效率。

3.青少年的其他个体因素

研究者还探讨了其他一些个体因素对青少年网络使用的影响。

首先，个体的心理健康状况会影响青少年的手机依赖等网络使用行为。比如托米（Thomée）的研究发现，过度使用手机与情绪低下、心理失常还有压力存在正相关。[①]国内学者黄海等人的研究认为个体的心理健康状况是影响手机依赖的重要因素，焦虑、精神病性、恐怖和强迫对手机依赖有一

① THOMÉE S, HÄRENSTAM A, HAGBERG M . Mobile phone use and stress, sleep disturbances, and symptoms of depression among young adults-a prospective cohort study [J]. Bmc public health, 2011, 11(1): 66.

定的预测性，焦虑可能是影响个体形成手机依赖的重要变量。[①]梅松丽等人的研究发现青少年的主观幸福感与网络成瘾存在负相关，即青少年主观幸福感越强，其自尊与自我控制能力越强，因而其形成网络成瘾的可能性就越小，反之亦然。[②]崔玮嵛等人的研究发现，自我认同感与手机成瘾存在显著负相关，自我认同感能够负向预测个体手机成瘾水平。[③]

其次，个体发展的成就动机也对青少年的网络使用行为具有预测作用。个体发展的成就动机是指青少年对自我发展的目标和动力，这是驱动青少年自我发展的主要内在动力。成就动机包含追求成功和回避失败两个因子，若追求成功动机明显高于回避失败动机，则意味着个体更倾向于对成功目标的不懈追求；而回避失败动机强于追求成功动机，则意味着个体更倾向于失败率较低的求稳目标。李健明和王传奇[④]对江苏省4所中学及5所高校共2600名学生的成就动机以及网络成瘾行为的相关性进行了测试，揭示出了青少年成就动机与网络成瘾行为之间的关联性。研究发现，高成就动机对网络成瘾有负向预测作用，而低成就动机的青少年更容易网络成瘾。另外，网络成瘾与其追求成功的动机呈显著负相关，而与回避失败动机呈显著正相关。也就是说，个体越追求成功越不容易形成网络成瘾，而倾向于在现实世界努力奋斗实现目标，获得成就感和满足感。而个体回避失败的动机越强，越容易逃离现实世界的压力和失败而沉迷更易体验成功的网络游戏等虚拟世界。因此，追求成功动机较低、回避失败动机较高的青少年更容易网络成瘾。

---

① 黄海，周春燕，余莉．大学生手机依赖与心理健康的关系［J］．中国学校卫生，2013，34（9）：3.

② 梅松丽，柴晶鑫，郭金花．青少年主观幸福感与网络成瘾：自尊及自我控制的中介作用［J］．心理发展与教育，2015，31（5）：7.

③ 崔玮嵛，薛艳，郑爱明．大学生自我认同感与网络成瘾的关系：主观幸福感的调节作用［J］．南京医科大学学报（社会科学版），2015，15（4）：293-297.

④ 李健明，王传奇．青少年成就动机与网络成瘾的相关研究［J］．盐城师范学院学报（人文社会科学版），2016，36（5）：4.

此外，使用动机与使用习惯也影响着青少年的网络使用行为及效果。国内外研究者将手机使用动机划分为不同类别，均发现使用动机与手机依赖行为存在关联。帕克（Park）[①]将手机使用动机拆分成两大类：习惯性使用动机（消磨时间、逃避）和工具性使用动机（娱乐、唤醒），并发现习惯性使用动机与手机依赖存在显著正相关关系。赵联飞[②]在研究大学生网络使用时提出“工具性—情感性”分类框架。他认为工具性指个体把网络作为一种学习、工作等的工具，网络使用者主要基于成本、效益等特定目的而使用互联网。情感性是指网络使用者基于情感表达和需要而使用互联网。他归纳了六种大学生最典型的网络使用行为——信息获取、社会交往、自我互动、休闲娱乐、在线学习和生活助手，并按照不同使用行为在工具性和情感性两个维度上的高低不同划分为四种类型，即“高工具性—低情感性”、“高工具性—高情感性”、“低工具性—低情感性”和“低工具性—高情感性”。比如，信息获取、在线学习是典型的“高工具性—低情感性”网络使用，这类网络使用的目的性很强，自我卷入较低。而社会交往、自我互动、娱乐属于典型的“低工具性—高情感性”网络使用，这类网络使用主要在于满足个体内在的情感需求，容易卷入程度较高，也就是更容易形成网络成瘾。

另外，个体的性别、兴趣爱好、受教育程度、生活习惯和生活方式等因素都有可能对青少年的移动互联网行为产生影响。比如男生较女生更容易对网络游戏产生依赖，一般来说，男生独立性较强，善于思考，较女生来讲好强、自信，他们的冒险精神和很强的猎奇心理，使得他们更容易沉溺于虚拟的网络游戏。而女生则更倾向于产生网络社交依赖，因为她们更多是关系取向的，更关注朋友关系。而兴趣爱好则会影响青少年的互联网

① PARK W K. The mobile phone addiction among Korean college students［J］. Korean society for journalism and communication studies, 2003, 47(2): 50-81.

② 赵联飞. 中国大学生中的三道互联网鸿沟：基于全国12所高校调查数据的分析［J］. 社会学研究，2015（6）：24.

使用偏好，从而影响其使用行为。

二、中系统中的家庭、学校和同辈群体环境

中系统是指围绕个体的直接环境系统，其中最主要的就是家庭，其次是学校和同辈群体。

家长作为青少年的监护人，是青少年手机使用方面的第一责任人。家长的监管主要表现为对于孩子的询问、关注、指导、沟通和约束孩子的手机使用等。家长的监控、良好的家庭教育和亲子关系对于未成年人的移动互联网使用的影响是至关重要的。燕道成和侯娟①在研究手机不良信息对青少年的影响时提出，家庭教育水平越低，越倾向于接触直观的不良信息，如冲击力强的性部位、性行为、性暴力、血腥、凶杀等。与父母双方共同居住的青少年，他们的上网注意力管理和自我信息控制能力会相对较高。孤儿群体中，经常接触手机小说不良信息的比例高达77.7%，远远超过单亲和双亲家庭的孩子。在经常性接触视频不良信息的比例中，孤儿群体高达33.4%，是单亲家庭孩子的16倍之多，接近双亲家庭孩子经常性接触率的21倍。由此可见，家长对青少年移动互联网使用行为的影响非常大。但是在调查中发现，家长在青少年移动互联网使用方面的监管和教育往往不足。有的父母自己也是手机使用的低头族，其行为构成了一种风险环境，不仅给中学生树立了不良的“榜样”，还带来了情感的“冷落”，这都会促进中学生的手机成瘾。有研究②发现，父母低头族能够有效预测初中生手机成瘾，而父母监控则是一个积极的调节作用，也就是说如果高监控的父母

① 燕道成，侯娟. 青少年接触手机不良信息的文化背景与规律调查［J］. 少年儿童研究，2012(6)：4.

② 丁倩，张永欣，周宗奎. 父母低头族与中学生手机成瘾的关系：父母监控的调节作用［J］. 中国特殊教育，2019(1)：66-71.

其低头族的行为对孩子的手机成瘾影响就会很小，这也提示了父母监控的意义。但是也有研究[1]指出，父母监控并不总是有效的，并不必然带来青少年问题的减少，亲子关系、青少年对父母监控的感知以及不良同伴等因素都会影响父母监控的效果。在移动互联网使用上这样的情况也同样存在。在现实中，一方面有的家长重视不够，甚至不了解孩子偷偷用手机上网的具体情况，因而放任自流、疏于监管。另一方面，相当一部分家长监管措施不当，有的过于强硬引起青少年的反抗，有的过于宽松，监管效果有限。农村地区青少年使用手机的情况相对更为严重。许多农村地区的孩子父母长期不在身边，缺乏有效的管制。有些青少年即使父母在身边，也因过度溺爱或不知道如何管理等因素而任由孩子随心所欲。再加上农村地区娱乐设施较少，因此网络游戏、视频、社交等就更具有了吸引力，导致农村青少年手机依赖问题更为严重。一些研究的调查数据也支持了这一结论。中国社会科学院大学青少年工作系副教授、青少年健康研究中心主任周华珍主持完成的《青少年成瘾行为调研报告》数据显示："在玩游戏的时间上，留守儿童要高于非留守儿童。尤其是在'每天玩4—5小时'以及'每天玩6小时以上'这两个时间段，留守儿童的比例明显高于非留守儿童，'每天玩4—5小时'分别是18.8%和8.8%，'每天玩6小时以上'分别是18.8%和8.2%。"[2]因此，家长需要认识到父母监控的核心原则是知情、关心、陪伴和爱护。而且，随着青少年进入青春期，他们会渴望自主性、越来越叛逆，因此需要家长采取较为民主型的监控形式而非强硬的控制型。

学校是中系统中影响青少年移动互联网使用较为重要的环境因素。青少年正处于学龄期，大部分时间在学校度过。一方面学校对青少年手机使用基

① 王茜，陈会昌.父母监控与青少年问题行为的关系及对干预的启示［J］.教育理论与实践，2007(10)：33-35.

② 环球网.调查：中国二成青少年有电子游戏成瘾现象或风险［EB/OL］.(2018-07-02)［2022-07-31］. https://baijiahao.baidu.com/s?id=1604837063300163749&wfr=spider&for=pc.

本都采取了限制性的措施，比如保管手机等，甚至有的学校发现学生上课偷用手机采取销毁等极端措施。另一方面学校也强调学生对手机使用的负面影响，并号召学生远离手机，为自己的学业和前途而奋斗。如南京市第九中学的校长在2018年的开学典礼上的演讲题目就是《别让手机偷走你的梦想》。此外，学校的课程教育会影响着青少年的移动互联网使用，比如教师在课程中加强对青少年移动互联网使用的正面引导，帮助其趋利避害，减少负面影响，而积极使用移动互联网为自己的成长发展服务。我国目前对于学生的素质教育虽然已经逐步全面化，但是对于学生的网络素质教育仍然存在很大的差距，这是导致我国青少年网络素养整体不高的一个主要原因。目前我国的学校教育中缺乏系统性、常规化的媒介素养教育，除部分高校人文、新闻院系设有媒介素养教育的专业课或平台课外，其他院系少有涉及，而中小学的媒介素养教育更是流于表面化、形式化，往往以信息技术课程为主，对于青少年实际的网络素养教育难有成效。除此之外，我国学校的媒介素质教育发展十分不均匀，经济发达地区的媒介素质教育机会和资源远远领先于经济落后地区。例如相对于城镇青少年而言，农村青少年接受媒介素养教育的机会较少，农村的网络媒介素养落后明显。如此一来，我国目前的青少年网络媒介素质教育不是通过科学的媒介理论指导以及系统的训练获得的，而是在日常媒介接触经验的基础上，通过个人的自觉感悟来培养的。

此外，对青少年影响最大的就是班级氛围和同学群体。青少年时期处于社会化的重要阶段，这一时期他们越来越希望脱离父母而越来越依赖同辈群体的认可，因而具有较强的从众心理。尤其是当代社会，网络已经成为一种信息和文化娱乐生活、流行时尚等的主要来源，为了与身边的同学保持一致，很多青少年会受到流行的网络内容和趣味的影响。作为青少年成长路上的重要伙伴，同伴深刻影响着青少年个体心理行为的发展。青少年的心理成长需要一定的社会支持，而同伴恰好能为他们获得认同提供重要的情感支撑。如果和同伴相处较好，个体会体验到较少的不良情绪，如焦虑、孤独等。除了和情绪问题密切相关，同伴还是青少年行为问题的重要成因。研究[①]表明，除了家庭因素，青少年的问题行为很大程度上是受同伴影响而形成的。此外，同伴的数量、与同伴的关系质量以及同伴压力等变量都是青少年各种行为问题的重要影响因素。[②]另外，周琳[③]在其研究中对初一到高三的604名同学进行了调查，结果发现，从众心理对青少年网络游戏成瘾倾向及行为产生负向影响，也就是从众心理越强其游戏成瘾行为越弱。这是因为从众心理强的孩子容易受到父母、教师等环境压力和学习氛围的影响。班级氛围对青少年网络游戏成瘾倾向及行为产生负向影响，也就是班级氛围越积极，同学们游戏成瘾倾向越低。班级氛围越积极，同学们的学习气氛越好，会减少游戏行为及成瘾。但是，班级氛围对从众心理和青少年网络游戏成瘾倾向及行为之间的关系产生显著的调节作用。具体来说，处于消极的班级氛围时，青少年的从众心理越高，网络游戏成瘾倾向及行为就会越低。处于积极的班级氛围时，青少年的从众心理越高，网络游戏成瘾倾向及行为也会越高。这说明班级氛围越积极，同学们之间互动就越多，越容易相互影响。此外，也有研究[④]认为，网络游戏已然逐步演变为一种社交方式。尤其是男生，他们会认为网络游戏好比是篮球等运动，是他们参与集体活动培养真实的哥们儿友谊的方式。

---

① GIFFORD-SMITH M, DODGE K A, DISHION T J, et al. Peer influence in children and adolescents: crossing the bridge from developmental to intervention science [J]. Journal of abnormal child psychology, 2005, 33(3): 255-265.

② 张锦涛，陈超，刘凤娥，等.同伴网络过度使用行为和态度、网络使用同伴压力与大学生网络成瘾的关系［J］.心理发展与教育，2012，28（6）：634-640.

③ 周琳.从众心理与青少年网络游戏成瘾的关系：班级氛围的调节作用［D］.武汉：华中师范大学，2019.

④ 张玉佩.游戏、人生：从线上游戏玩家探讨网络世界与日常生活的结合［J］.新闻学研究，2009（98）.

在中系统中，家庭、学校、同伴等这些具体的环境因素在影响青少年个体时，是以和个体的互动而形成的关系为纽带，进而产生对其心理的影响，从而影响其互联网使用行为。比如个体的人际关系、生活学习压力等都会对其移动互联网使用产生影响。有不少研究表明①，包括聊天、八卦、保持联系在内的社会融入是个体手机使用的重要原因。个体的生活压力尤其是现实人际关系紧张，会降低个体的社交自我效能感，进而增加个体的手机使用依赖。②高文斌和陈祉妍③认为，这说明现实人际关系困扰严重的个体，在线下交往中难以融入社交群体，缺少归属和认可，更渴望通过手机使用满足社会融入的需求，获得网络情感支持和成功体验。当个体的现实人际交往存在严重困扰时，个体更可能通过网络交往，扩展和建立线上新的人际关系，从而补偿现实人际关系。这一结论也得到了不少后来研究的支持。④

三、外系统中的互联网相关行业环境

外系统是围绕个体和生活环境之外的第三个外围系统。在移动互联网使用中，主要是指和移动终端设备及互联网行业发展等环境系统。需要强调的是，离核心的微系统越远并不是说影响就越小，外系统既可以通过中

① CHUU S I. The relationship between life stress and smartphone addiction on Taiwanese university student: a mediation model of learning self-efficacy and social self-efficacy[J]. Computers in human behavior, 2014(34): 49-57.

② PARK N, KIM Y C, SHON H Y, et al. Factors influencing smartphone use and dependency in South Korea[J]. Computers in human behavior, 2013, 29(4): 1763-1770.

③ 高文斌，陈祉妍.网络成瘾病理心理机制及综合心理干预研究［J］.心理科学进展，2006(4)：596-603.

④ 许磊，丁倩，杜红芹，等.大学生现实人际关系困扰、网络交往与手机依赖的关系［J］.心理研究，2016，9(2)：86-91.

系统影响个体，比如父母为孩子购置手机的行为，也可以直接作用于个体，比如个体对手机的使用和对网络服务、内容的接触等。事实上，随着各种电子媒介尤其是互联网的到来，媒介环境对个体的影响是全面而深入的，以至于人们称其是媒介化的社会，即以电子媒介为代表的各种媒介尤其是当下的互联网媒介实现了对社会生活全方位地介入和影响。德国学者克罗兹（Friedrich Krotz）①认为，媒介化与全球化、商业化、个人化一道，构成了当下的四大“元过程”（meta-processes），也即是衍生出各种社会变迁动态的基础过程。“媒介化”是一个理论概括，它既是描述，指多种形态的媒介和信息技术得以应用，构成了当下生活的基础设施；也是因果关系的概括，即媒介技术的逻辑已经并正继续改变社会生活的方方面面，包括传播形态、传播伦理，以及传播发生和形成的关系。

1. 手机媒介本身的特性影响着青少年的移动互联网使用

如前所述，手机本身的技术更新非常频繁，从最初的笨重、只能通话的“大哥大”到今天发展成为无所不能的智能手机，尤其是移动互联网的功能为其联通世界提供了越来越便捷的服务。毋庸置疑，如今手机上网所具有的传播速度实时性、内容海量性、形态丰富性、传播范围广泛性使得其在使用上极具便利性，其功能更是从最初的以通信为主扩展到方方面面，成为人们生活须臾不可或缺的工具。甚至可以说是完成了人的媒介化过程。当然，这个过程是双向的，是以人为主体的自由选择的过程，也是人的选择在推动媒介本身的特性及其服务和内容变迁的一个过程。从手机媒介本身的特性来看，首先其具有私人性、便携性的特点。手机小巧玲珑，便于携带，属于个人物品，这使得青少年的媒介使用行为具有隐私性、随时随地性的特点。他们认为手机是个人的私人物品，他们不但会装饰选择自己手机的外观，还不愿意甚至坚决反对父母对其手机的查看，在他们看

① KROTZ F. The meta-process of mediatization’ as a conceptual frame［J］. Global media and communication, 2007, 3(3): 256-260.

来，他们的手机使用内容也是他们个人的隐私，如同日记一般记录着自己的秘密。这就使得青少年在使用移动互联网时个体因素起到了很重要的作用，个体自控力好、成就动机强以及个体人格特质等因素会起到很强的决定性作用。其次，手机通过移动互联网可以连通世界，使其成为青少年连通这个世界的媒介和桥梁。通过越来越速度快捷、资费廉价的移动互联网服务，可以提供极其丰富多样的服务和内容，这是手机能够吸引青少年的根本原因。

2.移动互联网的娱乐性、社交性、商业性功能也影响着青少年的网络使用

有研究者对手机移动互联网的使用分为工具性应用和情感性应用两种。家长为青少年购买手机主要是为了工具性应用，但是在实际使用中真正吸引青少年的则是情感性应用。其中社交性应用和娱乐性应用更是成为让青少年产生依赖和沉迷的典型应用，主要包括听音乐、看视频、玩网络游戏等。这些社交性、娱乐性应用成了学龄阶段的青少年释放压力的主要方式。事实上，娱乐化是当前社会的主要文化特征，在视觉时代的消费社会，轻松愉快、搞笑逗乐是大众文化消费的主要趣味。尼尔·波兹曼曾经指出，当代社会一切文化内容都心甘情愿地成为娱乐的附庸，“其结果是我们成了一个娱乐至死的物种”[①]。毋庸置疑，娱乐在当下的消费模式中扮演着极其重要的角色。这也深深地影响到了青少年。手机成瘾的典型就是网络游戏成瘾、短视频成瘾等，都是典型的娱乐应用。再比如青少年亚文化中也表现出鲜明的娱乐性特征，如最近兴起的鬼畜文化就是以恶搞和逗乐的方式对视频进行剪辑处理，吸引了很多青少年。

互联网行业的兴起本身就是一种商业力量推动的结果。随着社会发展、消费形态的变迁，互联网行业的商业竞争更加激烈。不同环节的商家

① 波兹曼.娱乐至死·童年的消逝［M］.章艳，吴燕莛，译.桂林：广西师范大学出版社，2009：133.

为了吸引用户、黏住用户在设计及服务功能等方面往往费尽心机。各个平台和各种类型的文化产品在努力提升其用户黏性。比如人类学家娜塔莎·道·舒尔（Natasha Dow Schüll）[①]研究了老虎机是如何被赌场的经营者设计、让玩家上瘾进而发展成为重复性玩家和重度玩家而不能自拔的。在网络娱乐产品和服务至上这一点上情况也是同样的，网络游戏本身的设计不仅画面绮丽，而且具有加强的互动性和社交性，用户可以深度参与，从中获得极强的沉浸感。而且游戏升级层出不穷，奖品和获胜的快感也极具刺激性，吸引着玩家的不断探索和投入。那些直播主播为了吸引用户更是花样百出，有些直播平台更具用户观看直播的时间奖励小礼品，用户可以把这些小礼品送给喜欢的主播，而且用户送出的礼物越多等级就越高，得到主播的关注就越多。再看短视频平台，界面简单，使用便捷，平台不断推荐内容，手指轻轻滑动就可以有无穷无尽的视频节目轮番出现，而且不少平台的推荐算法捕捉用户的口味并推荐用户可能喜欢的相关内容。访谈中不少青少年表示看抖音的时候“不知不觉就会过去很长时间”“内容搞笑有趣”“每天有空就想看一看，不看就觉得缺少了乐趣”。

3. 互联网仍然是新生事物，其特性使得对这一行业的监管变得非常困难和具有挑战性

互联网的兴起发展和漫长的社会发展相比实在是非常新的技术和应用，其具有传播的实时性、内容的海量性、使用的开放性、用户的匿名性等传播特点，这就使得互联网的内容及使用情况变得极为复杂，社会控制变得非常困难，而且在激烈的商业竞争下这些依托互联网的服务和内容又不断推陈出新，从而给政府管理部门带来巨大的挑战。政府管理部门对互联网的管控往往不得不呈现滞后状态，而且常常是防不胜防，不得不面对各种新的问题，尝试各种新的方法。以网络游戏为例，作为一种新型的互联网

① SCHÜLL N D. Addiction by design: machine gambling in Las vegas[M]. New Jersey: Princeton University Press, 2012.

娱乐形式，起初从海外传入我国大陆，在少数青少年网民间流行，后来有游戏公司开始代理和研发网络游戏产品，走上了迅速商业化的过程，其高额的利润使得各个互联网公司纷纷加入进来，网络游戏迅猛发展，带动了一个完整的上下游产业链，短短十几年时间发展成为互联网行业的支柱性行业。由于其玩家主要是青少年群体，因而网络游戏产品很快被社会关注和非议，尤其是2002年的“蓝极速网吧”纵火事件和天津的游戏玩家跳楼自杀事件先后发生后，网络游戏被贴上了“电子海洛因”的标签，成了过街老鼠，家长、学校、媒体、专家等纷纷声讨，从而引发政府部门的高度关注和集中整治，以至于发生了到底是“拯救网吧还是拯救孩子”的专题讨论。政府也逐渐推出了一系列管理法规和政策，并调整了监管部门的职责，过程中还因为监管部门的权限划分不清，而发生了《魔兽世界》代理权之争的热点事件。监管部门尝试了不少监管的具体举措，比如推行网吧实名制、开发“网络游戏防沉迷系统”、加强平台的责任、约谈各个相关企业加强青少年保护等，但是这些举措往往效果不佳或者较为有限，网瘾依然成为社会关注的热点问题。此外，网瘾的出现也催生了一些社会上的网瘾治疗机构，在其戒除网瘾过程中发生了一些极端的虐待青少年网游玩家的事件。此外，移动游戏市场的崛起也带来了新的问题，比如一些未成年人偷偷使用父母的手机账户和银行卡充值消费，新冠肺炎疫情期间就出现了多起类似纠纷，动辄几万块钱，对于这些层出不穷的新现象、新问题需要从各个方面予以解决，比如最高法院刚刚出台了相关的解释条例对未成年人在网络游戏、打赏等方面的充值消费等给予了明确的处理意见。

四、宏系统中的社会环境、文化、亚文化等因素

宏系统是影响个体行为的生态系统中最外围的环境系统，是最为普遍的影响因素，它往往不直接影响个体的行为，而是通过影响其他中介因素

而制约和影响个体的行为。比如青少年在移动互联网使用过程中体现出的娱乐化特点其实也受制于当前社会文化本身的娱乐化现象。随着市场经济的发展和文化本身的产业化、商业化进程，文化和娱乐的边界越来越模糊，文化的发展呈现出娱乐化、大众化、流行化、消费化等趋势，这无疑影响着互联网内容的提供，也影响着青少年的文化趣味。另外，对于青少年移动互联网使用而言，青少年所处的社会环境、文化环境不同其使用情况也有所不同。比如城市和乡村青少年的移动互联网使用就呈现出差异性。相较于城市地区，大部分农村地区一方面由于经济相对落后，监护人忙于生计以及他们受教育程度低可能带来教育观念、方式和能力等问题；另一方面，由于农村大量剩余劳动力向城市转移，导致农村原有的家庭社会支持体系变弱，家庭结构不稳定，使这部分青少年缺乏良好的社会支持体系。对正处于社会转型期的农村青少年群体来说，其身心健康成长面临的社会文化环境较城市青少年有着更多的困境和挑战。魏锦涛[①]研究了城乡学生在线学习中的数字鸿沟现象，发现他们在接入沟上不存在显著差异，但是在使用沟和知识沟方面存在一定的差异。

不同国家的社会、文化等宏观环境更是差别巨大，也会对青少年移动互联网使用有着重要的影响。比如网络游戏成瘾问题在中国的青少年群体中是更为严重的，高文斌[②]是较早对网络游戏成瘾进行研究的心理学学者，他比较过中国网络游戏成瘾和西方国家的不同特点，认为国外网络成瘾的人群集中在20—30岁，中国却集中在15—20岁；国外网络成瘾的内容比较分散，而中国80%—90%集中在网络游戏；国外网络成瘾罕见极端事件，而中国人网瘾的极端程度也超过国外。为什么会出现这样的差别？高文斌将其总结为中国青少年的三个缺失，即父亲功能缺失、同伴缺失和游戏缺

① 魏锦涛. 在线学习中的数字鸿沟现象研究［D］. 恩施：湖北民族大学，2019.

② 高文斌，陈祉妍. 网络成瘾病理心理机制及综合心理干预研究［J］. 心理科学进展，2006(4)：596-603.

失。在中国的社会环境中，家长望子成龙的心思较为迫切，青少年的学习压力比较大，家长的监管不到位，缺乏对孩子的尊重和了解，而青少年现实生活中的游戏活动较少，很多青少年也缺少较好的体育锻炼等习惯，因而导致青少年产生补偿心理，更倾向于网络空间的娱乐、社交活动。姬广绪[①]从人类学的角度对人们对网络游戏成瘾的看法进行了研究，他认为网络游戏成瘾本身是青少年“在一定程度上逃离教育的压力、焦虑和迷茫，体现出一种群体自发的疗愈过程”。而成瘾概念的出现则是一个社会文化问题，是家长用来合法控制青少年网络过度使用而建构的概念，体现了家长过度的“集体焦虑和困惑”，互联网被想象成为一个风险放大器，家长会想象一旦孩子接触互联网，就会被网络霸凌、性以及暴力游戏等负面的内容影响，进而沉迷。

以上我们分析了影响青少年移动互联网使用行为的各种环境系统，从中可以看出这是一个复杂的、相互影响的嵌套式系统。最微观的个体本身也是一个复杂的系统，不同个体的人口属性、个性特征、发展动机、心理需求、生活习惯等都会影响着青少年的移动互联网使用行为，而青少年的移动互联网使用行为也会反过来对其个体的发展、身心健康等产生影响。而家庭、学校、同伴等中系统、互联网行业等外系统以及社会文化环境等宏系统都会对个体产生或直接或间接、或大或小的影响，这使得我们在理解青少年移动互联网使用行为影响因素的复杂性的同时，也可以有针对性地对这些因素加以改善，对这些外在环境进行调整，从而趋利避害，帮助青少年健康使用移动互联网。

① 姬广绪.制造成瘾：青少年网络成瘾的人类学考察［J］.思想战线，2019，45（6）：41-49.

第六章　青少年移动互联网媒介素养研究

前面我们用生态系统理论分析了影响青少年移动互联网使用的各种环境因素。其中个体是处于生态圈的核心系统，也就是说其他圈层的环境要通过对主体的影响来发挥作用。在21世纪成长起来的青少年，与过去的青少年之间最大的区别便是周围遍布的“互联网”，这个密布的“网”包罗万象、极其开放透明，我们成人所接触到的新闻、音乐、视频、社交、游戏等信息也会一览无余地呈现在触网的青少年面前，那么面对这些多样繁杂、良莠不齐的内容，青少年是否具有正确的分辨能力？是否懂得如何保护自己？是否能够扬长避短使用好互联网而不至于在信息的海洋中迷失？这就关乎本章提到的媒介素养问题。

欧洲国家习惯把媒介素养称为“媒介教育”（Midea Education），美洲国家则一般叫作“Midea Literacy”（媒介素养），我国香港、台湾地区将其翻译为“媒体识读”，虽叫法各异，但其内涵基本一致。1992年，在美国召开的全国媒体素养领导人会议达成了被广为认可的关于媒介素养的定义：媒介素养是指在人们面对不同媒体中各种信息时所表现出的“获取、分析、评估和以多种形式传播信息的能力”[①]，并提出了理解这一概念的基本原则：第一，媒介信息是被建构的，媒介也建构现实；第二，媒介信息是在

① INSTITUTE A. National Leadership Conference on Media Literacy[C]. Washington, D.C: Aspen Institute, 1993.

经济、政治、社会、历史和美学的情境中生产出来的；第三，在信息接收中的意义生产解释过程，由读者、文本和文化的互动构成；第四，媒介拥有代表传播的不同形式、风格、符号系统的独特语言和个性；第五，媒介再现会影响人们对社会现实的理解。由此可见，虽然人们对媒介素养的描述不尽一致，但是其内涵是较为一致的，都是指的人们面对媒介信息时的处理和把握能力。媒介素养被重视或者说被重新重视是与大众传媒尤其是互联网的兴起密切相关的，目前不是缺少信息，而是人们面对信息的饱和和泛滥需要提升自主、正面使用媒介的能力。李·雷恩尼（Lee Rainie）和巴瑞·威曼（Barry Wellman）在他们的著作《网络化：新的社会操作系统》（*Networked: The New Social Operating System*）中提出了在互联网推动下的“网络化个人主义”时代，我们应该具有的新媒介素养即网络媒介素养（Networking Literacy），包括“图像处理能力、导航能力、信息的组织和联通能力、专注能力、多任务处理的能力、怀疑精神以及道德素养。”[①]他们提出的这一新媒介素养相对传统的媒介素养概念更加侧重人们面对互联网媒介时需要的媒介使用能力，如图像处理能力、导航能力、信息的组织和联通能力、专注能力、多任务处理能力等都是侧重对互联网媒介的运用技能，仍然包含在传统媒介素养中对媒介的使用能力方面，只是更加强调了其特殊的技能；怀疑精神和道德素养则强调的是与传统媒介素养概念一脉相承的批判性接受能力和正确运用互联网媒介时的伦理意识。

本书认为青少年移动互联网媒介素养是指青少年群体对各种移动互联网媒介的认知与评价、移动互联网内容的选择与过滤、移动互联网及其内容的批判性接受以及积极使用移动互联网为个人生活、社会发展所用的能力。下面我们分别从这四个方面进行考察和分析，以了解青少年的移动互联网媒介素养的状况及存在的问题。对本问题的研究数据的收集时间在

① RAINIE L, WELLMAN B. Networked: the new social operating system[M]. London: The MIT Press, 2012: 272-274.

2019年6月至2020年3月，通过对2000名从初中一年级到高中三年级的中学生进行了问卷调查，这些问卷的样本来源于四所中学，分别位于北京市城区、山东省济南市、浙江省杭州市和山东省乐陵市，每个学校发放样本500份，发放时考虑到年级及性别的平衡分布，共发放样本2000份，回收样本1854份，其中有效样本1750份。此外，我们在分析中也结合了课题组的相关访谈资料。具体情况如下。

第一节　对移动互联网的认知与评价

对移动互联网的认知与评价是指对移动互联网的总体认识、了解和评价。如了解移动互联网的发展历史、了解如何接近移动互联网以及使用移动互联网的经验；了解和分析自己的移动互联网使用偏好及其变化；学习如何评估和管理个人的移动互联网使用行为，学习如何理性地使用移动互联网；认识移动互联网对自己日常生活的影响；了解自己使用移动互联网的权利和与互联网有关的保护青少年的法律、法规，了解如何保护自己的安全等。这一部分属于媒介知识的认知范畴，对媒介知识的了解能够促进个体对媒介的积极使用，是媒介素养的核心。

一、对移动互联网发展状况和发展历史的认知与评价

调查发现，对于移动互联网目前的发展状况，91%的同学给予了积极的评价，认为中国的移动互联网比较普及、比较发达。调查显示，有83%的同学听说过5G，知道5G会让手机上网速度更快。对于“你是否认为中国目前在5G技术方面是领先世界的？”76%的同学选择了“是”，23%的同学选择了“否”，1%的同学选择了“不确定”。这表明青少年对中国移

动通信技术的发展状况还是较为了解的。

但是，对于即将到来的5G能给人们带来什么新的发展，大部分同学不太了解，有少量同学在问卷上填写了“玩游戏速度更快”“可以实现虚拟现实”“无人驾驶”“智慧医疗”等。对于5G相关认知的来源，如图6-1所示，有42%的同学选择主要是来自新闻报道，有28%的同学选择来自社交媒体，有16%的同学选择来自同学，有8%的同学选择来自父母，有6%的同学选择来自老师。这一数据说明，青少年对于新的移动互联网通信技术的具体了解还较少，课堂教学也较少涉及这些知识，新闻报道或社交渠道是其了解互联网发展状况和技术的主要信息来源。

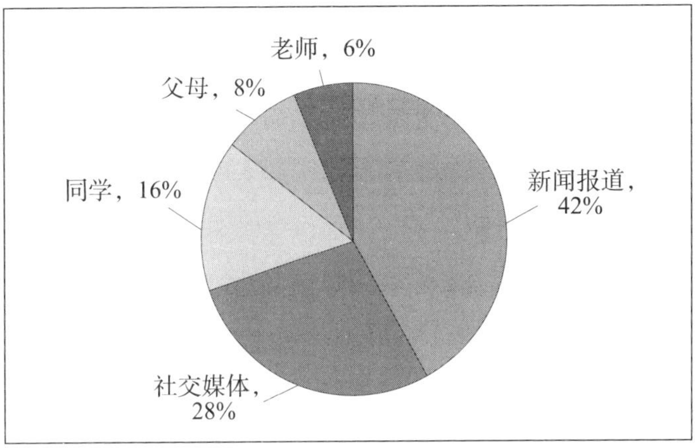

图6-1　青少年对于移动互联网新技术的了解渠道

但是，青少年并不关心和了解移动互联网的发展历史。有92%的青少年认为自己不了解移动互联网发展的历史，94%的青少年认为自己不了解和移动互联网相关的技术，92%的青少年认为没有必要了解互联网发展的历史和技术。这与青少年注重自己的日常使用需求和体验相关。但是问卷设计了一个问题，题目是“如果有一场关于互联网发展技术的展览你是否会去参观？”有67%的同学选择“是”。这说明青少年对于互联网技术还是比较有好奇心的，也表明了他们对互联网技术发展的认可和对于新技术的想象。

二、对移动互联网功能和用途的认知与评价

在调查中，98.1%的同学认为移动互联网是一种科技的进步，给人类带来的是积极、正面的作用。这一数据表明了青少年对移动互联网作用的正面评价。如果手机（上网）或台式机（上网）只能拥有一个，86.7%的同学选择了手机，这表明移动互联网在青少年生活中的重要性。对于个人而言移动互联网最重要的功能和用途，42%的同学选择了娱乐，27%的同学选择了社交，19%的同学选择了学习，7%的同学选择了获得信息，5%的同学选择了其他。从中可以看出娱乐是对青少年而言最重要的功能和用途，如图6-2所示。

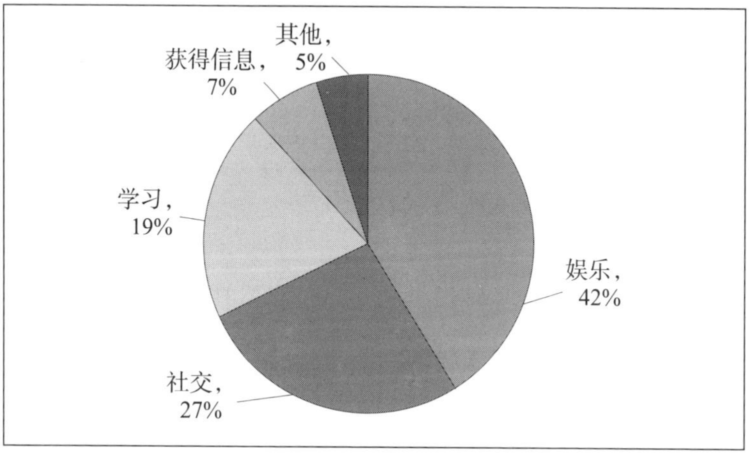

图6-2　青少年认为移动互联网最重要的功能和用途

三、对移动互联网内容的认知与评价

对于移动互联网的内容提供方面，87%的同学认为可以找到自己想找

到的大部分信息。但是在图书知识和移动互联网知识的比较方面，83%的同学认同图书知识更系统，图书更适合学习，43%的同学认为移动互联网提供的知识比较肤浅。在移动互联网内容的质量评价方面，81%的同学认为移动互联网上存在不少不良信息，76%的同学表示自己接触过不良信息。但是89%的同学认为有用的内容多于有害的内容。在不良信息的认知方面，如图6-3所示，黄色信息的占比74%，垃圾骚扰信息占比72%，不文明语言占比69%，虚假信息占比51%。可见，青少年接触最多的移动互联网不良信息就是黄色信息。访谈得知，这些信息包含在青少年接触的不同内容中，有的是图片形式，有的是文字形式，还有不少相关视频，除了明显带有黄色信息的内容外，一些游戏、网络小说、动漫等内容里也会包含黄色信息。

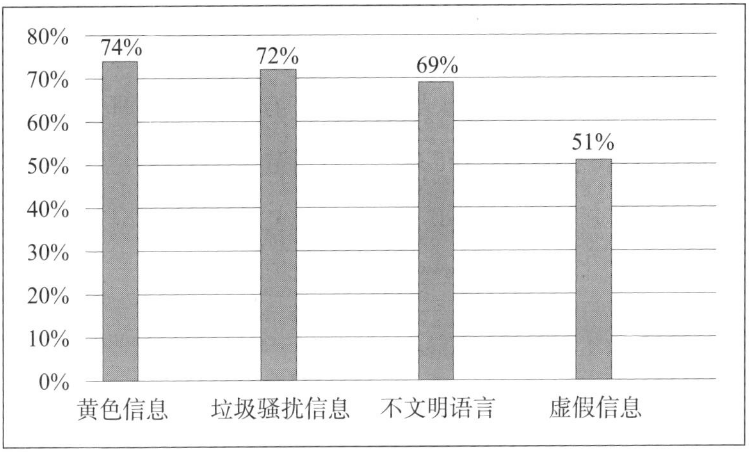

图6-3　青少年对移动互联网不良信息的认知

四、对移动互联网对个体影响的认知与评价

虽然不少同学承认移动互联网内容良莠不齐，但是对于移动互联网对自己的影响方面还是利大于弊的。对于使用移动互联网是否耽误了自己的学习，21%的同学认为没有影响，68%的同学认为影响不大，11%的同学

认为影响较大。在黄色信息对个体的影响方面，我们分为对他人和对自己的影响两个方面进行调查。在对他人的影响方面，46%的同学认为接触黄色信息会对青少年产生不良影响。但是值得注意的是，87%的同学认为黄色信息没有对自己产生不良影响。这表明青少年对黄色信息的危害有一定的认知，但是对自身产生的负面影响缺乏清晰的认知，具体如图6-4所示。这从理论上比较符合传播学中的第三人效果，即认为不良信息会对其他人产生不利影响，但是对自己则没有太大影响。

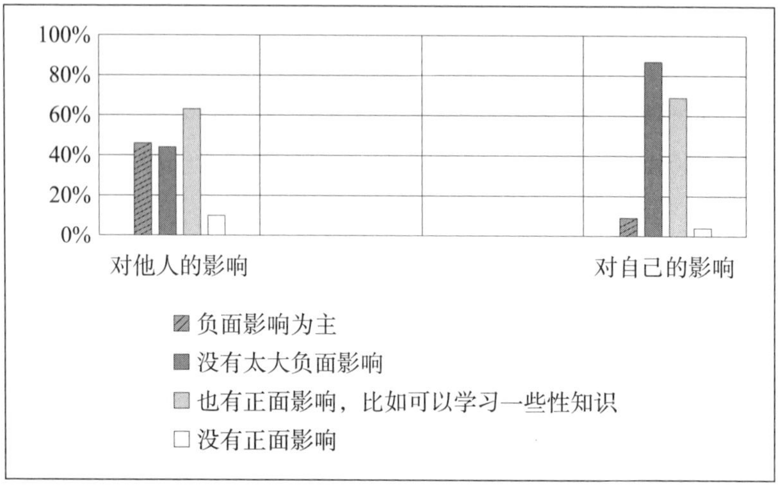

图6-4　青少年对黄色信息对个体影响的认知

五、对个体使用移动互联网的认知与评价

对个体使用移动互联网的时间认知方面，只有18%的同学认为自己使用移动互联网的时间太多，应该加以控制。结合访谈我们认为青少年认为自己使用移动互联网的时间不多，一方面是因为学校在上课期间会采取措施控制手机使用，另一方面在课余时间作业量一般较多，另外，有些家长也会采取措施限制青少年的手机使用，所以没有太多时间可以使用手机。

在个体使用移动互联网的偏好方面，63%的同学认为自己主要的使用偏好是包括游戏、动漫、音乐、追星等在内的娱乐，24%的同学选择了社交，8%的同学选择了获得信息，只有3%的同学选择了学习，如图6-5所示。

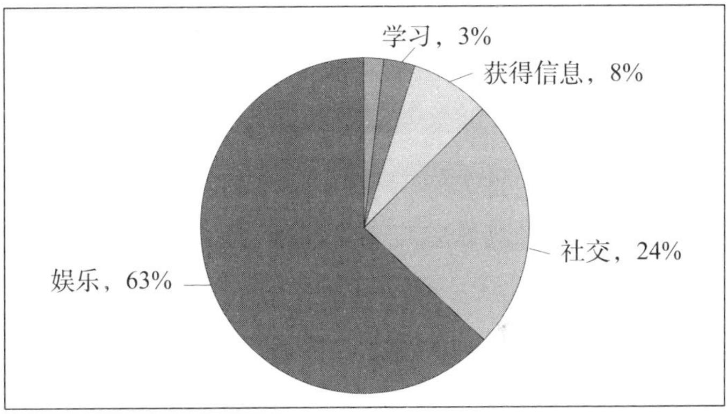

图6-5　青少年对自己移动互联网使用偏好的认知

对于自己的移动互联网使用偏好是否合理，87%的同学认为是合理的。这些数据说明青少年对自己的使用偏好较为了解，但是缺乏正确的反思意识和认知能力，也就是说他们并不清楚如何使用移动互联网才是更为合理的，而往往倾向于认为存在的就是合理的。

六、对移动互联网使用相关规定、法规的认知

调查显示，青少年对于互联网使用相关法规非常不了解。91%的同学选择了不了解，82%的同学认为不了解这些法规对自己使用移动互联网没有多少影响。对于自己在使用移动互联网时有哪些权利，86%的同学表示不太了解。课题组设计了一些选项考查青少年使用移动互联网时的基本法律意识，对于“哪些移动互联网行为是违反法律法规的”这一问题，如图6-6所示，96%的同学选择了在网上发布反动言论，85%的同学选择了在网上发布黄色、暴力信息，73%的同学选择了在网上发布个人隐私，45%的

同学选择了下载或转发黄色、暴力信息，36%的同学选择了在网上发布打架视频，25%的同学选择了在网上发布骂人言论。这些数据说明，一方面青少年对基本的违法行为如发布反动言论、黄色信息、侵犯个人隐私的认知较为明确，但是对于下载或转发违法信息的行为、对在社交群里的传播行为等不太确定，另外，对于互联网使用行为中违反法律和道德的界限也不太清楚。

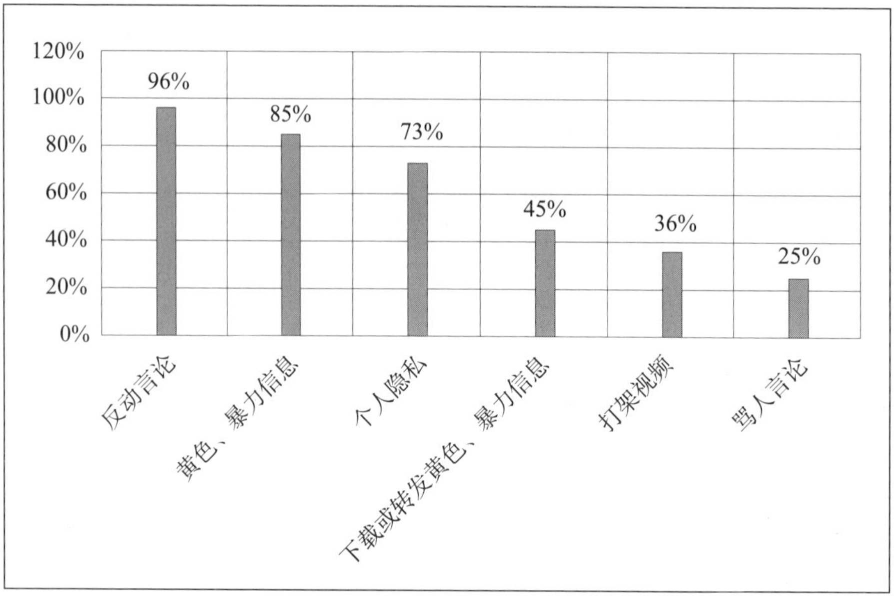

图6-6 青少年对移动互联网使用的法律意识

七、对移动互联网使用安全知识的认知

调查发现，青少年对移动互联网使用安全知识的认知总体不理想。53%的同学从新闻或其他渠道听说过有网络不安全的事件，但是其中有81%的同学认为这些不安全事件不会发生在自己身上，87%的同学在移动互联网使用中提供过自己的个人信息，76%的同学在QQ空间或微信朋友圈发布过自己的照片、家庭环境等个人信息。在使用社交媒体时或平台时往

往有隐私保护条款，里面也有一些隐私信息方面的提醒事项，但是调查发现87%的同学几乎是看都不看就接受了。另外，72%的同学在移动互联网使用中添加过陌生好友。86%的同学认为网络支付是安全的。

在移动互联网迅速发展的背景下，个人隐私权的内涵也在不断扩大。未成年人个人隐私暴露的风险也由线下拓展到了线上。网络平台上的个人信息如生日、家庭、学校地址、社交关系等暴露风险大，加上未成年人自我隐私保护意识不足，很容易被不法之徒盯上。此外，由于未成年人本身并不具备完全的独立性，他们的信息与监护人的信息有一定的交融甚至重叠，一旦未成年人的信息暴露，有可能会产生连带效应。但是，现在的问题是不仅未成年人自身的隐私保护意识薄弱，一些家长在这方面也有诸多欠缺。美国VR产业的领军人物杰伦·拉尼尔（Jaron Lanier）在2018年出版了《立刻删掉所有社交媒体账号的十个理由》（*Ten Arguments for Deleting Your Social Media Accounts Right Now*）一书，其中很重要的考量因素，就是认为隐私没有办法得到保护。

第二节　对移动互联网内容的选择与过滤

青少年的移动互联网体验之旅，实际上是对移动互联网中各种内容的接收和使用的过程，所以青少年移动互联网媒介素养的一个重要内容便是对移动互联网内容的选择与过滤。在青少年对移动互联网内容的选择与过滤的能力上，我们需要通过诸多方面来加以了解，比如他们平时主要选择接触的内容是什么？选择接触这些内容的标准是什么？对自己的互联网内容使用偏好是否有自我反思意识？对于互联网低俗内容的了解以及避免措施，等等。本节从这几个方面来考查青少年对移动互联网媒介内容的选择与过滤能力。

一、青少年的移动互联网内容选择的考虑因素

青少年对移动互联网内容进行选择时会考虑哪些因素呢？在内容方面，青少年最主要考虑的是趣味性、实用性和相关性，分别占比85%、82%和78%。而新奇性、时效性、知识性、权威性、教育性占比较少，表明青少年不太关注热点问题，也不希望通过移动互联网获得多少知识或者正能量的激励。当然这种情况也因为具体使用场景和目的的差异而有所不同，比如在用于学习目的时则会强调知识性和权威性。具体情况如图6-7所示。

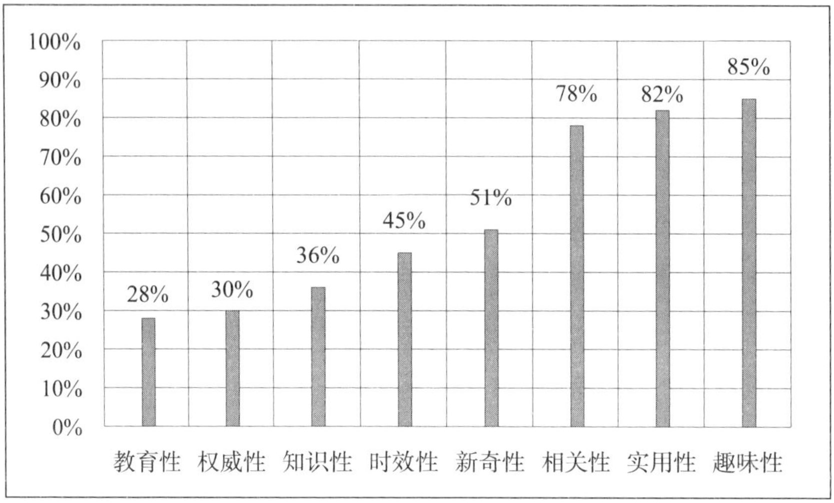

图6-7　青少年对移动互联网内容选择的考虑因素

在形式选择方面，青少年则注重形式的生动、直观，喜欢视频的形式。在调查中，对于“愿意接受的移动互联网内容传播形式”，33%的同学选择了文字形式，12%的同学选择了图片形式，66%的同学选择了图文结合的形式，26%的同学选择了音频形式，89%的同学选择了短视频的形式，而选择长视频形式的则为37%，如图6-8所示。由此可见，短视频开始成为青

少年们愿意接受的主要媒介形式。访谈中不少受访者也表示，没有完整的时间观看长视频，文字的信息含量比较大，对于比较长的文章也往往会缺乏阅读的耐心。

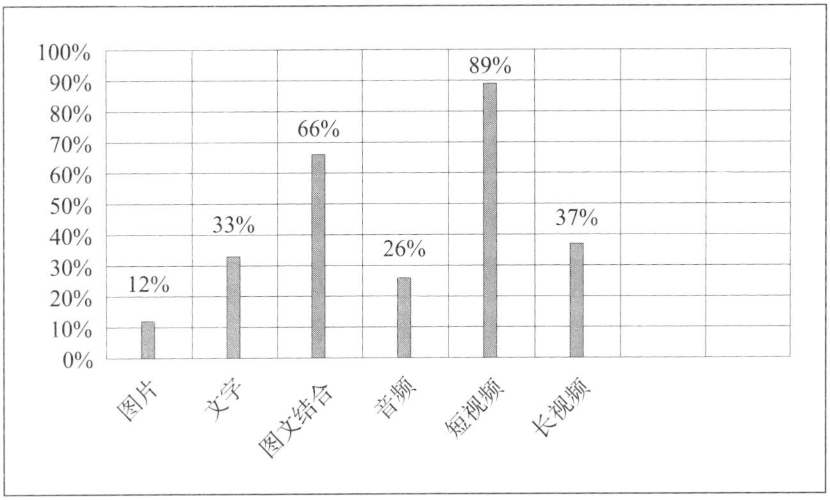

图6-8 青少年对移动互联网内容形式的偏好

二、青少年厌恶的互联网内容类型

众所周知，互联网内容庞杂、良莠不齐，青少年在接触使用移动互联网时，难免会遇到各种自己并不喜欢甚至比较讨厌的、希望过滤掉的内容。那么这些内容都包括什么呢？青少年厌恶或希望过滤掉的内容不同于成年人或管理部门常说的不良信息，调查发现，青少年对色情、暴力、低俗等不良信息大多有较为基本的判断。我们想要考察的是青少年自身对互联网内容选择方面的偏好，考察他们所厌恶或希望过滤掉的是什么样的内容。因为涉及网络文本内容的性质，调查采用了列举描述性词汇的方式供被调查者选择。这些词汇涉及互联网内容评价的不同指标，如真实性指标、趣味性指标、实用性指标、价值观指标、风格指标等，相互之间也不是互相排斥的关系。调查结果如下：青少年最厌恶的是欺骗的、虚假的、谩骂的、骚扰的内容，这类内容会直接损害青少年的切身利益和情绪，所以大家较为厌恶。其次是冗长的、说教的、严肃的内容，表明了青少年时期对成年人世界某些行为方式的逆反。而成年人所关注的色情、暴力内容并不是青少年所特别介意的，具体如图6-9所示。

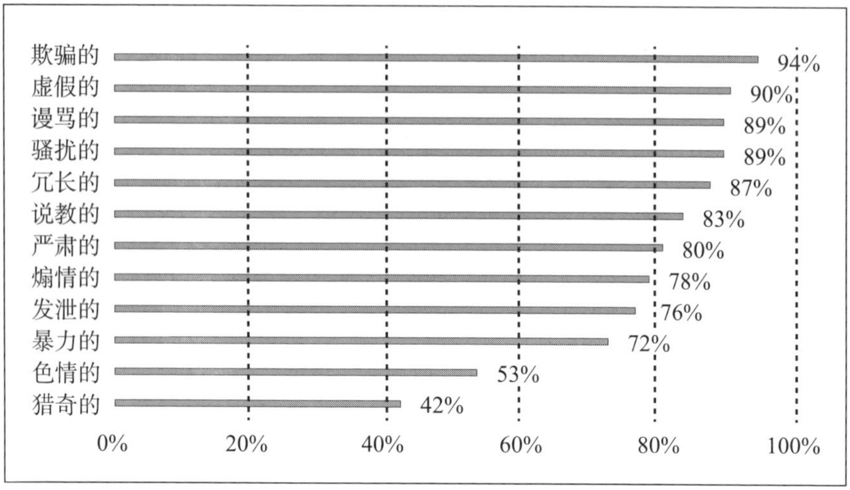

图6-9　青少年厌恶的互联网内容类型

三、青少年移动互联网内容偏好的反思意识

访谈发现，青少年移动互联网内容的选择和自身的兴趣爱好有密切的关系，形成信息“茧房效应”。比如本书第四章个案分析中喜欢追星的小琳，她对移动互联网信息的接受、平台的选择都是围绕着追星而形成的，她喜欢使用微博关注偶像信息、转发偶像的短视频等，喜欢用爱奇艺等观看偶像们的综艺节目，加入的社交群也是跟追星相关的，点开的新闻也是娱乐类新闻。而喜欢玩游戏的小闻则也是围绕着游戏来划定自己的移动互联网使用范围的，他玩各类游戏、喜欢看虎牙的游戏直播、喜欢看B站上

的与自己喜欢的游戏相关的动漫，结识的朋友也是以玩游戏为主的。那么这些青少年对自己的这种移动互联网使用偏好是否有反思意识？问卷调查的结果和访谈的结论较为一致，就是他们缺少反思意识。78%的同学承认自己的移动互联网使用存在类型化的特定的偏好，但是其中92%的同学认为这是正常的现象，是满足自己需求的主动选择行为，没有必要反思和调整。这表明青少年对移动互联网使用行为的反思会受制于自身的认知水平，另外也存在把自我行为合理化的倾向。

四、青少年移动互联网内容选择的影响因素

通过调查和访谈发现，青少年群体的移动互联网内容选择受到不同方面因素的影响。其中，受到自身的兴趣、爱好等方面的影响较多，占比为66%；其次是同学、朋友推荐，占比为25%，老师推荐占比为3%，家长推荐占比仅为2%，如图6-10所示。这一数据表明兴趣爱好是青少年移动互联网使用偏好的主要决定性因素，然后是受到同辈群体的影响，而教师和家长在这方面的引导则明显不够，需要引起我们的注意。

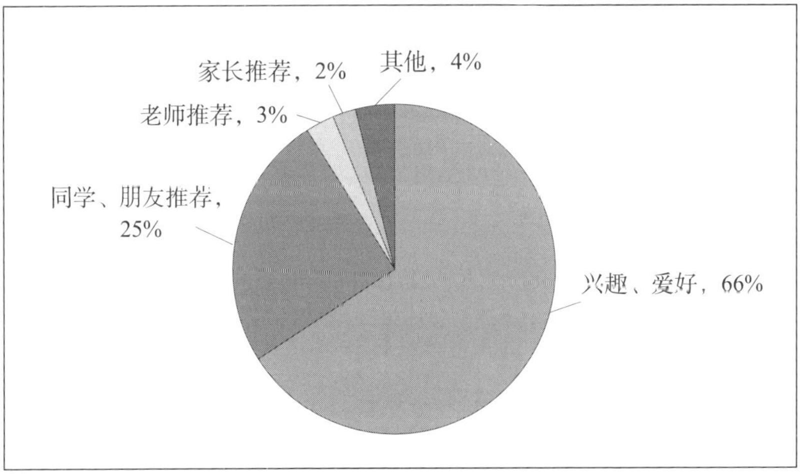

图6-10　青少年移动互联网内容选择的影响因素

第三节 对移动互联网及其内容的批判性接受

人们对媒介信息的接触很多情况下是自动的、无意识的，阅读和接受的过程也常常是缺乏反省的，媒介对人的影响就是在这种潜移默化中实现的。提升一个人的媒介素养也就是打破这种被动的过程、摆脱被媒体控制的能力。媒介素养的一个基本假设是认为媒介建构信息时会受到各种因素如政治、经济、偏见等方面的影响，从而导致媒介内容产生各种偏颇，因此需要受众在接受信息时能够持有批判、质疑的态度和解读能力。这种对媒介信息的批判性解读能力也被研究者称为“媒介信息处理”，并把这一过程分为四个维度，即思考、质疑、拒绝和核实。下面我们分别就这四个维度进行考查。

一、青少年对移动互联网及其内容的思考

思考意味着受众能够超越媒介及其内容的表面意义，对其蕴含的深层含义进行解读，是媒介素养所强调的“分析”能力的具体体现。在调查中，我们发现青少年承认自己较少对移动互联网及其内容进行认真思考。如图6-11所示，67%的同学承认自己基本不会对移动互联网本身及其接触的内容进行认真思考，15%的同学选择了不会对移动互联网本身及其接触的内容进行认真思考，只有16%的同学认为自己偶尔会对某些内容进行认真的思考，2%的同学选择了经常会对移动互联网本身及其接触的内容进行认真思考。

随后我们设计了一些问题选项，请同学们选择自己主动思考过的问题，我们发现确实如青少年自己承认的那样，他们较少对移动互联网及其内容

进行思考，对这些问题表示思考过的总体比例非常低，最高的也只有6%。而对于为什么移动互联网上娱乐内容较多、这些内容为了吸引你采取了什么策略等则思考比例最低，具体如图6-12所示。

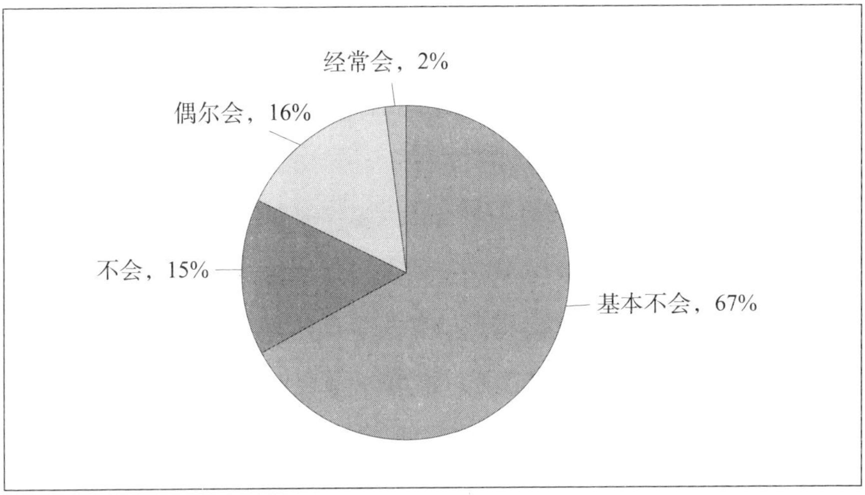

图6-11　青少年对移动互联网及其内容的认真思考频率

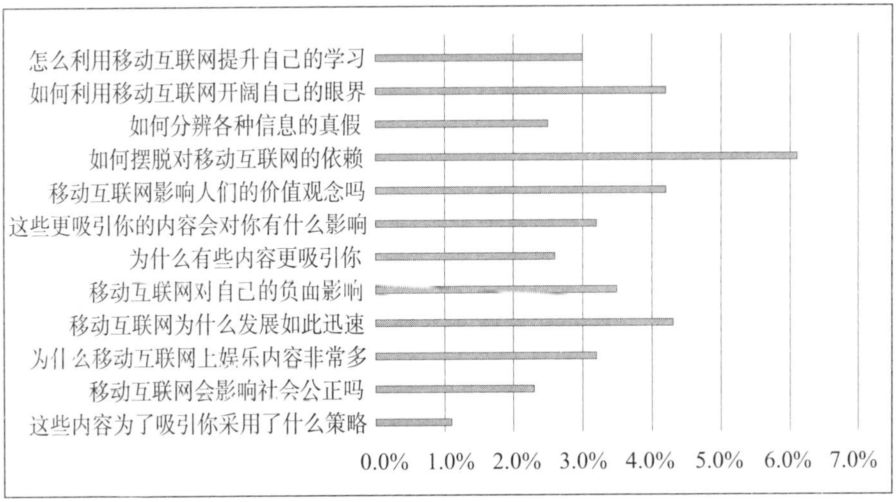

图6-12　青少年对移动互联网内容的思考调查

对于“你认为移动互联网上娱乐内容非常多主要是因为商业力量的需

要还是因为网民的需要？”这一问题，43%的同学选择了商业力量，55%的同学选择了网民需要。这一数据说明青少年在移动互联网内容方面，更关注自己的需求而不太考虑商业力量的影响，这也是青少年对移动互联网及其内容缺乏深入思考的表现。

二、青少年对移动互联网及其内容的质疑

质疑是指受众能够对媒介本身及其内容提出疑问，怀疑媒介是否发挥了其应有的作用，怀疑其内容或细节的真实准确性，这是媒介素养所强调的“评价”能力的具体体现。对移动互联网媒介本身的质疑主要包括对移动互联网功能、作用、效果等方面的质疑，从我们前面以青少年对移动互联网及其内容的思考的调查来看，青少年较少对这些宏观的问题进行思考，没有思考也谈不上主动的质疑。本部分我们设计了一些质疑的问题来考查青少年的看法，具体内容如表6-1所示：64%的同学比较认可移动互联网是非常公平、民主的媒介，表明和传统媒介相比，移动互联网的接近性、开放性得到了大家的认可。但是在内容权威性上，移动互联网和传统媒介相比较不被信任，有73%的同学表示了质疑。对于商业力量对移动互联网健康发展的破坏作用，有58%的同学表示不太同意或非常不同意，说明了在商业环境下成长起来的青少年对商业力量正面作用的认可，但是同时也表明他们对商业力量的逐利本性和破坏作用缺乏批判意识。另外值得注意的是，青少年对移动互联网使用对自身的负面影响认识还不足，88%的同学不同意要加以干预。这一数据也与访谈的情况较为一致，一方面青少年对已经发生的来自父母、学校、政府管理部门的各种干预措施心存不满，希望自主使用移动互联网；另一方面，他们也确实对使用移动互联网带来的种种可能的负面影响认知不足。

表6-1　青少年对移动互联网媒介的质疑情况

问题	非常同意	比较同意	不确定	不太同意	非常不同意
人人都可以使用移动互联网，所以移动互联网是非常公平、民主的媒介	12%	52%	2%	31%	3%
移动互联网上有着非常多的内容和信息来源，所以和电视、报纸等相比是更为可信的	8%	14%	5%	47%	26%
移动互联网提供了非常多的学习资源，所以可以解决贫困地区的儿童求学问题	14%	39%	3%	27%	17%
移动互联网使用对青少年的负面影响很多，需要各方力量加以干预	1%	6%	5%	45%	43%
商业公司为了自身利益容易不择手段，影响了移动互联网的健康发展	8%	28%	6%	42%	16%

在具体的移动互联网内容接受方面，青少年表现出了一定的质疑能力，但还是较为有限。课题组设计了一些具体的问题让被调查者判断，考察他们对移动互联网内容的质疑情况（表6-2）。对于“被广为转发的新闻是较为可信的”，73%的同学表示不同意，但是对于“有民意调查或数据支持的新闻应该是真实的”，则有56%的同学表示了同意，说明大部分青少年对以转发数量作为真实与否的评价标准不认可，但是对于民意调查或数据支持的新闻缺乏质疑能力，没有考虑到民意调查和数据获得的来源是否权威、操作过程是否科学等具体的因素。另外，对于有图有真相，大部分同学表示了质疑，这应该是因为青少年对于修图、视频编辑等知识有一定的了解。但是在百度百科内容的权威性上，74%的同学选择了同意和比较同意，表明青少年对互联网内容的生产机制缺乏了解。事实上，百度百科的内容是网民集体编辑创作的，审核机制本身就不具有权威性。对于“直播主播为了吸引粉丝打赏会采取各种手段”，64%的青少年具有质疑意识；对于“明星、偶像在互联网上营造的形象不一定是真实的”“游戏公司为了盈利设计

了很多策略让玩家沉迷或者付费”两个问题，均有超过半数的同学表示非常不同意和不太同意，这两个问题涉及青少年的主要兴趣爱好，这一数据表明他们也许不愿意对自己热爱的内容进行质疑吧。

表6-2　青少年对移动互联网内容的质疑情况

问题	非常同意	比较同意	不确定	不太同意	非常不同意
百度百科的内容是比较具有权威性的知识	32%	42%	2%	21%	3%
被广为转发的新闻是较为可信的	8%	14%	5%	47%	26%
有民意调查或数据支持的新闻应该是真实的	10%	46%	3%	34%	7%
有图有真相，有图片或视频证据的公开举报应该是比较真实的事情	12%	25%	3%	53%	7%
直播主播为了吸引粉丝打赏会采取各种手段	8%	56%	5%	25%	6%
游戏公司为了盈利设计了很多策略让玩家沉迷或者付费	8%	28%	6%	42%	16%
明星、偶像在互联网上营造的形象不一定是真实的	16%	36%	2%	43%	13%

三、青少年对移动互联网及其内容的拒绝

拒绝是对移动互联网使用及其内容的自我控制、排斥和抗拒。首先看拒绝使用移动互联网的情况，青少年处于特殊的学习时期，因此在访谈中发现，青少年主动拒绝使用移动互联网的情况主要是因为手机上网和学习的冲突。尤其是在高中阶段的学生，学习任务和压力比较大，除了家长和学校对使用手机有所限制和引导外，学生们也会主动拒绝使用手机，专心学习。在问卷调查中，有过主动拒绝使用移动互联网情况的学生占比为44%，这一数据表明相当一部分学生对使用移动互联网耽误学习的情况是有切身体会的，也会根据需要对自己有所限制。青少年对移动互联网的自

主拒绝情况和年级、成绩等存在相关关系。年级越高、成绩越好，自主拒绝使用移动互联网的情况就会越多。具体情况如图6-13、图6-14所示。

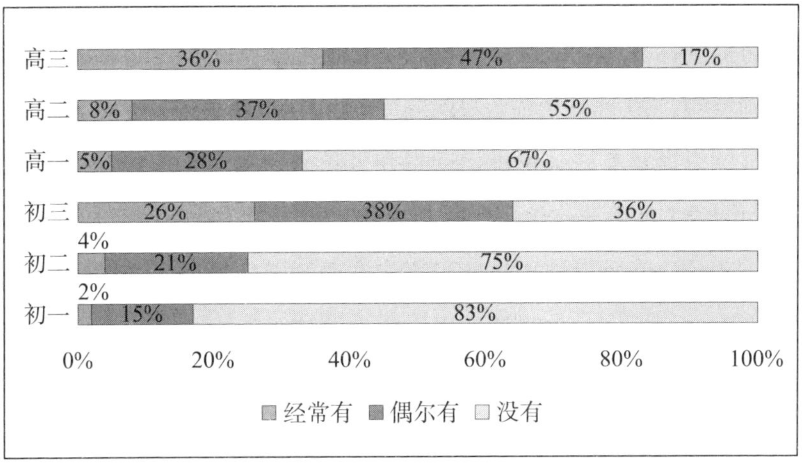

图6-13　青少年各年级段拒绝使用移动互联网的情况分布

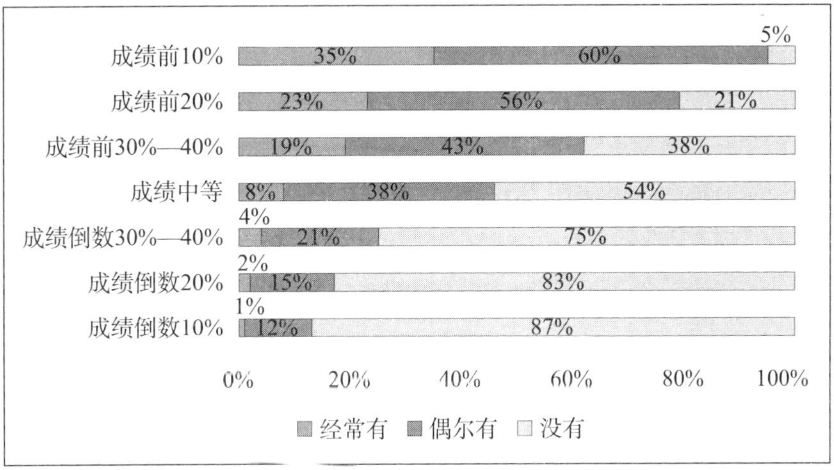

图6-14　青少年成绩和拒绝使用移动互联网的相关性

从图6-13、图6-14可以看出，在年级分布上，初三和高三学生自主拒绝使用移动互联网的情况普遍较高，比例分别达到64%和83%，表明面对中考和高考的任务与压力，学生们自我管理的意识增强。但是高中一年级学生们的拒绝意识又减弱了，随着年级的增加逐渐升高。另外，拒绝使用移动互联网的情况和学生的成绩成明确的正相关关系，成绩越好，自主拒绝使用移动互联网的情况就越多，比例就越高。一方面表明移动互联网使用和学习成绩存在一定的关联，投入在移动互联网上的时间越多，成绩越容易受到影响，表明学生对学习的专注度和投入性不够。另一方面也是因为成绩好的学生具有较强的学习动机和自我管理能力，是其优秀素质在移动互联网使用方面的迁移。

对于移动互联网具体内容的拒绝，本课题组也采用了情景假设的方法来进行考察，设计了一些具体的内容假设情境供学生选择，具体情况如图6-15所示。

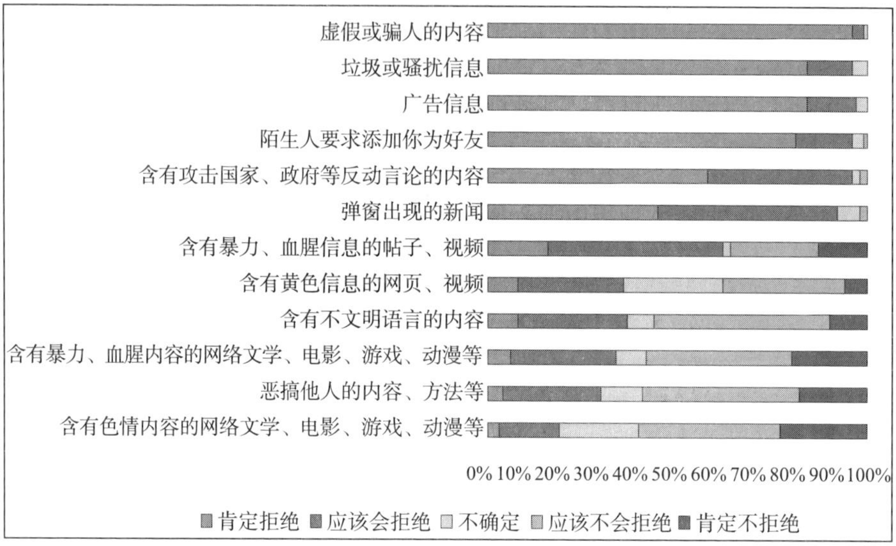

图6-15　青少年拒绝接受移动互联网的内容情境假设

从图6-15可以看出，在我们假设的移动互联网内容情境中，青少年对较为明显的负面或不良内容、不安全的社交行为等有着较强的拒绝意识，如虚假或骗人的信息、垃圾或骚扰信息、广告信息、陌生人添加好友、反动言论等。青少年对于弹窗出现的新闻拒绝的比例也较大，应该拒绝或肯定拒绝的比例达到92%，表明青少年对弹窗新闻缺乏良好的使用体验，即缺乏兴趣和好感。值得注意的是，青少年对含有暴力、血腥内容的帖子、视频拒绝比例超过半数，为52%；但是对于含有暴力、血腥内容的网络文学、电影、游戏、动漫等拒绝比例明显降低，仅为34%。对于含有黄色信息的网页、视频拒绝比例不高，为36%，对于含有色情内容的网络文学、电影、游戏、动漫等拒绝比例则更低，仅为19%。以上数据表明，一方面青少年对具有非现实指向的网络虚拟作品中的不良内容缺乏明确的拒绝意识；另一方面青少年在网络环境和大众文化的背景下成长起来，接触色情、暴力的机会较多，尤其青少年对于色情内容具有好奇心，容易混淆色情内容和性知识的区别，因而对于色情类内容缺乏拒绝意识。此外，对于不文明语言和恶搞类内容也较缺乏拒绝意识，一方面青少年对不文明语言警惕意识不够，甚至有人以为说一些不文明语言也是比较“酷”的表现；另一方面一些恶搞类内容比较容易吸引原本具有游戏心态的青少年，甚至有些青少年还会从中模仿，恶搞一下自己身边的同学、朋友，认为无伤大雅，认识不到恶搞的低俗性和对对方的伤害。

四、青少年对移动互联网及其内容的核实

核实则是更加积极地通过具体行动来核实自己对移动互联网媒介及其内容的质疑，如通过查阅相关专业书籍、专业文章、询问权威人士或者通过媒介报道之间的相互印证来确认事实等。调查发现，青少年在使用移动互联网时较少对自己产生的疑问进一步核实。那么他们会对什么样的问题和信息进一步核实呢？如图6-16所示，青少年对移动互联网质疑进行核实的问题类型中，78%是和学习相关的，74%是想进一步了解的，69%是和爱好相关的，66%是和自己关联性比较大的，21%是和生活相关的，43%是特别难以置信的，6%是其他信息。

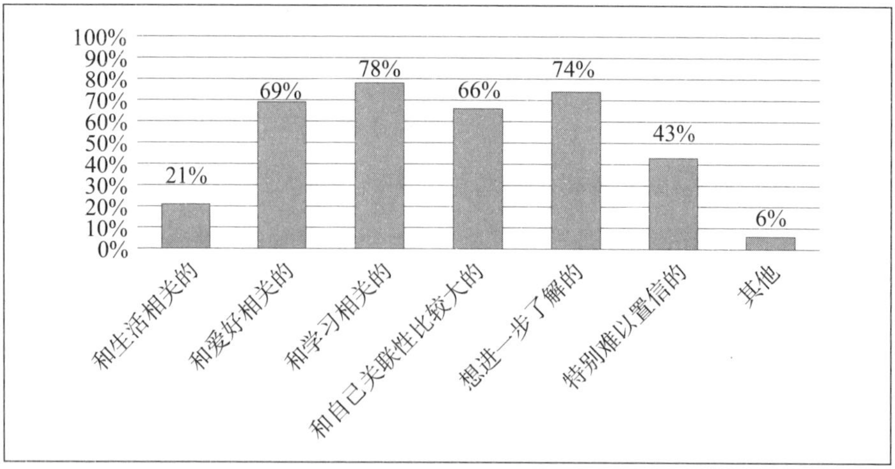

图6-16　青少年对移动互联网质疑进行核实的问题和内容类型

对于核实的渠道，如图6-17所示，主要是通过互联网搜索，占比为85%，表明搜索应用已经成为青少年的主要使用方式。另外，是咨询身边的同学和朋友，占比为63%，这和青少年时期特别喜欢和同龄人交往相关。而咨询老师和家长的比例均比较低，说明青少年在移动互联网使用方面较少和老师、家长交流。而咨询权威或专业人士或者去图书馆查找资料的比例就更低了。

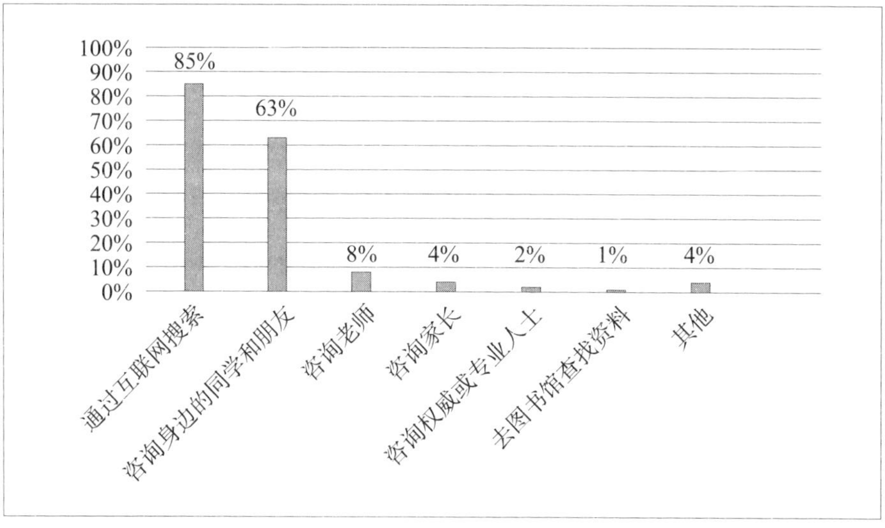

图6-17　青少年核实移动互联网问题和内容的渠道与方式

第四节　对移动互联网的积极使用

在移动媒体时代，青少年的媒介素养不但强调应具备对媒介信息的批判能力，而且还要具备积极地、创造性地运用媒介发展自我的能力。主要包括运用移动网络信息提升自己的学习和改善自己的生活；利用移动互联网进行良好的人际沟通；利用移动互联网媒介表达自己的观点和参与事务，以及学习提升多种技能创造自己的移动互联网媒介和产品，展示自己的能力和传播自己的声音等。因为青少年移动学习、移动娱乐、移动社交等我们在前面已经有专章内容介绍和分析了，在此不再赘述，主要考察青少年利用移动互联网表达自己的观点、参与社会公共事务、创造互联网媒介和文化产品的能力。

一、表达自己的观点、参与社会公共事务

互联网这一开放的空间无疑为青少年提供了参与社会公共事务、表达自己观点的虚拟空间。由于青少年还没有真正走向社会，因此传统上其对公共事务参与的热情不高，关注度不够，但是移动互联网的出现推动和提升了青少年的积极参与意识和行为。这种参与最初是与青少年围绕兴趣爱好结成的粉丝文化直接相关的，在粉丝群体中，他们积极动员组织，共同为自己喜欢的偶像提供线上线下的支援，培养了青少年的参与意识和行动能力。在调查中，84%的同学表示愿意在网上表达自己的观点、参与社会公共事务。对于“在互联网上你倾向于对哪些事务表达自己的观点？”这一问题，如图6-18所示，100%的同学选择了和自己利益相关的事务，97%的同学选择了和偶像利益相关的事务，96%的同学选择

了和父母、朋友利益相关的事务，这表明青少年对自己切身利益、对自己喜欢的偶像以及身边的亲人、朋友的利益都非常关注。另外，82%的同学选择了和国家利益相关的事务，表明这一代青少年的爱国意识较强。此外，选择和社会利益相关的事务、和人类利益相关的事务、和社会公平相关的事务、和社会道德相关的事务的比例分别为56%、54%、47%、43%。

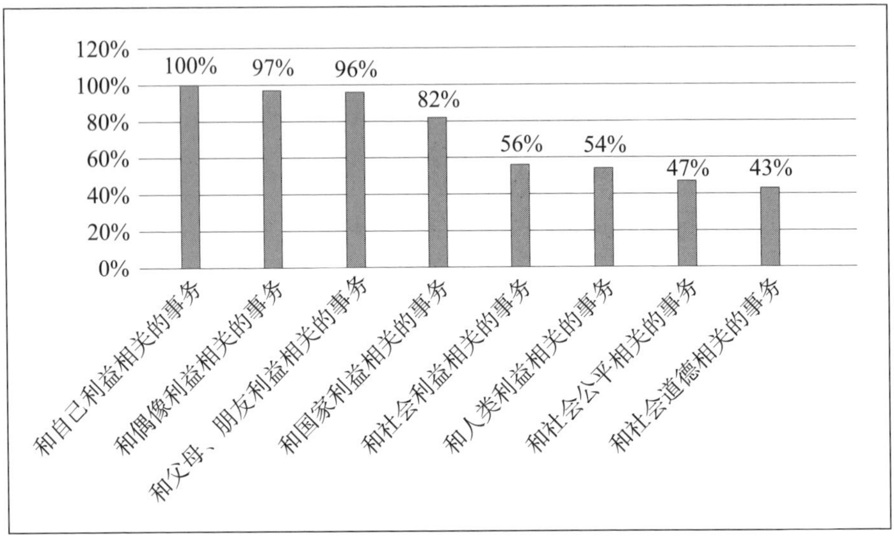

图6-18 青少年移动互联网社会参与意愿情况

虽然调查中直接参与通过互联网维护自身权益的行为较少，只有3%的比例，这是因为现实中青少年权益受损的状况较少或不严重。但是调查发现青少年的参与意识仍然是较强的，92%的同学选择如果认为自己的权益受到损害会通过互联网进行维权。那么他们知道如何通过互联网维护自己的权益吗？在调查中（图6-19），92%选择在微博发帖，表明青少年对微博这一相对开放的社交媒体较为认可。其次是在微信朋友圈求助，也表明了青少年对微信朋友圈这一熟人社交渠道的认可。然后是向权威媒体举报和向相关政府账号举报，占比分别为84%和78%。其他依次为在微信群、QQ

群求助和在贴吧、论坛求助以及向网络达人求助。

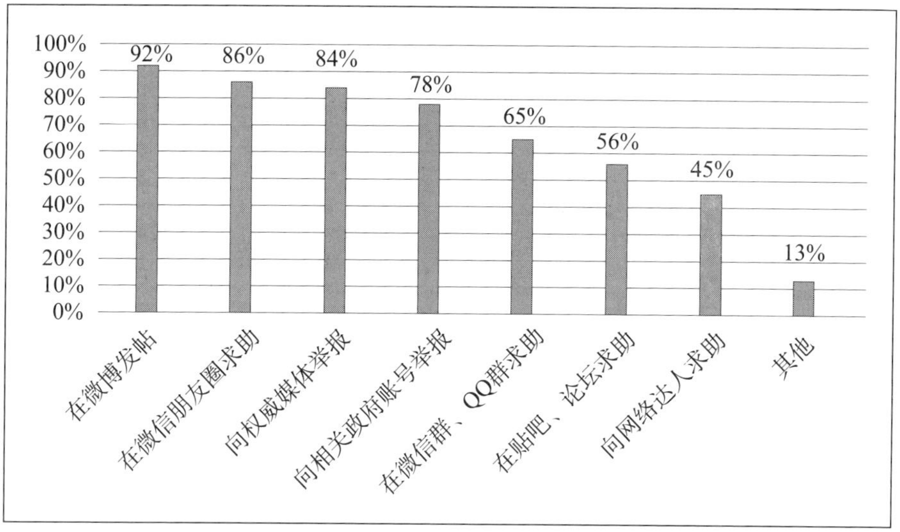

图6-19　青少年移动互联网权益维护渠道选择情况

二、创造互联网媒介和文化产品

互联网不仅提供了海量的资源，也提供了青少年生产、分享自己文化创作的平台。创造属于自己的互联网媒介和创作文化产品等是青少年积极参与互联网的集中表现。在调查中发现，尽管比例仍然不大，但是大约有35%的同学选择经常有或者偶尔有过在移动互联网上创作并分享的文化生产行为，如图6-20所示。

在有过互联网创作和分享行为的人中，参与过短视频创作的人数最多，为35%。短视频创作相对门槛较低，青少年正处于有着强烈的自我表达和被认同需要的时期，快手、抖音等短视频平台的出现恰好可以成为他们进行自我展示的线上舞台。其次是网络动漫和网络文学，分别是31%和23%，具体情况如图6-21所示。

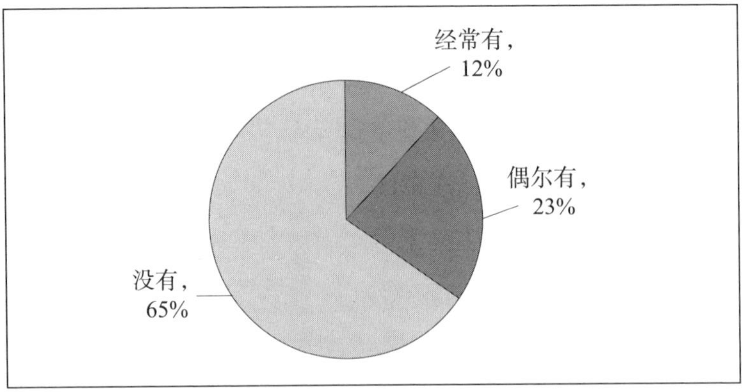

图6-20　青少年从事互联网媒介和文化产品创作的情况

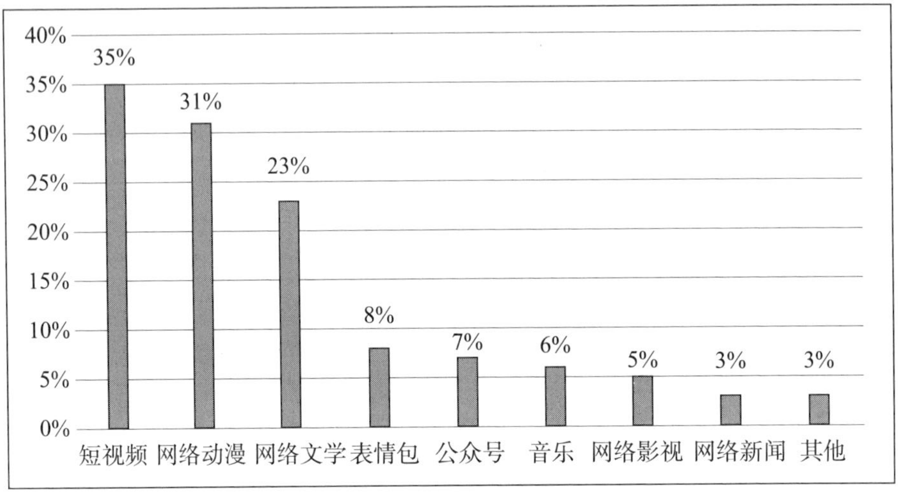

图6-21　青少年移动互联网创作的类型分布情况

以上，我们从四个方面对青少年互联网媒介素养进行了调查，包括移动互联网媒介的认知与评价、移动互联网内容的选择与过滤、移动互联网及其内容的批判性接受以及积极使用移动互联网。总体上说，青少年移动互联网媒介素养的情况并不乐观。从积极的角度来说，移动互联网的出现推动和提升了青少年的积极参与意识和行为，通过他们在网络空间各种兴趣族群的参与式行为和社会化过程提升了他们对社会公共事务的关注。另外，在自己的权益受到损害时会主动通过互联网进行维权。而在从事创作方面，青少年喜欢通过短视频创作、网络动漫、网络文学等进行自我表达，互联网和手机使用为他们提供了展示自我的新渠道、新平台，也提升了他们的自信心。但是从消极方面来看，青少年缺乏移动互联网媒介使用及内容偏好的反思意识和批判能力。他们在移动互联网使用中存在着典型的娱乐性偏好，自己对此有明确的认知却缺乏反思意识，他们在内容接受时更关注自己的需求而不太考虑商业力量对服务及内容的营销策略及功利目的；青少年对较为明显的负面或不良内容、不安全的社交行为等有着较强的拒绝意识，但是对于含有暴力、色情、不文明语言等内容的网络文学、电影、游戏、动漫等拒绝比例明显较低。我们成年人所关注的色情、暴力内容并不是青少年所特别介意和讨厌的，他们普遍对互联网的负面影响认知不足，对网络使用的安全知识缺乏认知，尤其是对于互联网使用相关法规非常不了解。此外，在移动信息的选择与过滤方面，青少年的内容选择主要受到自身的兴趣、爱好等方面的影响，而教师、家长的影响力则较低，表明教师和家长在这方面的引导明显不够，需要引起我们的注意。

第七章 青少年移动互联网媒介教育和保护研究

通过调查我们可以发现，青少年的移动互联网媒介素养状况并不乐观。这需要我们对青少年进行媒介教育，也需要我们提供更多更好的媒介保护。媒介保护是指针对青少年免于受到移动互联网媒介及其不良信息侵害的保护措施。对青少年提供媒介保护是源于国际社会普遍认可的对于青少年权利的保护。儿童的生存和发展是检验社会文明和进步的重要标志之一，同时，儿童又是社会进步和发展的希望。因此保护儿童健康成长、避免不良侵害是各国通行的做法。预防媒介对儿童的不良侵害也是其中一项重要内容，而且随着大众传媒尤其是互联网的普及，这一任务变得更为迫切。按照联合国《儿童权利公约》规定，儿童权利的实现需要国家、社会和家庭（主要是父母）承担相应的责任，国家需要对儿童权利的保护承担自身的责任，同时，还需要对其他责任主体在儿童权利保护上的权利和义务加以确定、规范与保护。因此，对青少年的媒介保护是一项以政府为主体，社会、家庭共同参与的任务。如果说媒介保护是外部责任主体对青少年免受媒介侵害而提供的保护措施，那么媒介教育则是这些责任主体为了加强青少年在媒介使用过程中的自我保护意识而进行的教育引导行为，从广义上说，媒介教育也是媒介保护的一种措施，但是媒介保护注重媒介环境的净化和隔绝青少年与不良媒介内容的接触，而媒介教育更注重对青少年个体正确使用媒介、主动防御媒介不良侵害的教育、宣传和引导，即是对青少年媒介素养的教育。尤其是在信息泛滥的现代社会，互联网提供海量芜杂的内容，对于不良信息和行为防不胜防、难以杜绝，青少年使用互联网已经非常普及，因此既需要从外部加强信息源头的治理，尽可能提供干净、健康的信息环境，又需要从青少年主体出发，培养其理性、健康使用移动互联网的意识和能力，二者互为表里、缺一不可。

本章将在梳理总结西方发达国家媒介保护和教育经验的同时，针对我国的青少年移动互联网媒介教育现状及存在的问题，提出相应的建议和对策。

第一节　国外的青少年互联网媒介教育和保护研究

互联网1969年诞生于美国的阿帕网，发展至今已经有几十年的历史。互联网的迅猛发展为青少年的成长提供了无限的可能性，但随之而来的各种问题也对青少年的媒介保护提出了史无前例的挑战。相较于中国而言，国外互联网技术发展较早，普及程度较高，青少年受到互联网的影响也较早。因此，国家和政府较早发现了互联网对青少年的不良侵害问题并给予重视，努力采取各种措施，对青少年的互联网及移动互联网使用进行媒介保护，并不断深化和推动着媒介教育工作的开展。

一、国外的青少年互联网媒介保护研究

如前所述，对青少年的媒介保护是一项以政府为主体，社会、家庭共同参与的任务。当然不同国家其责任主体的职责也不尽一致。比如德国的媒介保护就是以政府为主导的体制，而日本、美国则较为依赖社会和家庭

的力量。在采取的政策措施上，各国也不尽一致，但是也有很多共通之处。我们分别看一下几个有代表性国家的情况。

1. 美国的青少年互联网媒介保护

美国作为互联网发展的先行者，互联网相关的法律体系相对完善，在青少年使用网络的媒介保护立法方面也是先行者，美国的立法较为注重青少年在色情信息和隐私权方面的保护，但是美国是联邦制国家，各州都有自己的法律，在法律制定方面常常受到宪法保护人权和自由言论等方面的限制。早在1996年制定的《传播净化法案》（*Communication Decency Act*，简称CDA）是美国国会首次管制互联网上色情内容的法案，但是该法案因为侵犯了成年人的权利，被判定为违宪。1998年美国先后出台了两部专门针对青少年的法律，分别是《儿童互联网保护法》（*Children's Internet Protection Act*）和《儿童在线隐私保护法》（*Children's Online Privacy Protection Act*）。《儿童互联网保护法》明确了政府在青少年网络行为管理中的责任和义务，并要求青少年的父母、教育者以及行业者共同努力防止青少年受到网上不良内容的影响。比如，该法对于限制传播有害信息的规定分为禁止性行为和故意违规行为，也就是说无论是否故意，传播未成年人能够看到的有害信息将予以罚款，严重的则给予刑事处罚。另外，该法还规定设立“儿童网络保护委员会”负责减少未成年人接触互联网有害信息。此外，该法规定获得联邦经费资助的图书馆必须加装过滤网页的软件。但是，2002年5月31日，在美国图书馆协会诉联邦政府（American Library Association Inc. v. United States）一案中该法被联邦地方法院判定为违宪，理由是技术保护措施可能不当过滤掉某些信息，违反了言论自由的基本权利。不过，2003年6月23日，美国最高法院投票通过决定，允许国会要求全国的公共图书馆联网计算机安装色情过滤系统，否则政府将不提供技术补助资金。《儿童在线隐私保护法》主要是对13岁以下儿童的网上个人信息收集做出了限制。除针对儿童的专门法律外，还有一些其他的相关法律，如2004年美国颁布的《反垃圾邮件法》（*Anti-slamming Amendments Act*）规定，未给含有色情内容的邮件添加标志的，视为违法行为。此外，美国政府还通过税收优惠的政策来推动商业色情网站限制未成年人登录，如美国在1998年通过的《互联网免税法案》（*Internet Tax Freedom Act*）规定，如果商业性色情网站允许17岁以下未成年人浏览成人导向的图像和文字，不得享受网络免税的优惠。除了这些成文法之外，美国联邦和各州还有大量的判例法。

美国对互联网内容的管制逐渐从主张立法转向倡导业界自律以及分级、技术过滤等综合方式。美国前总统克林顿（Clinton）在发表的《全球电子商务框架》（*A Framework for Global Electronic Commerce*）中明确表示"网络内容不宜以法律管制"[①]，并呼吁家长、业界、学校与图书馆及政府相关部门多方合作，共同保护未成年人免受不良内容的侵害。在内容分级方面美国是先行者，早在1995年美国参议院就通过了一项法案，决定仿照电影三级制对互联网上的内容进行分级，以帮助家长对青少年接触的网络内容进行选择和控制。在游戏方面，美国实行ESRB（The Entertainment Software Rating Board，娱乐软件分级委员会）游戏分级制度，目前包括日本、韩国等国家的游戏分级制度大都参考了ESRB的分级制度。该分级由美国非营利性独立机构设置，评级制度相当完善，会邀请专家和各种不同背景、年龄、种族的评估人员一起对游戏进行审查，分级包括6岁、13岁、17岁三个年龄段。在网页分级方面，知名视频网站YouTube设置了六项内容分级类别，分别是粗俗语言（L）、裸露（N）、性爱画面（S）、暴力/令人不安（V）、药物滥用（D）、闪光灯（F）。而在音乐视频分级方面，美国的唱片上贴有家长忠告（Parental Advisory）的标识，表示歌曲或音乐视频中会存在血腥、暴力、色情等少儿不宜的内容。美国的一些运营商也会为青

① 杨秀菊. 网络服务商法律监管研究［D］. 太原：山西财经大学，2006.

少年上网筑起保护墙，有的企业会专门开发针对未成年人的网络产品版本，比如2015年2月YouTube发布了专门针对未成年人的应用，名为YouTube Kids，这款应用从界面设计和内容设置上都考虑到了对未成年人的媒介保护，在权限上赋予父母对未成年人使用时间、观看内容、搜索范围的控制。Facebook要求注册用户“须年满13岁”。2017年12月，Facebook推出了针对13岁以下未成年用户的Messenger的迷你版Messenger Kids，主要功能是发消息与视频，父母对这款应用拥有一定的控制权，孩子所添加的好友都需经过父母Facebook账户进行验证，父母也能随时把这些好友加入黑名单。

美国的美联邦交易委员会会在青少年使用SNS时进行警告提示，以提高青少年警惕网络违法有害信息的意识。除此之外，美国家长在青少年互联网媒介保护方面起到了重要的监管作用。父母可以在专门的网站上下载过滤软件，自行安装在孩子的电脑和手机上，用来过滤掉那些带有暴力或者色情内容的网页。另外，父母较为注重对青少年使用手机的日常监管。在网络中流传着一封美国家长写给即将拥有手机的孩子的信。在信中，这位母亲强调了手机的所有权、知情权，并且强调了礼貌、尊重他人及黄赌毒的危害等，在交给孩子手机的同时，也教给了孩子使用手机的正确方法。“首先声明一点，这部iPhone是我的，我借给你使用”“我在任何时候都有权知道这部iPhone的密码”“不准用手机浏览色情信息”“公共场合要么关机，要么调成静音放起来”[①]……这封信不只是使用手机的准则，更是做人做事的准则，反映出这位母亲的教育理念，非常值得家长们学习。

2.德国的青少年互联网媒介保护

德国也是联邦制国家，但是与美国依赖社会和行业力量不同，德国在青少年互联网媒介保护方面是以政府力量为主导的。首先，在立法方面，德国是欧洲第一个进行互联网立法的国家。1997年8月1日，颁布实施了

① 人民网.美国一位妈妈送13岁儿子手机前“约法18章”[EB/OL].(2013-11-05)[2022-07-31]. http://usa.people.com.cn/n/2013/1105/c241376-23433247.html.

《信息与通信服务法》(又称《多媒体法》)，该法涉及从ISP的责任、保护个人隐私、网络犯罪到保护未成年人等多个方面的内容，是一部综合性法律。2009年6月，德国联邦议院还通过了《阻碍网页登录法》，从而赋予了德国执法机关封锁儿童色情网站的权力。

在针对青少年网络保护的专门立法方面，德国也是先行者。2003年，德国制定了专门针对青少年的《青少年媒介保护州际协议》并组建青少年媒介保护委员会，旨在保护青少年免受网络媒体中不良信息的伤害。该协议明确规定了网络提供商不得传播的内容、应采取的必要措施及严格的违法制裁办法。另外，值得注意的是，该协议创造性地提出了“受管制者之自我管制”的概念，加强了企业自我管理的自律性和责任。如该协议规定，可能传播危害青少年内容的网络服务商应聘任一位由政府委派的“保护青少年特派员”，从而向使用者和服务提供者提供相关咨询。如网络服务商仅有50人以下的雇员或平均每月仅有1000万以下的访问量，也可以加入“自愿自控多媒体服务提供商协会”，履行自律义务。如网络服务商既没有聘任“保护青少年特派员”，也没有加入行业自律组织，将受到行政处罚及50万欧元以下的罚款。此外，该协议几乎每年进行修订，如2010年修改增加了网络提供商的内容分级义务，由网络提供商对其内容进行年龄分级，分级标准分为6岁、12岁、16岁与18岁四个级别，然后由家长决定是否过滤。[①]

在行政方面，德国联邦内政部联邦危害青少年媒体检查处专门负责青少年互联网内容使用方面的管制。该处还成立了“信息和通信技术服务中心”，该中心具备特殊的网上调查权限，可以为警方通过网络展开调查和采取措施提供技术支持。此外，内政部下属的联邦刑侦局24小时采用技术手段系统跟踪、分析互联网上的可疑内容，尤其是涉及儿童色情犯罪的信息。

① 法制日报.德国：监管自律保护青少年[EB/OL].(2012-09-11)[2022-07-31].https://news.sina.com.cn/o/2012-09-11/065925145465.shtml.

在德国州级政府层面，“青少年媒介保护委员会”是主要的行政组织。值得一提的是，该委员会下设一个“青少年保护网络有限公司”，该公司是德国监管网络色情的重要机构，超过八成的此类事件都是由该机构来处理的。

在技术手段方面，德国电信移动公司规定，未成年人购买手机时，运营商须严格检验用户身份信息并备案。另外，还会为未成年人的用户卡安装防色情软件。这一做法从硬件购置上加强了对未成年人的媒介保护。此外，还有一些相关的企业与政府合作提供一些技术手段协助进行未成年人的媒介保护。比如德国DOM数据处理公司与危害青少年媒体检查处合作，从2004年2月起在网上免费提供青少年保护过滤器，以过滤被列为青少年不宜浏览的国外网站的相关信息。

3.韩国的青少年互联网媒介保护

韩国是全球信息通信技术基础设施最先进的国家之一。截至2020年12月，韩国的互联网和智能手机的普及率位居世界第一。韩国在青少年互联网媒介保护方面也多方尝试，推出了一些较有特色的措施，主要体现在内容过滤、实名制登录、游戏防沉迷等几个方面，但是在媒介保护和个人权利之间的平衡一直是个需要面对的问题。

首先，在内容过滤方面，韩国政府推出了多项相关法律。1995年1月，韩国国会和政府修改了《通讯产业法》，建立了“信息和通讯道德委员会”，简称ICEC。目前ICEC仍然是对互联网内容进行全面监管的执行机构。在2000年7月，信息和通讯部与ICEC制定了一项新的法案——《促进利用和通讯网络法案》，2001年1月该修正法案开始生效，该法案对互联网不良内容管制体制进行了较为彻底的修改。根据这一修正法案，信息和通讯部长可以发布命令要求ISP删除或阻断“非法通讯”，而ICEC拥有建议ISP删除和阻断“非法通讯”的权力。此外，ICEC根据《年轻人发展法令》，在重要信息传播场所如学校和图书馆安装过滤、屏蔽软件。2001年还颁布了《不当互联网站点鉴定标准》和《互联网内容过滤法令》，在法律框架上确定了过滤信息内容的合法性。此后政府公布了12万个有害网站列表，要求通过防火墙来限制色情或令人反感网站站点的接入。这些网络内容法律体系的颁布，为韩国网络内容审查提供了法律依据。2002年6月27日，韩国宪法法院做出了历史性的违宪判决，与美国联邦最高法院判决CDA违宪相类似，法院判决“非法通讯”的规定违反宪法，理由是它过于模糊和不够客观，用于管制不良信息的传播，有可能会影响言论自由的基本权利。但是，原法案中关于内容过滤的系统仍然被延续了下来。韩国的内容过滤系统包括四个环节：（1）电脑工作室、互联网接入中心必须安装过滤软件；（2）含有“对未成年人有害内容”的网站经营者必须按照过滤系统的标准加以标识；（3）没有被认定为对未成年人有害的网站不强制要求设置过滤标识，但是ICEC可以建议网站设置，ICEC依靠政府预算研发生产和采取必要的措施推广过滤软件；（4）ICEC对国外的网站进行分析，设置淫秽和暴力站点黑名单并加以封锁。①

其次，在登录方面，韩国是世界上首个强行实施网络实名制的国家。2002年韩国开始推行实名制系统。起初主要采取的是“布告栏实名制”，要求网民在布告栏上传文章时使用身份证号码确认个人信息，以便发生问题时可以追溯个人身份。但是由于不断发生个人信息泄露事件，2004年以后韩国开始采用替代性的身份信息登录，开始推出“基于国家公钥基础设施的授权证书”（NPKI-based Authorization Certificate，AC）的替代方案。2006年设立并分发了互联网个人识别号码（I-PIN）系统，作为在线身份认证的替代手段。2007年7月起韩国开始强制要求实施实名制，要求人气较高的网站设立实名认证系统。2008年10月，韩国国会加强了实名制的实施，2008年11月起强制每日访客超过10万人次的网站采用实名制，用户发

① 王洪波.各国互联网不适宜内容政府管制比较研究［D］.北京：中国社会科学院，2005.

帖、跟帖、上传照片和动态影像时均需确认居民身份证和本人的真实姓名。2011年7月，韩国发生了黑客攻击导致的大规模信息泄露案件，约3500万名用户的信息外泄（韩国总人口约5000万）。该事件引发对实名制导致的个人信息泄露风险的再度担忧，另外数据显示实名制对抑制网络暴力的效果并不理想。此外，实名制导致外国人难以使用韩国网站，而韩国人则大量使用推特、谷歌、Facebook等国际社交网络（不接受实名制网络系统）。在这一背景下，2011年8月，韩国政府决定分阶段废除网络实名制。2012年8月，韩国宪法法院以侵犯言论自由为名最终裁定网络实名制违宪，全面禁止网站使用身份证认证。

虽然实名制取消了，但是韩国的在线身份认证并没有因此停止。2012年12月，韩国广播通信委员会（KCC）决定授权三大电信商——SK电信（SKT）、韩国电信（KT）与LGU$^+$提供认证服务。2017年，韩国广播通信委员会又将7家主要信用卡公司指定为新的在线身份认证机构。2019年韩国三大电信商联手打造了以区块链技术为基础的移动身份证商业生态系统，并与韩国金融业、大学、政府机关等单位结盟，共同打造分布式身份识别系统（DID）。该系统使用者将身份信息储存于智能手机与ID卡等装置，由使用者直接管控身份信息，而非储存于提供各项服务的机构，从而保障了个人信息的安全性。2019年11月该系统在金融和电子商务等领域开始应用。2019年10月，25岁的韩国女艺人雪莉因为网络恶评自杀身亡，这一事件再次让韩国社会反思网络语言暴力的问题，并有意推出“雪莉法”打击网络暴力，包括引入网络留言实名制。[①]但时至今日，韩国仍然没有再次启动网络实名制。

最后，韩国是游戏行业发展较早较成熟的国家之一，韩国游戏在早期

① 大众网．推“雪莉法”禁恶评？韩国曾推网络实名制但失败收场［EB/OL］.（2019-10-18）［2022-07-31］. https://www.360kuai.com/pc/9f61d13d79cc009fa?cota=so_54.

曾经一度风靡中国游戏市场。与此相应，韩国在对青少年玩游戏方面也做了不少媒介保护和管理方面的尝试。首先是韩国的游戏分级制度。2006年开始韩国文化体育观光部下属的游戏分级委员会负责游戏分级事宜。2013年《游戏产业促进法》修正案之后，该组织被社会组织“游戏分级与许可委员会”（GRAC）取代，对韩国游戏进行独立的分级与审查。韩国的游戏审查侧重点在于色情、暴力和赌博，分级过程强调对挑逗内容、暴力、犯罪或吸毒、不恰当的语音、赌博行为等五个方面的考查，分为全年龄、12+、15+、18+四个等级。2020年5月韩国文化部对《韩国游戏产业振兴法》进行了大幅修订，其中有条款要求所有在韩国销售或营运的电子游戏必须通过分级。另外，进一步加强了对青少年保护的力度，违反游戏分级标识义务、违反游戏健康时间提醒、违反海外游戏发行相关规定、擅自修改游戏内容不报备等，增设了重则5年有期徒刑、轻则5亿韩元罚金的处罚条款。其次是韩国的网络游戏防沉迷制度。2011年11月20日，韩国启动了游戏“防沉迷制度”，规定游戏企业在深夜12点至早上6点不得向未满16岁的未成年人提供互联网游戏服务，因从深夜12点起强制下线，此法也被称为“灰姑娘法”，由此韩国成为全球首个实行游戏“宵禁”的国家。但是该制度生效后引发了不断的争议。支持者认为这一方法可以改善未成年人沉迷网游、荒废学业的现象，营造健康的互联网环境。但反对者则认为此法侵犯未成年人的权利，且实际效果不佳，会削弱韩国游戏产业的竞争力等。2022年起韩国正式废除《强制防沉迷制度》并全面推行《游戏时间选择制》，废除了韩国实行了十年之久的“强制防沉迷制度”，允许子女及其监护人自由调整游戏时间，保障青少年自主决定权及家庭内部自由选择权，并向沉迷网络游戏的青少年及其家人提供咨询、教育、治疗等服务。此外，韩国还较早制定了限制游戏充值的限充政策，针对成年人（50万韩元）和未成年人（7万韩元）都设定了限充条款。在2019年6

月27日文化体育观光部宣布废止针对成年人的限充政策，不过针对未成年人的限充政策仍然有效。

二、国外的青少年媒介教育研究

如前所述，媒介保护侧重的是外部力量通过各种措施来净化互联网内容环境和隔绝青少年对不良内容的接触，而媒介教育则是通过宣传教育来引导青少年自身加强对不良内容的防御和对互联网的健康使用。对青少年互联网媒介教育我们可以从理论和实践两个层面进行梳理，理论是指导实践的思想原则，实践则是特定理论在行动上的具体实现。

（一）青少年媒介教育的理论变迁

媒介教育也就是媒介素养教育，目的在于提升青少年的媒介素养，增强其正确使用媒介和抵御媒介不良影响的能力。数十年来，国外尤其是西方发达国家的媒介素养教育理论经历了不同的理论变迁和研究范式的转换，这也是互联网媒介教育的前身，决定了后来互联网媒介教育的面貌。

媒介素养研究发轫于英国20世纪30年代，早期的研究者持鲜明的保护主义立场。1933年，英国学者利维斯（Frank Raymond Leavis）和丹尼斯·桑普森（Denys Thompson）出版了《文化与环境：培养批判的意识》一书，这本书被定义为媒介素养的开山之作。当时学术界盛行的是以精英主义的观点，在英国这样一个历史文化悠久的国家，传统经典的地位自然是神圣不可侵犯的，随着大众传媒的兴起，学术界迅速把矛头对准了大众文化。他们认为大众文化带给人们的是低水平的满足，容易造成当代文明和传统文化的断裂。卢梭（Jean-Jacques Rousseau）批评当时出版的杂志说："一本周期性出版的书是怎么回事呢？那就是一本既无价值又无益处的昙花一现的著作。文人们以轻率的态度诵读这些东西，仅仅是给未受过教育的女人们和为虚荣心所驱使的蠢人们听的。”[①]而狄德罗（Denis Diderot）在《百科全书》中也说：“所有这些报刊文章，对于无知者犹如食粮，对于只愿谈论而不愿读书的人犹如锦囊，而对于劳动者，则犹如灾祸和令人生厌的东西，他们从来没有为有才华的人说过半句好话，也从来没有阻止过蹩脚的作家发表坏作品。”[②]从这些我们耳熟能详的先哲们的言论可以看出在大众传媒兴起的初期，知识分子是如何以精英主义的态度看待大众文化的。另外，当时的传播效果理论则是以魔弹论为主导的，即忽视了受众的主体力量，认为大众传媒的效果就像子弹一样会击倒受众，因此为了抵御大众传媒对青少年的不良侵害，媒介素养教育需要训练青少年的媒介批评意识和免疫力。

1960年代，媒介素养理论开始强调提升青少年对媒介内容的选择和辨识能力。这一时期的学术界不在对大众传媒全盘否定，认为关键是引导青少年进行明智的辨析和选择。一方面这一转变与大众媒介的飞速发展有关。另一方面也与威廉斯（Raymond Henry Williams）等人提出的文化概念有关。威廉斯认为大众文化也是文化的一部分，不能以精英主义的态度全盘否定。因此这一时期的媒介素养理论认为重要的是区分媒介内容进行价值判断，研究仍然带有一定的精英主义色彩，主要集中在大众传媒的问题领域，如批评暴力、色情低俗内容、大众传媒中的消费主义和功利主义、危险行为、报道中的歪曲和偏见，以及关于种族阶级性和性别的刻板印象等。这种媒介素养理论导致的一个结果是研究忽略了青少年从媒介使用中获得的情感满足和快乐，这种媒介教育的内容和方法会“使得媒介教育运动丧失它的真实性，也割断了与学生真实生活的相关性”[③]。

① 展江. 法国启蒙学者何以蔑视报刊？［J］. 看历史，2010（12）：82-83.

② 展江. 法国启蒙学者何以蔑视报刊？［J］. 看历史，2010（12）：82-83.

③ HOBBS R. The seven great debates in the media literacy movement［J］. Journal of communication, 1998, 48(1): 19.

1980年代，随着电视的出现媒介素养开始了屏幕教育（Screen Education）的时期。这一时期较为注重媒介本身性质的影响，不是抵制而是力图增加青少年对媒介的理解——媒介是如何运作的，如何组织的，它们如何生产意义，如何再现现实，谁又将接受这种对现实的再现等。另外，这一时期比之前强调对文本的研究扩展到文本之外，关注不同媒介的特点及背后的意识形态政治经济的控制。学者们较多使用符号学、社会学、政治经济学等领域的方法，关注语言、意识形态和再现问题，如符号学家罗兰·巴特（Roland Barthes）对电视和一些通俗文本的研究。这一阶段世界范围内开始兴起媒介教育的实践，美国开始了“视觉素养运动”教育，加拿大在中学广泛开设了电影教育课程。

1990年代以来媒介素养研究转向注重参与式社区行动，即通过批判性的思考赋权，促进形成健康的媒介社区，培养成熟的公民素养。知名媒介素养研究学者蕾妮·霍布斯（Renee Hobbs）认为媒介素养的目标在于通过分析、推理、传播和自我表达技能的发展来提升自主权，从而推动民主，矫正社会问题。随后研究者们提出原来所谓的接近、分析、评价和传播各种信息的能力，仍然是一种文本中心的取向，他们认为媒介素养教育的目标不是帮助人们成为媒介产品的接受者和消费者，而更应该帮助他们成为具有民主意识的公民。[①]20世纪90年代以来，英国知名的媒介素养教育家大卫·帕金翰（David Buckingham）出版了一系列影响巨大的著作，特别是在《童年之死：在电子媒体时代成长的儿童》中，他提出和完善了“超越保护主义”的理论体系，批评“传统的保护主义所进行的媒介素养教育实践，实际上暗合着整个社会把儿童的权利剥夺了，成人充当了儿童话语的生产者和儿童行为的评估者。虽然从表面上看，不同的保护主义似乎是着眼于学生，但其预设的基本立场是媒介的立场，对学生采取的保护姿态

① LEWIS J, JHALLY S. The struggle over media literacy［J］. Journal of communication, 1998, 48(1): 109-120.

往往立足于媒介的负面影响之上，使学生的主体建构和自我实验无法达成，因而在文化、道德和政治等的障蔽下，媒介素养教育难以达成对学生进行保护的目的”①。

同样，美国研究网络文化的学者詹金斯认为媒介素养教育首先应当“在深刻理解文化背景与青少年政治参与形式变化的基础上，以多种课程形式弥合参与鸿沟，鼓励青少年发展技能、知识和伦理框架，实现自我赋权”②。詹金斯发现学校的老师们在对待青少年网络使用问题时颇为矛盾，一方面想让同学利用这个新技术为学习提供方便，另一方面又害怕学生的过度使用会带来不良影响。因此，总的来说学校采取的是防御性的措施，但是这种措施限制了参与式学习的益处和青少年的自主权空间，“因为害怕技术和文化变革可能引发道德恐慌，许多成年人正在关闭那些对于青少年来说意义重大的机会之门”③。詹金斯认为新的传播媒介需要新的媒介素养，社交技巧和文化能力是21世纪素养的重要概念。对此，詹金斯④提出：“新媒介素养应该被看作是一项社会技能，被看作是在一个较大社区中互动的方式，而不应被简单地看作是用来进行个人表达的技巧。”这意味着新媒介素养是作为社会成员的青少年在新的媒介环境和文化形态下，进行媒介文本的创作、传播和共享，实现人与人之间的有效连接的能力，是一种更具参与型的能力。詹金斯提出了21世纪青少年需要具备的十一项新媒介素养技能：“（1）游戏。能够将周围环境作为一种解决问题的方式进行试验的能力。（2）表演。为即兴创作和发现目的采用替代身份的能力。（3）模拟。

① 帕金翰.英国的媒介素养教育：超越保护主义［J］.宋小卫，译.新闻与传播研究，2000（2）：73-79.

② 上海市哲学社会科学规划办公室，上海社会科学院信息研究所.国外社会科学前沿［M］.上海：上海人民出版社，2016：422.

③ 詹金斯，伊藤瑞子，博伊德.参与的胜利：网络时代的参与文化［M］.高芳芳，译.杭州：浙江大学出版社，2017：37.

④ JENKINS H. Confronting the challenges of participatory culture: media education for the 21st century［M］. Cambridge: The MIT Press, 2009: 32.

能够解释和构建真实世界流程的动态模型。（4）挪用。能够有意义地对媒体内容进行采样和重新混合的能力。（5）多任务处理。能够扫描环境并将焦点转移到显著的细节上。（6）分布式认知。能够与扩展心智能力的工具进行有意义的互动。（7）集体智慧。能够汇集知识并将笔记与其他人进行比较以实现共同目标。（8）判断。评估不同信息来源的可靠性和可信度的能力。（9）跨媒体导航。能够跨多种模式跟踪故事和信息的流动。（10）网络。搜索、综合和传播信息的能力。（11）谈判。能够跨越不同的社区，辨别和尊重多种观点，并掌握和遵循替代规范。”[①]这十一项技能是对青少年的创造性思维能力、选择批判能力、参与协作能力和自我表达能力的培养。

以上我们总结了20世纪30年代以来媒介素养教育理论的变迁，事实上，这样的变迁虽然有理论脉络可寻，但也并不是如此线性推进的，面对媒介素养教育一直存在着争议，不同观念并不是相互替代的关系，直到现在，保护主义的思路也仍然存在于不同国家的理论和实践中。早在20世纪90年代，美国学者霍布斯曾将对于媒介素养教育的目标、实践和策略的不同看法甚至是争议、分歧归结为“媒介素养运动中的七大争论”[②]，包括媒介素养教育是否应该以保护儿童青少年远离负面媒介内容的影响为目标？是否媒介生产应该成为媒介素养教育的一个基本特色？媒介素养应该聚焦流行文化文本吗？媒介素养是否应该具备一种更加明确的政治和意识形态议程？媒介素养应该进入12年制的中小学教育系统中吗？媒介素养应该作为独立的课程进行教授还是应该融合在现有的课程内容中？媒介素养运动能接受媒介机构的财政资助吗？事实上，这些争议还远未能概括媒介素养理论研究的复杂性。

① 胡瑞涟．亨利·詹金斯新媒介素养理论研究［D］．桂林：广西师范大学，2019.

② HOBBS R. The seven great debates in the media literacy movement［J］. Journal of communication, 1998, 48(1): 16-32.

（二）青少年媒介教育的实践经验

20世纪80年代初期，媒介教育已经成为一个全球关注的议题，在1982年的联合国会议上，教科文组织发布了题为《媒介素养宣言》的文件。这份文件列举了大众媒介对于现代社会生活的全面渗透和深刻影响。文件呼吁家长、教师、学生、媒介从业者与政府决策者们共同协作，以培养读者、观众和听众的批判意识，并敦促各方启动和资助全面的媒介教育项目，加强心理学、社会学和传播科学中与媒介教育相关的研究，支持和推动联合国旨在促进全球的媒介教育合作的项目。20世纪80年代以后，媒介素养教育运动开始兴起，从英国、加拿大、澳大利亚、美国等国家逐渐向全球蔓延。亚洲国家如日本、韩国、印度等也相继在20世纪90年代开始推广和普及媒介素养教育。下面我们分别介绍几个媒介教育实践较为丰富的国家和地区的情况。

1.英国的媒介教育实践

英国是世界上推行媒介素养教育历史最为悠久、成果最为丰硕的国家之一，也是第一个通过立法来推行媒介教育的国家。英国的媒介素养教育经历了一个自下而上的过程，最开始由少数个体学者和教师发起，最后影响到行政体系并进入立法层面。

媒介教育实践的历史和媒介素养理论研究的发展是相互影响的。在20世纪30年代，以利维斯为代表的保护主义的媒介素养理论持精英主义的态度，认为媒介教育的目标是需要让青少年避免接触平庸的流行文化从而减少其不良影响。但是利维斯的理论在实践领域的影响并不大，真正把他的思想在实践中发扬光大的是他的学生汤普森，20世纪30年代，汤普森在担任公立中学英文教师期间，与利维斯共同编辑了《细绎》季刊，到了20世纪40年代，他成为一所中学的校长，并开始参与教科书编纂工作，把媒介素养教育的理念融入教材。他所主编的《英语的用法》（*The use of English*）

一书在当时的英国影响非常大。在英国各地都有教师共同组建读书会，讨论研究该教材，1963年汤普森在各地读书会的基础上联合成立了具有行政体系的英语教学国家联盟组织，并在该组织中担任重要职务。汤普森在长达三四十年的时间里在其主编的教材、出版的论文集和文章中，一直坚持与利维斯在《文化与环境：培养批判的意识》一书里相同的立场，传承对于媒介素养教育的观念。但是在20世纪60年代，媒介素养教育理论开始发生变迁，这也直接影响到了媒介教育实践，另外在流行文化下成长起来的年轻教师也对流行文化尤其是电影持有不同的态度。在1960年召开的英国全国教师会上以“流行文化与个人责任”为主题进行了研讨，年轻教师和老一代教师发生了激烈的争论，年轻教师认为：“我觉得这会议有点像是在讨论如何使学生抵抗媒介的吸引力……若要我找出在教育中教授电影与电视的目的，我会简单地认为就是能使学生在那些媒介里找出最棒的来享受。”[①]此外，英国伯明翰当代文化研究中心的理查德·霍加特（Richard Hoggart）和雷蒙·威廉斯也在此次会议上进行了演讲，他们提出的新的文化观念也对传统媒介教育的精英主义进行了批评。英国的内政部大臣巴特勒也出席了此次会议，会议达成的共识文件得到英国官方及文件《纽森报告》（*The Newson Report*，指英国以纽森为主席的中央教育咨询委员会报告）的认可，可以说此次会议对媒介教育的转型影响巨大，教师们开始把重点转向教育学生们分辨流行文化的良莠而不是一味拒绝贬低流行文化。到了20世纪80年代，随着电视媒介的出现和欧洲符号学派的兴起，媒介教育实践开始受媒介教育理论影响转向对媒介性质及受众经验的关注，比如斯图亚特·霍尔（Stuart Hall）的解码理论就较深地影响了媒介教育实践。这一时期媒介教育推广者致力于媒介教育在教育体系中的合法化，这是一个艰难的过程。1983年，英国教育科学部发表了一篇名为《流行电视与学

① MASTERMAN L. Teaching the media［M］. London: Comedia, 1985: 51.

龄儿童》(*Popular TV and School children*)的调查报告，认为应该在文化课程中实施媒介素养教育，而不是作为一个独立的课程。1988年，英国颁布了《教育改革法》，规定在中小学设立国家统一课程，媒介素养教育被引入课堂，融入英语文化课程教学中。媒介素养教育主要是将媒介素养融合到英语、信息技术、公民教育以及其他科目中。英语课是媒介素养教育课程融入最多的，主要是让学生了解媒介是怎样运作的，并让学生对媒介产生兴趣。另外，英国的公民教育课程提纲中明确规定，学生要成为一个有知识的公民，需要了解媒介在社会中的重要性，同时明确规定了公民教育课程中的媒介议题，如国家身份认同以及全球公民等。1997年，工党上台后对教育进行改革，14岁以上学生选修的“媒介研究”课程被作为毕业考试科目。在1997年，英国开设媒介研究课程的学校占比约为2/3，大约1/3的中学毕业生参加了媒介研究学科中学教育考试。2000年颁布新修订的义务教育课程增加了“信息传播科技”课程，除了利用信息和传播工具外，还包括在学习信息传播科技的过程中培养批判的精神，这一课程目标也充分体现了媒介素养教育的精神。

在英国，除了学校内的媒介素养教育之外，学校外的媒介素养教育也逐渐发展起来。首先，在政府层面上，为适应以互联网技术为代表的新媒介时代的到来，2003年，英国政府将原管理通讯、广播的政府部门与电视委员会和传播标准委员会合并成立了国家通讯局。英国国会在同年通过《通讯法案》(*Communications Act*)，其中一条明确规定推动“媒介素养”为通讯局所负责的新工作，包括利用数字媒介出版发行教材帮助公众了解电子媒介的特性及信息生产过程、渠道，帮助公众正确使用社交媒介和有效处理各种媒介信息等。英国政府通过提供经费、整合社会及民间资源等方式，建立了相对完善的媒介素养教育体系和网络，并设计开发了相关教材及课程，这也是英国媒介素养教育、学校教育实践得以成功的关键。此外，民间机构也在媒介素养教育中发挥了积极的作用。在民间社会组织中以英国电影协会和伦敦英语与媒介中心影响为大，他们与官方、大学等相关部门合作推出一系列媒介素养教育的教材、培训课程等。英国电影协会在媒介素养教育融入义务教育课程的起始阶段，就集结了20多位经验丰富的教师和学者规划出媒介素养教育的关键概念和教学范畴，直到现在都是英国媒介素养教育内涵发展所遵循的依据与指标。①此后的20多年里，该协会不断出版媒介素养教育的相关教材、教师手册与教学指南等，还每年组织上百场次的各类媒介素养教育培训活动，并和几所大学联合推出针对不同年龄段不同主题的媒介素养教师进修培训课程，为推进媒介素养教育工作做出了重要的贡献。英语与媒介中心作为非营利的教育组织，致力于为中学及继续教育的老师与学生们提供在英语和媒介素养教育课程方面所需的培训课程、教材、教案及视听资料等。该中心还建有网络数字图书馆、出版《媒介杂志》和《E杂志》两本媒介素养相关的期刊。这些社会力量提供的媒介素养教育资源对英国学校教育把媒介素养融入文学教学中提供了极大的帮助。

可以说，英国的媒介素养教育实践有着深厚的理论基础和相对悠久的历史，在学者倡导、教师实践、政策确立、社会支持等各方面力量的相互作用下，媒介素养教育早已发展出一套符合本国国情的课程与教学理论体系，并形成了浓厚的媒介素养教育的社会氛围。

2.美国的媒介教育实践

美国的媒介素养教育和英国相比起步较晚，另外早期的媒介教育在实践中更偏重技能取向。在媒介素养教育实践中有两种主要的倾向，一种是保护主义模式，即英国早期的媒介教育思想，强调价值观取向，注重媒介对青少年的不良影响；另一种则是技术教育的模式，偏重技能性和实用主义。美国的媒介素养教育较为偏重后者，但是目前其媒介素养教育实践也

---

① BAZALGETTE C. Primary media education: a curriculum statement [M]. London: British Film Institute, 1989.

非常普及，在理论上也具有了多元化的面貌，除强调对媒介的创造性使用外，也强调培养青少年的质疑和批判精神，强调媒介素养对公民平等发展的作用。21世纪以来，美国50个州均将媒介素养作为课程的一部分，纳入各个学科之中。

首先，在学校教育中，1966年美国穆里街区小学最早开始电视媒介教育，被认为是全美最早推行媒介素养教育项目的学校。该教育强调通过使用电视媒介理解其特性并加以有效运用，比如该学校通过自己的电视台录制播出学生的故事、采访制作社区节目等。20世纪60年代，媒介教育也开始进入大学课程。1969年，最早在美国的大学教育中融入媒介教育课程的约翰·卡钦创办了美国第一个媒介素养教育组织——理解媒介中心，该中心在美国国家艺术基金会、美国公共广播公司的资助下开展了一系列媒介教育项目。20世纪60年代中期，西南爱荷华州学习资源中心的成员比尔·霍纳（Bill Horner）和容·柯蒂斯（Ron Curtis）在美国教育署的资助下，与大学及当地的教育家们合作，为周边地区的学校和教师设计有关媒介教育的课程，进行教师培训并制作和提供电影、幻灯片、磁带、书籍等教学材料。该项目被称为“现时的媒介”（Media now）课程项目，是首次为美国高中所设计的媒介教育课程，包括7个模块：媒介硬件、媒介制作、媒介类型、媒介评价、媒介阐释、媒介美学和媒介呈现。在有关人士的积极推动下美国教育署参与了该项目的推广，使得这一项目在美国各州产生了较大范围的影响。此外，这一课程还出售给加拿大和以色列的学校与社区。20世纪90年代，媒介教育开始在美国的学校日渐普及，但也大多是融入其他课程的教育中。2000年之前全美50个州中已经有48个州颁布了与媒介素养教育有关的课程指导准则，但是各地在实践中的发展存在不均衡的情况。目前美国学校的媒介教育主要融入四种课程类型中：第一种是语言艺术与传播艺术课程。如佛罗里达州颁布的《语言艺术教育指导标准》中，要求9—11岁的学生能够理解大众媒介能传播各种信息。另外这些课堂教学中较突出的一个特征是强调和鼓励学生使用媒介相关的工具，以进行文字、图像等形式的自我表达。第二种是社会研究性质的课程。如加利福尼亚州的高中历史/社会研究课程框架体现了媒介教育的宗旨，学生评估媒介对于美国政治生活的影响。第三种是健康教育课程。比如对烟草酒类广告的分析。第四种是美术与表演艺术课程。在这些课程中媒介艺术被定位为自我表达和创造性的工具，比如组织反对暴力的媒介宣传活动等。

在学校教育体系之外，美国的官方及社会组织也在普及媒介教育中起到了重要的作用。美国国家失踪与受虐儿童中心（NCMEC）开发了NetSmartz交互式教育安全资源，通过适合儿童年龄、3D画面的系列活动来教育儿童和青少年该如何更安全地使用互联网。NetSmartz已登陆全国3000多个儿童群益会（BGCA），为330多万青少年提供服务。该项目为家长、儿童和教师提供了一个网络风险概览。该项目认为，除了一些有用的教育信息，互联网上大多数内容都不适合儿童。其中可能包括裸露或露骨的色情内容；仇恨或种族主义网站；烟草、酒精或毒品等宣传材料；暴力影像；撒旦或邪教团体的信息，甚至包括自己制作炸弹和炸药的配方教程。

在社会组织方面，首先是教会组织。早在20世纪70年代中期，出于对电视节目中暴力和色情内容对青少年影响的担忧，美国几个主要新教教会中的一些传播从业者发起成立了媒介行动研究中心，这是一个非营利性的合作组织，目的主要是开展有关大众媒介的教育项目。比如他们开发了供各地教会和社区群体使用的理解电视的训练项目，这是一个为期10周的课程，包括对电视节目的讨论、对电视的负面和正面信息的鉴别，以及分析这些信息如何影响个人价值和家庭关系等，这个项目在美国各个教区取得了很大的成功并输出到国外，20世纪80年代该项目在美国才逐渐衰微。另外，美国第一份致力于推广媒介教育的杂志《媒介与价值》就是由一位天主教教会修女和高中新闻教师创办的，1984年媒介行动研究中心接管了这份杂志，该杂志发行量也逐渐增加，发表了不少有影响的成果。比如1990年发表的《向你的孩子传授关于电视的5个重要概念》，后来成为界定媒介素养教育的5个核心概念的基石；1992年还发表了乔治·格伯纳《关于电视作为故事叙述者》的经典研究。

其次，全国性的媒介教育组织是美国的媒介教育运动得以广泛动员的重要组织力量。1989年成立的媒介素养中心是美国最有影响的媒介教育组织，该中心在1991—1995年出版了第一代的媒介素养教育工具书，其中包括《如何分析新闻媒介》《如何在电视时代做家长》《媒介时代的公民权》等。1995年中心开发了“超越谴责——挑战媒介中的暴力”这一课程，受到教师与媒介从业者的好评。1997年启动了菲尔腾媒介素养学者项目，确立了媒介素养教育教师培训的全国模式。2001年该中心发起联合多个媒介素养组织成立了全国性的媒介组织——美国媒介素养联盟。该组织的使命是为教师、青年领袖、家长和孩子们的照顾者们，将媒介素养的研究与理论转化为实际的资讯、训练和教育工具，帮助孩子们和成人在一个全球化的媒介文化中的生活和学习做好准备。从2001年起，美国媒介素养联盟与美国媒介素养中心，每隔两年举办一次全国性的媒介教育会议。该联盟还持续开发各种媒介教育资源，如2002年开发了作为媒介素养教学框架的媒介素养工具箱，2007年开发了结构和建构媒介讯息的新分析框架，2008年推出《面向21世纪的媒介素养——概览与指导》的专著。另外一个较有影响的媒介组织是2002年成立的媒介教育行动联盟，该联盟是一个由教育者、学生、健康工作者、记者、媒介制作者、家长、活动家和其他公民组成的独立的、非营利性的洲际教育联盟。该联盟相对前者更为激进，坚定地反对任何形式的商业合作与赞助，其资金来源主要是会员费。该联盟一方面通过向儿童教授媒介教育的知识和技巧使得他们成为更具批判性的媒介消费者以及民主社会中更积极的参与者，另一方面积极通过媒介教育和行动来支持媒介改革和媒介体制的民主化，把媒介教育看作民主社会和公民参与及行动的关键成分。

此外，还有一些相关的行业组织也积极参与了媒介教育实践工作。比如健康教育者是美国从事健康教育的社会组织，该组织在1995—2000年在全美举行了数百场地区性的研讨会与工作坊，探讨如何把媒介教育更好地融入健康教育中。另外，一些主要的健康组织如预防药物滥用中心、白宫全国毒品控制与预防办公室以及儿童健康与人类发展全国协会，不仅积极参与主办这些研讨会，而且为相关研究提供资助。媒介组织也推出了一些媒介教育项目，比如全国家长——教师协会和全国有线电视协会共同支持的“家庭与社区批判性的观看项目”，1995年卡耐基基金会资助媒介素养中心开发了“超越谴责——挑战媒介中的暴力”课程，另外媒介公司也参与了一些学校的媒介教育项目。但是进入21世纪之后，大型公司参与媒介素养教育成为一个更普遍和引人争议的现象，其典型代表是2002年成立的21世纪技能伙伴，该组织兼具公共和私营组织的特征，其成员包括美国教育署以及一些协会（如美国图书馆馆长协会）和大型公司，如苹果电脑公司、微软、奥多比公司、甲骨文公司等。在该组织对21世纪儿童系列能力的定义中位于首位的就是信息和传播的素养、技能。有人认为媒介组织对媒介教育项目的资助是积极可取的行为，他们认为媒介组织本身应该承担一定的社会责任，帮助受众发展对媒介的批判性认知。但是这些媒介组织的参与也越来越引起人们的警惕和批评态度，认为这些公司有着自身的商业利益和动机，其资助有可能会影响媒介教育的效果，带来一种工具进步主义的主张，片面强调技能、能力和培养学生的品牌忠诚度。但是在互联网普及的时代，媒介素养教育面临更多挑战，需要各方力量的共同参与和能力。比如2021年1月19日，被誉为现代智囊的“大脑集中营”以及世界智囊团的开创者和代言人的美国决策咨询机构兰德公司（RAND Corporation）发布《媒介素养标准对抗真相衰退》（*Media Literacy*

Standards to Counter Truth Decay）[①]报告，指出当前假新闻的编造和传播更加肆无忌惮，而客观分析和事实在美国公共生活中的影响却在不断减弱，这一现象被称为“真相衰退”（Truth Decay）。为了对付这一社会问题就需要加强媒介素养教育，该公司还综合现有的媒介素养教育标准制定了新的标准，内容涵盖“寻求对事实的完整理解和不同意见”“确定可信赖的信息来源”“评估信息的可信度和观点的可靠性”“负责任地参与对抗‘真相衰退’”等四个方面，每一个方面又包括一些具体标准，如在“评估信息的可信度和观点的可靠性”方面包括：

（1）了解技术造假，谨慎对待以往值得信赖的信息产品方式（比如音频和视频造假）；

（2）分析为某一论点提供的证据是否充分；

（3）比较主题上的多个观点，并使用证据来确定如何分辨异同；

（4）认识到媒体和信息产品可能影响态度或情绪反应，甚至导致特定行为。

该报告强调以上标准除了为教育工作者、决策者和资源开发人员提供参考外，也能为媒介素养的相关团体和协会服务，并帮助传播对媒介素养教育重要性的认识。

3. 加拿大的媒介教育实践

加拿大的媒介素养教育起始于20世纪60年代末期，与英国、美国有所不同的是，注重对美国媒介流行文化的分析与批判能力，即在理念上强调“文化抵制”和培养对本土文化的认同。到了20世纪90年代，媒介素养教育开始融入正式的学校课程中。至1999年底，加拿大各省都将媒介素养教育纳入正式教育课程中，下面我们看一下加拿大媒介素养教育实践的发展

① 国际教师教育中心.美国制定媒介素养教育标准应对社会“真相衰退”[EB/OL].（2021-01-19）[2022-07-31]. http://untec.shnu.edu.cn/35/1c/c26039a734492/page.htm.

状况。

美国文化对加拿大媒介素养教育发展的影响是巨大的。因为加拿大和美国是邻国，美国文化尤其是影视文化对加拿大影响非常大，甚至加拿大民众观看美国的电视节目多于本国节目。为此，加拿大在20世纪60年代开始推行以屏幕教育（Screen education）为核心的媒介教育，对美国的媒介流行文化进行分析与批判，同时也注重媒介制作的实践技能和反思意识的培养。加拿大政府成立了加拿大屏幕教育协会，并1969年召开了第一次屏幕教育会议，媒介素养教育的理念开始播散，因此这一时期的媒介素养教育被称为“屏幕教育时期”。在推动媒介素养教育进入学校课程体系中，安大略省起到了表率作用。安大略省最早将媒介素养教育融入教育体制中，因此其对于媒介素养教育所制定的相关内容及框架对其他地区影响非常大。1978年安大略省媒介素养协会正式成立，成为第一个省级媒介素养教育研究组织。该组织对媒介素养教育的推广做出了很大的贡献，如对全省教师进行媒介素养教育的培训工作。1986年，媒介素养协会为教师编写了一份《媒介素养资料索引》，介绍了电视、电影、广播、音乐、摄影以及印刷品等媒介应用于课堂媒介教育活动的操作建议。这份索引不但被众多英语国家所采用，还被翻译成多种语言在很多国家传播。书中提到受众接受媒介信息时需要了解关于媒介的八项理念，分别是：“所有媒介都是建构出来的，媒介建构了所谓的‘真实’，受众依据自身的性格、兴趣、家庭和文化背景理解媒介，媒介具有商业意义，媒介信息蕴含着某种意识形态及价值观念，媒介信息与社会环境、政治环境密切相关，媒介信息的形式与其内容密不可分，各类媒介都具有独特的美学形式。”[①]这八项理念充分展现了当时媒介学者们主张批判性对待和理解媒介信息的观点。1987年，在协会的不断努力下，安大略省将媒介素养教育正式列入6—12年级的学校课程

① 赵冬娜. 加拿大中学媒介素养教育研究［D］. 大连：辽宁师范大学，2014.

中，成为中学英语语言课的一部分。安大略省的媒介教育实践也总结出了一套具有批判性质的媒介素养教育模式。该模式以“媒体建构真实”为主线，强调信息的建构与再现过程中涉及的个人、组织、环境与目的等因素的影响，从而从“文本”、“受众”与“生产”三个环节引导学生解构媒体。另外，安大略省在媒介素养教育推广中的经验也非常具有典型性，1992年美国首届媒介素养全国领导会议所形成的会议报告中，把加拿大的安大略省的成功经验总结为如下要素：“（1）基于教师对于媒介教育课程的试验，向省级教育机构施加压力，并最后整合进不同年级的正式课程中，使得媒介教育课程具有合法性；（2）教育机构的支持；（3）教师培训项目的开展；（4）为从事媒介教育的教师提供咨询人员；（5）形成媒介教育的职业组织；（6）使用评估手段完善媒介教育，巩固媒介教育课程的合法性。”[①] 在安大略省成功推广媒介教育经验的带动下，各省也开始普及媒介素养教育。2004年，西部四省与三个特别行政区通过了一个共通的英语语言课程标准，其中包括媒介素养教育单元。迄今为止，加拿大各省在小学与中学的课程中均融入了媒介素养教育的内容。但是各地实践的具体情况不尽一致，如安大略省、魁北克省等省份的高中阶段，将媒介素养融入语文艺术教育中。还有部分省份将媒介教育融入社会课程和以互联网技术为代表的信息课程中。

和美国类似，加拿大的媒介教育组织在媒介素养教育的推动和普及过程中也发挥了非常重要的作用。由于加拿大和美国一样也是地方分权，加拿大的十个省份和三个特别行政区各有其不同的教育体系，加拿大联邦政府没有统一的教育部门。为了整合资源达成一致，1993年加拿大西部省份采取区域合作的方式组成西北加拿大基础教育联盟，该联盟的成员包括媒介素养教育教师、国家电影委员会、知识频道网以及国际发展教育研究机

① 周素珍.英国媒介素养教育研究［D］.武汉：武汉大学，2014.

构、太平洋洲电影协会、媒介观察教育基金会与关心媒介议题的组织代表等，联盟的目标在于研究媒介素养的课程培训、课程架构和标准等。加拿大东部省份则于1995年成立大西洋四省教育基金会，负责拟订幼儿园到高中的媒介素养课程架构。各省根据这两个组织设立的核心课程框架和标准等设立适合本省的课程。

除上述两个组织，加拿大还有不少相关的媒介教育组织。如1991年成立于英属哥伦比亚省渥太华市的“加拿大媒介教育协会”，协会成员来自电视界、电影界、教育界以及知名杂志等各类媒介。该协会定期举办教师培训、讲座与论坛，并出版教学用书，为教师们在课堂上讲授媒介素养知识提供参考。1992年，各省代表参加安大略省“媒介素养协会”举办的国际媒介教育研讨会后，成立了东部多伦多的“加拿大媒介素养教育组织总会”，该组织还成为全国各省相互联系和统一与政府沟通的机构，在推动本土化的媒介素养课程建设及争取相关经费、立法等方面都发挥了相当重要的作用。

三、国外青少年媒介保护与教育对我国的启示

以上我们梳理了一些国家在媒介保护和媒介教育方面的理论及实践，虽然各个国家有自己的国情和历史，有些不一定适用于中国，但是其在青少年互联网媒介保护与教育方面积累了丰富的经验，也进行了多方面的探索，这些经验和探索可以给我们的媒介保护和教育提供一些启示。

首先，在媒介保护方面，以色情、暴力等有害信息和隐私保护为主要防范内容，以立法和司法为根本措施、以行政措施、技术手段和相关企业的自治为主要手段，多管齐下，共同治理，对青少年提供媒介保护。如德国的青少年媒介保护采取的是以政府为主导的体系，在法律方面制定了专门的《青少年媒介保护州际协议》并组建青少年媒介保护委员会，旨在保

护青少年免受网络媒体中的不良信息带来的伤害。该协议还创造性地提出了“受管制者之自我管制”的理念和措施，加强了企业的自治责任，2010年协议修改时还增加了网络提供商的内容分级义务。此外德国政府还设置了专门负责媒体管制的机构——联邦危害青少年媒体检查处。此外，内政部下属的联邦刑侦局24小时系统地跟踪、分析互联网上的可疑情况，尤其是涉及儿童色情犯罪的信息。在未成年人购买手机时德国电信移动公司不仅严格查验身份并登记备案，还会为他们的用户卡安装防色情软件。美国在法律制定方面是较为积极的，先后推出了《传播净化法案》、《儿童互联网保护法》和《儿童在线隐私保护法》，但是在相关法律被裁定违宪的情况下不得不借助于社会力量，推动企业自律和内容分级、技术过滤等方式对青少年进行媒介保护。其网络内容分级制度较值得我国加以借鉴。比如日本、韩国等国家的游戏分级制度大都参考了美国ESRB的分级制度。另外，视频网站YouTube也设置了内容分级，唱片行业对音乐视频也进行了分级，值得注意的是，有的企业还专门开发了针对未成年人的网络产品版本，比如YouTube Kids、Messenger Kids。另外，韩国在实名制和内容过滤方面的经验和教训也值得我们学习和借鉴。

其次，在媒介素养教育方面，西方一些国家丰富的媒介教育理论和实践给我们提供了参考。在媒介教育理论方面，西方经历了从以英国为代表的保护主义模式到强调媒介教育为公民赋权和参与社会民主的转换，从精英主义立场到注重青少年自身的主体力量的转换。而在我国，不少政府教育部门、学校和家长还在努力让青少年避免接触互联网以防止其侵害。在实践层面上，中国各个方面还比较缺乏对媒介素养教育的重视，不仅政府没有相关法律法规对其加以重视和指导，至今大多数学校都没有推行媒介素养教育，只有少数学校的个别尝试行动，而大部分家长自身则也较为缺乏媒介素养，很难胜任对青少年的媒介家庭教育，更谈不上什么致力于媒介教育的社会组织了。不得不说，我国的媒介素养教育实践是非常欠缺的。

从美国、德国等国家的媒介教育的推动和普及来看，大多是采取的自下而上的方式：一方面是在专家学者、相关教师的积极推动下，成立媒介素养教育组织，宣传媒介教育的理念和实践措施，并提供媒介教育课程的培训教材和教案、培训课程等，为在学校落实媒介教育实践提供了资源和帮助。这些单个的媒介素养教育组织还往往联合成立全国性的媒介教育组织，给政府教育部门施加了压力和影响，甚至推动政府以立法的方式确立了学校进行媒介教育的合法性。另一方面，这些国家的媒介素养教育有着广泛的社会力量的参与，除了专门的媒介素养教育组织外，还有教会组织、媒介组织、相关行业组织等的积极参与。这些都是我们需要加以借鉴和学习的。但是我国社会组织的不发达由来已久，在这种情况下发达国家自下而上的方式是否也适用于中国是值得商榷的，也许自上而下推动政府部门的介入是更为可行的推广方式。即使如此，也仍然需要思考中国的媒介素养教育如何适应中国的现实，是强调其批判性还是强调技能性的培养？如何在自上而下的推行中进行社会动员以获得各种组织、群体和个人对媒介教育的重视和资源支持？中国的媒介素养教育如何进入正式的学校教育渠道？如何进行课程建设、框架设定及教材建设、教师培训等工作？这些问题都需要我们在中国国情的基础上结合发达国家的经验进行探索，从而确立自己的媒介素养教育理念和实践模式。

第二节　加强中国青少年的互联网媒介保护与媒介教育

本节我们将首先梳理中国青少年互联网媒介保护和媒介教育的现状，并在此基础上对存在的问题进行分析，结合前一章我们对美国、德国等国家媒介保护和媒介教育的经验梳理，提出今后需要加强的对策和措施方面的建议。本书有着明确的现实指向，如果说前面的内容侧重对社会现象的描述和解释，那么本章则是研究的应用面向，是研究的重要现实落脚点。青少年移动互联网使用作为一个复杂的社会热点问题或现象，其背后往往纠结着各种相关的社会问题，因而其解决也并不是简单的、一蹴而就的，甚至完全的解决也许是不可能实现的，我们所做的只能是使问题朝着解决的方向推进，尽量趋利避害。

一、中国青少年互联网媒介保护与媒介教育的现状

总体上说，与英国、美国等发达国家相比，我国的青少年媒介保护和媒介教育起步较晚。不过早在20世纪20年代，随着新闻的出现我国的新闻工作者就已经产生了有关媒介素养教育的认识。比如1929年，著名报人戈公振表达了在公民教育中新闻专业教育发挥的重要作用："新闻学是无条件的一种国民修养，让公民知道报纸是出于什么需要来的，报纸具有什么作用，报纸受什么因素影响，国人对报纸才能有正确的理解和适宜的态度，才能成为舆论的一分子。"[①]在理论层面上，1997年中国社会科学院新闻与传播研究所研究员卜卫发表的《论媒介教育的意义、内容和方法》，应该是在我国最先引入媒介素养教育的概念。此后，理论研究及实践层面上的工作才逐渐开展起来。到目前为止，我国的青少年媒介保护和媒介教育也已经在政府、学校、家庭、社会等不同层面进行了不少探索和尝试。

（一）国家及政府层面上，采取多种手段齐抓共管

国家和政府是对青少年进行媒介保护和媒介教育的第一责任主体，可以运用国家意志和强制的力量加以实施。到目前为止，我国政府在法规政

① 高海波. 论戈公振的传播思想［J］. 国际新闻界，2013，35（4）：159-167.

策制定、行政监管、技术控制和宣传教育等多个方面都采取了一定的积极措施。

1.法律与政策规范的制定

《中华人民共和国宪法》(简称《宪法》)第四十六条指出,“国家培养青年、少年、儿童在品德、智力、体质等方面全面发展”。第四十九条进一步明确儿童受国家保护,并且明令禁止虐待老人、妇女和儿童。可以说《宪法》明确了国家在儿童权利保护方面承担责任,保护儿童的健康发展。在媒介保护方面,我国在法律及行政政策上也推出了不少积极的措施。据统计,自1994年国务院发布《中华人民共和国计算机信息系统安全保护条例》以来,我国已制定和实施涉及未成年人网络保护的全国性法律、法规、部门规章与司法解释共53部,但是目前专门规范保护未成年人上网权益的法律法规《未成年人网络保护条例》还在起草和征求意见的过程中。虽然没有专门针对青少年网络保护的法律,但是在已出台的一些法律、行政法规、部门规章、专项整治活动文件、行业自律规范等文件中可以找到一些条款,为青少年网络行为的保护提供了一定的法律依据。

中国青少年网络保护的法律法规大致可以分为三个阶段:

(1)2000年前:萌芽阶段。

1994年,中国正式接入互联网。2000年前这一时期,正是互联网进入我国后的起步阶段,互联网的使用以PC端为主。此时针对互联网使用的法律法规还处于百废待兴的状态,涉及青少年网络保护的更是少之又少。这一时期的代表法律有《中华人民共和国刑法》(简称《刑法》)、《中华人民共和国未成年人保护法》(简称《未成年人保护法》),代表行政法规有国务院出台的《中华人民共和国计算机信息网络国际联网管理暂行规定》。其中《刑法》中涉及青少年保护的条款较少,只有第三百六十四条规定,向未成年人传播含有淫秽色情内容的书刊、影片、音像、图片的,比照二年以下有期徒刑、拘役或者管制,处以从重处罚。虽然该条第四款着重强调对未成年人的保护，但是该条款并不是从青少年网络保护的立场出发，而是侧重于现实中的淫秽色情物品的流通传播。相比之下，在《未成年人保护法》中，专门针对青少年网络保护的条款相对略多，但仍然比较笼统。《中华人民共和国预防未成年人犯罪法》(简称《预防未成年人犯罪法》)和《未成年人保护法》，对于黄色短信、色情游戏等不良电子信息危害青少年的行为，并没有做出相应的规定。仅能根据治安管理条例，对发送淫秽、黄色手机短信的行为进行处罚，这样的打击力度远远不够。

(2)2000—2008年：发展阶段。

这一时期中国互联网呈现高速发展趋势，网吧等提供网络服务的盈利性场所遍地开花，电脑与互联网也开始逐渐进入寻常百姓家。伴随着互联网渗透率的逐渐攀升，针对青少年互联网保护的法律法规也在逐渐增加。这一阶段的代表法规有《互联网信息服务管理办法》《互联网上网服务营业场所管理条例》等。这些法规主要以强调开展互联网信息服务的基本条件和违反规定的惩罚为主，主要是采取法律强制手段控制商家行为。例如，2002年发布的《互联网上网服务营业场所管理条例》中指出，“互联网上网服务营业场所经营单位应当在营业场所入口处的显著位置悬挂未成年人禁入标志”，若接纳未成年人进入营业场所的，“由文化行政部门给予警告，可以并处15 000元以下的罚款；情节严重的责令停业整顿，直至吊销《网络文化经营许可证》”[①]。此外，对于网络内容的规范主要以行业自律规范为主。例如，2001年由中国青少年网络协会公布的《全国青少年网络文明公约》和2004年由中国互联网协会互联网新闻信息服务工作委员会发布的《互联网站禁止传播淫秽、色情等不良信息自律规范》等。在这一阶段，相关部门开始整治移动通信网络的不良信息问题。这一时期由于缺乏有效监

① 中华人民共和国国务院公报.互联网上网服务营业场所管理条例[EB/OL].(2002-09-29)[2022-07-31]. http://www.gov.cn/gongbao/content/2002/content_61788.htm.

督机制，受利益驱使，一些基础网络运营商已与SP（手机增值业务提供商）和WAP网站结成了捆绑利益链。一些SP与各大基础网络运营商签订代收费协议，不法SP架设色情内容服务器对手机上网用户群发色情网站宣传短信。2005年，信息产业部下发了《关于进一步加强移动通信网络不良信息传播治理的通知》。但是，此通知只是一个部门所制定的内部通知，不具备法律约束力和效力。可以说，就这一时期来说，我国并没有关于涉及手机信息传播安全的法律或法规。无法可依，为我们对手机色情信息传播的管理带来了极大难度。同时，参照我国现有的《预防未成年人犯罪法》和《未成年人保护法》，对于黄色短信、色情游戏等不良电子信息危害青少年的行为，并没有做出相应的规定。目前仅能根据治安管理条例，对发送淫秽黄色手机短信的行为进行处罚，这样的打击力度远远不够。

（3）2009年至今：细化阶段。

2009年后，移动互联网逐渐兴起，在这十年的发展进程中，伴随着手机网民规模的扩大，针对移动互联网的法律法规也逐渐出现并不断细化，一些法规配合专项整治行动，起到了良好的整治效果。例如2009年11月7日，全国“扫黄打非”工作小组办公室发布《关于严厉打击手机网站制作、传播淫秽色情信息活动的紧急通知》，对手机网站制作、传播淫秽色情等有害信息活动进行专项治理。2017年1月6日，《未成年人上网保护条例（送审稿）》发布并面向社会公开征集意见，其中对预装未成年人上网保护软件做出了选择性要求。这将是第一部专门针对青少年网络保护的条例，对保护未成年人免受网络违法信息侵害、保护未成年人网上个人信息、防范未成年人沉迷网络有着重要意义。同年6月1日，《中华人民共和国网络安全法》（简称《网络安全法》）正式实施，该法是我国第一部全面约束网络安全管理的基础性法律，在我国网络空间法制建设中具有里程碑的意义。2021年6月1日，新修订的《未成年人保护法》正式实施，其中增设“网络保护”专章，首次在法律中规定未成年人网络保护。

上述关于青少年网络保护的法律法规、规章制度以及规范性文件具体见表7-1。

表7-1　我国主要的青少年网络保护法律法规规范

类别	名称	制定者	实施时间
法律法规	《刑法》	全国人民代表大会	1997年10月1日
	《未成年人保护法》	全国人民代表大会常务委员会	2007年6月1日
	《预防未成年人犯罪法》	全国人民代表大会常务委员会	1999年11月1日
	《网络安全法》	全国人民代表大会常务委员会	2017年6月1日
	《互联网信息服务管理办法》	国务院	2000年9月25日
	《互联网上网服务营业场所管理条例》	国务院	2002年11月15日
	《未成年人网络保护条例（征求意见稿）》	国家互联网信息办公室	2022年3月14日
部门规章	《中国公用计算机互联网国际联网管理办法》	中华人民共和国邮电部（现由信息产业部与国家邮政局接管）	1996年4月9日
	《互联网文化管理暂行规定》	文化部	2011年4月1日
	《互联网信息服务算法推荐管理规定》	国家互联网信息办公室	2022年3月1日
	《网络信息内容生态治理规定》	国家互联网信息办公室	2020年3月1日
专项整治活动文件	《关于严厉打击手机网站制作、传播淫秽色情信息活动的紧急通知》	全国“扫黄打非”工作小组办公室	2009年11月7日
	《关于开展打击网上淫秽色情信息专项行动的公告》	全国“扫黄打非”工作小组办公室	2014年4月13日
	《关于进一步加强“饭圈”乱象治理的通知》	国家互联网信息办公室	2021年8月27日

续表

类别	名称	制定者	实施时间
行业自律规范	《互联网站禁止传播淫秽、色情等不良信息自律规范》	中国互联网协会互联网新闻信息服务工作委员会	2004年6月10日
	《互联网搜索引擎服务商抵制淫秽、色情等违法和不良信息自律规范》	中国互联网协会互联网新闻信息服务工作委员会	2004年12月22日
	《中国互联网行业自律公约》	中国互联网协会	2004年6月18日
	《全国青少年网络文明公约》	团中央等	2021年11月23日

总体来说，我国虽然已经针对青少年网络保护提出了以上诸多法律、法规、规范，但是现有的法律法规仍存在一定的问题。例如，缺少专门的青少年网络保护法、立法内容不全面、法律规定的执法主体复杂、立法层次低效率低下等问题。

2.行政和监管保护措施

在政府关于青少年网络行为的保护职能中，不可忽视的是监管的力量。当前，负责我国互联网领域管理工作的部门有多个，各管理部门根据自身的职能范围开展监管工作。常见的监管手段有技术手段、行政手段及其他手段。

（1）监管部门的逐步健全。

根据2004年中共中央办公厅、国务院办公厅《关于进一步加强互联网管理工作的意见》，我国的互联网管理职能部门形成了一个庞大的管理体系。在该管理体系中，中央网络安全和信息化委员会办公室是领导中心、信息产业部以技术支持为主，文旅部、新闻出版总署等其他部门分别负责专项内容的治理，各部门分工配合，协同管理。其中，针对青少年网络行为保护的职能部门见表7-2。

表7-2　我国主要的青少年网络保护部门

<table>
<tr><td>总体指导部门</td><td>中宣部</td></tr>
<tr><td rowspan="4">内容管理部门</td><td>中央网络安全和信息化委员会办公室</td></tr>
<tr><td>文旅部</td></tr>
<tr><td>国家广播电视总局</td></tr>
<tr><td>新闻出版总署</td></tr>
<tr><td rowspan="4">公益性主管部门</td><td>教育部</td></tr>
<tr><td>团中央</td></tr>
<tr><td>青少年协会</td></tr>
<tr><td>互联网协会</td></tr>
<tr><td rowspan="2">其他相关部门</td><td>公安部</td></tr>
<tr><td>国安部</td></tr>
</table>

从表7-2中可以看出，对青少年网络行为进行保护的部门有十余个。多头管理体系有助于完善当前的保护体制，多管齐下对青少年的网络安全进行保护。另外，多部门管理体系也存在着一定的风险。例如，管理部门众多，容易形成管理职能的交叉，不同法律法规对同一问题有着不同的标准，加大执法难度；容易形成各自为政、相互推诿、低效率的问题。因此，虽然面向青少年网络行为保护的部门看起来多，但在真正的落实过程中，仍需要各部门权责分明，多方协作。

（2）监管手段的多方尝试。

政府相关行政部门在青少年媒介保护方面的监管主要以行政手段、技术手段为主。

一是利用行政手段进行互联网净化及治理工作。因为互联网内容的净化及治理涉及不同的行政部门，因此针对网络监管，政府相关部门成立工作小组协调各部门的工作，并定期组织专项行动，其中较有代表性的是全国“扫黄打非”工作小组办公室。该小组隶属于中央宣传思想工作领导小组，由中央宣传部、中央政法委、中央网络安全和信息化委员会办公室、国务院办公厅、最高人民法院、最高人民检察院、教育部、工业和信息化部、公安部、国家安全部、文旅部、国家广播电视总局等28个部门组成。全国“扫黄打非”工作小组办公室设在国家广播电视总局。近些年，全国“扫黄打非”工作小组办公室举办了多次针对互联网、移动互联网的净网行动，保护青少年的上网安全。具体包括以下内容。

2009年11月，针对当时手机网站制作、传播淫秽色情等有害信息，全国“扫黄打非”工作小组办公室下发通知要求对其进行专项治理，进行“手机网络黄毒”的围剿。公安部组织开展了为期一个月的手机网站集中清理整治行动；工业和信息化部加强对中国移动、中国电信、中国联通等电信业务经营者开办手机网站业务的管理，加强互联网接入市场的管理；文化部专门召开电视电话会议，部署对网络游戏、网吧、网络音乐市场进行专项整治，要求重点查处、封堵含有低俗、色情、赌博、暴力等内容的网络游戏产品。半个月内共检查互联网文化经营单位5048家次，立案查处44 474件，责令停业整顿7379家，吊销经营许可证157家，有力打击了各类违法网络文化经营活动。[①]

2014年4月，全国“扫黄打非”工作小组办公室、国家互联网信息办公室、工业和信息化部、公安部决定，自2014年4月中旬至11月，在全国范围内统一开展打击网上淫秽色情信息“扫黄打非·净网2014”专项行动。据中新网报道，“2014年中国网信办全年关闭查处网站2200余家，关闭频道和栏目300多个，关闭论坛、博客、微博客、微信、QQ等各类账号2000

① 新华网. 中国整治淫秽色情低俗网游手机游戏初见成效［EB/OL］.（2009-12-24）［2022-07-31］. http://news.cntv.cn/china/20091224/103702.shtml.

多万个，删除各类违法有害信息逾10亿条”①。

2018年，针对青少年网络安全和互联网信息的澄澈，全国“扫黄打非”工作小组办公室推进开展“净网2018”“护苗2018”“秋风2018”专项行动，打击利用云盘、App商店、直播、网络游戏、网络群组、网站弹窗等方式传播淫秽色情信息。

此外，国家互联网信息办公室作为维护网络空间健康环境的主管部门，采取了系列卓有成效的行动。比如2021年，国家网信办部署开展“饭圈”乱象整治、春节网络环境整治、用户账号运营乱象整治等15项“清朗”系列专项行动，累计清理违法和不良信息2200万余条，处置账号13.4亿个，封禁主播7200余名，下架应用程序、小程序2160余款，关闭网站3200余家。②

总体来说，利用行政监管手段对互联网信息进行监管的措施成效显著，可以在短时间内起到良好的整治效果。根据近几年整治的内容来看，有向移动互联网内容倾斜的趋势。但是行政监管手段的弊端在于整治结束后容易死灰复燃，效果缺乏持续性。

二是利用技术手段进行青少年上网的防沉迷和不健康内容的过滤。首先是针对青少年网络沉迷的“防沉迷系统”。“防沉迷系统”全名为网络游戏防沉迷系统，主要是利用技术手段进行实名制验证、游戏时间限制、收益限制等。2007年4月，国家新闻出版总署等八部委联合发布《关于保护未成年人身心健康实施网络游戏防沉迷系统的通知》，网络游戏防沉迷“实名制方案”首次向公众发布，2007年7月16日起该系统正式投入使用。③

---

① 北京日报.网信办推进“净网”去年关闭违法网站2200余家［EB/OL］.（2015-01-19）［2022-07-31］. http://www.chinanews.com/fz/2015/01-19/6982045.shtml.

② 潇湘晨报.国家网信办：2021年处置账号13.4亿个［EB/OL］.（2022-03-17）［2022-07-31］. https://m.gmw.cn/baijia/2022-03/17/1302850265.html.

③ 时代周报.翁一：网游防沉迷系统不能再形同虚设［EB/OL］.（2018-10-23）［2022-07-31］. https://baijiahao.baidu.com/s?id=1615063008530509538&wfr=spider&for=pc.

网络游戏用户需要使用有效身份证进行实名注册，游戏过程中系统会统计用户的累计在线时长，3小时以内的游戏时间为“健康”游戏时间；超过3—5小时的游戏时间为“疲劳”游戏时间；超过5小时的游戏时间为“不健康”游戏时间。若未成年人的累计在线时间超过健康时间后，游戏收益[①]也会相应递减，3小时以内，游戏收益为正常；3—5小时，降为正常值的50%；5小时以上降为0。虽然网络游戏在发布时会按要求安装游戏防沉迷系统，但是在具体实施的过程中，防沉迷系统效果大打折扣。最主要的原因在于该系统通过身份证识别年龄进行判定，而未成年人如果使用成年人的身份证号注册，则可以顺利通过验证；另外，沉迷游戏的青少年可以通过多注册几个账号、多玩几款游戏的方式继续沉迷于网络游戏世界。

其次，随着网络短视频的兴起，青少年沉迷网络视频及短视频的现象也引起了人们的关注和对视频平台的指责，政府管理部门也对相关企业施加压力并采取防沉迷措施。2019年5月28日，国家网信办统筹指导西瓜视频、哔哩哔哩、秒拍、微博等14家短视频平台，以及腾讯视频、爱奇艺、优酷、PP视频等4家网络视频平台，统一上线“青少年防沉迷系统”，加上此前试点的抖音、快手、火山小视频平台，国内已有21家主要网络视频平台上线了“青少年防沉迷系统”。该系统一是对青少年观看视频的时间进行提醒和限制，二是增加了青少年模式，在该模式下所有网络视频用户使用时段、服务功能、在线时长均受限，而且只能访问专属内容池提供的寓教于乐的健康优质内容。国家网信办相关负责人介绍，“青少年防沉迷试点工作开展两个月以来，约4.6亿短视频用户每日收到青少年模式弹窗提示，5260万人次访问青少年模式引导页”。但是该负责人也承认，“由于各个平台技术研发能力存在差异，青少年防沉迷系统需要依靠用户自主选择才能

① 游戏收益指游戏中与游戏角色成长升级相关的所有数据（包括但不限于经验值、荣誉值、声望值、称号等）的提升+获得的包括道具、装备、虚拟货币等在内的虚拟财产。

发挥作用，在利用大数据分析、人工智能、人脸识别等技术主动发现未成年用户方面存在不足，内容池建设也需要不断优化”[①]。

三是上网过滤软件——“绿坝”系统。为了保护未成年人上网安全，2009年5月19日，工业和信息化部发布《关于计算机预装绿色上网过滤软件的通知》，该文件称由工信部等多个中央部门联合购买了“绿坝——花季护航”绿色上网过滤软件。该软件具备拦截色情内容、过滤不良网站、控制上网时间等功能。要求计算机在出厂或销售前安装“绿坝”最新版本。[②]“绿坝”系统看似用技术手段对青少年安全上网行为给予保护，但是在具体实行时，由于安装“绿坝”系统的计算机并非只针对未成年人，网民普遍认为这是政府对民众信息自由的干涉，门户网站调查显示，超八成网民拒绝使用“绿坝”。同时，“绿坝”系统还存在技术问题，它只针对Windows系统，对其他操作系统并没有予以优化；存在严重的安全漏洞和功能性Bug，容易被黑客控制并利用；信息识别能力有限，容易产生误判误拦截或应该拦截的内容未拦截等情况。从“绿坝”系统的应用我们可以看出，互联网内容具有复杂、难以区分的特点，粗暴、一刀切地进行技术判断是不现实的，不仅难以有效地对垃圾信息进行过滤，价格高、执行难度大，反而还会干预民众的信息自由，引发民众的反感。

除了行政手段和技术手段外，政府对于青少年安全上网还采取了一些其他手段，例如发动全体网民的力量举报不良信息。在国家网信办（国家互联网信息办公室）违法和不良信息举报中心的网站上，明确规定了举报范围和举报方式。举报方式主要包括登录举报中心官网举报、拨打12377举报热线举报、下载“网络举报”客户端举报、私信“国家网信办举报

① 中国网信网. 网络视频平台全面推行青少年防沉迷系统［EB/OL］.（2019-05-28）［2022-07-31］. http://www.cac.gov.cn/2019-05/28/c_1124550009.htm.

② 李喆. 互联网内容分级管理制度研究［J］. 东南传播，2015（11）：52-55.

中心”官方微博举报、关注“国家网信办举报中心”官方微信“一键举报”、发送邮件举报等。举报主体在网上提交举报信息后会收到查询码，通过查询码可以查询举报受理情况与后续进展。国家网信办举报中心网站每个月都会对全国网络举报的受理情况进行总结公示。例如2022年2月，全国各级网络举报部门受理举报1 233.2万件，环比下降16.3%、同比增长25.3%。[①]通过开启多种举报渠道，有助于调动群众的积极性，发挥群众的监督力量，最大限度、最快速度地将违法犯罪、低俗色情信息从网络中铲除，也是政府守护青少年网络安全的重要利器之一。

（3）推荐健康的文化产品。

在网络内容良莠不齐的情况下，推荐适合青少年的健康的网络文化产品和内容也是对青少年进行媒介保护的一种重要举措，参与该行动的责任主体涉及较广泛，既有相关的宣传、文化、新闻出版等部门，也有团中央等青少年组织。2002年起，文化部、财政部共同组织实施了“全国文化信息资源共享工程”，该工程将中华优秀文化信息资源进行数字化加工与整合，依托各级公共图书馆、文化馆（站）等公共文化设施，通过互联网、广播电视网、无线通信网等新型传播载体，在全国范围内实现中华优秀文化资源的共建共享。该工程在实施过程中还开展了“阳光绿色网络工程系列活动”，有针对性地推出了一批未成年人喜闻乐见的精品文化资源，为未成年人提供网络文化服务，推广家庭绿色上网。2017年开始，国家新闻出版广电总局启动了每年向全国青少年推荐百种优秀出版物活动，经过出版单位申报、材料审核、专家评审、质量检查等程序，确定了2017年向全国青少年推荐百种优秀出版物目录，这些出版物包括了思想励志、人文历史、科普百科、儿童文学等类型，基本涵盖了青少年阅读的所有领域，也给作家、图书出版商、家长以及学校提供了一个范本，让社会各界在进行青少

① 中国网信网.2022年2月全国网络举报受理情况［EB/OL］.（2022-03-14）［2022-07-31］. https://www.12377.cn/tzgg/2022/6134d11f_web.html.

年媒介引导方面有了参考。此外，为了鼓励社会各界创作生产更多优秀的青少年文化产品，为青少年健康成长营造良好的文化环境，2012年共青团中央开始面向全社会开展青少年优秀文化产品征集、推荐活动。一方面，该活动征集“有利于促进青少年健康成长、为青少年喜闻乐见的优秀图书、影视、歌曲、动漫、游戏等文化产品”[①]；另一方面，邀请相关文化领域专业人士和青少年代表组成全国青少年优秀文化产品遴选委员会，负责产品的遴选工作。该活动最后选出9种优秀图书、9部优秀影视产品、10首优秀歌曲、6部优秀动漫产品、6款健康网络游戏产品，作为2012年首批向全国青少年推荐的优秀文化产品。此后团中央也一直定期进行青少年优秀文化产品的征集和推荐活动。

（4）宣传教育。

政策法规与监管保护两者互相配合，为网络环境的治理和净化提供了基本的保障，同时也为青少年网络保护（尤其是移动互联网保护）奠定了良好的基础。健康的适合青少年的网络内容的推荐给青少年提供了良好的资源。在此基础上，政府还将宣传教育作为青少年互联网媒介保护的重要措施。

①线上宣传。在面向青少年网络保护的宣传教育中，最有代表性的是“青少年网络安全教育工程”。这一工程是在共青团中央、中国少年先锋队全国工作委员会指导下，由团中央网络影视中心发起、360公司承办的校园安全教育公益活动，是政府与学校方面协同合作的典范。

在这一工程中，“青少年网络安全教育工程”项目推出的全部讲座内容，均在活动官方网站上提供下载。在官网中，面向不同年龄段的青少年，有着不同类型的网络安全教育课程。例如，面向小学的课程有网络娱乐、网络社交、网络游戏、手机安全、网购安全等，面向中学的课程有安全故

① 中国青年报. 共青团中央关于征集、推荐青少年优秀文化产品的启事[EB/OL].(2012-02-26)[2022-07-31]. http://news.cntv.cn/20120226/101624.shtml.

事、安全基础等。这些内容以视频的形式呈现给小学和中学阶段的未成年人，课程内容比较基础，通过通俗易懂的动漫形式引导青少年正确使用互联网。除了课程外，还有漫画、视频等形式，拉近了网络安全教育与青少年受众的距离，在线上领域寓教于乐地宣传青少年网络安全教育。

②线下宣传。除了线上的课程宣传外，“青少年网络安全教育工程”还启动了丰富的线下宣传。

2015年6月，该工程在北京中国科技馆建立了首个“国家网络安全青少年科普基地”。进入国家网络安全青少年科普基地，可以看到“互联世界、安全第一，安全上网、健康成长”的标语。在场馆中有“黑客改号体验”“绵羊墙”——模拟黑客通过钓鱼Wi-Fi窃取用户信息的过程、“危机地图”、“网络安全驾驶”、“网络的秩序”等板块。通过这些可以现场体验、互动的科普设施，青少年能够了解网络中不安全因素的存在及原理，对如何防范也有了更加清晰的认知。

同时，为更大范围地向青少年普及网络安全教育，该工程还建设了全国首个青少年网络安全科普流动基地——安全战车。安全战车将先进的AR、VR、4D体感、语音识别、大数据可视化技术与网络安全知识进行融合，打造了木马忍者、AR魔镜、跨屏投篮、安全之战等互动体验项目，寓教于乐，与国家网络安全青少年科普基地相互补充。2016年以来，网络安全战车走过了河北、河南、山东、天津、江苏、浙江、上海、重庆、湖北、广东、福建、安徽等15个省市，覆盖全国400多所学校，辐射3000多万名师生。

③线上线下相结合。2014年，中央网络安全和信息化委员会办公室会同教育部、科技部、工业和信息化部、公安部、新闻出版广电总局等部门，于11月24日至30日举办了首届“国家网络安全宣传周”，主题是“共建网络安全，共享网络文明”。2016年上半年，经中央网络安全和信息化委员会同意，网信办、教育部、工信部、公安部、新闻出版广电总局、共青团

中央等六部门联合印发了《国家网络安全宣传周活动方案》，明确“国家网络安全宣传周”于每年9月第三周在全国各省区市统一举行。每年的网络安全宣传周有不同的主题，活动主要以主题讲座、线上线下宣传活动、网络安全知识挑战赛等形式，向人们宣传网络安全知识，提高广大网民的网络安全意识，从而培养出具有文明的网络素养、守法的行为习惯、必备的防护技能的网民。但需要指出的是，“国家网络安全宣传周”对青少年的针对性还不够，比如进入校园的宣传活动还较为有限。

（二）学校是媒介教育和媒介保护理论研究与实践推广的重中之重

1.高等院校和科研机构的媒介素养理论研究

如前所述，在发达国家学校是青少年媒介教育的主要责任主体。比如在美国、英国、加拿大大都是学者和学校教师最先发起媒介教育的行动，但是在我国这一方面的反应相对迟缓。在媒介素养的理论研究方面，较早介入的是高等学校和科研机构的学者。如中国社会科学院新闻与传播研究所研究员卜卫在1997年的一篇文章中开始引入和介绍媒介素养的概念和理论，此后相关研究逐渐增多。以“媒介素养”为主题词在中国知网进行检索，2000年只有6篇文章，其中中国社会科学院新闻与传播研究所的宋小卫一人在《国际新闻界》《现代传播》《新闻与传播研究》上发表了4篇文章。2003年共发表相关文章13篇，2004年增加到48篇，2005年则达到102篇，此后逐年增加，到2010年达到512篇，2015年以后均在1000篇左右。这一数量变化也彰显了国内对媒介素养研究的逐渐关注。

在高校中，中国传媒大学较早对这一领域进行了研究和关注。2004年10月8日中国传媒大学组织了中国首届媒介素养教育国际研讨会，本次国际学术会议的宗旨是：“向国际先行者学习，与国内的专家学者及教育机构交流和沟通，共同探讨适合我国国情的媒介素养教育理论，推动和发展我国的媒介素养教育事业。”[①]会议除了来自教育部、国家新闻出版广电总局的领导外，还有来自加拿大、英国、中国内地和港台地区的专家、学者共80余人，围绕着“信息社会中的媒介素养教育”的主题进行了交流和研讨。英国伦敦大学媒介素养教育知名专家大卫·帕金翰（David Buckingham）博士对媒介素养进行了理论界定和论述；英国电影学院*Resource*杂志总编展示了他们培养学生影视素养方面的成功经验；加拿大媒介素养专家、加拿大媒介素养协会前任主席巴里·邓肯（Barry Duncan）从全球化的视角探讨针对青少年的媒介文化消费市场对青少年的影响；加拿大魁北克省媒介素养学者和实践者李·罗斯（Lee Rother）总结评论了加拿大媒介教育的历程，并总结提出了有效的、具体合理的媒介教育方法。台湾学者吴翠珍从中国台湾媒体教育的发展提出了批判素养的观点，她认为媒体素养教育是一种“优质公民”的教育，“其主要目标是要培养公民两种能力：释放（liberating）和赋权（empowerment）”，并展示了中国台湾媒体素养教育发展进程以及其部分教育实践内容；中国社会科学院新闻与传播研究所研究员卜卫做了“通过媒介教育赋权于青少年”的主题发言，强调了媒介教育的目的是培养儿童形成自己意见的能力的过程，是对儿童的赋权过程。南京大学数字化学习与管理中心主任桑新民教授则就“学习化社会中信息素养教育”做了主题发言，他分析了信息素养的内在结构与目标体系。从以上发言内容可以看出，虽然中国的媒介素养研究起步较晚，但是从研究之初就具有国际视野，受到国际媒介素养教育研究的理论及实践经验的影响，在媒介对青少年的赋权和媒介素养的技能教育方面都有涉及，并同时兼顾了理论研究和实践行动的兼容取向。大会选出28篇论文作为“中国媒介素养教育系列丛书”的开篇之作结集出版。中国传媒大学与加拿大、英国等国家与地区签订了继续合作的意向书，会议还成立了中国首家媒介素养教

① 张开.中国首届媒介素养教育国际研讨会综述［J］.现代传播，2004（6）：105-106.

育研究所。总的来说，中国首届媒介素养教育国际研讨会为国内专家学者、教育政策制定者、媒介从业人员之间的进一步沟通建立了桥梁，为中国的媒介素养教育起到了启蒙和推动作用。

此外，复旦大学在媒介素养研究中也是先行者。2000年，复旦大学新闻学院陆晔教授担任组长成立了复旦大学媒介素养小组，从新闻从业人的媒介素养和中老年人的信息素养角度切入，开展研究、调查和实际的媒介素养教育活动，取得了一定的研究成果。2003年陆晔教授承担了教育部重大攻关项目“媒介素质教育理论与实践研究”，在该项目的推动下，2004年10月1日，复旦大学媒介素养小组创建了中国内地首个媒介素养专业网站。2007年3月至7月，以复旦大学新闻学院的学生志愿者为主成立了媒介素养教育行动小组，开展名为“小小看媒体”的青少年媒介素养教育推广行动。他们在上海两所小学中开设了媒介素养教育兴趣班，开展了针对青少年的媒介素养教育实践。

近二十年来，媒介素养研究积累了越来越多的成果，除了论文数量逐渐增多外，一些媒介素养的教材也得到了出版。需要指出的是这些学术界的努力虽然也有着实践的取向，但是总体上还停留在学术领域，实践方面的推动明显不足，比如复旦大学的媒介行动小组仅仅作为一次尝试开展，并没有后续的推广行动。

2. 中学的媒介素养教育实践

随着媒介素养理论研究的深入，其在中学的影响逐渐显现，一些中学也开始了具有实验性质的实践行动，较有代表性的是在校本课程中推行媒介素养教育。如广东实验中学作为省级重点中学，从2010年开始进行中学阶段的校本课程媒介素养教育的推广，以培养指向“媒介意识、批判思维、创新能力和媒介责任”四类素养的媒介素养普及和拔尖人才为目标，“以孵化精品课程、创建课程体系、革新教学方式、优化教育主体为途径”，进行校本课程的开放和建设，培养学生对媒介的接触与认识、分析与评价、参与与利用能力。课程成果《走进大众媒介——高中媒介素养校本教材》获广东省中小学特色教材评比一等奖、广东省特色课程建设优秀成果一等奖和广州市教育局特色课程立项。此外，该校教师提出的两份媒介素养提案获得广东省政协会议提案立案，从加强青少年媒介素养教育和建立广东省媒介素养地方课程两个层面成功推动了广东省青少年媒介素养教育工作。[①]目前，整个广东省本着先行一步的原则，已从小学开始，在课堂开展媒介素养学习，通过漫画、案例、思考题的方式，引导学生如何在互联网的虚拟空间里，学到有益自己身心健康的内容，在全国范围内率先在学校课程体系中推广普及了媒介素养教育。[②]

此外，一些中学意识到网络媒介尤其是手机媒介对青少年的深刻影响，采取了一些相关的宣传教育活动，不同学校有着不同的方式方法，例如开展移动互联网使用的讲座、通过辩论、情景剧表演等方式进行宣传教育。比如北京市第十九中在全校范围内提倡“积极拇指文化”。2016年，学校成立了《新时期中学生利用手机媒介培养自律行为的养成教育研究》课题组，对非毕业年级的1344名中学生全面进行了调查。在此次调查基础上学校制定了手机使用规则，并积极争取校内校外互相配合，要求学生制订自己的手机使用计划，卸载浪费时间的无用软件等，学校还对手机沉迷的学生提供针对家长和学生本人的干预和辅导等。再如南京九中，2018年2月27日，在新学期的开学典礼上校长张恒柱发表演讲《别让手机偷走你的梦想》，在演讲中他通过一个个真实案例讲述了学生沦为“手机控”的后果，并强调“真正的思想来自对学习的严肃思考和不懈努力，真正的思想来自

① 推广媒介素养教育 撑起青少年成长的一片蓝天：广东实验中学媒介素养教育的实践与探索［J］.教育信息技术，2019（5）：81.

② 朱连斋.未成年人媒介素养教育要打“组合拳”［EB/OL］.（2017-03-18）［2022-07-31］. http://pgy.jyb.cn/rp/rp_detail.html?docid=33929.

撬动地球的壮志豪情，真正的思想来自一群志于道者的交流碰撞"[①]，告诫同学们放下手机，用实践获得真知。该演讲很快在网络上流传开来。在校长发表开学典礼演讲之后，学校开展了"别让手机偷走你的梦想"主题教育活动。在主题班会上，南京九中高二四班的学生通过自导自演的情景剧，讲述他们与手机之间的"恩怨情仇"，许多参演的同学都表示自己有过被手机"绑架"的经历。通过情景剧的表现形式，同学们可以对照自身使用手机的状态，从而发现自身在移动互联网使用方面存在的问题，以人为镜，为今后更好地使用手机打下良好的基础。这种创新的将媒介教育融入情景剧中的方式，寓教于乐，在学生中达到了良好的教育效果。还有的学校引入家长和学生辩论的方式。比如南京一中高一某班举行了"学生在校使用手机的利弊"的辩论会，辩论双方是四位女学生与四位爸爸。通过这一场唇枪舌剑的辩论，双方交换了彼此的想法，促进了家长与孩子的交流，同时也对使用手机的利弊产生了更加深刻的认识。

3. 中学生在校期间使用手机的管理措施

中学积极开展媒介素养教育的实践还不普遍，教育部也没有相关规定推动学校的媒介素养教育。但是对于青少年在校使用手机或者移动互联网的现象，大部分学校持反对态度，认为严重影响学习的行为。例如河北省衡水中学在校园内以及宿舍内都安装有公共电话，需要学生使用电话卡拨打电话。通过访谈衡水中学的学生，笔者发现该校在对于手机的管理方面非常严格。因此，绝大部分该校学生在校期间不会使用手机，而是通过公共电话与父母取得必要的联系，仅在放假期间会使用手机。

在管理过程中有一些学校对学生使用手机问题的处理方式过于急躁冒

① 东莞纪实. 这位校长的开学演讲火了！别让手机偷走你的梦想，大人孩子都该看看！［EB/OL］.（2018-03-05）［2022-07-31］. https://www.sohu.com/a/224911604_479449.

进。一些粗暴的砸手机的现象引发舆论关注，《中国青年报》在评论中称："让学生砸手机不是教育，而是暴力。过于简单粗暴的方法非但不会引起同学们的反省，反而容易引发逆反与恐惧。"[①]网民们的评论则呈现两极分化的现象。一部分网民认为手机是个人财产，学校没有权利随意破坏他人财产。如果是为了学生好，可以暂时没收等放假归还或通知家长领回，没必要采取如此粗暴的方式，尤其是让孩子当着其他同学的面砸手机，会让孩子产生心理阴影；另一部分网友则认为，学生有义务遵守学校的规章制度，当前青少年沉迷手机现象严重，同时也是出于对青少年免受不良信息干扰的考虑，有必要采取极端措施。

此外，还有的学校采用了技术手段，如通过校园信号屏蔽来阻止学生使用手机。例如杭州富阳区的银湖实验学校在校园内安装了手机信号屏蔽仪，每天晚上10点至次日凌晨4点启用，主要防止学生在夜间玩手机。出发点虽好，但是却使附近小区居民的通信受到了影响，存在手机信号欠佳的情况。

青少年尤其是中学生正处于人生的重要学习阶段，过度沉迷于手机等移动互联网设备容易出现熬夜晚睡、精神萎靡不振、影响上课状态，同时容易受到网络不良信息的诱惑，影响青少年身心健康。因此，对青少年在校期间的手机使用予以节制是有必要的。但是如果学校方面采取极端方式，容易引发正处于青春期的学生的逆反心理，反而不利于教育工作的开展。对于这一问题的解决之道并不是简单强硬的禁止与处罚，而是应该深入了解青少年在校使用手机的需求，从需求入手寻找合适的解决方案。同时，应该从青少年的心理特点入手，创新教育形式，寓教于乐，引导青少年在校期间正确使用移动互联网。

---

① 人民日报. 让学生砸手机不是教育，而是暴力［EB/OL］.（2018-09-20）［2022-07-31］. https://baijiahao.baidu.com/s?id=1612125296910923568&wfr=spider&for=pc.

（三）家庭在青少年媒介素养教育和保护方面的作用不尽如人意

对于青少年使用移动互联网的行为起到直接监管责任的除了学校外，更重要的是家庭。家长是青少年移动互联网保护的第一把关人。家长监管与否、如何监管，都会对青少年移动互联网使用行为产生直接的影响。不同的家庭有着不同的监管方式，也会产生不一样的结果。总体上说，中国的家庭在青少年媒介保护和教育方面的作用并不理想。从访谈结果中可以发现，家长对青少年移动互联网使用的监管方式主要分为以下几种。

1.不闻不问型

部分父母平时忙于工作，在孩子成长过程中，常常把手机、iPad等电子产品当成可以让孩子安静玩耍的工具，只要不打扰到自己便不会过问。更不用说去了解孩子使用手机上网时接触到的内容和服务了。在这样的家庭环境中成长的孩子更容易出现移动互联网沉迷的问题。

有一部分家长本身就是移动互联网重度用户，在与孩子相处的过程中长时间使用手机。根据美国密歇根大学和伊利诺伊州立大学对近200个家庭的调查研究显示，家长花太多时间使用智能手机，子女日后有较大可能出现行为问题。参加研究的家长中，40%的母亲、32%的父亲承认，他们有某种手机上瘾行为，例如不断想查看信息、经常想到有来电或收到短信，或整体来说觉得自己太常用手机。研究员把这个现象称为“亲子关系中的科技干扰，意指日常生活互动受到手机或电子装置打断。研究结论表明，父母的手机瘾越深，子女就更常出现不良行为，而母亲在这方面对子女的影响比父亲大得多，那是因为亲子互动中，母亲与孩子的感知及互动会对孩子产生较强烈的内化和外显影响”[①]。孩子通过与大人的互动来学习表达方

① 美妆穿搭不求人. 还在玩手机不管孩子？研究发现孩子不良行为与父母玩手机有关［EB/OL］.（2018-07-07）［2022-07-31］. https://www.sohu.com/a/239834807_100124002.

式，当他们尝试与大人沟通，却没有得到回应的时候，他们会认为沟通是无意义的，从而增加了日后造成误解及行为偏差的可能性。

2.粗放管理型

部分家长知道孩子多用手机上网是不应该的，但是停留在口头提醒的粗放管理状态。父母大概了解孩子使用手机较多，大致干什么，但是不了解具体的使用情况，如使用时间、使用时长、使用场景以及使用的内容等。在访谈中我们发现这一部分家长数量较多，他们知道孩子经常玩手机，但是因为自身工作繁忙，所以对孩子的监管仅限于口头提醒孩子玩手机要有节制，但没有进行更加深入的了解与沟通。还有一些孩子的家长会定期检查孩子的手机，但是检查范围主要集中在下载App的种类、社交软件的主要联系人等方面，对于手机的具体使用时长、使用内容等问题并不清楚。同时，一些孩子为了防范检查，有定期删除聊天记录与使用痕迹的习惯。另外不少孩子在父母对自己的手机使用监管中存在较多的抵抗情绪，一些父母监管方式不当，几次尝试不成功后也就放弃了。

总之，以上两种类型的父母都属于在青少年移动互联网使用中的家庭监管缺位，不利于青少年在家庭生活中养成正确使用移动互联网的意识和习惯，在一定程度上也为青少年沉迷移动互联网创造了“温床”。

3.粗暴没收型

伴随着智能手机的使用低龄化，未成年人手机上瘾的案例也越来越多。对于青少年过度使用移动互联网的问题，家长往往与孩子“斗智斗勇”，一小部分家长在无奈之下采取最简单粗暴的监管方式——没收手机或砸手机。如访谈中一位家长在凌晨两点发现15岁儿子的卧室里有光亮，原来孩子正躲在被窝里用手机看电影，于是一气之下摔了他的手机；还有一位家长因为孩子沉迷于手机游戏，已经摔了孩子的两部手机……但是，简单粗暴地摔手机或没收手机显然不是一个好的措施。事实上，访谈发现，事后多名家长不得不向孩子妥协，又重新给孩子买了新手机，有的甚至影响到了亲子关系，引发了孩子的逆反心理，激化了亲子矛盾。

4. 合理限制型

对于孩子对手机的使用，一部分家长在探索过后能够采取一些恰当的手段进行合理的限制。主要采取的方式有以下内容。

（1）与孩子达成协议，将手机使用作为奖励手段。

一些家长将使用手机的权限作为奖励，规定当孩子的成绩达到一定程度/实现某一目标时即可使用一定的时间。这种方法既能有效限制手机的使用时间，同时还能起到正向激励的效果，相对来说是一种比较理想的手段。

（2）将智能手机替换成非智能手机。

这一手段的重点在于对移动互联网使用的限制。一部分父母给孩子配备只能拨打电话、发送短信的功能机，或者是关闭手机流量、断掉家中Wi-Fi，造成断网的环境，从而限制对智能手机的依赖。这一方法虽然从物理角度切断了孩子与网络的联系，是非常有效的控制手机成瘾的方法，但是也使在线学习、资料查找等功能受到限制，无法积极使用移动互联网。

（3）通过手机软件等形式对部分应用进行限制。

以华为手机为例，在手机的设置中有“学生模式”的选项，家长可以绑定自己的账号，并设定受限应用和受限时间。在默认情况下，游戏类、影音娱乐类App的使用时间会受到限制。在应用统计中，还可以查看当天使用手机的时间以及每一项App的具体使用时长，可以帮助家长对孩子使用手机的时间及使用行为进行有效合理的监督。

5. 正向引导型

除了对青少年的移动互联网使用行为进行适当的监管之外，一些深谙教育之道的家长，在进行监管的同时注重对孩子的正向引导，帮助孩子自主健康地使用手机。例如，帮助孩子制订自主使用手机的计划；在日常生活中加强对孩子移动互联网使用行为保护的教育，加强孩子的自我保护意识，在使用移动互联网的过程中注重保障自己的人身、财产、隐私安全，避免受到不良网站的影响；与孩子共享屏幕，共同学习或观看电影，寓教于乐，在与孩子共享屏幕的同时将教育渗透进日常生活；在孩子玩手机的时候提议进行家庭体育活动，将单调的玩手机变为家庭成员的体育运动，既增强了身体素质，又增进了家长与孩子间的感情。

总体来说，对于青少年的移动互联网保护而言，家庭是最直接也最重要的一道保护伞。家长面对孩子玩手机、沉迷移动互联网的现象，不应该不闻不问，也不应该采取极端粗暴的手段予以制止，而是应该采取更加合理有效的方式进行监管，同时加强对青少年移动互联网安全保护的教育。

（四）社会力量在青少年媒介教育和保护方面开始发挥积极作用

对于青少年移动互联网的媒介保护和教育，我国社会力量方面主要起作用的有两个主体，一是企业，二是媒体。对于企业来说，移动互联网是风口，是盈利的蓝海。一部分企业针对青少年群体的特点和需求开发出适合青少年移动学习、休闲娱乐的产品与服务，同时一些企业在政府监管和施压下逐渐认识到自身担负的社会责任，正在通过一些机制和措施加强对青少年的媒介保护和教育。对于媒体来说，在青少年的移动互联网保护中承担着重要的舆论宣传和教育作用。一方面通过媒体的力量使全社会重视青少年的移动互联网的媒介保护问题，另一方面媒体的监督也在一定层面上推动了企业社会责任的承担。

1.企业推出了面向青少年的移动互联网产品和服务

面对移动互联网这片蓝海，很多企业开发了专注于青少年的产品与服务，这些产品覆盖了青少年的多种需求。移动学习需求方面，针对青少年在线教育市场，逐渐划分出了多个垂直领域。例如，面向英语等课程学习的在线教学平台、针对休闲娱乐需求的在线产品或服务及一些针对青少年互联网保护的应用。例如，“安全教育平台”App可以在手机上获得安全学习、热点资讯、公益漂书、教育问答等功能。将互联网安全教育从课堂引入手机中，可以让青少年随时随地学习安全教育知识。

2.龙头企业开始主动承担相应的社会责任

前面说到，移动互联网是当前的盈利蓝海，尤其是面向青少年的产品成为重要收入来源。在App进入市场的初期，大部分企业未曾注意到自身产品可能带来的不良信息、引发青少年网络沉迷等问题，但是在发展过程中受到来自政府、媒体、社会等多方面的压力从而主动或被动地做出了一些改变。

（1）今日头条与自我审核的加强。

今日头条是一款移动互联网新闻资讯类客户端。早在2017年12月，网信办就传播色情低俗信息、违规提供互联网新闻约谈今日头条，责令其整改。今日头条App的部分频道在2017年12月29日18时至次日18时之间停止更新。无独有偶，2018年4月9日开始，今日头条被暂停下载3个星期，内涵段子直接被永久封停。在此前的采访中，今日头条创始人张一鸣认为技术是中立的，低俗是有边界的，并不是要全部去除。但是面临网信办等监管部门的约谈，面对网民对低俗内容的质疑，张一鸣深夜写下致歉信，认为“过去片面注重增长和规模，没有及时强化质量和责任”[①]。随后，今日头条全面清查站内内容，对网站上的低俗、暴力、血腥、色情、有害问题内容发现后立刻下架；进一步扩充审核人员队伍，并加强对一线审核员的培训力度；建设正能量的视频内容池并接受全社会的监督。

① 鞭牛士.张一鸣发致歉信：所有责任在我，片面注重规模，没有及时强化质量和责任［EB/OL］.（2018-04-11）［2022-07-31］. https://www.sohu.com/a/227875121_115060.

（2）快手的家长控制模式。

在2018年与今日头条一起陷入整改的还有快手App。快手CEO宿华发布道歉信，在信中提到“十分感谢中央电视台等媒体对快手的批评，让我清醒地认识到自己的不足”[①]。在整改内容中，着重强调的是低俗内容的处理以及未成年人保护两个方面。针对未成年人保护，快手的措施是：建立未成年人保护体系，对视频进行分级，对于未成年用户可能看到的视频进行严格过滤，严禁未满18岁用户开通直播权限等。2018年4月12日起，快手上线“家长控制模式”，家长可通过密码一键开启/关闭“儿童锁”功能，过滤不适宜未成年观看的内容，从4月13日起，发现页未成年过滤内容池正式上线，该模式声明将持续进行迭代更新。此外，在该模式下家长还可以关闭/开启直播、直播打赏、查找、同城、钱包等功能。可以说，家长控制模式的上线以及对内容的严加审核意味着国内算法驱动式视频平台告别“技术中立论”，开启了“价值引导论”的新阶段，也意味着企业开始更加重视社会责任的担当，更加重视对青少年移动互联网安全的保护。

（3）游戏巨头腾讯与青少年网络沉迷。

腾讯是我国网络游戏企业的巨头，推出的一系列游戏深受青少年喜爱，同时也逐渐承担起青少年网络游戏防沉迷的责任。比如2017年大火的《王者荣耀》吸引了数以亿计的网民，其中包括大量的青少年。该游戏为了有效增强用户黏性，提高DAU（日活跃用户数量），游戏在运营上设置了多种“英雄”“铭文”“等级”制度和奖励机制，但是对于普通用户尤其是自制力较差的青少年而言，则非常容易陷入游戏成瘾的状态。“13岁手游成瘾男孩要辍学代打《王者荣耀》”“13岁男孩沉迷《王者荣耀》，一天打18个小时”……这些触目惊心的新闻都指向了这一款游戏对青少年群体的不良影响。面对这一现象，人民日报、新华社曾八评《王者荣耀》，游戏行业深陷

① 游娱Fan. 光鲜之下是恶俗炒作 快手这次被带头批评［EB/OL］.（2018-04-04）［2022-07-31］. https://www.sohu.com/a/227268154_234653.

“舆论高压”。此外,《王者荣耀》也被批随意篡改历史、歪曲青少年的历史价值观。面对舆论的批评，2017年开始，腾讯游戏构建了“事前—事中—事后”涵盖未成年人游戏行为的健康防护方案。事前环节打造了成长守护平台，事中环节推出了健康系统，事后环节发起了少年灯塔工程。2018年在之前的基础上重点推进“强化全部用户实名验证，不同年龄对象差异限制”。同时，探索人脸识别技术应用，并通过AI（人工智能）和机器学习等技术手段，针对用户游戏行为特征进行判定，建立和优化疑似由未成年人操作的成年人账号数据池。2020年6月开始，在对已实名未成年人“限玩、限充、宵禁”基础上，专门针对“孩子冒用家长身份信息绕过监管”的问题，扩大人脸识别技术应用范围，对疑似未成年人的用户进行甄别。比如对于孩子冒用老人信息玩游戏并忽悠老人“刷脸”的情况，腾讯直接对实名注册年龄大于60岁的用户加上消费限制，每月充值超过1000元将发起人脸识别验证，同时进行语音文字双提示，防止未成年人冒用老人身份过度消费。虽然这些措施在具体实施过程中仍然存在着一定的漏洞，但是不失为企业积极承担社会责任的表现，为青少年网络游戏防沉迷提出了一定的解决方案。

此外，值得一提的是，2019年腾讯还推出了公益青少年媒介教育行动——腾讯DN.A少年团网络素养夏令营，目的在于“让青少年以及父母重新认识网络和游戏，平衡亲子和网络的关系，处理家庭中因网络产生的冲突和矛盾”[1]。此次活动招募了11—14岁的青少年家庭20组，聘请了教育学、心理学等方面的知名导师，还对部分课程进行了直播，取得了较好的媒介教育效果。但是相对于青少年整体的媒介保护和教育而言，这一行动仍然是杯水车薪，但是作为一家企业，这种主动承担社会责任的探索精神是值得鼓励的。

---

① 腾云.腾讯DN.A少年团网络素养夏令营招募啦!［EB/OL］.（2019-07-15）［2022-07-31］. https://mp.weixin.qq.com/s/zpQVaVvbfVsXBt0_aY74Yw.

二、中国青少年媒介保护与教育存在的主要问题

以上我们梳理了中国青少年媒介保护和媒介教育的主要现状，从中可以看到中国针对青少年的媒介保护和媒介教育虽然起步较晚，但是在理论研究和实践领域都做出了不少积极的探索。但是总体上说，我们的媒介保护尤其是媒介教育和国际上其他发达国家相比，还存在不少差距，这些差距有些是不同的历史积淀和国情造成的，有些则是可以通过个体或组织的积极努力去弥补的。首先，我们需要找出自己的问题，然后再结合自己的现实国情和他人的先进经验，提出富有针对性和操作性的发展建议。

1.在理论研究层面上，媒介保护和媒介教育的研究还不系统深入，缺乏持续性和学术共同体的构建，研究成果缺乏干预现实的影响力

虽然自21世纪以来中国的媒介素养研究开始得到学术界的关注，论文、专著均呈现逐年增多的趋势，教育部也在重大课题立项上有所体现。但是总体上说，这近二十年来学术界对媒介素养的研究在理论上还存在一些不足。

首先，在理论研究上，还缺乏本土的创新和深入，因而缺乏足够的影响力和学术对现实的干预能力。一方面是媒介素养研究本身在理论上缺乏足够深入的积淀和支撑，目前国内的媒介素养理论研究也缺乏创新性和深入性，大多还是受国际上理论研究的影响，把媒介素养界定为对媒介的接受、认知、批判和创造性使用几个方面，事实上，国内的学者也强调对媒介的批判性接受这个维度，甚至有的学者还认为媒介素养教育的核心内容应为培养公众使用媒介的“正确态度”，要远离非主流媒体，形成使用主流媒体的习惯，并将主流媒体表达的正确态度进行内化。[①]另外也较少有学者把媒介素养与

① 江龙军.中国媒介素养教育的核心内容［J］.中国广播电视学刊，2016(10)：71-73.

公民参与和社会民主联系起来。另一方面，媒介素养研究本身是结合理论和实践面向的一种研究，不能把研究停留在纸面上，不能只是观点和建议，而是需要实实在在的行动和实践，需要把媒介素养教育赋予实践的检验中。这并不是学术界人士擅长的，也存在种种现实的障碍。比如复旦大学的媒介教育行动小组是切实付诸实践的可贵尝试，但可惜的是既没有持续进行，也没有推而广之。当然个中原因众多，既有可能是研究主体缺乏持续公益推广的意愿和资源支持，也有可能是缺乏学校的配合等，还有可能是其他，总之只是停留在了一次尝试的层面上。不管怎么说，媒介素养研究与实践的这种脱节也是使得研究难以深入的原因之一，同时也使其缺乏了学术对现实的干预能力和影响力。较早进行媒介素养研究的中国传媒大学在其继续教育学部的媒介与公共事务研究院成立了媒介素养教学与研究中心，该中心的宗旨是在全媒体背景下致力于公民媒介素养的全面提升，但是“主要面向领导干部及社会公众开展媒介素养提升的相关教学研究，重点包括政府、企事业单位领导干部媒介素养、传统媒体的新媒体素质提升等”[①]。该部还专门成立了全国领导干部媒介素养培训基地，主要为各级党委政府提供培训，可以推测这种培训基本是或者可以是收费性质的。这样的培训是不可能针对青少年开展的，因为缺少资金的支持，恐怕很少有家长愿意为青少年的媒介素养培训买单。因而也就不难理解为什么该部专门成立的青少年媒介素养研究所“主要从事青少年媒介素养相关理论研究与著作撰写，组织相关学术论坛及交流合作等活动”，而没有相关的媒介素养教育实践和推广工作。

其次，在媒介素养研究的主体方面，还没有形成定期的学术会议和学术共同体，缺乏研究的持续性和深入交流的学术氛围。截至目前，中国国内并没有形成统一的媒介素养研究组织，也缺乏全国性的连续的学术会议，

① 中国传媒大学媒介与公共事务研究院．中国传媒大学媒介与公共事务研究院媒介素养教学与研究中心［EB/OL］.（2012-09-11）［2022-07-31］. https://baike.baidu.com/reference/24183859/890d8fGtcfxnPFCql62Tcowc-fS5ohGDJgWDVLBmhRI_5FF3h1aIHlNYIOD7xDCEnu-8YfrwwoI6AWCBgiYD-Oo.

可以说还没有形成学术研究的共同体。我们还是以较早进行媒介素养研究的中国传媒大学为例，如前所述，2004年其媒介素养研究所召开了首届媒介素养研究国际会议，对中国学术界的媒介素养研究起到了开创性的推动作用。但是之后这种国际会议并没有定期召开，继续推动和深入，也没有形成类似媒介素养研究协会一类的专业学术组织。通过各种检索只能查到中国传媒大学在此后还组织过两次国际学术会议，一次是2009年，由该校外语学院组织的主题为“媒介素养与公民发展”的学术会议。另一次是2012年，由中国传媒大学和甘肃省广播电视协会联合主办，由该校传播研究院组织的主题为“媒介素养教育与包容性社会发展”的学术会议。三次会议是否具有连续性也无从确认。即使在中国传媒大学内部也没有形成一个统一的媒介素养研究的学术组织或单位，不同部门各自有其不同的相关研究中心或基地，比如媒介与公共事务研究院下设有三个相关的媒介素养组织，分别是媒介素养教学与研究中心、青少年媒介素养研究所、全国领导干部媒介素养培训基地。外国语学院则下设媒介与青少年研究中心。而该校广告学院也设有一个媒介素养研究中心，据光明网报道，“该中心据说是由中国传媒大学广告学院与华夏电广教育集团共同成立，为开展‘新媒体环境下青少年儿童媒介素养现状及应对项目’课题，还设立了‘中小学生语言艺术素质与口才能力测评委员会’，并推出《全国中小学生语言艺术素质与口才能力测评》(简称《测评》)，旨在通过考核、检验青少儿各阶段语言表达水平与口语交际能力，并给予改善方法和发展方向建议，共分学龄前、小学、中学三大阶段12个级别，研究中心还研发了相关教材，并推出‘少年说全国中小学生语言艺术大赛’、语言艺术教师高端教育等辅助活动”[①]。但2018年2月，该校继续教育学部发表了《关于核查媒介素养中心有

① 华夏文广传媒集团.中国传媒大学媒介素养研究中心推出《全国中小学生语言艺术素质与口才能力测评》[EB/OL].(2017-11-09)[2022-07-31]. http://www.hxwggroup.com/newsitem/278084586.

关情况的声明》，称“近日，有群众来信针对某机构（中国传媒大学媒介素养中心）和社会公司合作开展‘中小学生语言艺术素质测评项目’并举办相关师资培训项目提出质疑。在详细了解群众来信内容后，我学部立即在全体所属单位及各部门进行全面而仔细的排查。经严格核查，我学部、培训学院、媒介与公共事务研究院均无任何单位为群众来信中所涉及的机构名称”[①]。从该校的研究机构设置和媒介素养培训的现状可以看出，中国的媒介素养研究要形成一个全国性的学术组织和定期的学术会议是相当有难度的，缺乏自下而上的推动意志和行动力。

2. 在思想认识层面上，政府、学校、社会、家庭等各个层面对青少年的媒介保护和媒介教育还重视不足，缺乏社会认知和观念共识

认知直接影响行动者的态度，进而影响其行动和实践。在思想认识层面上，多个责任主体对于青少年的媒介保护和媒介教育还重视不足，因而缺乏社会认知和观念共识。在我国有一种特殊的倾向，即媒介素养常被视为领导干部的执政能力的要求而得到重视，如人民日报曾发表《媒介素养体现执政水平 领导干部如何善待善用媒体》的文章，其中不仅提到我国领导干部媒介素养缺乏的现状，还将媒介素养提高到公务人员执政能力的高度。而与这一实用主义、政治化的倾向相比，青少年的媒介素养则还没有受到普遍重视。首先，大众媒介尤其是互联网媒介的出现还是新鲜事物，而且在不断更新迭代，刷新着人们的认知，往往是新的现象、问题和影响还没有来得及认识、研究清楚，又有更新的技术、现象和问题扑面而来，于是从上至政府下至家庭的各类社会组织、社会主体对很多互联网尤其是移动互联网对青少年的影响、作用以及青少年应该具备的网络媒介素养等还缺乏社会认知和观念共识。人们对网络内容的芜杂和对青少年的负面影响有一定程度的认知甚至是恐慌

① 中国传媒大学继续教育学部.关于核查媒介素养中心有关情况的声明［EB/OL］.（2018-01-20）［2022-07-31］. http://ece.cuc.edu.cn/news/news.aspx?id=11490.

心理，类似于英国20世纪30年代保护主义盛行的时期，把青少年和互联网尤其是移动互联网对立起来，认为使用手机上网必然会对青少年的学习和发展产生不利影响。因此，政府主体在青少年媒介保护方面做得相对较多，一方面如现状中描述的那样采取各种措施努力净化互联网环境，另一方面努力减少青少年对互联网媒介的接触。2018年8月，教育部等八部门联合下发《综合防控儿童青少年近视实施方案》，“要求学校布置作业不依赖电子产品，原则上采用纸质作业；教学不依赖电子产品，使用电子产品开展教学时长原则上不超过教学总时长的30%”①。对于这一限制人们意见不一，有的人认为通过微信群、App等布置或完成作业增加了让青少年接触互联网的机会，容易受到影响。有的人则认为在当前的移动互联网时代，不可能让孩子们隔绝手机和网络，也违背了教育信息化的趋势，不利于对学生的媒介素养技能的培养。其实早在几年前智能手机开始普及的时候，社会上就青少年是否应该使用智能手机就存在着类似的争议，既担心过多的接触影响孩子们的学习和发展，又担心隔绝的办法简单粗暴。但是目前政府层面上缺少更多的关注，更没有对媒介素养教育有任何政策方面的制定和引导；而学校则大多数采取相对简单易行的方法，如收手机、禁止带手机到学校等；至于家庭层面上，有的家长自身缺乏媒介素养和教育理念，很难起到良好的教育作用，也有的家长没有足够的重视，甚至不了解孩子们使用移动互联网的具体情况。总体上说，我国对青少年的媒介保护和媒介教育还重视不足，缺乏社会认知和共识，大多从保护主义的立场出发采取相对简单粗暴的方法予以隔绝，较少采取积极的媒介素养教育，培养青少年积极利用互联网媒介来发展自我的能力。

---

① 新京报. 教育部：不得通过微信和QQ布置作业[EB/OL].(2019-02-16)[2022-07-31]. http://www.xinhuanet.com//politics/2019-02/16/c_1124121943.htm.

3. 在政策法规制定层面上，还缺乏政府的有力推动，缺乏制度保障和政策引导

政府是最强有力的社会组织，也是青少年媒介保护和教育的主导责任主体。在媒介保护方面，政府有着相对积极的行动，如制定相应的法律、采取行政措施、提供技术监管等。但是和西方发达国家相比，我们在法规政策制定方面还相对滞后。比如目前我国还没有专门的青少年媒介保护方面的法规。我国有《未成年人保护法》，其中对四种基本儿童权利即生存权、发展权、受保护权、参与权都进行了立法上的明确规定，但是其规定往往是原则性的，在操作性方面存在一定的缺陷。当前，《未成年人网络保护条例》还没有进入实施阶段。另外，我国在青少年媒介保护方面也缺乏专门的机构，行政部门比较分散，往往各司其职，一定程度上会削弱青少年媒介保护的效果。在技术监管方面的措施也往往效果不太理想，比如之前的“绿坝”系统收效甚微，最后不了了之。当前企业采取了一些针对青少年的技术监控和内容提供方面的措施，但是效果也不太理想，甚至有的有作秀嫌疑，没有形成制度化的保障措施。在青少年媒介素养教育方面，西方发达国家的媒介素养教育实践基本上经历了一个自下而上的过程，从基层推动、社会动员到影响政府政策制定的层面，有不少国家把媒介素养教育纳入学校课程体系中，但是这样的路径也许并不适合中国。如前所述，中国的学术界缺乏现实干预的能力和影响力，学校教育只靠个别单位的重视和实验，并不能解决普及和推广的问题，尤其在对媒介素养教育缺乏社会共识和重视的情况下，还是非常需要发挥强有力的政府主体的力量，通过政策的制定和引导来调动社会资源，从而推动媒介教育的常规化、普及化。

4. 在实践行动层面上，学校媒介教育较为欠缺，社会力量不发达，没有形成系统的媒介教育体系，更缺少媒介教育的资源和培训

中国目前的媒介素养教育在实践层面上还没有形成体系和规范，还处于探索和起步阶段。学术界的理论研究相对较多，但是行动实践限于各种

原因则较少尝试，并且缺乏持续性。比如复旦大学2004年成立了内地首个专门进行媒介素养研究的机构——媒介素养教育小组，该小组除对媒介素养教育理论进行研究外，也积极开展了媒介素养教育实践的有益探索，在两所小学尝试开展了媒介素养教育，但遗憾的是只是一次性的尝试，没有继续和普及。另外，该小组还搭建上线了我国内地地区首个有关媒介素养教育的专门网站，但同样遗憾的是该网站也早已经无疾而终。另外，学术界在实践方面对于青少年媒介素养教育资源也缺少开发，没有相应的媒介素养教育规范、教材和课程开发等，更缺乏对中小学教师的培训课程和实践等，这些关键资源的匮乏直接影响着在中学开展青少年媒介教育工作。目前一些媒介素养培训工作还没有关注到青少年，而是多针对党政干部。如2015年9月5日，人民日报出版社出版了针对领导干部的媒介素养教育教材《领导干部网络舆情工作指南》；中国政法大学开设的“党委政法委领导干部媒介素养培训班”；中国传媒大学开设的“党政领导干部媒介素养培训”；人民网舆情监测室在各地积极协办召开“领导干部媒介素养专题培训”。学校是青少年媒介教育的实施主体，但是目前大多数学校对青少年媒介教育不够重视，也缺乏正确先进的理念，还停留在西方初期“保护主义模式”下的媒介素养教育阶段，即主要将学生作为弱势一方保护起来，在二元对立的思维下展开，认为网络媒介尤其是手机媒介会干扰青少年的学习和发展，甚至有的采取简单粗暴的管理方式禁止青少年的媒介使用行为，较少把媒介素养作为培养青少年自身能力的一种方式、一个方面融入课堂教育中。只有屈指可数的学校把媒介素养教育作为创新尝试，如之前提到的广东实验中学。此外，在社会组织方面也不发达，缺少媒介素养组织推广宣传媒介素养的社会教育，包括针对家长的社区教育、提供课程等，更较少有组织能够在资金上予以扶持和推广。虽然一些大型的互联网企业迫于政府和社会压力在采取措施对青少年进行媒介保护的同时，也尝试组织针对青少年及其家庭的媒介教育工作，如腾讯组织的夏令营，但是毕竟人数较少，投入和持续性不一定能得到保障。另外，如同西方发达国家所担心的那样，企业的介入能否妨碍青少年媒介教育的公益性和效果，是否也会成为一种营销洗脑和媒介植入行为？这些都是需要我们警惕的。在社会组织提供的媒介教育公共资源而言还较为欠缺。比如就专业网站而言，目前运营的相关网站内容过于陈旧，缺少有实践意义的优质教育内容和资源，网页上活动展示类内容过多，与媒介素养教育实践存在脱节，且长期处于不更新的状态。而据研究者统计，在新媒介环境下，专门从事媒介素养教育的公众号共有24家，保持活跃更新的只有浙江传媒学院的“媒介素养教育”、千龙网的“新媒介素养”和企业号“edu媒介素养”，其他公众号均已停止更新。①

三、促进青少年互联网媒介保护与教育的建议

通过对西方青少年媒介教育与保护措施的解读和对中国青少年媒介保护和教育现状及问题的分析，可以看出，加强青少年移动互联网媒介保护与教育是一个需要由高校、研究机构、基础教育单位、民间社会组织、媒体以及政府教育主管部门等共同推动的社会运动，只有共同努力，形成良性互动，互相促进、互相补充和配合，才有可能推进青少年媒介教育实践的深入和普及。接下来我们从政府、学校、家庭和社会四个责任主体方面来提出加强我国青少年移动互联网媒介教育与保护的措施与路径。

（一）政府发挥主导作用，为青少年媒介保护和教育进行顶层设计和制度保障

如前所述，政府是青少年媒介保护和媒介教育实施最具有权威力量的责任主体，担负着进行顶层设计和制度制定等方面的职责。目前我国政府

① 梁熙明．当代媒介素养教育困境与出路［D］．南昌：江西师范大学，2018.

制定了一些媒介保护方面的法律规范，也积极推动行政监管工作和技术防范手段，相关部门也采取了一些宣传教育措施，但总体上在青少年媒介保护和教育方面的工作做得还不够深入系统。我们认为在政府层面上可以从以下几个路径着手推动。

第一，重视加强国际合作和经验交流。网络是虚拟且没有疆界的，要加强对青少年的互联网媒介保护需要国际范围内的合作，也需要借鉴学习其他发达国家的经验。比如虚拟全球工作组（VGT）和互联网观察基金会（IWF）等国际组织在保护儿童网络安全方面取得了很多进展。虚拟全球工作组由来自澳大利亚、加拿大、美国、英国及国际刑警组织的多个国际执法机构组成。为了确保儿童安全地使用互联网，它为儿童提供建议和支持，并建了一个虚假网站吸引网络诱拐犯上钩。国际儿童性剥削图片数据库（ICSE DB）是一个国际刑警组织管理的强大的情报调查工具，全球专业调查人员都能与警方共享数据信息。该数据库由国际刑警组织的全球警察安全通信系统（I-247）提供，利用先进的图像对比软件，能够确定受害者的位置。一些相关的国际组织已经做出了无论线上线下都要保护儿童的承诺。比如1996年举行了第一届反对儿童商业性剥削世界大会（CSEC），大会发表了全球宣言并通过了一份122个国家共同采取的行动时间表。第二届世界大会于2001年举行，大会做出了《横滨全球承诺》，即各国要延续第一届大会的精神，继续采取国家行动，并要求各国解决新技术带来的危害。第三届世界大会制定了“里约条约”，特别指出要遏制网络儿童不雅照和性诱拐。

第二，加强立法工作，制定和完善青少年移动互联网相关法律法规。

目前，我国专门针对青少年的只有《未成年人保护法》一部法律规范，且该规范的内容往往较宏观，在操作性上存在一定不足，也几乎没有条例涉及青少年的媒介保护和教育。由于互联网的虚拟性、便捷性及内容的广泛性等特点，新的网络环境产生了很多涉及未成年人的新问题，比如未成年人利用家长账号偷偷打赏主播、购物等引起的纠纷，仅靠一般性的儿童权利保护法来对此进行规范难以有效保护儿童的权利。所以，加强特殊立法具有重要的现实意义。和发达国家相比，我国缺少专门针对青少年媒介使用方面的保护条例。美国早在1998年就率先通过了《儿童在线保护法》以加强新的网络时代下儿童权利的保护。德国、加拿大、韩国、日本等都有相应的专门法规。2022年3月14日，我国《未成年人网络保护条例（征求意见稿）》已向全社会公布，我国第一部专门的青少年网络保护法规的实施已经可以预期。其中专章针对网络素养培育、网络信息内容规范、个人信息保护、网络沉迷防治等问题提出了很多顶层设计的规定和要求，比如针对青少年网络素养提出“国务院教育行政部门应当将网络素养教育纳入学校素质教育内容，并会同国家网信部门制定未成年人网络素养测评指标”。但是，由于互联网发展迅速，变化较快，这样的法律法规的制定工作应该有持续性，一方面已经制定的法规要经常修订，根据现实需要补充新的内容，另一方面也可以制定更为细致的针对某一个方面的法规条例。

第三，理顺管理体制，落实责任主体，推进青少年媒介保护与教育工作。

互联网管理涉及的责任主体众多，同样，对于青少年媒介保护和教育的管理工作当前的管理体制也存在多头管理的倾向，并没有一个明确的专门的管理单位。如前所述，我国对青少年网络行为进行保护的部门有十余个，如主要有中宣部、网信办、文旅部、国家广播电视总局、新闻出版总署、教育部、公安部、团中央、青少年协会、互联网协会等。多头管理体系有助于完善当前的保护体制，多管齐下对青少年的网络安全进行保护。但是，多部门管理体系也存在一定的弊端。因此，虽然面向青少年网络行为保护的部门看起来多，但在真正的落实过程中，仍需要各部门权责分明，多方协作。另外，这些部门都有着各种的主体工作职责，对于青少年的媒介保护和教育只是其工作的一小部分，而且在目前该工作普遍不被重视的情况下，其工作开展的力度和效果就更值得担忧。因此，建议成立一个专门的青少年媒介保护和教育的行政部门，进一步协调其他相关部门开展工作。

第四，加强执法和行政监管力度和效果，净化危害青少年身心健康的网络内容和服务。

除立法外，政府还应加强执法监管的力度和效果。首先，在互联网海量信息的环境下，建议启动互联网内容分类制度，如对网页、特定网络文化产品等进行分类分级，初步对网络内容的监管提供依据。其次，需要特别加强和完善监管的相关技术手段和推荐算法：（1）验证青少年的身份，如采取人脸识别、实名制等技术手段，对于特定级别的不适宜青少年的有危害倾向的内容进行技术监管，帮助家长对其进行技术监管等，从而减少青少年对不良内容和服务的接触。此前不少网站、App上线的“青少年模式”效果不佳，其中一个重要原因就是该模式基于青少年的意愿进行选择，往往形同虚设。（2）采用更为完善的推荐算法，为青少年网民推荐更为优秀的内容和服务。（3）要加强日常的行政监管工作，尤其是对影响较大的互联网企业进行监管，并加强其自我监管的能力，从源头上遏制不良内容的提供。另外，加强“扫黄打非”“净网行动”“清朗行动”等专项行动虽然富有力度，但还是需要建立常态化的监管和保护机制，严厉打击利用移动互联网制作、传播有害信息的行为；畅通群众举报渠道，及时处理来自各方的举报，将危害青少年身心健康的内容扼杀在摇篮里。

第五，推动媒介教育进入学校教学体系，加强社会媒介教育的推广力度，提升青少年积极使用媒介的能力。

学校是青少年媒介教育的主战场和重要责任主体。而作为教育行政主管部门的教育部门是推动媒介教育进入学校体系的根本力量。首先，教育部门应积极出台并落实好相关政策，将推进媒介素养教育纳入正规教育的进程中。推动和重视高校的媒介素养教育理论研究工作和实践工作，加大媒介素养教育的课程改革，科学编撰针对青少年互联网媒介教育的专业教材、课程资源库等，培训培育储备一批媒介素养教育的专业师资。其次，针对社会教育，政府应以自身为主导，发挥体制优势，推进社区为主体的媒介教育和家庭教育工作，为青少年及其家长提供相关的宣传、培训、资源等。与此同时，也应调动鼓励多方社会资源、社会力量参与媒介素养教育事业。最后，要采取多种方式提升青少年积极使用手机媒介的能力。比如以教育部或相关教育组织的名义开展青少年手机创作比赛等，新闻媒介多报道一些正面使用移动互联网发展自我奉献社会的积极案例等。

（二）学校发挥教育主阵地的作用，把媒介素养教育列入常规课程内容

一方面，高等院校是媒介素养理论研究的制高点。和西方国家相比，我国媒介素养研究起步晚，但是受到国外媒介素养研究理论积累的深刻影响，从而有利于研究的高起点和对外的资源借鉴，但是我们的理论研究界需要发挥自身的能动优势，不能照搬西方理论，需要结合中国的历史土壤和现实情况，需要树立自己的理论研究范式、路径和体系。需要研究人员之间的更多交流互动，形成共同的学术共同体和相对程度的共识，同时需要能够采取一系列干预现实的行动，比如对政策制定的呼吁和推动、和中学教育的对接、对教材资源的开发和培训课程等，推动媒介素养教育在中国的现实土地上开花结果。又如在教材方面需要开放一系列专门针对青少年进行媒介教育的教材、课程和教学资源等。目前媒介素养教育作为一门新兴学科，还没有得到相关主体的重视，专门针对青少年进行媒介素养教育的教材比较匮乏。目前来看，仅有中国传媒大学、南京大学、复旦大学、上海交通大学等高校出版了媒介素养教材，而且均不是专门针对青少年媒介教育的教材。这些教材是远远不能满足现实需要的，缺少完善的教材体系和教学资源在一定程度上制约着我国青少年媒介素养教育的发展。

另一方面，青少年时期基本是在学校接受教育的阶段，因此，学校尤其是中等学校毫无疑问是青少年媒介教育的主阵地。但是要依托学校推动青少年网络媒介教育工作，政府教育部门是最具有影响力的权威机构，因此政府部门的推动自然是非常重要和有效的。但是自上而下的政府推动也不能保证最终的效果，毕竟需要实施的还是基层的学校和教师队伍。首先，想要推行媒介素养教育需要学校领导的重视和推动。其次，需要树立对媒介素养教育的正确理念和教学方式的改革。媒介素养教育决不单纯是技能教育，是对学生多种素质的综合教育，中学教师需要接受较为先进的媒介素养教育理念、教学方式等方面的具体培训。以美国的Lee Elementary School学校为例，其媒介素养教育的目标就是："在全球化网络时代背景下，网络素养教育应以培养儿童具备开放的视野（open）、合作共享的理念（cooperation）、强烈的责任意识（responsibility）为重任，让儿童'会选择、会判断、会思考、会决策、会交流，会创造'，成为当今网络社会'会学习、会生活、会合作、会创造'的一代新人。"[①]如今媒介技术深刻影响着青少年生活的方方面面，我们的学校教育不应该粗暴地隔绝青少年与网络世界的接触或者回避这一问题，而是应该主动的帮助学生理解、运用和反思媒介技术，帮助学生利用新媒介素养发展自我适应新环境的能力。我国在媒介功能上较为强调舆论和思想方面的引导，在教育上传统观念较为重视师道尊严。就此而言，坚持"以人为本"的媒介观意味着媒介素养教育应当转向作为主体性的青少年本身以及整个现实世界，在媒介素养教育中要尊重学生的主体地位，鼓励学生积极主动地参与到整个媒介素养教育的实践当中。这确实需要对当前的师资力量进行从观念到技能的全方位培训和提升。从现有师资力量来看，中学一般没有专门的媒介素养人才，因为和学校教授课程的学科并不对应，因此需要对现有人员进行培训并提供

---

① 李宝敏，李佳. 美国网络素养教育现状考察与启示：来自Lee Elementary School的案例［J］. 全球教育展望，2012，41（10）：69-75.

相应的教材、课程资源等。这就需要学术界和社会上的相关力量积极配合，为学校开展媒介素养教育提供各方面的支持，而各级学校也要积极开展与配合实施，同专家、教师、父母等共同合作，在学校这一青少年教育的主战场增加针对青少年的媒介素养教育。

（三）家庭发挥最重要的把关作用，在日常生活中加强青少年的媒介保护和教育

家庭是青少年成长和生活的主要地方，亲子关系和家庭教育是影响青少年健康成长的根本因素。在青少年的媒介保护和媒介教育中家长应该是最先、最直接、最重要的作用者，具有职责上的义务和现实上的便利性。但是，在调查中发现，家庭在媒介保护和教育方面的作用发挥得非常不理想，甚至不少家庭的亲子沟通存在较为严重的问题，青少年不愿意和父母沟通，父母也不太了解孩子的移动互联网使用情况，不少父母粗暴干预导致子女逆反，已经成为家庭媒介教育的瓶颈。究其原因，一方面是青少年的成长环境发生了巨大的变化，而这种变化很大程度上正是由于媒介导致的。在互联网尤其是移动互联网普及的时代，青少年获得信息具有了便利的条件，朋友之间的交流及与陌生同辈群体的社交都变得唾手可得，因而在社会被加速的流动和重塑中青少年群体很容易就形成了自己的认知方式、社交生活以及文化趣味等，他们自信地坚守自己的一切而开始排斥父母的教育和价值观念。另一方面，我们不得不承认我们的父母也没有跟上时代的变化，甚至在媒介使用上落后于青少年一代。青少年是网络亚文化的弄潮儿，很多他们喜欢的网络文化家长们并不了解甚至闻所未闻。父母在自己的媒介知识、教育方法等方面都需要更新，需要面对新一代青少年的观念和教育技巧。但是中国作为一个正在现代化进程中的国家，受教育程度影响，不少家长很难担负起对子女进行媒介教育甚至是家庭教育的职责。在访谈中发现，即使一些受过高等教育的家长也对与子女沟通不畅而深感

无奈。正如社会学家安东尼·吉登斯（Anthony Giddens）所说："我们全部不由分说地卷进了一场宏大的实验，这场实验由我们来进行，同时又在极大程度上超越了我们的控制。"[①]可以说，媒介环境所带来的变化已经超越了家庭和社会的控制，我们正在不得不手忙脚乱地适应和面对，而作为家长的成年人对此做得还远远不够，我们的社会对他们提供的帮助也远远不够。正如詹金斯早在2009年就指出的，"成年人经常被新媒体的恐惧和焦虑所引导，这些新媒体形式不是他们童年的一部分，他们没有完全理解。很少有（如果有的话）书籍就能如何做出这些选择或提供有关媒体领域的信息，向家长提供建议。很少有教育项目帮助父母获得技能和自信，帮助他们的孩子掌握新媒体知识，也很少有网站提供最新的和正在进行的关于媒体在孩子生活中的位置的讨论"[②]。这样的情况在今天的中国依然是需要面对的现实。可以说，媒介知识及媒介素养教育的缺失，使得家长们在面对孩子使用新媒体时总是更多地采取控制的简单方式。青少年时期心态较为复杂、矛盾、叛逆，一方面青少年自尊心较强、内心比较脆弱、心理不成熟，另一方面却自认为已经成熟，要求有一定的自主空间。因此，父母的控制行为容易让青少年对父母产生抵抗心理，其效果往往适得其反。

那么我们又如何改变这一困局？在笔者参加的一次网络游戏的学术研讨会上，有不少人指责中国家长把对子女监管不到位的罪责推到了网络游戏上。对此笔者难以苟同，中国家长在家庭教育方面的不到位、不胜任是需要面对的现实，我们应努力加以改变，而不能推卸责任。比如，我们的政府相关部门、高校的相关研究者、网络企业等，可以组织家长培训，加强家长的媒介素养进而帮助其提升孩子的媒介素养教育；企业在网络文化

① 贝克. 风险社会：新的现代性之路［M］. 张文杰，何博闻，译. 南京：译林出版社，2018：25.

② JENKINS H. Confronting the challenges of participatory culture: media education for the 21st century［M］. Cambridge: The MIT Press, 2009: 115.

产品或服务中可以给家长进行媒介教育和监管提供一些建议，或者是技术监控方面的帮助。到目前为止，我们没有专门针对家长的媒介素养教育网站可以给家长提供学习、指导和帮助。同样，我们的社区也很少能够提供家庭媒介素养教育帮助的活动。青少年正处于青春期、叛逆期，面对他们对手机或移动互联网使用的沉迷，宜疏不宜堵。作为家长，应当加强和孩子的理性沟通与交流，了解孩子使用媒介的方式和内容，了解孩子使用手机的深层需求，并从兴趣和需求入手，一方面培养其积极使用互联网发展自身能力的路径和方法，如鼓励孩子创作网络文学、拍摄短视频、进行编程设计、创作自己的公众号、参与富有创造性的网络文化活动，鼓励其进行有益的网络社交，帮助其利用网络资源进行网络学习，通过对媒介内容的解读培养其批判性思维等。另一方面可以从需求出发寻找现实中的替代方法。如果孩子有较强的社交需求，使用手机和同学、朋友聊天，那么可以引导孩子通过线下见面的方式增强与朋友的感情，而并非每天沉迷于网络中；如果孩子有较强的文化娱乐需求，可以引导孩子主动参加文化娱乐体育活动，通过观看话剧演出、展览、参加体育运动等方式，既陶冶情操又强身健体。

（四）社会各相关力量发挥协同作用，助力青少年媒介保护和教育的普及

如前所述，媒介保护和教育是一个系统的社会工程，需要各方力量的配合。在梳理西方发达国家的媒介保护和教育经验中，我们可以发现以社会组织为代表包括媒体、企业在内的社会力量在其中发挥着重要的作用。当然，我们也有自己不同的国情，不能照搬照抄。但是调动社会力量的积极性仍然是我们开展青少年媒介保护和教育的必经之路，各种不同的社会力量发挥协同作用，才能助力青少年媒介保护和教育的发展。

1.加强相关企业的主体责任，在媒介保护和媒介教育方面履行其社会职责

互联网行业是近些年来得以迅猛发展的新领域，在这一领域崛起的大多是民营企业，目前几大互联网巨头已经形成垄断之势。一方面，在跑马圈地、高经济回报的情况下，民营企业往往忽视了自己的社会责任，利益优先甚至不择手段。对此我们需要通过政府的行政监管等手段加强企业的社会责任尤其是对青少年的职责。另一方面，这种垄断性企业的产生也对加强企业的社会责任在实施上具有了现实的便利性，因为它们有能力也有压力维护自身的企业形象，从而加强对青少年的媒介保护和教育。在青少年移动互联网保护方面，企业要加强自身的主体责任。运营商应加强对不良内容和信息的自我审核及处理力度，从源头过滤容易对青少年产生不良影响的内容，并用正确的价值观来推荐引导青少年对优良内容的接触。在媒介教育方面，企业有责任从经济上资助针对青少年的媒介教育活动、帮助家长提升媒介教育的理念和技能。早在2017年，全国人大代表、腾讯公司首席执行官马化腾在“两会”提案建议加强未成年人健康上网保护体系的建设，呼吁家长、学校、相关部门与互联网企业共同行动，制定网络媒介素养教育的统一规划，提升青少年网络媒介素养。如前所述，近两年以来，这些企业也采取了不少技术手段或者推出青少年培训活动，这表明这些企业家已经感受到自己的社会责任和压力，表明他们希望有进一步的行动，但是显然这些企业付诸行动的实践还远远不够，没有形成持续性的普遍的模式。

2.加强媒体的宣传和监督力度，以推动青少年媒介保护与教育的社会认知

毋庸置疑，媒介在大众的社会教育和宣传中起着重要作用，应积极发挥媒介在媒介教育方面的宣传和监督作用。目前媒体对青少年媒介保护与教育方面的关注还多集中在恶性社会新闻事件的报道方面，某种程度上存

在着“妖魔化”手机上网对青少年的影响的倾向，如《大量青少年被手机游戏“吞没”不吃鸡就成异类？》等。本课题组在百度中搜索了2013—2018年间关于“青少年”“手机”“网瘾”等相关关键词包含各类媒体的报道共有140篇，根据统计，消极感情色彩的共计115篇，占82%，积极报道仅4篇，其中2篇来自生产游戏的龙头企业腾讯科技公司，可见媒体对于“青少年手机使用”呈现负面态度的占绝大多数。另外，媒体对家长的引导也停留在建议家长减少孩子的手机使用、加强沟通等原则性层面，且仍然更多的是保护主义的传统立场，缺乏正确的媒介教育理念和方法方式的宣传引导，缺乏系统性的、实质性的教育内容。如前所述，目前我们的媒介素养网站和公众号等一方面内容较少，另一方面也多流于形式，没有真正发挥作用。对此我们需要积极利用媒体尤其是网络媒介本身的影响力，切实加强青少年网络媒介教育和宣传工作。如电视媒体可以开设专题教育栏目或者教育片，网络媒体可以建设较为系统深入、互动性强、实践性强的青少年媒介教育网站并加大推广力度，提供丰富多彩、活泼生动的媒介教育资源、案例分析、正面典型等。另外，媒体仍然需要加强对互联网企业内容及服务的舆论监督工作，对新出现的可能对青少年产生危害的媒介行为予以及早的监督、评论，以引起相关政府部门及社会公众的重视，防微杜渐，从而减少对青少年的不良影响。

3.支持和培育相关社会组织，发动社会力量推动青少年媒介保护与教育工作

除了企业和媒体外，还应该支持和培育相关的社会组织，发动社会力量来加强青少年移动互联网媒介教育及保护。目前我国还没有专门的媒介教育社会组织。一方面表明我们的社会组织不太发达，另一方面也说明现有的社会组织缺乏对青少年媒介保护和教育的重视。目前相关的社会组织包括由从事互联网工作、青少年工作或其他相关工作的组织和优秀个人自愿联合结成的全国性社团组织——中国青少年网络协会、由B站与共青团中央等部门共建的青少年权益保护中心等。这些组织采取了一些技术或行业自律措施来加强对青少年的媒介保护，但是媒介教育工作仍然开展得较少。中国的社会组织也对政府部门推动和引导这些社会组织的工作提供了便利。如台湾地区在媒介素养教育本土化过程中的重要特征就是由高校的新闻院所和社会组织来推动媒介素养教育发展。台湾地区有很多从事媒介素养教育工作的民间组织，如“富邦文教基金会”“政大媒体素养研究室”“媒体识读推广中心”“公告电视台”“媒体观察教育基金会”等民间非营利性机构，它们有的提供智力资源和教育资源，有的提供媒介教育的社会普及工作，有的则提供财政支持，从而协同助力、极大地推动了台湾地区的媒介素养教育发展。一些民间团体（如妇联、工会以及共青团等团体组织等）有着广泛的群众基础，在开展媒介教育活动上有着得天独厚的优势。例如共青团系统集结着大量的青少年群体，依托校园团组织、中青报，未来网、中青网等形式或渠道可以开展持续性、常规性的媒介素养教育活动。

4. 针对青少年手机依赖或成瘾的严重个案进行多层面的干预治疗

如前所述，青少年移动互联网沉迷现象总体上较为普遍，当然严重的需要医学治疗的个案还是少数。但是对这些移动互联网沉迷和成瘾的青少年，我们需要从不同层面给予一定的社会支持。首先，在学校层面，要有专门的组织或人员提供针对这一情况的咨询和干预性帮助。教师要关注学生的相关情况，对于沉迷严重的青少年要给予一定的指导和帮助，或者交给学校的心理健康中心等部门。其次，在社区层面，可以组织相关的媒介教育宣传活动，对家长进行相关指导培训等。由于家长在这方面缺乏相应的引导和监管能力，非常需要得到一定的专业帮助。而一般情况下家长往往缺乏获得帮助的渠道和资源，于是要么采取强制措施激化亲子矛盾，要么放任自流。最后，对于极端严重影响青少年正常生活和学习的案例，需要有专业的医疗机构介入。社会上一度出现过一些所谓戒除网瘾的组织，但是这些网瘾戒除组织的非专业甚至非人道的做法不仅没有帮助青少年，反而引发了数起悲剧，严重伤害了青少年的身心健康。2019年5月25日，世界卫生组织投票通过了《国际疾病与相关健康问题统计分类》第11次修订草案（ICD-11），其中“游戏障碍”（Gaming disorder）作为精神与行为疾病归类为“由成瘾性行为导致的障碍”并列出了几条标准。这一修订和标准的制定将推动更多的医疗组织和专家加入网络游戏成瘾的治疗中来。当然此前医学尤其是心理学领域已经研究了一些干预方法，取得了一些成果。我们需要在加强科研的同时，更要注重将科研成果付诸实践，用于积极干预治疗青少年的网络成瘾等问题。

附件：调查问卷样例

附件1

青少年移动媒介素养调查问卷

你好，我们是“青少年移动互联网使用行为及影响研究”课题组，希望通过调查研究探究青少年移动互联网的使用行为及对其各方面的影响。本问卷以不记名的方式实施，你所提供的个人信息不会被公布，回答没有对错之分，请按照实际情况和真实想法作答。填写这一份问卷只需花费几分钟的时间，你的认真配合是我们课题研究科学规范的保证，衷心感谢你对于课题研究的大力支持！

课题组

2018年1月

问卷填写说明：

1.青少年移动互联网媒介素养是指青少年群体对各种移动互联网媒介的认知与评价、移动信息的选择与过滤、批判性接受以及积极使用移动媒介为个人生活、社会发展所用的能力。

2.没有特别说明请进行单项选择。

A.青少年移动媒介素养

A01.请问你是否使用智能手机或iPad？选“否”请停止作答。

［1］是 ［2］否

A02. 你是否认为中国的移动互联网比较普及、比较发达？

［1］是 ［2］否

A03. 你是否听说过5G？

［1］是 ［2］否

A04. 你是否认为中国的5G技术在世界上是领先的？

［1］是 ［2］否 ［3］不确定

A05. 你是否了解5G能带来什么新的发展？选“不了解”请跳过A06。

［1］了解 ［2］不太了解 ［3］不了解

A06. 你对5G的了解来自？

［1］父母 ［2］老师 ［3］同学 ［4］新闻报道

［5］社交媒体 ［6］其他

A07. 你是否了解移动互联网发展的历史？

［1］是 ［2］否

A08. 你是否了解移动互联网发展的技术？

［1］是 ［2］否

A09. 你认为是否有必要了解移动互联网发展的历史和技术？

［1］是 ［2］否

A10. 如果有一场关于互联网发展技术的展览你是否会去参观？

［1］是 ［2］否

A11. 你是否认为移动互联网是一种科技进步？

［1］是 ［2］否

A12. 如果手机（上网）、iPad或台式机（上网）只能拥有一个，你选择哪个？

［1］手机 ［2］台式机 ［3］iPad

A13. 对你而言移动互联网最重要的功能和用途是什么？

［1］娱乐 ［2］社交 ［3］学习 ［4］信息 ［5］其他

A14. 你是否能通过移动互联网找到自己需要的大部分信息？

[1] 是 [2] 否

A15. 你是否认为图书知识和移动互联网知识相比更系统、适合学习？

[1] 是 [2] 否

A16. 你是否认为移动互联网知识和图书知识相比更零散、肤浅？

[1] 是 [2] 否

A17. 你是否认为移动互联网上有不少不良信息？

[1] 是 [2] 否

A18. 你是否接触过移动互联网上的不良信息？选“否”请跳过A19。

[1] 是 [2] 否

A19. 你接触过的移动互联网不良信息包括哪些？可多选。

[1] 黄色信息 [2] 暴力信息 [3] 虚假信息

[4] 不文明语言 [5] 垃圾骚扰信息 [6] 其他

A20. 你认为移动互联网上有用的内容和有害内容相比是怎样的？

[1] 有用的内容多 [2] 不确定 [3] 有害的内容多

[4] 差不多

A21. 你是否认为移动互联网使用影响了自己的学习？

[1] 影响较大 [2] 影响不大 [3] 不确定 [4] 没有影响

A22. 你是否认为移动互联网上的黄色信息会对有些人产生不良影响？

[1] 是 [2] 否

A23. 你是否觉得移动互联网上的黄色信息对自己产生了不良影响？

[1] 是 [2] 否

A24. 你是否认为自己使用移动互联网的时间太多需要加以控制？

[1] 是 [2] 否

A25. 你认为自己使用移动互联网的主要偏好有哪些？可多选。

[1] 娱乐 [2] 社交 [3] 学习 [4] 信息 [5] 其他

A26. 你认为自己使用移动互联网的主要偏好是否合理？

[1] 是 [2] 否

A27. 你是否了解移动互联网使用相关法规？

[1] 是 [2] 否

A28. 你是否认为有必要了解移动互联网使用相关法规？

[1] 是 [2] 否

A29. 你认为以下哪些移动互联网行为是违反法律法规的？可多选。

[1] 发布反动言论

[2] 发布黄色、暴力信息

[3] 发布个人隐私

[4] 下载或转发黄色、暴力信息

[5] 发布打架视频

[6] 发布骂人言论

A30. 你是否听说过存在网络不安全事件？如选“否”请跳过A31。

[1] 是 [2] 否

A31. 你认为这些网络不安全事件是否会发生在自己身上？

[1] 是 [2] 否

A32. 你是否在移动上网时提供过个人信息？

[1] 是 [2] 否

A33. 你是否在朋友圈发布过个人自拍或信息？

[1] 是 [2] 否

A34. 你是否在移动上网时添加过陌生好友？

[1] 是 [2] 否

A35. 你是否认为移动支付是安全的？

[1] 是 [2] 否

A36. 你在移动互联网内容选择时会考虑哪些因素？可多选。

[1] 趣味性 [2] 实用性 [3] 相关性 [4] 知识性

[5] 时效性 [6] 权威性 [7] 教育性 [8] 新奇性 [9] 其他

A37. 你愿意接受的移动互联网内容形式有哪些？可多选。

[1] 文字 [2] 图片 [3] 图文混合 [4] 音频

[5] 视频 [6] 长视频

A38. 你最厌恶的移动互联网内容类型有哪些？可多选。

[1] 欺骗的 [2] 虚假的 [3] 骚扰的 [4] 谩骂的

[5] 说教的 [6] 严肃的 [7] 冗长的 [8] 色情的

[9] 暴力的

A39. 你是否认为自己在移动互联网内容选择上存在着类型化的偏好？

[1] 是 [2] 否

A40. 你是否认为自己在移动互联网内容选择的类型化偏好是正常的，是自己选择的结果？

[1] 是 [2] 否

A41. 你认为影响自己选择移动互联网内容的主要因素有哪些？可多选。

[1] 自身的兴趣、爱好 [2] 家长 [3] 老师

[4] 同学、朋友 [5] 其他

A42. 你会对接触的移动互联网内容认真思考吗？

[1] 经常 [2] 偶尔 [3] 基本不会 [4] 不会

A43. 你主动思考过以下哪些移动互联网相关问题？可多选。

[1] 如何分辨各种信息的真假

[2] 如何摆脱对移动互联网的依赖

[3] 怎么利用移动互联网提升自己的学习

[4] 怎么利用移动互联网开阔自己的眼界

[5] 移动互联网影响人们的价值观念吗

［6］移动互联网对自己的负面影响

［7］移动互联网有哪些内容更吸引你

［8］为什么有些内容更吸引你

［9］这些更吸引你的内容采取了什么策略

［10］这些更吸引你的内容会对你有什么影响

［11］为什么移动互联网上娱乐内容非常多

［12］移动互联网为什么发展这么迅速

［13］移动互联网会影响社会公正吗

A44.你认为移动互联网上娱乐内容非常多主要是因为商业力量的需要还是因为网民的需要？

［1］商业力量 ［2］网民需求 ［3］二者都不是

A45.请用√选择你对以下观点的态度

观点	非常同意	比较同意	不确定	不太同意	非常不同意
人人都可以使用移动互联网，所以移动互联网是非常公平、民主的媒介					
移动互联网上有着非常多的内容和信息来源，所以和电视、报纸等相比是更为可信的					
移动互联网提供了非常多的学习资源，所以可以解决贫困地区的儿童求学问题					
移动互联网使用对青少年的负面影响很多，需要各方力量加以干预					
商业公司为了自身利益容易不择手段，影响了移动互联网的健康发展					

A46. 请用√选择你对以下观点的态度

问题	非常同意	比较同意	不确定	不太同意	非常不同意
百度百科的内容是比较具有权威性的知识					
被广为转发的新闻是较为可信的					
有民意调查或数据支持的新闻应该是真实的					
有图有真相，有图片或视频证据的公开举报应该是比较真实的事情					
直播主播为了吸引粉丝打赏会采取各种手段					
游戏公司为了盈利设计了很多策略让玩家沉迷或者付费					
明星、偶像在互联网上营造的形象不一定是真实的					

A47. 你有过主动拒绝使用移动互联网的情况吗？

［1］经常有 ［2］偶尔有 ［3］没有

A48. 你会对以下哪些移动互联网内容进行拒绝？

移动互联网内容	肯定拒绝	应该会拒绝	不确定	应该不会拒绝	肯定不拒绝
含有色情内容的游戏、动漫、电影、网络文学等					
恶搞他人的内容、方法等					
含有暴力、血腥内容的网络文学、电影、游戏、动漫等					

续表

移动互联网内容	肯定拒绝	应该会拒绝	不确定	应该不会拒绝	肯定不拒绝
含有不文明语言的内容					
含有黄色信息的网页、视频					
含有暴力、血腥信息的帖子、视频					
弹窗出现的新闻					
含有攻击国家、政府等反动言论的内容					
陌生人要求添加你为好友					
广告信息					
垃圾或骚扰信息					
虚假或骗人的内容					

A49. 你对以下哪些移动互联网内容会进一步核实？

［1］和生活相关的　［2］和爱好相关的

［3］和学习相关的　［4］和自己关联性比较大的

［5］想进一步了解的　［6］特别难以置信的　［7］其他

A50. 你对移动互联网内容进一步核实会采取哪些渠道和方式？可多选。

［1］通过网络搜索核实　［2］咨询老师　［3］咨询家长

［4］咨询身边的同学、朋友　［5］咨询权威或专业人士

［6］去图书馆查阅相关图书　［7］其他

A51. 你是否愿意在移动互联网上表达自己的观点、参与公共事务？

［1］是　［2］否

A52. 你倾向于会对哪些事务表达自己的观点？

［1］和自己利益相关的事务

［2］和偶像利益相关的事务

［3］和父母、朋友利益相关的事务

［4］和国家利益相关的事务

［5］和社会利益相关的事务

［6］和人类利益相关的事务

［7］和社会公平相关的事务

［8］和社会道德相关的事务

A53. 你是否在移动互联网上维护过自身权益？

［1］是 ［2］否

A54. 如果你权益受到损害你是否愿意在移动互联网上进行维权？

［1］是 ［2］否

A55. 如果你权益受到损害你会如何在移动互联网上进行维权？

［1］在微博发帖 ［2］在微信朋友圈求助

［3］向权威媒体举报 ［4］向相关政府账号举报

［5］在微信群、QQ群求助 ［6］在贴吧、论坛求助

［7］向网络达人求助 ［8］其他

A56. 你是否有过在移动互联网上进行文化创作和分享的行为？

［1］经常有 ［2］偶尔有 ［3］没有

A57. 你参与过哪些在移动互联网上进行文化创作和分享的行为？

［1］短视频 ［2］网络动漫 ［3］网络文学 ［4］表情包

［5］公众号 ［6］网络音乐 ［7］网络影视 ［8］网络新闻

［9］博客 ［10］小游戏 ［11］App ［12］其他

B. 个人基本情况

B01. 你的性别：［1］男 ［2］女

B02. 你的年级：［1］初一 ［2］初二 ［3］初三 ［4］高一

［5］高二 ［6］高三

B03. 你的所在区域：[1] 城市　[2] 城镇　[3] 农村

B04. 你的年龄：[1]12—13岁　[2]14—15岁　[3]16岁以上

B05. 你的学习成绩在班级的排名：

[1]1—10名　[2]11—20名　[3]21—30名

[4]31—40名　[5]41名以后

B06. 你的课外爱好主要是（请选择三个并排序）：

[1] 看电视　[2] 上网　[3] 体育活动　[4] 读书

[5] 看电影或动漫　[6] 听音乐　[7] 逛街

B07. 你的偶像是：

[1] 娱乐明星　[2] 体育明星　[3] 企业家　[4] 科学家

[5] 作家　[6] 其他

附件2

青少年手机使用自述邀请信

亲爱的同学们：

你好，我们是“青少年移动互联网使用行为及影响研究”课题组，想要研究青少年手机使用的具体行为、意义和影响。相信大家都知道，未成年人使用手机已经成为家长和学校管理的重要问题，但是我们知道手机使用对你们有着特别的意义——毕竟有史以来没有任何一个时代的未成年人能够像你们一样拥有随时随地可以使用和参与的媒介。所以，我们想倾听你们的声音，你们最真实的声音，你们的看法、你们的要求、你们的不满、你们的困惑。希望这样的自述写作也是你思考总结自己的一个机会。我们希望你的自述字数在2000字以上，越多越好哦，当然更期待的是你一定要真诚、真实地讲述自己的故事。我们一定会抱着理解和尊重你们的态度，在我们的研究中帮助传达你们真实的声音，思考你们遇到的问题，给社会、家庭、学校一个理解你们的机会。

课题组在使用你的自述时一定会匿名处理，不会给你带来任何干扰。如果你身边有同学和朋友愿意参与，你可以把此邀请信转发给3—5人。

附：自述内容参考（以下内容仅供参考，期待你真诚、真实地讲述自己的故事和体验）

我和手机的故事

1.你的基本情况：年龄、性别、家庭所在地、父母的职业、学历等。

2.你什么时候拥有手机的？是什么手机？当时的感受是什么？你觉得手机对你意味着什么？你大概怎么使用手机？最吸引你的内容是什么？你

用手机做过的最有意义的事儿是什么？你有什么困惑或建议吗？网上针对你们青少年的内容多吗？你在用手机时遇到过的不喜欢的内容是什么？你通过手机最经常和哪些人联系？认识了新朋友吗？你的学习情况怎样？用手机影响你的学习吗？对你的学习有哪些帮助？你觉得自己存在过度使用手机的情况吗？你觉得自己能反思和控制自己的手机使用吗？使用手机对你还有哪些影响？

3.你觉得你父母是什么样的人？你平时和父母关系好吗？你在微信朋友圈屏蔽父母吗？你用手机和父母联系更多还是和朋友联系更多？你对父母自己使用手机的情况是怎么看的？父母对你使用手机的态度和管理措施是怎样的？你是否认同父母的做法？你们因此发生过矛盾冲突吗？你会用什么方法和他们协商沟通，或者用什么方法躲避父母的监管？

4.学校老师对你们用手机持什么态度？有什么管理措施？他们讲过应该如何使用手机吗？你认同吗？

5.其他你想讲述的相关内容和故事。

参考文献

［1］何安明，惠秋平．手机时代青少年的价值观和社会化问题研究［M］．北京：科学出版社，2015.

［2］朱秀凌．青少年的手机使用与家庭代际传播研究［M］．北京：中国社会科学出版社，2017.

［3］詹金斯，伊藤瑞子，博伊德．参与的胜利：网络时代的参与文化［M］．高芳芳，译．杭州：浙江大学出版社，2017.

［4］陈志勇．青少年网络媒介素养教育［M］．北京：中央编译出版社，2018.

［5］李永健．单向度视野下媒介对青少年影响的实证研究［M］．北京：中国社会科学出版社，2017.

［6］马中红，杨长征．新媒介·新青年·新文化：中国青少年网络流行文化现象研究［M］．北京：清华大学出版社，2016.

［7］惠秋平，何安明．手机媒体对青少年心理健康的影响及引导机制研究［M］．郑州：郑州大学出版社，2020.

［8］陶肖蒙．《儿童虐待与保护：当前研究、政策和实践》（第六章）翻译实践报告［D］．成都：四川外国语大学，2019.

［9］赵冬娜．加拿大中学媒介素养教育研究［D］．大连：辽宁师范大学，2014.

［10］周素珍．英国媒介素养教育研究［D］．武汉：武汉大学，2014.